王蒙简论
WANGMENG JIANLUN

丁玉柱 著

中国海洋大学出版社
·青岛·

图书在版编目(CIP)数据

王蒙简论/丁玉柱著.—青岛:中国海洋大学出版社,
2003.9

ISBN 7-81067-502-8

Ⅰ.王… Ⅱ.丁… Ⅲ.王蒙—人物研究 Ⅳ.
K825.6

中国版本图书馆 CIP 数据核字(2003)第 074833 号

中国海洋大学出版社出版发行
(青岛市鱼山路 5 号 邮政编码:266003)
出版人:王曙光
文登市印刷厂有限公司印刷
新 华 书 店 经 销
*
开本:850 mm×1 168 mm 1/32 印张:13.625 字数:342 千字
2003 年 9 月第 1 版 2003 年 9 月第 1 次印刷
印数:1~3 100 册 定价:25.00 元

(本书作者与王蒙合影)

目 录

引 论 …………………………………………………… (1)
第一章 王蒙生活历程论 ……………………………… (6)
　一、早熟的少年布尔什维克 ……………………… (7)
　二、"放逐"伊犁河畔的诗人 …………………… (14)
　三、梅开二度的文坛鲜花 ………………………… (22)
第二章 王蒙文学观念论 ……………………………… (26)
　一、源于生活的文学立场 ………………………… (28)
　二、博采众长的多元手法 ………………………… (45)
　三、返璞归真的消闲理念 ………………………… (76)
　四、驳多统一的杂色风格 ………………………… (110)
第三章 王蒙艺术信仰论 ……………………………… (128)
　一、信仰真理的执著追求 ………………………… (134)
　二、美丽人生的现实展现 ………………………… (147)
　三、丑恶生活的揭示批判 ………………………… (158)
第四章 王蒙作品思想论 ……………………………… (173)
　一、壮丽青春的激情礼赞 ………………………… (175)
　二、美好爱情的讴歌咏叹 ………………………… (188)
　三、与生俱来的"积极的痛苦" ………………… (205)
第五章 人性形象探索论 ……………………………… (226)
　一、惶惑灵魂的精神求索 ………………………… (228)
　二、自我迷失的艰难寻找 ………………………… (239)
　三、战栗人生的悲剧探源 ………………………… (251)

第六章　王蒙多维创作论……………………………………(264)
　　一、艺术园地的全方位作业…………………………(265)
　　二、潇洒自如的王蒙式批评…………………………(279)
　　三、别具一格的王蒙式文体…………………………(289)
第七章　王蒙文学现象论……………………………………(302)
　　一、历史发展的必然抉择……………………………(302)
　　二、传统艺术的积淀陶冶……………………………(304)
　　三、异域文化的合理采撷……………………………(308)
　　四、作家主体的自由自觉……………………………(314)
第八章　余论…………………………………………………(319)
附录　王蒙研究索引…………………………………………(327)

引 论

在镶嵌于新时期文学苍穹的繁星之中,王蒙,无疑是其中最引人叹赏、最璀璨夺目的一颗。这颗明星,在新中国的曙光朝霞里悄然而出,伴随着共和国的航船而浪涌波翻,以组织部里的年轻人的勃勃英姿蜚声文坛。他经历了时世沧桑,饱尝了雨雪风霜,战胜了坎坷磨难。面对着百业待兴、万马齐喑的艺术宫殿,他无畏地投出了《向春晖》、《光明》、《最宝贵的》、《歌神》、《风筝飘带》、《春之声》、《海的梦》、《夜的眼》、《杂色》、《相见时难》等"集束手榴弹",无情地轰击羁绊文艺女神的锁链;面对着"伤痕"漫染、人妖难辨的时代情感逆澜,他高唱《青春万岁》的主旋律去温暖冰冷的心,真诚地奉献一泓《深的湖》给干涸的心田,以善良多情的《淡灰色的眼珠》对岁月人间顾盼流连;面对着欧风美雨的潮起云涌,他巧借"活动变人形"将审视的目光专注于《新大陆人》;面对新世纪的来临,他又挥动如椽巨笔,展开"哲学"翅膀,绘就"四季"长卷抒写共和国一代人的精神诗篇。故国八千里,风云三十年,从京城到新疆,从北国至南方,莱茵河倒映过他的身影,墨西哥的国花抚摸过他的手掌,星条旗映入他的眼睛,莫斯科红场留下他的足响。他直面苍生,透视人寰,他敢吃蜗牛而得风气之先。这一切,在中国文坛上,刮起了一股强劲的王旋风,辐射出灼人心魄的"王蒙热",出现了"王门立雪"①的蔚然景观。

强烈的文学轰动效应作用于敏感的读者,产生了对王蒙其人

---

① 刘绍棠:《我看王蒙的小说》,《文学评论》1982年第3期,第62页。

其作的巨大信息反馈。诵其诗,读其书,有人惊呼王蒙的作品"是文学的堕落",是"对大脑的惩罚";有人认为"具有很高的格调"、"富于历史感",道出了读者"无法形容的内心感受"①。观其人,有人说王蒙"精力饱满,思想活跃,言谈中时有诙谐和睿智的语句迸跳出来",是一个"充满活力的人"②;有人说王蒙是天山的一匹野马,有人崇奉王蒙为"中国当代文学界的领袖人物之一"③,有人疑心王蒙"在呼喊——歌唱——长啸的另一面",显示的是"一种男人的慷慨的抽噎"④;有人断定"王蒙原是革命熔炉里的好钢,是社会主义建设工地上的一根钢筋,可谓钢筋铁骨的好材料"⑤;有人佩服"王蒙是个很理智的人",称他"是一棵根深蒂固的树,不是猫耳绿罐里孵出的瘦长豆芽"⑥。甚至同一评论者面对同一评论对象也作出了不同的评价,既认为王蒙是个"阅历很深、生活感受丰富、头脑十分勤快又机敏的人"⑦,又觉得王蒙是一个"当代文学的叛徒,不肯循规蹈矩,搞坏人们文学胃口的狂人,戏弄读者的文字魔术师"⑧。更有趣的是,立志使自己的创作要"让那些评论者永远瞠乎其后,发出互相矛盾的断语"⑨的王蒙本人,也忍俊不禁,亲自披挂上阵,登台亮相,幽默调侃自谓道:"王蒙是'现代派'的风筝。王蒙是停留在 50 年代的古典。是幽默。是象征。是荒诞。是始

---

①⑧ 见冯骥才:《话说王蒙》,《文汇月刊》1982 年第 7 期,第 44~45 页。

② 雷达:《"春光唱彻方无憾"——访作家王蒙》,《文艺报》1979 年第 4 期,第 34 页。

③ [苏]C·A·托罗普采夫:《王蒙对文学创作的探究》,应天士译,《钟山》1984 年第 5 期,第 221 页。

④ 何士光:《致王蒙信》,《当代作家评论》1984 年第 4 期,第 29 页。

⑤ 刘长海:《漫谈王蒙的创作个性》,《新疆师范大学学报》1981 年第 1 期,第 63 页。

⑥ 刘绍棠:《我看王蒙的小说》,《文学评论》1982 年第 3 期,第 62 页。

⑦ 冯骥才:《王蒙找到了自己——记与英国人的一次对话》,《文学评论》1982 年第 2 期,第 66 页。

⑨ 王蒙:《蝴蝶为什么得意》,洁泯主编:《当代中国作家百人传》,求实出版社 1986 年版,第 2~3 页。

终坚持现实主义。是永远的少年布尔什维克。是乡愿。是尖酸刻薄。是引进了西文艺术手法食洋不化。是党官。是北京作家群的'哥儿们'。是新潮的保护人。是老奸巨猾。是智者。是意识流。是反官僚主义的先锋。是一阔脸就变。是儒。是老庄。是魔术师。是非理性。是源于生活。是'三无'(无人物、无情节、无主题)……"①读者、评论家、作家本人,各抒己见,正所谓仁者见仁、智者见智,褒贬霄壤,莫衷一是。对此,王蒙觉得自己"作为一个小说家就像一个大蝴蝶"②,评论家和读者抓住他的头却扣不住他的腰,扣住腿却抓不着翅膀,王蒙由此自我感觉"很得意"③。因为"不会有真正的作家不谋求这种得意,但只有为数不多的人才能如此得意"④。王蒙这只得意的蝴蝶,既邀游于艺术王国的无垠碧空,又时时浸染着人间尘世的火色烟光,并以其翩跹舞姿、绰约魅力,独领风骚地展现了新时期波谲云诡、扑朔迷离、莺飞燕舞、雀跃蝉鸣的灿烂奇观,构成了独具风采的王蒙艺术世界:时而悲郁泣诉,时而蹙眉敛额,时而热血沸腾引吭高歌,时而饱经沧桑回眸远眺。愈久弥醇,幻化万端,琳琅满目,珍馐杂陈,仿佛彩云出岫,又恰似惊涛拍岸。

如同海市蜃楼绝非无中生有而是大自然的杰作精品一样,王蒙及其艺术世界正是"在一定历史条件冲击下感生的文学原子核裂变现象。"⑤它显示了王蒙、新时期作家、新时期文学乃至整个当代文学从稚嫩到成熟,从单纯到复杂,从清浅到深沉,从躁动到澹定的嬗变过程。这个嬗变过程,对王蒙而言,作为一个具有稳定的与正确的政治观点与艺术观点的作家,他的文艺创作既具有动态

---

① ② ③ 见王蒙:《蝴蝶为什么得意》,洁泯主编:《当代中国作家百人传》,求实出版社1986年版,第3页。
④ 何士光:《致王蒙信》,《当代作家评论》1984年第4期,第28页。
⑤ 徐怀中:《跟随着时代前进的步伐——致王蒙同志信》,《文学评论》1982年第3期,第64页。

常新的艺术品貌,又有着某种相对稳定的心理积淀和价值取向;这个嬗变过程对其艺术世界的全景——新时期文学乃至当代文学而言,从宏观角度来看,则是一个不断有所发现,有所前进,有所收获的过程;从微观角度来看,则是发现中有所困惑,前进中有所回归,收获里有所失落。这样,以王蒙其人其作为核心,掩映新时期的繁花杂树、芳草落英,叠衍了王蒙及其艺术世界的丰富性、复杂性、深刻性和微妙性,从而与"新时期文学极其多变"①的总体表象、内蕴精髓相一致。它既属于王蒙,又为新时期文学、当代文学所拥有。正是在这种意义上,每一个踏入王蒙研究领域的人,都毫无例外地感受到弥漫于王蒙及其艺术世界表里内外活跃跳荡、多彩多姿的品貌,令人产生难以全窥总括的窘迫与敬畏。

尽管如此,然而,由于任何伟大的小说家都有一个自己的世界,人们可以从中看出这一世界和经验世界的部分重合,但是从它的自我连贯的可理解性来说它又是一个与经验世界不同的独特世界"②,因此,"这个小说家的世界或宇宙,这一包含有情节、人物、背景、世界观和'语调'的模式、结构或有机组织,就是当我们试图把一本小说和生活作比较时,或从道德意义和社会意义上去评判一个小说家的作品时所必须仔细加以考察的对象。"③这就为考察王蒙及其艺术世界与新时期文学的关系提供了理论和方法论的依据。本书试图以"知人论世"的方法,在作家生活经历与时代环境、历史与政治、中外文学思潮相激相荡、相因相成的新时期文学的电光石火之中,散点透视王蒙艺术世界纷纭万状的艺术表象,在捕捉其艺术精灵所在的历史探源中完成对全文的建构。因此,本书重

---

① 雷达:《民族灵魂的发现与重铸——新时期文学主潮论纲》,《文学评论》1987年第1期,第15页。
②③ [美]雷·韦勒克、奥·沃伦著,刘象愚、邢培明、陈圣生、李哲明译《文学理论》,生活·读书·新知三联书店,1984年版,第238、239页。

点论述的是：王蒙在一定历史时期的具体社会环境中因受主观与客观、内在精神与外部世界等诸因素的影响，在具有深厚的历史容量和浓郁的时代气息的艺术创作中，从社会学、历史学、哲学、美学和文化学等层面对形形色色人生和复杂多变的社会现象所进行的全面的艺术的价值判断，并在广泛吸收外来艺术营养的基础上，有机地融合民族历史、民族传统、民族文化的深厚精神内容，体现出当代性与历史感交融的人生哲理和文学创作意向。选取王蒙其人其作某一侧面进行透视与剖析，旨在借王蒙之一斑而窥当代作家、作品全貌，以新时期乃至当代作家作品的风采尽传现代文学以至中国文学精神，在此基础上感知与阐释中国历史的"种种作风、种种作者、种种所写的人和物和事状"①。

由于笔者学识和阅历不深，加之对于材料掌握的片面和理解的肤浅，因此，虽然在本书撰写过程中花费了许多精力和时间，参考了大量有关文献，但是，受知识修养和理论水平所限，错误和疏漏之处在所难免，恳请学术前辈、国内外从事中国现当代文学研究及王蒙研究的专家、学者及有志于此的同行不吝赐教，给予批评指正，是为笔者衷心祈盼。

---

① 鲁迅：《三闲集·〈近代世界短篇小说集〉小引》，《鲁迅全集》第4卷，人民文学出版社1973年版，第140～141页。

第一章 王蒙生活历程论

生活是文学创作的源泉。文学活动是一种独特的精神活动，是丰富多彩的社会现实生活在作家头脑中反映的产物。这种反映不是一般的照相式的反映，而是积极的能动的创造性的反映。离开社会生活，文学之树必然会因失去营养源泉而枯竭，有了社会生活而不进行富有艺术性的创造，也无所谓文学作品的产生。当探讨某一位作家的创作风貌时，我们必须把他同时代和文学历史联系起来。因为，一方面文学作品所描写和反映的是经过作家心灵感应过的生活，是艰辛的心灵铸造，作家与其作品既是"时代愿望的体现者"，又是"时代思想的表达者"①，另一方面，时代所孕育产生的作家及其作品，其中杰出的文学领袖和出类拔萃的作品，正如别林斯基在《1847年俄国文学一瞥》一文中所描述的那样，是能够在文学史中划一时期、给文学史规定出一个新的倾向来的。这一倾向的基调，取决于社会，历史、文化环境和作家自身独特的生活经历。所以，当考察一个时代的文学命运、文学现象时，我们必须研究具有代表性的作家作品。

王蒙作为新时期文学史上最富有代表性、卓有成就和广泛影响的作家，对王蒙的创作和评论，许多文章发表过许多很好的意见和中肯的评价。但是，毋庸讳言，其中绝大多数文章都是针对王蒙一篇或几篇作品而发，缺乏的是从作家和作品的有机整体，从作家

---

① 车尔尼雪夫斯基：《俄国文学果戈理时期概观》，《车尔尼雪夫斯基论文学》（上卷），新文艺出版社1956年版，第55页。

的生活历程与时代和文学思潮的高度,对其人其作以及环绕其人其作形成的文学现象作出具体深入的分析和评判。因此,如何把王蒙其人其作与时代、文学发展的历史结合起来加以研究,如何总结王蒙个人以及新时期文学乃至整个当代文学的经验和教训,已经成为当代文学研究领域不容忽视的重要课题之一。所以,要认识王蒙并理解王蒙的作品,在广阔的时空坐标中描摹它的轨踪并透过纷纭万状的表象捕捉其内在精灵,就必须从深入细致地研究王蒙的生活历程入手。因为作为至今仍活跃于当今文坛的新中国第一代作家,王蒙几十年来就像蝴蝶一样不断变化,像风筝飘带一样飘浮不定。人世间沧桑之变,使王蒙忽此倏彼,莫测高深。"他一直被拨弄于革命与反革命、香花与毒草之间,奔走于京华、边塞一线,时间和空间的笔,不知在他的身上胡乱地画了些什么,宛如一部读不大懂的'意识流'小说所给予人的印象那样。"①因此,王蒙本身及其文艺实践衍化的独特文学现象无疑地成为新时期乃至当代文学"一个不断'活动'、反复'变形'的复杂存在"②的典型代表。

一、早熟的少年布尔什维克

王蒙的祖籍在河北沧州南皮县。沧州南皮,自古属于多悲歌慷慨之士的燕赵之地。几千年华夏历史的悠悠长河,在此地也泛起了引人注目的浪花,不乏文治武功者与墨客骚人。单是清代中、晚期就有两个重要人物,对王蒙有着或隐或显的影响。

这其中之一,就是与王蒙母亲的祖上有着亲戚关系、和曹雪芹

---

① 阎纲:《小说出现新写法——谈王蒙近作》,《北京师院学报》1980年第4期,第27页。
② 郜元宝、宋炳辉:《文化的命运与人的命运——论王蒙〈活动变人形〉及其他》,《上海文论》1987年第1期,第24页。

是同代的清朝大文学家纪昀(1724~1805)。这位出身于封建官僚地主家庭的士大夫,31岁中进士,被授予编修之职。后来因才学卓著,被乾隆皇帝提升为翰林院侍读学士。45岁时,因漏言的罪名而被免职,遣送乌鲁木齐。如同杜甫建草堂聊以度日一样,纪昀也于乌鲁木齐的鉴湖旁造了一个阅微草堂,与当地的文臣武将们平等来往。由于纪昀"性坦率,好滑稽"①,所以,他在乌鲁木齐备受尊重,心情也十分愉快,后来纪昀遇赦召还,任四库全书总纂官,借此殊功。嘉庆皇帝登基后,纪昀以持重老臣的身份任兵部尚书、礼部尚书,直至登上协办大学士这一相当于宰相的高位。纪昀不仅官运亨通,而且在乾隆时期尤以博学著称。他"贯彻儒籍,旁通百家,其学在辨汉宋儒学之是非,析诗文源流之正伪。主持风会,为世所宗"②。其家富藏书,其学问与考据功夫都是第一流的,其诗文在清代亦属大手笔。他的《阅微草堂笔记》和《红楼梦》、《聊斋志异》成为"清代小说最流行者"③。家学的熏染,影响了王蒙的一生。

另一个重要人物是王蒙的同乡"南皮张香涛"张之洞(1837~1909)。这位生于鸦片战争前三年、卒于辛亥革命前两年的"中国近代史上复杂的过渡型人物"④,以其抱冰握火之志,持危扶颠之心,冀挽虞渊之落日。他做词臣,为学官,热心清议,勤理学政,从一个少年得志的科举名士,逐渐成为一个恪守儒家经训、精明干练而又颇有心计的文职官员,一个气度恢弘、勇于任事而又圆滑善变的封疆大吏,终于跻身军机枢要,成为清末举足轻重的重要人物。而作为清末洋务派的重要领袖人物,张之洞顽强地坚守着传统的

---

① ② 见谭正壁编《中国文学家大辞典》,上海书店据光明书局1934年版翻印,第1552页。
③ 蔡元培:《详注〈阅微草堂笔记〉序》。
④ 章开源:《〈张之洞评传〉序言》,见冯天瑜著《张之洞评传》,河南教育出版社1985年版。

儒学教义,主张"中学治身心,西学应世事",企图维系封建纲常于万世不移;但目睹世事如沧海般的莫测变幻,他又力图学习西技、西艺,试图从经济、军事、文教诸方面进行近代化改革。这两方面被他精练地概括成为"中学为体、西学为用",成为洋务派的重要原则,甚至影响了近、现代中国历史的进程。张之洞不仅政绩斐然,而且在清末文学界也是一位重要人物。他的诗文大都是"依自己的身份,称心而言,以学识才力为根柢,运用自如,无论写景叙事抒情遣词而戒浮泛而求切实,用典则避堆砌而求精当,形成一种重厚宽博的风格"①。王蒙在《文学与我》一文中,在说到祖籍南皮时,说它"因是张之洞的故乡,故小有名气",自己颇觉自豪和骄傲。纪昀和张之洞这两个中国历史上有名的人物,对幼年王蒙的影响是间接的,而在王蒙成年以后,尤其是在经历了一系列重大的变故之后,不论是在学问上还是在仕途上,在王蒙身上都可以窥见这两个人物身上的痕踪,在他们身上似乎可以描摹出一条中国知识分子命运的发展曲线。

1934年10月15日,甲戌年农历九月初八,王蒙出生在北平沙滩的一个知识分子家庭。当时,王蒙的父亲王锦第正热衷于研讨德国哲学,他的好友何其芳正迷恋法国文学,得知王锦第喜得贵子,遂从正在阅读的法文版小仲马的名作《茶花女》中的男主人公阿蒙(现译本为阿芒)身上获得灵感,于是就爱屋及乌地建议王锦第给儿子取名叫"阿蒙",王锦第听后连声叫好,但又觉得那个"阿"字是南方人的习惯,容易让人联想起"阿猫""阿狗"之类的名字,北方人听了会感到别扭,因此二人确定给这个新生儿起了单名"蒙"字。② 王蒙自己说"出生后回过南皮",而且"小时候,在家里我说

---

① 《中国大百科全书·中国文学Ⅱ》,中国大百科全书出版社1986年版,第1248页。
② 方蕤:《我与王蒙》,广西教育出版社1998年版,第2页。

沧州话,在学校说北京话"①。王蒙的父母虽然在王蒙出生时都在京上学,但是,就像高尔基《童年》中所描写的阿列克塞一样,王蒙的童年,是在激烈的民族矛盾、阶级矛盾以及家庭生活纠纷中度过的。由于父母感情不和,家里经常发生可怕的争吵,这深深刺激了王蒙幼小的心灵。因为父亲经常不回家,家中没有固定的经济收入,常常须靠典当旧物维持生活。实在拮据时,母亲就带上四个孩子到外祖母家去寄住。在其姨母的教育与熏陶下,天资聪慧的王蒙,从小喜爱文学,6岁时便功课优异,能背诵许多中国古典诗词。1937年"七七事变"爆发后,王蒙全家为躲避战乱而迁入北平市内。王蒙忘不了父亲在一次吃晚饭时对他说过的话,你要记住,你小时候是生活在一个战争的年代,是给外国军队占领的年代。在王蒙读小学时,有篇课文鼓吹"中日满亲善",老师不愿意讲,学生们不想听,结果连喊带哄,乱闹了一堂课。1945年,王蒙以优异的学习成绩跳级考入了平民中学(今北京第41中)。就在这一年,中国人民的抗日战争取得了辉煌的胜利,日本帝国主义的无条件投降,使至今还"依稀记得坐马车逃难、夜宿旅店、听到牲口吃草声音的情形"的年幼的王蒙感到"兴奋若狂"。因为他说自己"虽然年幼,但是仍和其他儿童一样,具有反日的民族自尊心理"②。然而,国民党"接收大员们"的腐败行径,又使王蒙很快对他们感到了彻底的失望。

　　不幸的家庭生活,动荡的社会环境,使11岁的王蒙开始在书本中寻找自己的乐趣。由于从小受到文化教育的缘故,读书无疑地成了他童年生活中最大的乐趣。那时,他家附近有个民众教育馆,藏有冰心、巴金等人的作品,还有《聊斋志异》一类很有趣味的书,王蒙每天一放学就跑进去,一直到闭馆才离开。这使他从小就养成了喜爱读书的良好习惯。以后,无论在什么样的环境中,即使

---

①② 王蒙:《文学与我——答〈花城〉编辑部××同志问》,《花城》1983年第4期。

第一章 王蒙生活历程论

在知识有罪的年月,王蒙也从未放弃过读书学习,甚至在已经年近古稀、著作等身、享誉海内外之际,王蒙仍谦虚地给自己定位于"我是学生"①,表现出对学习和创作的终身向往。多方面知识的广采博收,使王蒙自身的文化素养逐渐深厚起来,为其后来挥洒自如地进行创作打下了坚实的基础。这一段生活,王蒙在他的长篇小说《活动变人形》中曾有过详细生动的描述。

整个腐烂的旧社会孕育着伟大的人民革命运动。一进中学,王蒙立刻"就被时代的洪流推到反美反蒋、争取人民民主革命的胜利的斗争前线去了"②。王蒙从此开始关心起政治来了。他从1946年起就"和当时的地下党员建立了经常的联系"③。革命的、进步的书刊对王蒙的思想进行了启蒙教育。王蒙此时"阅读了一些马克思主义的小册子、毛泽东著作和革命(包括前苏联的)文艺作品。《论联合政府》、《社会发展史纲》、《大众哲学》、《白毛女》、《李有才板话》、《士敏土》、《铁流》……都是在解放前悄悄阅读的"④。这使王蒙开始懂得了一些革命的道理,认识到只有共产党才能够救中国。此时,年仅12岁的王蒙已经成了一位"小有名气的学生演说家"⑤。后来,王蒙又参加了地下党办的寒假补习班,请大学中的共产党员来给他们这些进步的中学生讲述革命道理。经过党的培养教育和实际斗争的考验,1948年10月10日,差5天才满14岁的王蒙,光荣地加入了中国共产党,成为地下组织的一个成员。这固然是特殊情况下的特殊现象,但也说明了王蒙在政治上的早熟。

年轻的王蒙,给党的肌体注入了一滴新鲜的血液,党也赋予了他更加旺盛的革命精力。他"立即投入了发展组织,积蓄力量,迎

---

① 赵笛:《"海大教授"王蒙称:我来海大当学生》,《青岛日报》2002年4月2日第5版。
② 王蒙:《冬雨·后记》,《读书》1980年7月号。
③④ 见王蒙:《文学与我——答〈花城〉编辑部××同志问》,《花城》1983年第4期。
⑤ 洁泯主编:《中国当代作家百人传》,求实出版社1986年版,第1页。

接解放,保卫北平的斗争"①。在这样的年代,王蒙的"最高理想是做一个职业革命家"②。

　　1949年1月,北平解放后,王蒙开始担任某学校的团支部书记。1949年3月,被调往新民主主义青年团北平市工作委员会专职做团的工作。同年8月进中央团校学习政治理论。1950年5月在中央团校学习期满后,分配到新民主主义青年团北京市第三区(后改为东四区)工作委员会工作,一直到1956年。从担任干事开始,到担任东四区团区委副书记,1956年12月又调到四机部有线电厂任团委副书记,开始迈出了他向往已久的"职业革命家"的第一步。这时的新中国,如一轮喷薄欲出的红日在世界的东方放射出青春的朝霞,天空仿佛飘游着缤纷的云彩,没有一丝阴云,大地犹如鲜花盛开的仙苑,没有一角沙漠和荒原。大规模的经济建设正在展开,年轻的共和国蒸蒸日上、欣欣向荣。王蒙对此深有感触地说:"在中国翻天覆地、高唱革命凯歌行进的年代成长起来的少年—青年人的精神风貌是非常动人和迷人的,特别是其中那些政治上相当早熟的'少年布尔什维克',给我终生难忘的印象。当然,我自己也是其中的一个。"③火热的年代、火热的生活感染着激荡着热爱生活有着火热的心的人们,革命使中国发生了地覆天翻的变化,也点燃了王蒙胸中创作的圣火,掀动了诗人如潮澎湃汹涌的情感巨澜。从1953年11月起,19岁的青年团干部王蒙,不顾白天繁忙工作的劳累,在夜深人静之际,怀着隐秘而渴望的心情,以旺盛的精力悄悄地开始了决定此后一生的写作生涯。

　　经过1年零4个月的业余奋斗,长篇小说《青春万岁》的初稿终于写出来了。王蒙这匹初闯文学殿堂便创作长篇小说的千里马幸运地遇到了文坛伯乐。1955年9月,在中国青年出版社的编辑、作家吴小武(即萧也牧)和老作家萧殷的肯定和帮助下,《青春万

---

①②③　见王蒙:《文学与我——答〈花城〉编辑部××同志问》,《花城》1983年第4期。

岁》于1956年6月修改定稿。但这并不是王蒙的处女作。早在王蒙动笔写作《青春万岁》的时候起,王蒙就与文学这位"灰姑娘"结下了不解之缘。刊登在《人民文学》1955年第11期上的儿童文学作品《小豆儿》是王蒙第一次正式发表的小说。王蒙借此以儿童文学作者的身份参加了1956年4月召开的全国青年文学创作会议。在此之前的1956年初,王蒙又发表了格调清新的短篇小说《春节》。至此,王蒙大有一发不可收、势如破竹的创作态势。在参加了全国青年文学创作会议以后,在同年第9期的《人民文学》上,王蒙发表了具有强烈反响从而奠定了王蒙在当代文坛地位的小说《组织部新来的青年人》(原名《组织部来了个年轻人》)。在这部作品中,王蒙对革命队伍中存在的思想僵化、形式主义、文牍主义、拖拉作风、官僚主义等种种不良现象进行了善意的批评。小说发表后,舆论大哗,犹如一块巨石投进了平静的湖面,激起了层层涟漪、朵朵浪花,王蒙因此在文坛上早负盛名,王蒙及其作品也成了人们争论与注目的焦点。刚开始,争论的气氛还是比较正常、客观的,但由于受当时社会政治气候的波及,对王蒙及其作品的讨论,一度受到毛泽东的高度关注和明确表态[1],一时间使初登文坛的王蒙一夜间名声大噪。但尽管如此,到了1958年反右斗争的扫尾阶段,天真的王蒙还是因"向党交心,交出许多错误思想"[2]而被"扫"进了右派的行列,正准备付印的《青春万岁》也因之未能印刷。

在社会主义文学大道上正准备奋蹄驰骋的千里马,被枷上了无情的羁绊,年轻人火热的创作热情遭到了现实空前的冷酷对待,王蒙被迫搁下神圣的文学之笔,开始了对他一生具有重大影响的难忘难记的另一种生活——一个失去了诗的诗人在伊犁河畔的生活。

---

[1] 毛泽东:《同文艺界代表的谈话》,《毛泽东文集》第7卷,人民出版社1999年版,第255页。
[2] 黎之:《回忆与思考——1957年纪事》,《新文学史料》1999年第3期。

二、"放逐"伊犁河畔的诗人

一个年仅 24 岁却有着 10 年党龄的共产党员,一个从少年时代就决心将自己的一切无条件地奉献给壮丽的共产主义事业的革命者,一个准备在新中国的文苑里引吭高歌的诗人,在 1957 年"反右"的凄风苦雨尾声,一夜之间由红色的主人变成了"反党反社会主义的资产阶级右派分子",含苞待放的鲜花成了害人的毒草,这对任何人来说都是不可思议、也是难以忍受的事。"不管是荣膺斯大林文学奖的女小说家丁玲,还是文学大师冯雪峰,以及其他一些知识分子,他们不是想扭转社会主义的发展方向,而只不过是反对现实中确实存在的错误。"[1]王蒙更是如此。思想上,王蒙感到迷惑不解,情感上,王蒙觉得万分痛苦。然而,磨难并不能改变王蒙心中神圣的信仰。他总觉得党和人民是伟大的母亲,自己作为她膝下的一个孩子,肯定是自己做错了事,因而他觉得自己深深地辜负了党和人民的养育之恩,他决心用劳动的汗水来洗刷自己的灵魂,彻底地改造自己,以实际行动改正自己的错误。为此,王蒙被扫进"右派"行列后,从 1958 年到 1962 年,在被下放到北京远郊斋堂地区进行"劳动改造"的日子里,虽然两三个月经允许才能够回北京市休假一次,但他有时甚至连休息日也常常不回家。这种情形前后达 5 年之久,其间王蒙被迫中断艺术创作。

1961 年底,王蒙被摘掉了右派"帽子",暂时回到了人民队伍中。此时,王蒙心灵的创伤有些愈合,觉得生活的阳光重新又照到了自己的身上,党和人民并没有抛弃自己的赤子。他兴奋地写下了一首题为"鸟儿"的短诗,真诚地抒发了自己被遏抑了 4 年之久的创

---

[1] [匈牙利]巴拉奇·代内什著,阙思静、季叶译《邓小平》,解放军出版社 1988 年版,第 137 页。

作激情：

> 不，不能够没有鸟儿的翅膀，
> 不能够没有勇敢的飞翔，
> 不能够没有天空的召唤，
> 不然，生活是多么荒凉。

1962年9月，王蒙被分配到北京师范学院中文系教现代文学。这时，在"文艺八条"开始实行之后，王蒙又发表了小说《夜雨》和《眼睛》。同时，也许是由于教学的需要，王蒙开始了学术研究，这方面的论文是王蒙此时写的《〈雪〉的联想》。然而，文艺界好景不长，刚刚展露的一丝生机又被无情的阴霾遮蔽了，王蒙迫于形势的冷峻再度无奈地停止了创作。

对于一个热爱人民、热爱生活，渴望为党和人民多作贡献的作家来说，被剥夺了创作的自由，其哀莫过于此。然而，山不转水转，一方水土一方天。枝上柳绵吹又少，天涯何处无芳草。王蒙的身心呼唤着自由的天地。1963年10月，在中国文联举办的一期读书会上，像隐身于运河岸边的瓜棚柳巷中的刘绍棠一样，王蒙向有关领导提出了希望到最艰苦的边疆和农村去深入生活、改造思想以写出新的作品的要求。这个要求得到批准后，1963年12月28日，王蒙举家迁到了新疆的乌鲁木齐。然而，树欲静而风不止。在全国范围内不久开始的"文艺整风"，使远离政治漩涡中心的王蒙也因目标过于引人注目而未能幸免。新疆维吾尔自治区文联原打算让王蒙做文艺刊物的编辑工作也无法进行，在越来越紧张的政治气候和文艺政策高压下，王蒙只得借"文艺工作者要到基层去，深入生活，走一辈子和工农相结合的光明大道"这样一个"理直气壮"的名义带工资下放，而美其名曰"锻炼改造"[①]。1965年，王蒙

---

① 方蕤：《我与王蒙》，广西教育出版社1998年版，第39页。

带着行李来到了新疆生产、生活条件较好的伊犁地区巴彦岱公社二大队一小队,开始了新疆生活——一个被"放逐"的失去了诗的诗人在伊犁河畔一座"虚掩的小土院"里所度过的"逍遥游"式的生活。

如同苏州的小巷之于陆文夫、北大荒那片神奇的土地之于梁晓声、青枝绿叶掩映的瓜棚柳巷旁的运河之于刘绍棠、迷人的海之于邓刚、那一段充满辛酸的蹉跎岁月之于叶辛、黄土高坡之于贾平凹、南方的大林莽之于孔捷生一样,在伊犁河谷的生活,在王蒙的人生旅途中,是属于非常时期的一段"非常难忘的、奇特的与珍贵的"①重要生活事实。然而,在现今的王蒙研究领域中,往往忽略了王蒙在新疆,尤其是在伊犁河谷这段生活。就像一个福克纳的研究专家,如果他不懂美国与美国的南方,不懂他的像邮票一样大小的家乡,不懂给他的生活留下了终生难忘的印象的某个地方,就不能全面而科学地评价与探索其人其作一样,一个真正的全面的王蒙小说的研究者,应该懂得新疆,懂得伊犁河谷,懂得那里的文化状况。"因为小说不仅仅是小说,它首先是一种生活经验、一种生活感知、一种生活判断、一种生活寓意的跨越、一种生活(或人类或宇宙)的情绪与记忆。"②

王蒙虽然在一种特定的社会时代背景下对自身的生存环境作了一个不失为聪明的选择,来到了祖上曾经有过重要影响、而今又远离政治旋涡中心的祖国边陲伊犁。但是,在人地两生、语言不通的完全陌生的环境中,处于而立之期正准备大显才华的王蒙,并未因暂时有了避风的栖身之所而愉快,在只有一对小燕子前来光顾的一间破旧的小土屋中,孤寂中的王蒙也曾一度产生过剪不断、理还乱的烦恼和痛苦,有一段时间,他常常做噩梦、失眠,甚至哭泣,他也曾拼命地打麻将借此摆脱自己内心的郁闷。因为这种生活本

---

① 王蒙:《〈在伊犁——淡灰色的眼珠〉后记》,作家出版社1984年版,第322页。
② 周政保:《关于〈杂色〉的"杂谈"》,《当代作家评论》1987年第2期,第36页。

身并不是他所愿意过的生活,在他内心深处,同时也流露出一种潜在的对抗和心理的厌倦。

从表面来看,王蒙在1957年以后乃至在"文革"以后的边陲生活中,他的遭际似乎比胡风、丁玲、张贤亮、从维熙们要好一些。但是,如果从心灵实际受到的创伤和窒息的程度来看,王蒙的遭遇中似乎独具着一种看不见、说不清的残酷存在。监狱、苦役、肉体等非人的折磨,具有一种逼人紧张起生命的全力以赴的显著的对抗性,它们带来的是锐利的精神痛苦,造成的是章永璘那样的白天为生存而挣扎、暗夜为痛苦而噬心,造成的是思想上的紧张,甚至是神经质、变态狂。而王蒙就像古希腊神话中的国王坦塔罗斯的遭际一样,始终带着被从党和人民的肌体上切除的充满生机和活力的鲜肉所感到的创痛,怀着重新回到党和人民的队伍中来的坚定的希望,却从充满现代感的都市之中被抛掷到漫长的、无所作为的、与世隔绝的乡居生活中,在既很平庸又绝非寻常,无聊里时现趣味,苦闷伴随着欢乐,寂寞拥抱着开朗,无可奈何而又不得不如此的矛盾岁月里,消磨着自己的雄心壮志,这种钝刀子割肉的难言滋味,闭塞、单调、平庸的生活,被遗忘角落中的孤独和寂寞,带给王蒙的是一种思想的窒息乃至死亡的危机,灵魂世界里所受到的普罗米修斯式的折磨,对于富于思想天性的王蒙来说,无疑是对其灵与肉施予的精神酷刑。

磨难出诗人。杰出的诗人,必有杰出的人品。欲作精金美玉的人品,定从烈火中锻过;思立掀天揭地的事功,须从薄冰上履过。不愤不启、不悱不发,水激而石鸣。在伊犁的初期生活,尽管王蒙有着难以言表的苦恼、陌生、孤寂和失落的沉重感,但他并没有因此而彻底消沉、垮掉,而是重新获得了新生。像张贤亮于逆境中钻研《资本论》、曲啸在铁窗中探究犯罪心理学一样,王蒙也充分利用现实生活中所具备的自然条件,抓紧一切机会,勤奋地学习维吾尔语。功夫不负有心人。一年后,王蒙终于能够与当地的维族社员进行正常的交际,而且能够读懂维文版高尔基的《在人间》等作品,后来又曾翻译了一些维语作品,如《奔腾在伊犁河上》等。

维吾尔语的掌握和运用,使王蒙不仅克服了现实生活中的语言鸿沟,而且在心灵世界里架起了一座通向维吾尔人思想感情的桥梁,由此加深了同当地维族干部和群众的联系和友谊,同时也以自身强大的吸收能力兼容了维吾尔文化传统。在这里,他找到了长着一双惊人的淡灰色的眼珠的美丽姑娘阿丽娅,找到了亲爱而又可怜的穆罕默德·阿麦德,找到了能酿出初尝如醋如盐如酸再品如醍醐灌顶的美妙气味的醇酒的穆敏老爹,连类似鼎鼎大名的莱提甫科兹克威和马尔克傻朗那样的民间幽默大师和艾克兰穆这样维吾尔人的歌神也都成了王蒙的好朋友。在这里,边疆的群众也把他当作自己受难的兄弟,在他孤独的时候给他以温暖,迷惘的时候给他以依靠,苦恼的时候给他以希望,焦虑的时候给他以安慰,甚至连一般不请外人参加的、带有宗教色彩的"乃孜尔"也都请他参加。维吾尔族人民乐观、幽默的传统以及他们应付、调侃、戏谑生活中的各种怪诞现象并游戏其中的情思,启迪、感染着王蒙。自喻为智慧眼睛里的黑眸子的维吾尔族人民以自己的生活智慧帮助了王蒙,给了王蒙与乱世周旋的能力,也巩固、深化了王蒙对人、对生活、对世界的观念与信心。同时,边疆美丽旖旎的自然风光和少数民族人民所独具风采的生活,也大大地开阔了王蒙的胸襟。学会了维吾尔语的王蒙,如鱼得水,抛弃了孤独与寂寞,重又感到了生活的充实与美好,也正是这块博大而深厚的土地,重又赋予了王蒙"以新的经验、新的乐趣、新的知识、新的更加朴素与更加健康的态度与观念"[1]。

这一切,使得王蒙于乱世所摒弃的角落获得了一种生存的空

---

[1] 王蒙:《故乡行——重访巴彦岱》,《在伊犁——淡灰色的眼珠》,作家出版社1984年版,第1页。

隙和回味世事的余暇,于逍遥游的状态中,幸运地得到了一种超然物外的清醒,耳闻目睹的新生活使他慢慢地涵养出能够接受看取社会与人生的幽默方式的思想基质。维吾尔文化对王蒙的个性、人生观、思维方式、表情达意的方式等都自觉或不自觉地产生了或隐或显的影响。就气质、个性而言,王蒙于一个职业革命家的严肃、方正之中接受并消融了维吾尔文化中的诙谐、幽默和机智;就生活信仰而言,王蒙于坚定、执著的生活信仰中形成了避人而不避世、干预而不介入的宽容、豁达的人生观和生活观;就思维方式而言,王蒙由直线的单向式思维发展到曲线、迂回的多向自我平衡;就情感表达方式而言,王蒙单纯、明朗、热烈的挚爱化为自我嘲笑、自我诘难式的冷峻;就个人文化心态而言,王蒙身上汉文化的正统儒家思想中交融并积淀了维吾尔文化的内蕴精髓。这些因素又融合交汇,影响到王蒙此后、特别是新时期文艺实践的各个环节和艺术创作的对象上以及王蒙后半生的整个生命中。这其中的一个重要影响,也是为王蒙研究者所忽视的就是维吾尔文化传统中的认识论方法对王蒙的深刻影响。这种认识论的方法,一方面强调"以健全的感觉认识世界,即以人类所特有的听觉、视觉、味觉、嗅觉等能力,去直觉地认识事物"[①];另一方面又要求在"以诚实的传达去了解世界"的基础上,强调"以理性去认识世界,即通过运用人类的思维、逻辑判断、推理论证等能力,对事物进行理性的思考、推证和判断,从而对超感觉的事物和整个世界进行全面的认识"[②]。王蒙在后来复出后,既推崇艺术直觉、坚信艺术的直觉、艺术的感觉在文学创作中的重要作用,大胆运用"意识流"手法进行创作,同时,又在现实主义的旗帜下,主张广泛的真实性原则,针对我国文学界长期存在的不重视形象思维的特点和忽视创作规律的错误倾向,

---

[①②] 王志远主编,赛尔德·伊布拉欣·铁国玺、易卜拉欣·冯今源著《伊斯兰教文化百问》,今日中国出版社1989年版,第54~55页。

王蒙始终没有忘情于概念的运用和迷人的逻辑推理。这里面,可以窥见维吾尔文化对王蒙的深刻影响。

宝剑锋从磨砺出,梅花香自苦寒来。在深入人民的艰苦岁月里,非但没有使王蒙泯灭理想和放弃执著的追求,相反,却使他对生活的认识更加深刻、清醒和辩证。他性格中原本不显眼的幽默和诙谐的因素,变成了他性格中占显著地位的东西,成了他生活中"不可或缺的一条支干"①。也正是"在生活的最底层,在最边远的地方,与人民同甘苦、共呼吸,站在人民的立场看那些年的戏法魔术、风云变幻、翻手云雨,孰是孰非、孰胜孰败,洞若观火"②,并认识到了真正的伟大和崇高。王蒙自身主体意识中政治家的责任感与艺术家、诗人的气质也日臻成熟。政治家的责任感迫使王蒙在选择创作题材的时候,更多的是从社会政治的角度去透视生活;而艺术家、诗人的气质,又促使他时时要表现自我对时代、社会和具体的生活环境、生活经历的心灵体验,表现一个艺术家、诗人对人类意识的各个层面及人的本体的探索和追踪。王蒙这块未经雕琢的璞玉因此完成了炼狱的历程而至精至纯,使他既植根于现实的世界,又没有忘记"这个世界是可以当作一幅画来欣赏的"③。混乱的思路重新获得了清晰,王蒙的身心都获得了一个新的飞跃。

这段边疆的生活,使王蒙如同一棵活在绝顶上、经受了日晒风吹的大树,脆弱的枝条被雨打风吹去,吸取大自然的乳汁而使自己根深蒂固。王蒙在苦难之中找到了生活的蜜汁,在困境中发现了真正生活的通途,在挫折中获得了避免再次失败的经验。王蒙用痛苦制造出医治痛苦的良药,在锤打中炼就一副坚硬的铁骨,获得了生活的真谛:文学与革命天生的是一致不可分割的,对于青春、

---

① 王蒙、晓立:《关于创作的通信》,《文学评论》1980年第6期。
② 王蒙:《我在寻找什么》,《文艺报》1980年第10期。
③ 朱光潜:《朱光潜美学论文集》第1卷,上海文艺出版社1982年版,第20页。

对于爱情、对于生活的信念,革命的原则与理想,必须忠贞不渝、一往情深。正是这种历尽苦难而痴情不改的对党、对人民、对生活的爱,重又召唤出王蒙心中的诗情:

> 死死生生血未冷,
> 风风雨雨志弥坚。
> 春光唱彻方无憾,
> 犹有微躯献塞边。

> 蚕豆花开苦豆锄,
> 蔷薇初谢马兰疏。
> 家家列队歌航海,
> 户户磨镰迎夏熟。

> 濯脚泉边听水声,
> 饮茶瓜下爱凉棚。
> 犍牛傲客哞哞里,
> 乳燕多情款款中。

> 青山青水绕青场,
> 果海瓜山土亦香。
> 八月伊犁风物好,
> 叫人浑不忆家乡。

诗言志。从第一首诗里面,不难看出陶渊明"刑天舞干戚,猛志固常在"的"金刚怒目式"的诗人精蕴,而后三首又萦绕着陶渊明"结庐在人静,而无车马喧"的田园环境中所产生的"心远地自偏"式的恬淡与静谧。这无疑是王蒙在边疆生活的真实写照。这段边疆生活在带有王蒙自传性质的《季节》系列长篇小说《狂欢的季节》中有着精彩的描述。

王蒙爱恋着新疆,新疆的人民也关心、爱护着他。1971年,当自治区文联通知王蒙去干校劳动时,大队党支部书记阿西穆·玉素福依依不舍地对他说,他们如果不欢迎你,我们欢迎你;他们如果不要你,我们要你。你需要什么告诉我们,要准迁证,我们给你开,要房子我们也给你盖,一切困难,我们解决。这种生活的热流和人民的心声,使王蒙坚定了生活的热情和勇气,迎来了阴霾驱散、阳光重照,迎来了中国历史上伟大的新时期。王蒙,这朵饱经了人生历史雨雪风霜的蓓蕾,终于再度绽开了浓香馥郁的文学之花。

三、梅开二度的文坛鲜花

王蒙在伊犁从1965年到1971年的"劳动锻炼"之后,又上了两年五七干校,于1973年初回到乌鲁木齐,先后在新疆维吾尔自治区文化局、文联担任编辑和翻译工作,利用这个机会,开始创作了反映新疆农村生活的长篇小说《这边风景》,并于1975年调到自治区文艺创作研究室工作。

粉碎"四人帮"以后,王蒙内心感到欣喜若狂,觉得充满了新的希望的新时期开始了。在拨乱反正的年代,王蒙尽管自己身上还有历史遗留的问题没有得到解决,但他并没有因此而观望、徘徊和犹豫,他时刻也没有忘记自己作为一个作家的责任和使命,重又悄悄地拿起了被搁置多年的创作之笔,并于1978年发表了《队长、书记、野猫和半截筷子的故事》、《最宝贵的》、《光明》等短篇小说。由于此时王蒙的问题还没有得到彻底解决,他也感到自己的小说创作也还是相当拘谨的。但是,在《最宝贵的》结尾中所写的严一行的内心独白里,王蒙已经融铸了自己的血泪。那就是要"找回那颗火热的、跳动的心,并且把它铸炼得更成熟坚强","要清理废墟,建设起最新、最美、防洪防震的社会主义大厦"。就是为了祖国的繁荣和富强,为了年青一代的健康成长,王蒙要"唱出自己给时代和青年们的歌"①。

随着拨乱反正的彻底进行、思想解放运动的不断发展,关于真理标准讨论的深入普及,特别是在党的十一届三中全会以后,党和国家的政治、经济、文化、生活等各个方面都走上了正轨。1979年2月,在沉冤20余年后,王蒙的右派问题终于得到了彻底的平反,从北京市委开出的迟开了16年的党员组织关系介绍信中,王蒙又重新获得了创作和发表作品的权利。同年6月,王蒙举家迁回了阔别16载的北京,重新回到了北京作家协会的专业作家队伍,年底,在第四次文代会上王蒙被选为中国作家协会第三届理事会理事。十年一觉文坛梦,几多风雨几多情。蓦然回首,王蒙觉得自己"50年代的写作,好像只是我们这一代人从事文学活动的一个序幕。经过20年的锻炼和丰富,我们的文学生活现在开始了"②。王蒙内心被压抑了多年的创作激情终于以火山爆发般的滚烫热流倾泻而出,王蒙这个此时已过了不惑之年的壮汉重又焕发出青春的光彩,向文学这位自己年轻时曾经拥有、一度被迫失散、历尽磨难而重新相聚的恋人倾吐了澎湃深情,以梅开"二度"的绚丽与芬芳为社会主义的新时期文苑锦上添花。"学而后知不足,写而后知不会写,不会写也要写,是谓知其不可而为之。为之,于是有了一切。"③这发自肺腑的言语,充分显示了王蒙执著的创作态度和勤奋的创造精神。和早期文学实践活动相比较,复出文坛以后,王蒙

---

① 雷达:《"春光唱彻方无憾"——访作家王蒙》,《文艺报》1979年第4期,第34页。
② 刘淮、郓瑢:《为了塑造更丰富、更美丽的灵魂——评王蒙近作的新探索》,《北京师院学报》1980年第4期,第40页。
③ 王蒙:《中国作家》1986年第1期封二题词。

文艺实践最突出的标志是,以自己的勤奋创作,写出了令人瞩目的作品,大大地丰富了新时期的文学创作实绩。他不仅在自己擅长的小说创作方面进行了震动文坛的艺术试验,取得了卓著的成绩,而且在新时期的文苑广种博收,在散文、诗歌、报告文学、文学评论、学术研究等领域进行了全方位的创作,形成了独树一帜的王蒙式语言、王蒙式批评、王蒙式风格,其中的一些重要作品被译成多种文字在世界许多国家出版。透过王蒙的作品,可以触摸到艺术家进行艺术创造时的火热的心,把握艺术家与时代同步运行的活跃的脉搏。王蒙在文学园地的辛勤耕耘,获得了大面积的丰收,王蒙的地位也因此发生了深刻的变化。

王蒙先后担任了《北京文学》副主编、《丑小鸭》编委等职,并于1983年7月就任《人民文学》主编。同时,王蒙在文艺实践中发现"自己完全可以边办自己所喜爱的刊物,同时又可写自己所喜欢写的小说"①。从1981年起任中国作协书记处书记、国际笔会中国中心副会长,1982年9月列席党的第十二次全国代表大会,当选为第十二届中央候补委员。1985年当选为中国作家协会常务副主席,同年9月参加了中共全国代表会议当选为中共第十二届中央委员。这期间,随着中国政治、经济的改革、开放,中外文化交流的日益加强,王蒙也多次走出国门。先后于1982年5月访问墨西哥,于1984年出访前苏联,于1980年6月、1985年6月两次访问德国,于1980年8月、1982年5月和1986年1月三次赴美国进行访问、讲学和笔会活动,并于1986年5月至1989年9月就任中华人民共和国文化部部长,兼任中国艺术研究院院长。此后,王蒙一直担任中国人民政治协商会议全国委员会常务委员、中国作家协会副主席、国际笔会中国中心副会长、中国少数民族文化艺术基金会会长,先后被南京大学等多所国内著名高等院校聘为教授,2002

---

① 王蒙:《文学与我——答〈花城〉编辑部××同志问》,《花城》1983年第4期。

年4月被青岛海洋大学(现中国海洋大学)聘为教授、顾问和文学院院长,在2002年底被评为该年度"文学先生"。

巨人呼唤着时代,时代选择着巨人。从内地到边疆,从城市到乡村,从汉民族到兄弟民族,从中国到外国,从意气风发的少年布尔什维克到默默无闻的农民干部,从普通知识分子到显赫一时的高级干部、闻名中外的人文学者,这一系列的生活经历极大地充实、丰富了王蒙的生活经验和见闻,开阔了王蒙的艺术眼界和思维视野。这既是生活对王蒙的偏爱与恩赐,也是时代、社会、历史的必然选择。它赋予了王蒙职业革命家的基质、社会活动家的风度、艺术家的诗人气质和教育家的人文情怀等多重传奇色彩。尽管如此,"王蒙还是王蒙。依旧是布尔什维克,但是一个清醒的、经过各种磨炼的布尔什维克。依旧是一个赤子,但是一个成熟的赤子。依旧心头热血奔流,但不会再为生活中美丽而晃眼的假象所迷惑,单纯又傻气地冲动起来。依旧充满社会责任心,但他更懂得这种责任的严峻性和怎样去尽自己的职责。"[1]这些因素的交融与碰撞,必然直接地作用于艺术家的心灵,冲击着王蒙所赖以维系的艺术大厦,使他艺术观念的基石于旋转翻变的不断升腾中趋向新的静谧与平衡。

---

[1] 冯骥才:《话说王蒙》,《文汇月刊》1982年第7期。

第二章 王蒙文学观念论

伟大的艺术创造都是以深刻的艺术观念为灵魂和动力的。研究某一时期的文学创作状况,探讨、分析、评价某一作家或文学现象,必须探源于他们的艺术观念;反之,对某一作家或某一文学现象进行文学观念的探讨,也有助于对文学的发展和作家的创作发生指导性的作用和意义。作为同一创作主体的不同侧面,王蒙的艺术观念与艺术创作是无法、也不可能截然分开,实际上常常是相互成为对方的有力的佐证的。

回顾新时期文学的发展道路,在由刘心武的《班主任》、卢新华的《伤痕》为滥觞,大张旗鼓地掀起的"伤痕文学"浪潮中,王蒙也悄悄地写下了《最宝贵的》、《歌神》等作品;在把盛极一时的"伤痕文学"推向又一高潮的报告文学《人妖之间》出世之际,王蒙发表了《悠悠寸草心》、《说客盈门》与之相呼应。然而,千古传诵的黄鹤楼由于有"崔颢题诗在前头",所以,就连李白这样的诗仙也感到无可奈何,不得不发出"眼前有景道不得"这样的望楼兴叹之语。同样,王蒙的上述作品,毋庸讳言,无论是内涵深度还是艺术技巧亦或是读者效应等诸方面,都没有超过前者,而只能屈居其后甚至连平分秋色也不可能。这对于在文坛上早负盛名的王蒙来说是不能忍受的。同时,故国八千里、风云三十年,巨大时空跨度上的风霜雨雪电闪雷鸣,复杂多变的生活经历、生活印象和生活感受,尤其是王蒙举家从新疆返回北京后重新获得的生活契机所赋予王蒙的独特的生活体验和内心感受,使蕴藏于王蒙心中的生活天地广阔而深厚,充分奠定了王蒙创作素材的坚实基础。这些因素极大地激发、膨胀了王蒙的艺术创作活力。面对生机勃勃的新时期文学的原野,革命工作者的气质和诗人的气质这对矛盾的统一体,驱使王蒙出于一种本能的紧迫感和对生活抑制不住的激情而不安于长久承袭固有的艺术传统模式,转而积极寻找足以纵横自如地充分发挥自己特质的艺术载体以表现自己的艺术观念、艺术形式和艺术风格。也由于新的历史时期文艺潮流大解放的历史趋势与外来文学的触目惊心等因素的综合影响,这更使王蒙处于身外文学思潮强烈冲击的外迫力与身内艺术因子躁动的内驱力的合力交绥的困窘、阵痛之中。居此二难境地,不进则退,别无选择,这对于革命和文学复归于统一、灵魂和人格复归于统一的王蒙而言,既意味着艺术创造潜在的巨大危机,也包蕴着艺术创造再铸辉煌的可能与向往。王蒙无疑是坚定地指向后者的。因为"阵痛是新生命的准备,苦恼是新突破的序曲"①。对此,复出后的王蒙敏锐地认识到摆在他面前的一个艰巨的任务:那就是"寻找我自己。在茫茫的生活海洋,时间与空间的海洋,文学与艺术的海洋中,寻找我的位置、我的支持点、我的主题、我的题材、我的形式和风格"②。

经过对上下古今中外的艰苦求索,聪明的王蒙终于发现,当他按照五六十年代固有的一般现实主义的创作模式进行自己的艺术创作时,无论是写"伤痕文学"还是写"干预生活"的作品,他都无法、也不可能重新跻身新时期文学的先进行列,而只能趋于平庸与消亡。对此,王蒙对自己有深刻的体会和清醒的自觉,认为虽然"46岁的作者已经比21岁的作者复杂多了"③,但是,由于自己"早就被迫离开了'组织部',也不再是'年轻人'",因而"保持'组织

---

① 王蒙:《作家应无恙,当写世界殊》,《王蒙谈创作》,中国文联出版公司1983年版,第155页。
②③ 王蒙:《我在寻找什么》,《文艺报》1980年第10期。

部'的'年轻人'的风格,这是不可能也不必要的"①。这就促使王蒙必须解决来自创作主体的双重意识——意识到文学必须区别于改革现实的举措获得飞扬的品格,同时又意识到文学必须借助于现实生活的积累并具有求实、创新的态度——之间的矛盾,重新探觅一条适合自己个性驰骋的创作途径,进而在艺术观念的理路上进行深刻的思考和开掘。王蒙,最终终于找到了自己,找到了自己重新飞跃的坚实支点。这就是在"八千里"和"三十年"的广阔天地里经风雨、见世面所得到的"生聚和教训",就是"复杂化了的经历、思想、感情和生活需要复杂化了的形式"②。于是,在王蒙及其艺术世界的生活层面上,经过艰难的阵痛、寻觅、蜕变和再生,艺术世界的观念和内涵经作家主体的不断修正,其内涵不断得到深化、丰富、系统和圆满的发展,逐步形成了自己独具特征的文艺观。这具体表现在如下三个方面。

一、源于生活的文学立场

现实生活是文学的惟一源泉,文学是对生活的能动的反映,二者之间,"生活是左右文学发展的一个主要力量"③。这是马克思主义的基本文学思想。古今中外的文学现象表明,文学之花的灿烂开放,往往跟作家被卷入历史斗争的旋涡,深入生活的波涛之中,从而对现实生活获得强烈的印象和深刻的认识,并葆有充沛的激情和卓异的生活与艺术见解密切关联。始终把文学当作神圣、庄严、永恒和伟大的事业,主张作家要具有稳定的与正确的政治观点与艺术观点的王蒙,"从来不怀疑,也不否认文学是生活的反映"④,总认为"生活是第一性的,生活的丰富性决定了题材的多样

---

①②③　王蒙:《我在寻找什么》,《文艺报》1980年第10期。
④　王蒙:《漫谈小说创作》,中国文联出版公司1983年版,第13页。

第二章 王蒙文学观念论

性和手法的多样性"①。生活的变化必然促进文学的变化,这是王蒙一再阐发的唯物主义的文学思想。开拓、丰富、发展固有的文学观念,开阔现实主义文学的道路,是王蒙文学思想的基本出发点。这两方面的综合构成了王蒙一系列文学观念的核心精髓,王蒙文学观念的成熟与丰富经历了生活——文学与生活——文学观念的发展过程。

对于生活的认识,王蒙经历了一个由浅入深、由表及里、从感性到理性的认识过程。新中国的成立,对大多数人来讲,很难从"解放区的天是明朗的天"的时代情绪中分离出来。王蒙这位14岁就入党的少年布尔什维克,觉得新中国以后的生活,"是单纯的日子,也是多变的日子。浩大的世界,样样叫我们好惊奇,从来都兴高采烈,从来不淡漠,眼泪、欢笑、深思,全是第一次。"②然而,生活道路是曲折多变、充满荆棘和鲜花的诱人探索之路。在经历了一系列的磨砺后,王蒙改变了认为生活道路坦荡平直、天空蔚蓝无雨一片晴和的单纯看法,逐步产生了清醒而辩证的深刻认识。"生活是杂色的,不是单色","是一种多味的饴"③,是一个深的湖。基于这种深刻的对于生活的感性认识,作为具体社会生活中的作家,必然促使王蒙从理性的高度自觉地探讨文学的本质与生活的真谛。深入的探索使王蒙对于文学与生活的关系在认识上有了一系列的变化和发展。

出于想当一个职业革命家的理想,王蒙始终认为"文学与革命是天生地一致的和不可分割的"④。在王蒙的心目中,革命便是他生活的全部内容,而且认为其他人的生活也应该是这样的。因此,

---

① 王蒙:《文学与我——答〈花城〉编辑部××同志问》,《花城》1983年第4期。
② 王蒙:《〈青春万岁〉序诗》。
③ 王蒙:《倾听着生活的声息》,《文艺研究》1982年第1期。
④ 王蒙:《我在寻找什么》,见《王蒙小说报告文学选》自序》,北京出版社1981年版,第3页。

在王蒙的观念世界,革命便是生活,便是一切。"文学是革命的脉搏,革命的讯号,革命的良心;而革命是文学的主导,文学的灵魂,文学的源泉。"①"文学本身就代表着对于真、善、美的追求,对于光明的追求,代表着这种肯定、这种爱。"②文学"本身就是光明的化身,它应该成为火炬、成为明灯、成为璀璨的珠贝、成为闪亮的星"③。然而,生活中同样也存在着假、丑、恶,神圣的文学也混有"瞒"和"骗"的货色。单纯地歌颂是盲目的;一味地"暴露"也是不合理的。生活的转折和变化,使王蒙以辩证的发展的观点,重新调整、认识并坚定文学与生活的关系。于是,王蒙基于对生活与文学的感性认识,逐步进入理性把握阶段。

王蒙认为"文学是对生活的一种发现"④,"文学是生活的发展"⑤,认为既"善于在生活中发现文学,又善于在文学里头发现生活"⑥是作家的最基本的基本功。对此,他阐释说,所谓"在文学里头发现生活",就是读书、读文学作品的时候,"要从中和自己的生活、实践联系起来,从书本里头找到对我们生活的启示、鼓舞、温暖、经验、验证,将一些生活经验加以验证"。所谓"在生活中发现文学",就是要在生活实践中,以艺术家的眼光,发现生活中"有意义的、有价值的、美的、有魅力的、有趣的东西"⑦,并坚信"我们的文学只能来自生活,只有生活,才能产生文学,文学本身并不能产生文学",与此同时,也"只有把我们的视野放得很宽广,和整个社

---

① 王蒙:《我在寻找什么》,《〈王蒙小说报告文学选〉自序》,北京出版社1981年版,第4页。
②③ 王蒙:《生活、倾向、辩证法和文学》,《王蒙选集》第4卷,百花文艺出版社1985年版,第253页、第258页。引文出自此卷者,出版社、出版时间从略。
④⑤⑥⑦ 王蒙:《漫谈小说创作》,见王蒙著《王蒙谈创作》,中国文联出版公司1983年版,第1页、第6页、第2页。

会生活联系在一起,然后我们才能够从生活之中得到文学"①。王蒙的文学观念从单纯的"革命"的理想天空回到了"生活"的广袤深厚的土壤。

对于"所谓文学都是来自生活",王蒙的理解是:"作品的一切情节、人物、细节、结构、悬念、矛盾、冲突、戏剧性和非戏剧性,逻辑和非逻辑,虚构和非虚构,抒情和非抒情,无一不是来自生活。构成文学的因素,不管再奇、再巧、再大,它都来自生活的启发。一种结构非常严谨,因果关系非常明白的小说,是来自生活的启示。因为生活里头就是有矛盾,有冲突,你的作品才有矛盾、冲突,并收到情理之中、意料之外的艺术效果。当然生活也有偶然、巧合、悬念,这是生活本身包含的。什么悲喜交集、百感交集,都来自生活的启示。而另一方面戏剧性不那么强,写得比较平淡、甚至看起来还显得松散的作品也来自生活的启示,因为生活本身也包含着那些戏剧性不强、比较平淡、但也有美感的东西。"②

于是,王蒙扩大了文学的"生活"范畴,认为作为文学对象的生活,它既包含着物质的生活,也包含着精神的生活,既包含着客观世界,也包含着主观世界。处于具体生活实践过程中的人,由于自然有他的主观世界,有他的激情、愿望、想像、倾向、爱憎、理想甚至是梦幻,人们的主观世界、主观愿望、主观理想、主观要求,往往会与客观世界发生矛盾,所以,在这个意义上,"激情、愿望、倾向、理想、想像都是生活"③。这无疑打破了只注重客观生活而忽视主观生活的现实主义文学发展过程中的一个严重不良倾向,使文学表现的生活范围扩大到人类生活的全部领域,也为王蒙后来的一系列艺术主张和艺术创作奠定了初步的思想基础。因此,王蒙说文学是人在生活中有了发展之后,通过作家的、主观的、哲学与美学

---

① ② ③ 均见王蒙:《漫谈小说创作》,《王蒙谈创作》,中国文联出版公司1983年版,第3页。

的追求和理想,给生活增加了一点东西,文学因而"往往可以成为生活的一种补充,一种启示,可以成为生活的集中概括,也可以成为生活的一种探索、一种虚拟、一种新的排列组合"①。从这种理论观念出发,王蒙的艺术笔触得以向生活的纵深、向人的精神世界的最深处开掘,以自己的文艺实践修正现实主义理论、现实主义文学发展过程中的某些偏颇,并突出地表现在对于一些理论命题的大胆探索中。

如对"文学是生活的反映"这一基本的文艺观念,王蒙从另一面精辟地提出"只有人才是生活的主体"这一很有意义的思想。对于"人是一切社会关系的总和"这一马克思主义的经典命题,王蒙也鲜明地提出"每个人除了社会关系总和以外还是他自己,有他独特的心理与生理特征,独特的性格,独特的情感及表达情感的方式。每个人都有一个属于他自己的活的灵魂——他的爱、憎、希望和道德观念。如果不是这样,如果我们把马克思这个经典命题夸大、绝对化,使之变成人们惟一的无所不包的和排他的意义,认为人的属性只能是社会关系的属性,认为人只是社会关系的被动的、僵化的符号,那就势必产生文学人物的类型化,一个阶级一个典型;势必用社会分类学来代替作家独具匠心的艺术创造"②。因为,在王蒙看来,现实主义就是我们的文学来自对生活的发展,同时它又是对生活的发展,它能够成为生活的一种补充、力量和启发,现实主义可以以生活的本来面貌来反映生活。所以,对于有人把现实主义解释为就是应以生活的本来面貌反映生活的观点,王蒙对此表示不敢苟同。

如果说王蒙在对其亲历的丰富的生活感性认识基础上,在对文学与生活关系的理性把握下,在开放、发展的观念变革中走出单

---

① 王蒙:《漫谈小说创作》,《王蒙谈创作》,中国文联出版公司,1983年版,第6页。
② 王蒙:《漫谈文学的对象与功能》,《延河》1980年第4期。

一、封闭、褊狭的文学观念世界,使自己的文学观念逐步得到确立和发展的话,那么,随着新时期的历史发展尤其是人文环境的显著变化,由于作家主体意识的觉醒和不断的努力探索,也由于社会学、文化学、人类学、心理学、接受美学、生命哲学、信息论、系统论等等当代中外文学思潮、价值观念和方法论的影响,王蒙由原来直线式、单向的观念模式转而向多维的、哲学的辩证思维以及文学的本体回归,通过对已有文学观念的不断扬弃,使之全面、系统和理论化,从而产生了新的飞跃,达到更新一层的文学观念高度。这主要表现在王蒙提出的鲜明的"文学三元"论上。

王蒙认为,"文学正像世界一样,正像人类生活一样,具有非常单独的、不止一种特质"[1],"文学作品实际上往往是作家个人在一定的社会思潮、社会集团利益、社会生活的需求或社会发展变革的趋向的影响下,即在社会发展的客观规律的作用下,向广大社会公众的一个发言,一个'公报'。它是一种面向社会公众的诉说、报道、记载、吁请、辩解、提醒、透露、劝诫、激发、声明、宣传"[2]。因此,"从某种意义上看,文学也是一种公众言论,是社会言论社会舆论的一个组成部分,是历史动态的一个组成部分,是国情民忧民瘼的标志之一种,信号之一种,从而文学具有它的社会性、历史性、阶级性、新闻性"[3]。所以,在王蒙的文学观念范畴中,从"强调作家的深入社会生活、作家的积极的社会实践,强调作品的认识价值与教育意义,强调作品的倾向、主题思想的鲜明与深刻,强调现实主义的典型化原则,强调作品的时代性"[4]等等文学的社会性角度出发,首先认为"文学是一种社会现象。文学是社会的产物而又作用于社会"[5]。

其次,由于人是社会生活的主体,一方面具有求生存求幸福的基本需要,另一方面又具有追求知识追求真理的哲学、科学的探索需要,既有追求理想、民族主义、爱国主义等等宗教与非宗教的信

---

[1][2][3][4][5] 均见王蒙:《文学三元》,《文学评论》1987年第1期。

仰需要，又要求有一种公正合理性崇高的行为，以调节人际关系的道德需要，也就是人在物质生活和精神生活两方面都有自己的巨大需要并追求物质生活与精神生活的和谐、平衡与丰富，从而使人成为具有真正意义上的人。这一切都具体地包容于文化的内涵之中。文学之所以成为文学，恰恰是因为"文学常常能相当集中、相当多方面地体现文化思潮文化传统与文化心理"[①]。因此，"文化内涵决定了文学作品的独特的丰富性、多面性、全方位性。文学追求幸福也追求真理，追求信仰也追求道德，而且是以自己的独特的文化方式"[②]。所以，在王蒙的文学观念范畴中，从强调作家的文化修养特别是民族传统文化的修养、强调作品的永恒性审美价值、强调艺术形式的整体与独立性、强调语言的巨大意义、强调民族性与继承性等文学的文化性质出发，认为"文学又是一种文化现象"[③]。

然而，人毕竟是人，是一种生命的本体，具有孕育、出生、饥渴、消受、蓄积、活力、生长、发挥、兴奋、抑制、欢欣、痛苦、衰老、死亡的种种因子、种种特性、种种体验。生命本体因自身的发展而不断产生的满足与需要的本能在其内在的运动及与外界对象冲突中产生一种躁动不安的矛盾与痛苦。这些矛盾与痛苦，在现实生活中并不能全部得到缓和和解决。比如出生和死亡这一对奇特的而且又是任何人都无法回避的现象，"它们之所以奇特是因为它们同时既是经验又不是经验。我们只能从传闻中去了解它们。我们都出生过，但我们已记不起出生的情形，而生之始也是死之始。同样的，我们不知道死亡的情形。我们的最后经验，正如我们的最初经验一样，全凭臆测而来。我们在两个黑暗之间走动。……两个能助我们开启生死之谜的东西，婴儿和尸体，则不能告诉我们，因为他们传达经验的器官与我们的接受器官无法配合。所以，我们可以

[①][②][③] 均见王蒙：《文学三元》，《文学评论》1987年第1期。

说：人的生命是从一个他已经忘记的经验开始，并以一个他必须参与却不能了解的经验结束"①。然而，在文学作品中，人生的种种矛盾和需要，却能"得到表现、激发、共鸣、理解、疏导、安慰，得到仅仅从现实生活中不可能全部得到的满足"②。这样，从强调作家的主体作用、自我表现，强调人性，强调对于创作心理学与接受美学的研究等等人的生命现象的特质出发，王蒙认为"文学又是一种生命现象"③。

无论是认为文学是一种社会现象，还是认为文学是一种文化现象和生命现象，这丝毫不是意味着各种文学观的等量齐观，或者认为这三个层面可以截然分开，或者认为这三个层面同等重要，相反，王蒙要把文学这三个层面统一于作为文学的主体与客体的人身上的，因为所谓人者，就是社会的人、文化的人、是有生命有生有死的人。

正是基于这种充满辩证的分析与综合的开放、发展、全面的文学观念，王蒙在作家的责任与使命、文学的功能、文艺与政治的关系、歌颂与暴露等等一系列问题上，显示出了一种尽可能打破过分褊狭的排他性文学观的通达态度，使原来单纯、片面、肤浅的某些文学思想得以深化和发展。

在作家的使命、责任与文艺的功能上，王蒙认为："我们的文学既要起号角、刺刀和手榴弹的作用，又要起显微镜、望远镜和 X 光机的作用，还要起沟通人们的心、温暖人们的心、滋润人们的心灵的美酒和香茗的作用。"④强调作家是生活的主人，党的事业的主人，国家事业的主人。要以高度的责任感来写作，"要永远和人民

---

① 佛斯特：《小说面面观》，花城出版社 1987 年，第 38～39 页。
②③ 见王蒙：《文学三元》，《文学评论》1987 年第 1 期。
④ 王蒙：《我们的责任》，《王蒙选集》第 4 卷，第 209 页。

在一起、做人民的代言人"①,强调作家要有真知灼见和真情实感,作家要学者化等等。同时,为防止走向片面和极端,王蒙又坚决反对把作家驯化成获取或达到某种政治功利目的的工具或手段,认为虽然每个人都有社会责任,特别是作为拥有巨大影响的知识界的风流人物的作家更不应该忘记自己的社会责任,但他又强调指出在文艺创作和文艺批评过程中,我们不能无视作家的创作实践,不能无视不同时代不同国籍的广大读者——社会公众的阅读和欣赏实践,因此,他说:"如果认为种庄稼的人希望小说里充满五谷杂粮,做工的人希望小说里充满车铣镗刨,当领导的人希望小说里充满文件会议,那倒是不可思议了。"②因为"每个人都有自己的分工。造酒的人造好酒、种花的人种好了花便是大体尽了自己的社会责任,不一定是造酒的人必须兼管与外交使节碰杯,种花的人必须兼管向劳模献花"③。这就充分明确了文艺自身的功能和对象,作家的使命和责任,使其从单一、狭隘的政治功利目的回归到文学的自身。因此,有感于中国当代文学发展的实际,王蒙尖锐地指出,作家"真正的使命,与政治上的随风逐浪紧跟配合不是同义语。对于许多作家来说,社会洞察力与艺术洞察力紧密相关,思想创见与艺术上的创造性发现紧密相关,社会使命感与艺术使命感紧密相关"④。由此深入下去,王蒙进一步对文艺与政治的关系进行了探讨并提出了自己的观点。

文艺与政治的关系,这是涉及文学本质规律的一个重大问题。在我国文学史上,从诗的"兴、观、群、怨"到诗可以"知政事得失"再到"文以载道",不少文论家都强调过文艺与政治的关系。五四运动以来,中国民主革命一次又一次暴风骤雨式的阶级斗争,使人们的注意力集中于政治上,从"革命文学"运动到30年代的左翼文学

---

① 王蒙著《当你拿起笔》,北京出版社1981年版,第132页。
②③④ 见王蒙:《文学三元》,《文学评论》1987年第1期。

运动,都为革命斗争形势的需要所决定,无不强调文学要为无产阶级革命事业作出贡献。40年代初,毛泽东在《延安文艺座谈会上的讲话》中明确提出了"文艺是从属于政治的"命题。之后,人们又由此进一步提出了"文艺必须为无产阶级政治服务"的口号。显然,把文艺作为一种社会现象,从整体上看,它确实是不能脱离政治的。因为政治影响到每一个人的生活和情绪,便不能不影响到文艺创作,任何作家、艺术家都是具有一定的政治观点、立场、倾向和情绪的。即使在某些情况下,作家的政治观点、立场、倾向、情绪虽未在作品中明白流露,却也影响到他对于题材的选择和处理。在某种意义上说,没有倾向本身也正是一种倾向。所以,认为文艺可以脱离政治、远离政治,乃至遁入"为艺术而艺术"的象牙塔,这也是不符合实际的。然而,夸大某一方面的作用而忽视彼此相关的另一方面,同样也是不正确的。在这一点上,由于中国革命的本身的复杂性,使"文艺为政治服务"观点的确立和形成具有其深刻的历史原因,而且在发挥文艺为革命事业服务的战斗作用等方面,曾产生过一定的积极作用,这是不容忽视的。尽管如此,随着社会历史形势的变化和文艺本身的发展,事实上,我国文学在很长一段时期是过分强调文艺为政治服务、追求文艺的政治功利目的的,这样便逐渐显现出它的重大局限甚至走向了它的极端与荒谬。从50年代末期开始,由于实际工作中的"左倾"错误愈演愈烈及至发展到空前的"文革"浩劫,"神圣、永恒的、郑重和伟大的文学变成了渺小的、软弱的、可怜的、任人宰割、任人驱使的文学"[①]。文学名存实亡,文学"它不过是舞文弄墨的雕虫小技!它不过是自欺欺人的信口开河!它不过是权力的奴婢!它不过是附在大人物的皮上

[①] 王蒙:《我在寻找什么》,《〈王蒙小说报告文学选〉自序》,北京出版社1981年版,第5页。

的一撮毛"①。在这种情况下,"文学果然也成了卑鄙的了,它满纸谎言,它欺骗和麻醉人民,它变成了黑店人肉包子里的蒙汗药,变成了刽子手杀人时的遮羞布,变成了造谣和诽谤,变成了阴谋整人的小花招"②。之所以会发生这种咄咄怪现象,究其原因,一方面是对文艺与政治的关系教条、机械、片面的理解,忽视文艺的特性及其多方面的社会作用,将文艺降为政治的附庸所致;另一方面也是把文艺为政治服务理解得过于褊狭,要求文艺完全无条件地服从于一定时期的路线、方针和政策,"写中心、画中心、唱中心"、"三突出",严重地歪曲了文艺与政治的关系。有感于此,王蒙认为:"政治是挂帅的,但是'帅'不可能深入到每一个壕沟、阵地,'帅'一般地更不可能深入敌后。……图解长官意志;浮夸的(实际上助长了阿谀之风)歌颂太平;虚假的矛盾;赶浪头的题材……不但破坏了艺术,也破坏了思想性,降低了、妨碍了艺术为人民服务的巨大功能,它们已经理所当然地愈来愈受到读者的厌恶与摒弃。"③因此,对于中国当代文学中曾经出现过的上述怪现象,王蒙进行了如下的理论概括:"本质论"和"主流论"即亲眼所见的,总是表面现象,而高于实际的才是本质和主流,因此表面现象不可写;"根本任务论"即必须塑造"英雄人物"而"生活不过是英雄人物的景衬,英雄的标准又是'高大完美'、'没有缺点'、'无产阶级性的集中表现'";"唯歌颂论"即"他们要求文学作品中反映出来的生活要和预定的模式相符合"。王蒙认为这几种文学现象,都是背离现实主义的,是反真实的。因此,王蒙针对现实主义文学的真实性命题,阐述了自己的观点,从我国现实主义文学的发展实际出发,提出了现实主义文学多样化的真实性原则。

---

①② 王蒙:《我在寻找什么》,《〈王蒙小说报告文学选〉自序》,北京出版社1981年版,第5页。
③ 王蒙:《作家应有真知灼见和真情实感》,《王蒙选集》第4卷,第203页。

从辩证唯物主义和历史唯物主义的观点来看,真实性是属于现实主义文学范畴的,现实主义作为一种创作方法或原则,又是历史的和发展的。在中国现当代文学发展史上,"五四"时期以鲁迅为代表体现了中国现代文学发轫期的现实主义主潮。从30年代"社会主义现实主义"提出以来,以马克思主义世界观为指导的革命现实主义,在我国无产阶级革命文艺创作中,日益成为文学的主流。由于它强调"真实地再现典型环境中的典型人物",即在历史地、具体地描写矛盾对立的现实关系中,努力把握现实的革命发展,从中隐蔽地显示出作者的倾向性。因而,在事实上,许多革命作家在他们的创作中,不仅都侧重于描写客观存在的现实生活是怎样的,巧妙地透露一丝生活的未来曙光,而且也尽可能地描写了生活应该是怎样的,在客观真实的描写方面取得了一定的成绩。这从"左联"时期茅盾的《子夜》、丁玲的《水》以及后来赵树理的《小二黑结婚》、李季的《王贵与李香香》、贺敬之、丁毅的《白毛女》、周立波的《暴风骤雨》等解放区文学作品中,都可以得到证明。革命现实主义的传统,建国后继续得到发展,结出了更多的果实。1958年毛泽东同志正式倡导"两结合"的创作原则,但根本上还是以革命现实主义为基础,是其"革命的文艺,应当根据实际生活创造出各种各样的人物来,帮助群众推动历史的前进"①的文艺主张在新的历史发展条件下的必然结论。尽管如此,现实主义作为关系文学发展的关键,其真实性问题又是现实主义文学的一个重大理论问题,建国以来,随着对现实主义的多次讨论,真实性问题也成为每次讨论的重要焦点之一。如50年代关于真实性、关于现实主义广阔道路、关于革命现实主义和革命浪漫主义相结合的讨论;60年代初关于典型、关于现实主义深化和"中间人物"等问题的讨论,都广泛地涉及了真实性问题。然而,由于实际工作中"左"的倾向

---

① 《毛泽东选集》第3卷,第861页。

愈演愈烈,尤其是后来对上述讨论而开展的错误批判,极大地助长了"为了观念的东西而忘掉现实主义的东西,为了席勒而忘掉莎士比亚"①这种早为恩格斯所反对的倾向,其间产生的个别敢于"为民请命"、敢为人民"鼓与呼"的文学、干预生活的作品被斥为"反党文学"、是"毒草",作家遭到无情的打击,被贬到社会的最底层,艺术才华、艺术生命受到了粗暴的窒息,及至林彪、"四人帮"反革命集团控制文坛的十年,在打着文艺"为无产阶级政治服务"、"为工农兵服务"的幌子下,炮制包括"阴谋文艺"在内的种种文艺,无不是在真实性上大做文章。他们"竭力贬低乃至嘲笑真实性对于文学作品的意义……劝导和训诫不要去写真实,不要相信亲眼看到、亲身经历、亲身感受的真实……千方百计地把作家们反映的生活纳入先验的模式、框框和样板,粉饰生活变成赤裸裸地伪造生活"。② 这些错误乃至反动的倾向、观点,更使文学走向"瞒"和"骗"的绝境。王蒙认为这种"反真实"的根源在于作家怕承担政治上的风险。

对此,敢于去接触、描写、反映现实生活中那些关系着千百万群众切身利益的重大尖锐的社会矛盾,使自己的作品能够"合拍着时代交响乐曲的节奏"③,坚信自己能够胜任"政治性太强"④的文艺题材创作的王蒙,在真实性问题上,同样表现了一个少共的情怀、理论家的气魄和艺术家的胆识与艺术勇气,表现出一种宝贵的探索精神。在既没有偏废以前种种侧重于现实主义、真实性的内容上的讨论,更在重视内容的前提下,旨在探讨"我们文学艺术的发展问题"⑤,侧重于现实主义文学的形式和手法等方面上,鲜明

---

① 恩格斯:《致斐·拉萨尔》,《马克思恩格斯选集》第 4 卷,第 345 页。
② 王蒙:《反真实论初探》,《文学评论》1979 年第 5 期。
③ 徐怀中:《追随着时代前进的步伐——致王蒙同志信》,《文学评论》1982 年第 3 期。
④ 刘绍棠:《我看王蒙的小说》,《文学评论》1982 年第 3 期。
⑤ 王蒙:《探索断想》,《北京文学》1980 年第 11 期。

地提出了现实主义文学多样化的真实性原则。

在改革、开放的人文环境中,一切的变革,最根本的是观念的变革。王蒙力主应该把思想放宽一些来理解文学的真实问题,不能把一种观点、即使是"有积极意义"的观点"绝对化",因为那样就会限制我们文学的发展,因此,王蒙在《反真实论初探》、《作家应有真知灼见和真情实感》、《睁开眼睛面向生活》等文章中为恢复现实主义的真实性发出了真诚的呼唤和呐喊。针对粉碎"四人帮"后一段时期文坛创作的实际,王蒙提出不要把"反映生活中的矛盾"、"揭露阴暗的东西"和"干预生活"这些有着一定积极意义的口号和想法绝对化,尤其是面对"一刮风,就在真实上扯皮"的文学批评状态,倡导"关于真实的问题,我们应该把脑筋开阔一些"①而"不要搞数十年如一日","一条道走到黑"。对此,王蒙指出:在真实方面,还有一个客观真实和主观真实的问题。王蒙认为毛泽东关于革命现实主义与革命浪漫主义的提法虽然是很有价值的,但是,基于唯物论的反映论的现实主义固然是最根本也最重要的一种方法,这使王蒙认识到,这只是方法之一种。"还有另一种。例如,不完全是按照生活本来面目,而是按照生活在特定人的心目中的感受,用类似电影'主观镜头'的方法,既表现人的内心,又表现人的环境、遭遇和生活,既追求客观的真实,也追求主观感受的真实。这也是一种方法。"②这种主观与客观、思想内容与艺术形式相统一的真实性观点,无疑打破了"以生活的本来面貌反映生活"这一现实主义描写生活方式的局限,使作家看到在真实地反映现实的艺术追求中,描写生活的方式是多种多样的,作家在作品中按照生活真实存在的不同形式加以描写同样可以达到艺术真实,而且王

---

① 《王蒙谈小说创作的多样性》,中国当代文学研究会编《当代文学研究参考资料》1981年第9期。
② 王蒙:《倾听着生活的声息》,《文艺研究》1982年第1期。

蒙的这种观点与现实主义所提倡的文学创作题材、形式、风格的多样化，与辩证唯物主义对于世界的丰富性、复杂性和无限性的论证都是一致的。这对那种使现实主义文学和飞速发展的现实联系单一化、片面化、绝对化、狭隘化，对于文学创作中的真实问题采取"定于一"的做法，无疑是具有相当开放性的革命意义的。王蒙以把思想放宽一些的宽容态度来对待文学的真实性问题，"是为了反映生活"，"这和我们所说的现实主义精神、现实主义态度并不矛盾"①。这种多样化的真实性原则，不仅体现在理论探讨上，也应表现在艺术的创造上，这是王蒙现实主义文学多样化的真实性原则理论探索的终极目的。

　　王蒙认为，多样化的真实，最终要以艺术家创造的真实表现出来。他说："为写真实恢复名誉，这是一个重大的胜利，但我们不能忽视从真实出发，创造一个绚丽多彩的艺术世界。"②而作家要在作品中创造出绚丽多彩的艺术世界，就必须在具有丰富的生活经验和正确的世界观的基础上，积极发扬作家主体的积极能动作用，以丰富的想像力进行创造性的艺术活动。王蒙在把我们的文学同世界文学的真实性和创造性进行比较后，形象地指出："我们把生活当作土壤，把经验当作根，把思想、对社会的责任感当作干和茎。但是，我们有了根，有了干和茎，这不等于有了文学作品。文学作品应该是在根、干、茎之上开出的花、结出的果。……我们非常强调'根'的（经验），所以，我们的文学作品和西方相比，我们是比较认真地反映现实、反映时代的，强调对生活发挥点积极作用。这当然是好的。但是另一方面，我觉得我们对想像力，对真正让它开花

---

① 《王蒙谈访美见闻和创作体会》，中国当代文学研究会编《当代文学研究参考资料》1981年第3期。
② 王蒙：《探索断想》，《北京文学》1980年第11期。

结果,而且是结出绚丽多彩的果实来……我们是注意不够的。"①王蒙在1979年作协代表大会上的发言,对于当代文学发展中只注重客观自然的真实,而忽略人本身及内心的真实;只注重艺术的功能、目的而忽略艺术的创造,显然是切中实弊的评价。

基于这种认识,王蒙对文学的真实性作了独特的阐释。他认为文学的真实性的问题,归根到底是一个艺术说服力的问题,它包含现实的世界和主观的世界两个方面,无论是面向客观世界还是面向内心世界(主观世界),所有艺术的真实程度都是由它描写的生活达到的真诚程度决定的。惟其真诚,才有说服力,惟其有说服力,才有真实性。这就为作家主观情感对客观素材的渗透和燃烧在理论上确立了它的基础和意义,为作家主观精神对客观材料的超越提供了可能,这无疑是一种开放的理论观念。同时,从辩证的观点出发,王蒙也不否定对客观真实的描绘,认为若没有自然,没有物质世界就没有生活,而没有人的主观精神活动,也同样没有文学所要反映的生活。因此,王蒙认为作家在努力展现丰富多彩的客观真实的同时,要同样重视丰富多彩的心理的、主观的真实,对人物的心理的真实进行多方面的描绘和表现。他说:"精神生活当然也是生活的一部分,而且也反映着社会生活。"②因此,"正常地反映人们的心理恰恰是文学艺术的一个重要任务"③。他甚至认为文学艺术正是因此起着"心灵探测器和心灵追踪器的作用"④。所以,王蒙是把人的心情、想像、感觉等作为文学直接描写的对象,追求一种主观的、心理的真实。这种主观的、心理的真实方法,并"不完全是按照生活本来面目,而是按照生活在特定的人的心目中

---

① 王蒙:1979年在作协代表大会上的发言。
② 王蒙:《倾听着生活的声息》,《文艺研究》1982年第1期。
③④ 《王蒙谈小说创作的多样性》,中国当代文学研究会编《当代文学研究参考资料》1981年第9期。

的感受,用类似电影的'主观镜头'的方法,既表现人的内心,又表现人的环境、遭遇和生活,既追求客观的真实,也追求主观感受的真实"①,而在描写对象上,侧重于"那真正能引起我灵魂的颤动,使我神往,使我进入与创作的交融。境界的却是那些惟妙惟肖地刻画生活、刻画人的精神世界的作品"②,这就是主观感受的真实和客观的真实相统一,突破了单一的以生活的本来面目来描写反映生活的局限,因此,王蒙提出的多样化的真实性原则,扩大了现实主义的艺术范畴,丰富了现实主义理论,为现实主义艺术进一步深入到人的灵魂深处、在吸收其他艺术流派的长处上找到了关键的理论突破口。王蒙在阐释了自己对一系列文学观念的看法和观点后,说:"有两条是肯定的,第一条,叫作一切创作来自生活,不论作品的面貌多么奇特——都是来自生活的,包括各种手法,也同样来自生活的提示。"③这正如徐怀中对王蒙"意识流"手法产生根源的评价。徐怀中曾把王蒙的"意识流"戏称为惊心动魄、极为壮观的"泥石流",并认为"泥石流的形成,是由于春日来临,在阳光照射下,被原始积雪封冻已久的泥土石块随着融化的雪水涌动流泻,以无可阻挡的气势冲击峡谷",因而"这意识的河流正如来自天际的黄河之水,所经之处,随时都在卷带起现实生活的泥土细沙,真可谓一碗黄水半碗泥"④。一语见的,道出了王蒙对于文学的生活源泉认识的真意。对于第二条,王蒙又明确地表示:"我反对非理性主义,我肯定并深深体会到世界观对于创作的指导作用。我并不喜欢那种思想苍白浅薄、生活空虚、缺乏真正的'货色'的东西,不管自以为手法用得多么绝。生活是真实,潜意识是真实,思想、理性同样是真实,是人的有别于他物的真实。"⑤

---

①② 见王蒙:《倾听着生活的声息》,《文艺研究》1982年第1期。
③⑤ 见王蒙、李子云:《关于创作的通信》,《读书》1982年第12期。
④ 徐怀中:《追随着时代前进的步伐——致王蒙同志信》,《文学评论》1982年第3期。

这样,从对生活与文学的感性认识出发,通过对二者关系的理性把握产生对于文学观念的飞跃,在对文学家的使命与责任、文艺与政治的关系的阐释基础上,从有利于文学发展的目的探讨文学的真实问题,在重视表现客观真实的同时,侧重表现一种主观的、心理的真实,这就是王蒙文学观念中现实主义文学的多样化真实性原则的本质核心。它从侧面显示了现实主义不具有排他性、保守性及不断地丰富、革新和发展的强大生命力,显示了现实主义不可能成为一个终极的、完成了的,因而是一个封闭的美学原则。王蒙在现实主义文学的多样化真实性原则的坚实基础上,在全方位对主观与客观、感性与理性、虚与实之间关系的理解上,进一步提出了旨在丰富、发展和繁荣现实主义文学创作的多样化的艺术表现方法。

二、博采众长的多元手法

1982年,刘绍棠在对王蒙的新时期创作进行评价时,曾经指出:"王蒙经历了20多年的坎坷和磨难,思想成熟起来,对于生活的认识广阔而深刻了;他不可能再像20多年前那样单纯地看待生活,也不可能再像20多年前那样简单地描述生活。现实生活的纷纷扰扰,比起50年代不知复杂多少倍,更使人不可能再像50年代那样单纯;作为一个作家,王蒙在创作上也就不能依然故我地保持20多年前的原样儿。尽管人们对《组织部来了个年轻人》评价很高,但是王蒙自己却并不看得那么重;这是他的谦虚,也是他的实事求是。"[①]王蒙是个很理智的人,他自己也清醒地认识到继续保

---

① 刘绍棠:《我看王蒙的小说》,《文学评论》1982年第3期。

持"组织部"的"年轻人"的风格"这是不可能也不必要的"①。艰难困苦,玉汝于成。生活的坎坷未能磨平王蒙艺术追求的棱角,艺术的桂冠也不能使他沉溺于驾轻就熟、孤芳自赏的满足,勤于思考、勇于探索的精神一次又一次执拗地把他推到文学观念变革与艺术创新的最前沿。

在新时期思想解放的大潮中,王蒙以时代弄潮儿的姿态,经过上下古今中外的艰难求索,终于在现实主义文学发展过程中,从长期存在的由于对真实性总是片面、机械的认识而在创作中产生的重大缺陷和局限上,找到了文学观念变革的突破口,在力倡现实主义文学的多样化真实性原则的前提和基础上,提出了艺术创造多元化的创作主张。于是,王蒙的文学观念,无论是在艺术理论上,还是在在艺术实践上,都于创造的多元论中达到了"寻找我自己"的求索目的。

这里需要阐明的是,王蒙所主张的艺术创造的多元化,是指在艺术创造过程中体现于艺术形式和艺术手法上的多样化。这一观念的产生,除作家主体的自觉追求外,与中国当代社会政治、经济、文化生活的变化和世界范围内科学技术与艺术的进步密切相关。

"你们并不要求玫瑰花和紫罗兰散发出同样的芳香,但你们为什么却要求世界上最丰富的东西——精神只能有一种存在一种形式呢?"②这是早在100多年以前,马克思在对普鲁士的书报检查法进行谴责时,对人们的精神生活需要的丰富性和多样性进行的肯定。在我国,古代就有了对于诗可以兴、可以观、可以群、可以怨的说法,但由于受"文以载道"的封建传统束缚,使得文学只能成为

---

① 王蒙:《〈王蒙小说报告文学选〉自序》,《王蒙小说报告文学选》,北京出版社1981年1版。
② 马克思:《评普鲁士最近的书报检查令》,《马克思、恩格斯、列宁、斯大林文艺论著选读》(增订本),江西人民出版社1986年版,第33页。

道德的说教。中国近代,由于特殊的历史背景,人们一直从事于中华民族的救亡运动,文学理所当然地要求具有相当强烈的政治功利目的。梁启超、鲁迅无不如此,中国"五四"新文学、30年代的"左联"、40年代的延安文学及解放区的文学无不如此。新中国的成立,理应不断满足人民不断增长的物质需要,更应该满足人民不断增长的精神文化的需要。然而,十分遗憾的是,虽然文艺界提倡"百花齐放、百家争鸣"繁荣社会主义文艺的双百方针,但由于长期以来"左"倾教条思想影响和封闭的文化环境,尤其十年"文化大革命"对众多优秀作家的摧残,使得社会主义文艺遭到了空前的灾难。新时期以来,特别是党的十一届三中全会以后,中国社会的政治、经济、文化生活都从动乱趋于正常,人们的精神生活需要也正常化并逐步向多样化的方向迅速发展。因而,人们出于满足丰富的精神生活的需要,也就必然要求文学艺术的多样化。同时,单一、褊狭、肤浅的某些艺术观念,需要进一步调整,僵滞的艺术创造局面亟须打破,在文艺政策上,提出"文艺为人民服务、为社会主义服务"的方针突破了"文艺为政治服务"的口号的束缚,对于文艺向开阔、丰富、多样的方面健康发展,为文艺创作的繁荣提供了极为有利的客观条件。而且,伴随着改革、开放的社会变革,世界范围内的科学技术进步和艺术发展,也如巨石投水,激起了人们观念上的阵阵狂澜,为艺术创造的多样化提供了广泛的背景契机和物质基础。

仅就科技发展而言,受科技进步的影响,人们的社会生活发生了巨大的变化,高科技、快节奏的生产、生活方式,使得音乐的节奏明显加强,现代摇滚乐、电声乐逐渐取代了古典、舒缓的曲调;西方绘画中写实主义的传统宝座被照相技术的精益求精所轰毁。光、电子、宇宙探索的迅速发展,在人们的思维、意识和审美中产生了深刻而微妙的广泛影响。激光照排印刷技术、彩色音乐、太空美术、电影、电视、录像、多媒体、数码技术等有形文学媒介的诞生,使人们对文学艺术概念的理解和运用已今非昔比,令人目不暇接。科学的发明,更使社会结构愈来愈复杂和多样。电子计算机和因特网广泛而普遍的迅猛应用,使人脑的精致个性功能更为突出,包括艺术在内的表达方式也因而变得复杂和多样。处在现实生活中的人们,虽然难免不缅怀黄金般的童年岁月,但无论前途多么艰难险阻,更多的还是追求未来。中世纪的田园牧歌虽美,但也只能是旧生活迷人的遗迹,聊供怀古抒发幽情而已,已经在地球两极和月球上留下了人类的足迹而且继续向宇宙深处探索的人们,决不会再去建造金字塔和重筑万里长城,他们所追求的只能是在地球上,甚至于在无穷的宇宙空间留下能够标志人类自身的特征,20世纪滥觞的现代文学思潮正是在中西文化的交汇碰撞中得以浪叠云涌的。因此,这一切,决定了生活在现实中的艺术家们只有准确地把握住时代感,进行革新、创造,才能有所发展,除此之外,别无他路。

然而,艺术革新和创造,并非是朝行暮至、唾手可得的,而是有它自身的规律并深受科学、哲学思潮和社会生活的变化制约和影响的,它最终表现在具有非凡艺术胆识的艺术家与审美内容和审美形式创造产生的一个飞跃上。这个飞跃的产生,要求艺术家站在时代的最前头,凭着特有的敏锐感触和独具的艺术慧眼,洞察并准确地把握住现实中跳荡的生活脉搏和艺术发展中美的脉搏,前者化为艺术表现的内容,后者化为艺术创造的形式,而且把二者有机地化为一系列艺术形象,呈现在能感到而难于言表的读者眼前。王蒙,无疑是新时期最具有上述品质的优秀艺术家之一。

他非常敏锐地感觉到:"在历史的新时期,生活大大地发展了,文学也大大地发展了,空前地开阔了、多样了,对于日新月异和千变万化的生活和文学现象,我们理应在马克思主义的指导下寻求开阔的思路,特别是在创作手法、艺术风格这样的问题上,我们的文学观念理应鼓励人们开拓更广阔的道路。"①他主张不应拘于政治功利一隅而应多方面地体现文艺的功能,在纠正以往文艺只注重客观真实而忽略人本身及其内在的心理真实的倾向的同时,力主多样化的真实性,为了更加成熟的文学,他明确地提出文学创作的目的只有一个,就是"为了更好地表现生活,为了塑造一个更美好更高尚的文学境界,为了给读者提供更好的精神食粮"②。由于人们的精神需要是多方面的,因而,王蒙遵循坚持现实主义文学创作的多样化真实性原则,以满足人们精神生活多样化的需要,王蒙由此得出精神生活的多样化造成文学作品的多样化的结论,并认为多样化正是文学的规律,是人们精神生活的必然要求,是精神产品的应有特性,因此,"成熟的文学应该是更加多样的文学,它应该提供更多、更好的精神食粮"③。于是,与现实主义文学的多样化真实性原则相一致,在对主观与客观、感性与理性、虚与实阐释的基础上,产生了王蒙艺术创造的多元化主张。

关于艺术创造的主观和客观问题,王蒙一方面在理论上进行了探讨,另一方面又具体地表现在一系列的小说创作中。他既始终如一地坚信"生活是创作的谜底",只有不断地倾听生活的声息,才能在创作上紧跟时代的步伐,获得无穷的源泉,而艺术上"不管用什么手法,深入生活和发现生活,给生活以一定的加工,仍然是基础;离开生活,坐在屋子里胡思乱想不是意识流,至少不是我们所需要的意识流"④。与此同时,王蒙又在自己的小说试验中十分重视人物的主观真实和作家本人的客观因素在创作活动中的作用,追求主观真实和客观真实的完美结合,与"无人物、无情节、无

---

① 王蒙:《关于塑造典型人物问题的一些探讨》,《北京文学》1982年第12期。
② 王蒙著《王蒙谈创作》,中国文艺联合出版公司1983年版,第17页。
③ 王蒙:《为了更加成熟的文学》,《王蒙选集》第4卷,第306页。
④ 王蒙:《漫谈短篇小说创作》,同上书。

事件"的"三无小说"区别开来。

在感性与理性的关系上,王蒙曾强调指出,他一方面"推崇艺术直觉","坚信艺术的直觉、艺术的感觉在文学创作中的重要作用",一方面又"始终没有忘情于概念的运用和迷人的逻辑推理"①。他的新时期大部分创作也都是借象征、意识流等手法,以清晰的思想脉络和创作理性,表现主人公在特定的历史环境中的典型而真实的心理感受,既避免了我国过去长期存在的不重视形象思维的特点和忽视创作规律的错误倾向,又和新时期文学在批判了公式化、概念化等教条主义和唯理性主义等错误倾向后一定程度上显现在创作中的非理性主义、无思想性和神秘主义划清了界限。

在创作的虚与实的关系上,王蒙在《夜的眼》、《海的梦》、《杂色》等进行艺术手法创新的探索试验性作品中,突破了小说创作中那种传统的偏重故事情节叙述的方法,认为小说创作可以只写人物的情绪、感觉、幻想、联想、意境、场面等等,以强烈的感情、自由的联想来直抒胸臆,追求"从分散中求统一,从自由中求规则,从相当自发的、似乎漫无目的的流露中求思想性"②。从情与理的关系上,王蒙认为"情必须有所依附、有所体现、有所根据,它的依附、体现和根据便是生活故事。情如果不和具备客观的真实性、形象性和逻辑性的生活故事结合起来抒发,是无法被读者接受的,弄不好,还可能叫读者觉得你是在扭摆作态,在发神经,在声嘶力竭"③。

基于上述理论和实践,王蒙进一步对小说创作观念进行了探索,由此提出了艺术创造的多元化主张并主要表现在小说观念的突破上。

---

①② 王蒙:《倾听着生活的声息》,《文艺研究》1982年第1期。
③ 王蒙:《撰余赘语》,《钟山》1983年第1期。

第二章　王蒙文学观念论

尽管小说是属于艺术体裁的观念范畴,但在王蒙这里,他是以一个艺术家的创造实践,从一个作家的理性认识角度来探讨这个问题,而且是具有很大的艺术创造性的探讨,因此,用艺术表现手法中的某些观念来探讨、评价王蒙的一系列小说创作观念,这更符合于王蒙本人的理论主张和具体的创作实际。

作为小说,一种流行的观念认为小说是一种再现艺术,应该通过对人物、情节和环境的真实描写来反映现实生活。这里强调的是对现实生活的客观摹写。也有像法国雨果那样的文学家,强调主观精神,认为"人心是艺术的基础"①,而"现实和历史只是精神的物化,只是配合着行动的情欲"②。在他的小说中,充满着作家的强烈的主观精神,并被认为是浪漫主义文学的代表。佛斯特认为"小说家的功能就在表现内心最深处的内在生活"③。王蒙则提出了介于前二者之间又偏重于后者的一种见解,认为小说是"作者的内心与作者的生活经验、作者的主观精神与他们所处的客观世界的完美结合"④。他多次强调指出"探索人的精神世界,应该是小说创作的一个重要内容"⑤。他声明"我一向的偏见是,创作乃是心灵的搏动与倾吐,作家应该有一颗崇高的、火热的、敏锐的心"⑥,坚持"在继续强调面向生活的同时,我们要特别强调面向人,面向人的心灵"⑦。通过对过去小说创作的总结,王蒙发现:有些传统的文学观念,需要探讨,需要允许突破,否则,就会形成艺术上的条条框框,艺术上的禁区。这种突破,既表现在王蒙对小说观念的理解上,更十分突出地表现在王蒙对小说构成要素的发展、扩大上。

---

①② 见《雨果论文学》第99页、第18页。
③　佛斯特:《小说面面观》,花城出版社1987年版,第37页。
④　王蒙:《漫话小说》,《小说林》1982年第1期。
⑤⑥ 见王蒙:《漫话小说创作》,上海文艺出版社1983年版,第83页、第126页。
⑦　王蒙:《漫谈文学的对象与功能》,《延河》1980年第4期。

对于小说的构成要素,一些理论著作认为,人物、情节和环境,是构成小说的重要的三要素。这三要素中,人物是中心,情节是人物性格的历史,环境是人物所赖以活动的场所。从有利于文学发展的目的出发,王蒙提出扩大小说要素的主张。他认为具有丰富性、鲜活性、流动性的生活是构成小说的一个因素;像一首歌一样优美的情调和像一幅画一样鲜艳的色彩也是小说的一个重要的因素;除豪迈和感伤这两种基本色调外,体现一种生活的智慧、对生活的洞察,显示一种智力优越感的幽默、冷凝和温馨等色调也是小说的一个因素。音乐、舞蹈等的旋律感和节奏感也都应成为小说的要素,而意境、情致这些原本是中国古代诗歌和散文创作中的重要艺术品貌,王蒙也视为小说的重要因素并着重提出。因为,在王蒙看来,"构成小说的要素很多,每一篇可以各有侧重,人物和故事是基础,是一般规律;但也可以有例外,这样,小说就会写得更活、更多样化"①。在王蒙小说创作观念的小说要素扩大化的主张中,其中最引人注目的是关于典型和情节的观点。

对于环境,除了传统的理解外,王蒙认为也还可以写一种意境、一种场景、一种氛围,即纯粹的冷静的客观描写是可以的,也是可以改变的,代之以人物或作者主观化、情绪化了的环境。

针对某些学究式的理论家把情节分为开端、发展、高潮、结局的机械戏剧性分析,王蒙发出了这在美学上、在艺术形式上到底提供了些什么新鲜东西的怀疑和挑战,他认为自己创作的"《夜的眼》最大的突破、一个变化,就是摆脱了戏剧性的小说写法,通过不断联想、不断进行时间和空间的对比,过去和现在的对比,50年代和70年代,城市和乡村的对比"②,真切地写出主人公的种种感受。王蒙盛赞张承志的《绿夜》说:"没有开头,没有结尾,没有任何对于

---

① 王蒙:《漫话小说创作》,《王蒙选集》第4卷,第325页。
② 王蒙:《在探索的道路上》,《北京师范学院学报》1980年第4期。

人物和事情的来龙去脉的交代……不借助传统小说的那些久经考验、深入人心、约定俗成的办法:诸如性格的鲜明、情节的生动性、丰富性、戏剧性、结构的完整、悬念的迭起……摆在你面前的,是真正的无始无终的思考与情绪的水流,抽刀也断不开的难分难解的水流。"①这表明了王蒙关于情节淡化、趋于生活情绪化和舒展自如的散文化等极具开放性的情节观,摆脱了以前那种过分追求戏剧性的情节以构成小说的传统情节观念。同时,王蒙又针对"三无论"中"无情节"的观点,指出:没有情节的小说,实际上是用一些小的情节来代替总的情节,绝对没有情节的小说是不可能的。这里王蒙所指出的"小的情节"是生活情节,而"总的情节"则是戏剧情节。生活中没有那么多波澜起伏、曲折跌宕、巧妙无穷的戏剧情节;生活中更多的是流水一般平淡无奇、朴拙自然的小情节。王蒙旨在提倡小说的生活化,反对戏剧化,是其现实主义文学的多样化真实性原则在小说艺术创造中的具体表现,是忠于生活、忠于艺术表现的,而不是盲目的、极端地取消情节。因为"生活、情绪、画面、旋律、节奏在小说中,完全可以和情节具有同样重要的地位,完全可以不成为情节的组成部分,更可以不是主题思想的源生物"②。这就拓宽了情节这一概念的内涵和外延,阐明了小说情节的艺术内涵,为艺术创造奠定了理论基础和创作规范。

对于小说要素中的人物,王蒙就关于塑造典型的问题提出了塑造典型人物的"例外说"并引起争议,对这一问题的探讨与评判,我们有必要进行历史的回顾。

在西方,亚里士多德在他的《诗学》中提出按可然律或必然律写人,可以把人写得比实在的更好,实际上这是一种典型化的主张。而他又在《修辞学》中按照统计平均数把人依年龄和身份分为

---

① 王蒙:《读〈绿夜〉》,《上海文学》1982年第7期。
② 王蒙:《对一些文学观念的探讨》,《文艺报》1980年第9期。

若干类型,这实际上是一种类型化的主张。这两种主张,注意的都是普遍性,只不过前者为典型的普遍性,后者为类型的普遍性。亚里士多德因此成为西方典型说和类型说的鼻祖。自此,从写人这一创作目的出发,一源两派,双水分流,影响了西方典型讨论两千年。

1888年4月,恩格斯在《致玛·哈克奈斯》的信中,提出了"现实主义的意思是,除了细节的真实外,还要真实地再现典型环境中的典型人物"的著名论断。歌德则具体提出了典型塑造的两种程序。他说:"诗人究竟是为一般而找特殊,还是在特殊中显出一般,这中间有一个很大的区别。由第一程序产生出寓意诗,其中特殊只作为一个例证或典范才有价值,但是第二种程序才特别适宜于诗的本质,它表现出一种特殊,并不想到或明指到一般,谁若是生动地把握住这特殊,谁就会同时获得一般而当时却意识不到,或只是到事后才意识到。"①歌德所说的两种程序,实际所指即类型化、概念化的概括方法与典型化、个性化的概括方法的区别。歌德主张并实行的是"在特殊中显出一般"的方法。他对这种方法的解释,代表了近代典型观的精义。他说的"特殊",就是典型个性,典型个性里面包含着典型普遍性。谁获得典型个性,谁就获得典型普遍性,不管你当时是否意识到。因此,他强调:"艺术的真正生命正在对个别事物的掌握和描述。"②歌德对典型的个性化如此解释是很深刻、很彻底的。

从此,"为一般而找特殊"的典型观和"在特殊中显出一般"的典型观,双流互导,各有利弊,甚至影响到当代文学生活中的典型观,在诸家诸说中,综括起来也还是歌德归纳的两大部类,而且前者占多数。

(1)典型代表本质说

---

① 转引自朱光潜:《西方美学史》(下),人民文学出版社1984年版,第416页。
② 《歌德谈话录》,第10页。

这种典型观从事物的本质而不是从事物的量来规定典型的普遍性,这是其正确深刻的地方。任何艺术典型,都不可能不反映生活的某些本质方面,因而本质说具有真理性。但由于事物的质是一种抽象,是一种概念,是理论认识和形而上的东西,要求艺术形象去体现去代表事物的"本质",就有导致按照预定意图,按照一定的主观概念去写作品的可能,就有导致按照预定意图,用形象去图解概念、去显示观念的可能,这样的作品难免概念化。本质说的积极面、消极面在中国的当代文学中都产生过不小影响。

(2) 典型代表主流说

这种典型观的关键是对主流的认识。有从本质上讲的,从而使主流接近本质说,其正确性与谬误性与本质说相近;也有从量上讲的,这非常容易产生一种片面性,即把所谓非主流的人物与事物都排斥于典型创造之外。按照这种主流说,阿 Q 显然不够典型。而事实上,阿 Q 恰恰是一个突出的典型。

(3) 典型代表大多数说

这种观点只不过是"多数"纯数量的关系,其片面性更明显,事实上许多典型并不代表大多数,如贾宝玉。

(4) 典型即一类事物最完备的状态说

如果说多数说充其量只能反映对艺术形象的类的普遍性的要求的话,那么完备形态说在这一点上与多数说接近,都只反映了事物的常态,或者说统计的平均数。完备形态说的弊端是与一个阶级、一个阶层、一个时代一个典型的说法相通。

(5) 典型乃共名说

这是何其芳在 20 世纪 50 年代中期以后提出的一种典型观。他认为作家所创造的人物,如果"不仅活在书本上,而且流行在生活中,成为人们用来称呼某些人的共名"[①]的话,那么,这个人物就

---

① 何其芳:《论阿 Q》。

是作家所能达到的最高的成功的标志,是不朽的典型的标志。这样的典型,"不仅概括性高,不仅概括了一定阶级的人物的特征以至某些不同阶级的人物的某些共同的东西,而且总是个性和特点异常鲜明、异常突出,而且这两者总是异常紧密地结合在一起"①。何其芳提出的共名说不但突破了一个阶级一个典型的说法,而且突破了仅仅用阶级来解释典型性的通行的典型观。顾名思义,共名说强调的重点是典型的概括性。但典型的个性化亦在其共名说中占有突出地位,从而使共名说区别于古典主义的类型说。然而,既强调共名,就难免不在讲典型的普遍性的同时,包含了类型的普遍性,因而似乎也不能排除历史上某些类型说在共名说中的消极影响及其自身的局限性、片面性和在一定范围内人为的扩大化,而事实上也正是如此。

(6) 典型体现普遍人性说

这种典型观认为文学创作不应满足于"运动文学"、"生产文学",要写人,写文学,写人性,写爱情、恐惧、嫉妒、褊狭、自私、国民性的痼疾。其意义在于扩大了典型的单纯写人的范围,接近于文学的本性特质。但也存在着片面性,即在某些作家中,对典型体现人性的追求,正引导他们趋向从人性概念出发,以人物形象去宣示抽象人性,把人物当成传达作者某种人性观念的传声筒。这样的形象不会是典型,倒可能是一种新的公式化、概念化的表现。

以上6种典型观,都属于"为一般而找特殊"的典型观,有合理性也有片面性。

同样,在当代的文学生活中,几乎没有一个理论家和作家,在理论认识上是不主张"在特殊中显出一般"的典型观的。因为重视个性化,被认为是进步的典型观,不重视个性化,被认为是落后的典型观,似已近乎公理。而实际上,上述两种观点都各有优劣。此

---

① 何其芳:《论〈红楼梦〉》。

外,认为典型就在生活中,作家只需再现,无须典型化,再现现实生活中的人的性格即是典型的"个性即典型"的观点,也一定程度上和一定范围内在当代文学中有所表现。这种理论提法导致忽略典型化,导致产生糟糕的、恶劣的个性化。

上述种种关于典型的说法,在当代文学中虽然各自带有不同程度的进步性,但是,大都只是囿于纯文艺理论的观念范畴,而未能与具体的艺术创造联系起来,使人难免有一种"空对空"的虚旷感,再加上各自观点在一定程度上的局限性、片面性和在一定范围内的人为的扩大化,因而使塑造艺术典型的路子越走越狭窄,艺术创作出现了停滞不前甚至倒退的局面。在这种情况下,从繁荣社会主义文艺、进行丰富多彩的艺术创造这一目的出发,王蒙旗帜鲜明地提出了关于塑造典型人物的"例外说"。这一理论观点的提出,无论是从理论上还是创作实践上,都为新时期文坛打破单调、呆板的僵局,开创新的艺术天地起到了观念解放、实践先行的先导作用。

王蒙认为:"人物也应该说是我们短篇小说组成的要素。但是,也有例外。"①"对这些例外,这些变种,不是一句话能说清楚的,也不是一句话就能肯定和否定的。"②因为"文学现象和自然科学现象最大的不同就是允许例外。最好最公认的文学规律,也有例外,小说应该有人物、有故事,这可能是规律,但有的小说不着重写人物和故事,这是例外。我只是想,构成小说的要素很多,每一篇可以各有侧重,人物和故事是基础,是一般规律;但也可以有例外,这样,就会写得更活、更多样化"③。因此,王蒙呼吁"不能把塑造典型人物这一要求单一化和绝对化"。在王蒙看来,"文学规律,

---

①② 见王蒙:《关于短篇小说的创作》,《王蒙谈创作》,中国文艺联合出版公司1983年版,第31页、第32页。
③ 王蒙:《漫话小说创作》,《王蒙选集》第4卷,第325页。

不论是多么科学、精辟、美好的规律,也无法排除例外。文学规律与科学规律不同,就是因为文学既有规律也有例外。我们不能用规律去否认或贬损例外,我们也不能因例外便无视或贬损规律"①。无数的文学创作史实,充分说明了文学创作"不用说有些例外,而有例外正因为有公例"②这样不容否定的事实。因而,王蒙对塑造典型人物问题发表了自己独到的见解,认为"尽管塑造'典型环境中的典型人物'的命题,是一个总结性很强、意义很大,甚至可以说是对于现实主义的叙事文学创作具有根本性意义的命题,但它毕竟不是无所不包的,更不是惟一的创作规律,它并不具有排他性,并不能成为主宰全部文学史和文学现象、衡量一切文学作品的独一无二的'核心的命题'"③。对于"共名"的典型观,王蒙认为在这种典型观念指导下进行创作,"它们所典型化了的,常常不是一个活的人物而是一种精神"④。他以古希腊神话中的普罗米修斯为例,指出他之所以为全人类所承认,是因为"它成了一种悲壮的英雄主义献身的共名"⑤。这正如维纳斯成为美的共名,缪斯成为诗、艺术灵感的共名一样,普罗米修斯只是"神话中的'人物'"的共名。⑥王蒙觉得"把普罗米修斯说成'典型人物'并与保尔·柯察金、杨子荣、林道静等并列,未免失之粗疏"⑦,这是因为"某些(不是全部)神话、寓言、童话的主人公,与其说是人物的典型化,不如说是某种典型的精神、特质、遭遇的象征"⑧,它在这里"运用的是一种艺术的抽象、假借和象征的手法,与现实主义按照生活的本来面貌去表现典型环境中的典型人物的方法是有所不同的"⑨。因此,王蒙从艺术创作角度,以相声《买猴儿》中"马大哈"为例,强调

---

① 《王蒙选集》第4卷,第376页。
② 钱钟书:《〈围城〉重印前记》,人民文学出版社1985年版。
③ 《王蒙选集》第4卷,第377~378页。
④⑤⑥⑦⑧⑨ 见《王蒙选集》第4卷,第382~383页。

指出,即使是为了塑造"共名"的典型人物,在方法上也"并不只是现实主义的典型人物才能成为'共名',恰恰是一些运用非现实主义的抽象的方法、表现主义的方法、虚拟的方法、象征的方法、干脆还有图解的方法塑造出来的人或非人或事件,更容易成为'共名'"①。此外,诸如"米杰扬的汤"、"特洛伊木马"、"潘多拉的盒子"、"周瑜打黄盖"等等,也都不是典型人物,古今中外这样许多成语、谚语等"不但是'共名'而且干脆成了民族语言的一个构成成分,丰富了民族语言,靠的却不是人物的典型性而是某一个事件、某一个举动的典型性"②。因此,王蒙对"能否把'共名'说成是'作品中的人物所能达到的最高的成功的标志"表示怀疑,对"即使同是典型人物,能否用'共名'判断其成功与否或成功之大小"也"不无疑问"③。

同样,对把"人等同于人物,人物等同于性格"的简单化理解,即一般仍认为人物即性格,认为塑造典型性格乃是文学的最高要求的塑造典型人物的观点,王蒙也发出了"人是否就等于人物?人物是否就等于性格"④的怀疑。在王蒙看来,"性格毕竟主要是一个心理学概念,它与'人物'有着相关联的却是各自不同的外延与内涵","如是说人物的一切都性格,或者说艺术典型的性格就等于人物而并非心理学意义上的性格",那么,"恩格斯的著名论断的译文的更改就完全是多此一举了"⑤。但从总体来看,王蒙的观点与恩格斯的现实主义定义并不相悖。他对此阐释说:"对于一个文学工作者来说,不论写什么样的伟人或是什么样的恶人,只有确实把他们当作活人来写,亦即只有在他们确实像活人的时候,他们才是可信的,才是能够引起读者关心,使读者热爱,使读者敬慕,或者使读者轻蔑仇恨。不把人物作为人来写,不把感情作为活人的感情

---

① ② ③ 均见《王蒙选集》第4卷,第384页。
④ 王蒙:《对一些文学观念的探讨》,《文艺报》1980年第9期。
⑤ 《王蒙选集》第4卷,第386页。着重号为原作所有。

来写,不把人物的善、恶、高、低渗透在人物的饮食起居、音容笑貌、喜怒哀乐、成败利钝中来表现,不敢写具体的人性,就不可避免地产生模式化、概念化,最后必然走上反文学,反艺术的死胡同"①。这里,王蒙提出对文学中的人的看法,主要是能写出其感受及其对世界的看法,因此作家可以不描述人物的外形,而去表现人物眼见的世界或者是这一世界所引起的感受,"把面向世界(客观世界)和面向内心(主观世界)结合起来"②,"略过外在的细节心理,写感情、写联想和想像、写意识活动,也没有什么不好。后者提供的不是图画,而更像乐曲。它能探索人的心灵的奥秘,它提供的是旋律和节奏"③。

至此,王蒙从古今中外的文学史上丰富的创作实践中,一针见血地指出,要求每篇小说尤其是短篇小说都呈现"典型环境中的典型人物",只能使小说创作规范化、单一化,从而取消了文艺创作"千姿百态的多样性"④,因而,涉及具体的艺术创作,由于作家、作品情况各异,类型有很大差别,所以,要允许小说创作"有的着重写人物,有的着重写一个场面、一种情绪、一种'瞬间感受'、一个奇特的或是强烈的或者风趣的故事,有的甚至主人公不是人物而是动物"⑤。这就为某些作家从多样性的题材选择中,选取社会性不十分强烈的题材进行创作,即文学作品中存在的所谓"非社会性"作品的创作,从观念上、理论上和实践上相互统一起来。这种"例外说"的创作主张,突出地反映了王蒙这样一种深刻的文化哲学观点。这就是王蒙所着重阐述的"有"与"无"、"社会性"与"非社会性"观念主张。

王蒙认为:"理论地说,无可以是对有的补充,还可以是对有的

---

① 王蒙:《"人性"断想》,《文学评论》1982年第4期。
②③ 王蒙:《对一些文学观念的探讨》,《文艺报》1980年第9期。
④⑤ 《王蒙选集》第4卷,第378页。

期待。题材乃至整个文学活动的非社会性，对于某些作家来说是由于他们的愤世嫉俗，是由于他们对于社会生活的否定、反抗、抵制心理。而所以有愤有疾有否定云云，正因为他们对社会有所要求有所希望有所见解，其'无'来自'有'并表现着有……这种'无'是对有的一种补充，一种调节，客观上的一种帮助……具体到文学作品，无害便是有益。使读者公众的注意力、兴趣、精神世界都广泛一点、宽阔一点、从容一点、活泼多样多彩多姿一点，这本身……就是对社会进步对稳定发展对安定团结的帮助……"①

因此，王蒙肯定"非社会性，恰恰是社会性的一种表现，正像不上色也是一种颜色，休止符也是一种标音符号，独身也是一种婚姻生活方式一样。有'有'便一定会有'无'，有赤橙黄绿便会有透明，有酸甜苦辣便会有水的无味，有婚姻便有离异、守寡、独身一样，'无'是'有'的一种形式"②。所以，对于具体的创作实践，王蒙指出："当这种非社会性题材的选择企图变成一种自吹自擂的排他的理论的时候……它的出现与鼓吹本来就是一种合乎规律的社会现象，是某些人的社会情绪的反映，它更加从反面强调了文学的社会性，证明了文学是一种社会现象。非社会性反社会性的宣告，往往正是极度重视过于重视社会结构社会机制社会思潮对于文学的作用的结果。有时候这种性急的大言不惭恰恰是对文学自身的生命力、对文学自身的主体能动性估计不足的结果。"③于是，王蒙对这类非社会性作品的创作作出了如下的价值判断："如果文学是有生命力的，如果文学是真正的艺术，如果文学家是真正的有文学准备的文学家，这样的文学著作之具有或不具有社会意义，其社会意识之强或弱，都是自然而然地无法改变也不可求的事情，它本身的价值将会超越一切权宜的、人为的与某种褊狭的观点的考虑"而不必"强加或者去反对贬低它的社会意义"④。

---

①②③④ 见王蒙：《文学三元》，《文学评论》1987年第1期。

王蒙认为文学的非社会性恰恰是对社会性的表现这种观点，既是对文学社会性的内涵的扩展，也是对文学塑造典型人物的"例外说"的一种补充、深化和发展。

其实，承认和指出有一批小说可以描写故事和人物，特别是不以塑造典型人物为主，而着重在表现一种情绪、一种感受、一种场景、一种氛围，选取社会性不太强的题材进行创作，这既不是对塑造典型环境中的典型人物这一经典性命题的否定和贬低，也不是对小说创作必须描写人物和故事这一规律的取消和否定，而是在开放的艺术观念下强调不应以一种约定不变的固有规范来约束小说创作的发展，其目的是倡导小说创作的多样性和丰富性。

这样，在多样化的真实性原则基础上，通过对于塑造典型人物"例外说"的阐释，王蒙在艺术创作的实践中也自然形成了相当开放、宽容的艺术表现手法多元化的观点。他曾说"为了更好地表现生活，为了创造一个更美好更高尚的文学境界，为了给读者提供更好的精神食粮"，我们的"艺术手法应当开放，应当吸收各式各样的手法"①，他提倡我们民族文化的内部相通以扩大组成小说的要素。王蒙不赞成组成一篇小说的成分和式样是单一的，认为小说创作是"可以吸收诗、戏剧、散文、杂文、相声、政论的因素"②，希望小说创作能够显示出绘画、音乐、舞蹈的特质。对此，王蒙不仅以高度的责任感进行理论探索，而且以艺术家的勇气身体力行，多方实践。他在致李子云的信中曾对自己的艺术表现手法多元化主张和自己的艺术创新进行过这样的说明：

"为了反映生活，刻画与表述社会面貌与人们的心理面貌并传

---

① 王蒙：《漫谈小说创作》，《王蒙谈创作》，中国文艺联合出版公司1983年版，第17页。
② 王蒙：《倾听着生活的声息》，《文艺研究》1982年第1期。

达作者的思想感情见解,小小一个意识流,够用吗?如实的白描,浮雕式的刻画,寓意深远的比兴和象征,主观感觉与夸张变形,幽默讽刺滑稽,杂文式的嬉笑怒骂、巧合、悬念、戏剧性冲突的运用,作者的旁白与人物的独白、对比、反衬、正衬、插叙、倒叙、单线鲜明与双线、多线并举,作者的视角、某个人物的视角与诸多人物的多重视角的轮换或同时使用,立体的叙事方法,理想、幻梦、现实、客观世界与主观世界的分别的与交融的表述,民间故事(例如维吾尔民间故事)里大故事套小故事的方法,'此时无声胜有声'的空白与停顿,各式各样的心理描写(我以为,意识流只是心理描写的手段之一),生活内容的多方面与迅速的旋转——貌似堆砌实际上内含着情绪与哲理的纷至沓来的生活细节(在《深的湖》里我尝试的正是此种),入戏与出戏的综合利用与从而产生的洒脱感,散文作品中的诗意与音韵节奏,相声式的垫包袱与抖包袱……诸如此类,我是满不论(北京土话,这里论应读 lin,如吝)的,我不准备对其中任何一种手法承担义务,不准备从一而终,也不准备视任何一种手法为禁区。"

(王蒙致李子云信:《关于创作的通信》,《读书》1982年第12期)

对于这种"多几套笔墨"的艺术创造手法,王蒙说他自己"有时是自觉的,有时是半自觉的。往往是走着走着,忽然从另一个方向又获得了一种启示,于是又走向一条新的路子。如果不是用多种方法,而是死守着一条路,我就没有那么多东西写了。脉脉含情的诗情与幽默、入世、社会解剖与所谓'心灵的感悟',对生活图景的逼真描摹和瞬间感受……这些似乎是截然相反的东西在我看来并不永远都是矛盾的,既有矛盾的一面,在一定条件下也有可以互相转换、融合的一面"。而在某一个时期在某种手法中究竟要侧重哪一种手法,"这往往是题材和感情的要求,并不完全是自觉的。当激情攫住了我,酸甜苦辣、冲动伤感,一切交织起来、相互冲撞的时候,用开放性的心理描写手法来写,我感到挥洒自如,再舒服不过了。而当我所写的题材主要是以生活经验为主,实的东西更多一些的时候……用写实的手法也就更多一些"。总而言之,"这里起决定作用的是题材。题材不同,采用的手法、风格就会不同……作家完全可以根据不同的题材采用不同的手法,实现'全方位作业'。就好比探照灯,有的可以照天,有的可以探测宏观世界,有的可以探测微观世界"①。

正是运用多几套笔墨的艺术创造手法,王蒙在他的艺术作品中成功地移植了"意境"这一我国古典诗学的瑰宝于小说创作中。这是王蒙对中国优秀文化传统的继承和创造性的发展。所谓意境,王国维说:"何以谓之有意境?曰:写情则沁人心脾,写景则在人耳目,述事则如其口出也。"②他指出:"词以境界为最上,有境界则自成高格,自有名句。"③而"境非独谓景物也,喜怒哀乐,亦人心中之一境界。故能写真景物、真感情者,谓之有境界。否则谓之无境界。"④王国维从意境对作品的重要性、意境的真实性等方面作了独到而深刻的阐述。但是长期以来,"意境"一般只用于诗歌、散文之中,很少用于对人物的塑造上。但由于王蒙所具有的浓厚的诗人气质,也由于他追求表现人的内心世界与心理真实,因而"喜怒哀乐"作为"人心中之一境界"自然而然地在王蒙笔下的人物塑造上表现出来,体现出了一种诗的精灵,它使王蒙的小说获得了散文化、诗小说的美誉。比如林震和赵慧文之间忧郁的但又充满着对生活的热切期待的感情波流(《组织部来了个年轻人》);佳原和素素对风筝飘带的爱与希望的憧憬(《风筝飘带》);缪可言在现实

---

① 转引自陈孝英:《访王蒙——幽默·象征·杂色·两套神经》,《延河》1984 年第 1 期。
② 王国维:《宋元戏曲考》,《王国维戏曲论文集》,中国戏剧出版社 1957 年版,第 106 页。
③④ 王国维:《〈蕙风词话〉〈人间词语〉》,人民文学出版社 1960 年版,第 191 页、193 页。着重号为引者所加。

与理想的海的梦中的遨游历程(《海的梦》);张思远在现实与未来之间穿梭萦绕的"蝴蝶梦"(《蝴蝶》);刘俊峰重遇母校老师时感到淡淡的、持久的惶惑(《惶惑》);木箱深处紫绸花服听到的女主人的絮语(《木箱深处的紫绸花服》),以及《温暖》、《湖光》、《心的光》、《灰鸽》、《妙仙庵剪影》、《新大陆人系列》中的《画家卡普琴诺诗话》、《偶然三题》中的《筝波》、《活动变人形》中倪吾诚的幻梦曲以及钱文与东菊的爱情生活("季节"系列小说)等等。这其中既有自然界的旖旎风光,也有人心灵的美好颂歌,更有人内心的如诗如画如音乐的情感波流。借助这种意境,开启了人的心灵之窗和社会帷幕,进一步折射出时代之光。因此,这种意境既像一幅客观的写实的工笔画,又像一幅包含哲理的写意画;既具有直观性,又包蕴哲理性,从而显示出象征的意蕴,欣赏者则从中联想到整个人生、整个宇宙的哲理。正是在这层意义上,王蒙表现了自己对于小说创作中象征手法运用的看法。

他认为象征"也是生活真实本身所有的一种意义",是作者思想深刻、感情敏锐的一种机智的表现,他认为一个具有"很深的象征意义"的"生活的具体形象","往往能给人们很多启示,引起人们的很多联想"[①],从《青春万岁》的序诗,到希望纯洁、高尚但又不喜欢大红大绿而热烈地歌颂那平凡的小洋槐花(《组织部来了个年轻人》);从《布礼》中出现"灰色影子"、"黑色石头"到"灰杂色老马"(《杂色》);"风筝飘带"(《风筝飘带》)"深的湖"(《深的湖》)"蝴蝶"(《蝴蝶》)以及"蜘蛛"(《蜘蛛》)甚至"恋爱""踌躇""失态"与"狂欢"("季节"系列小说)等一系列具体的意象、图景乃至词语所包含的哲理成分,都具有多种艺术手法凝聚的象征色彩,是作家对艺术与生活考察、思索本身所具有的某种概括性的艺术直觉表现。因此,

---

① 转引自陈孝英:《访王蒙——幽默·象征·杂色·两套神经》,《延河》1984年第1期。

如果说它们分别是林震、赵慧文、钟亦成、张思远、曹千里、佳原、倪吾诚、钱文等各具有特色的人物所处时代生活境遇的一种象征的话,那么,作者用多种艺术手法创造它们所留下的轨迹也同样是和这些人物同时代、同命运、同经历的中国作家在坎坷中日益成熟的某种象征。

因此,考察王蒙的具体创作实践,王蒙所提倡的多元艺术表现手法,更集中地体现在王蒙尤为重视的结构建筑和语言表现形式之中。

对于结构,王蒙认为它是"构成表现力的重要部分",并着重指出"一般地说结构,往往是指情节的安排。这是一种比较狭义的对结构的理解"。而王蒙所说的结构,指的是"整个叙述的结构",而且认为"结构在某种意义上也是一种语言"[①]。它包括情节叙述结构和语言叙述结构两方面的内容。

所谓情节叙述结构,是指建构谋篇的基本框架。在王蒙新时期的小说创作中,既有传统的人物、事件、环境的故事情节结构,但更多的是表现在一种心理的情节结构上。这与王蒙力倡表现心理真实、刻意追求突破以往心理小说局限的努力密切相关。

为了突出"故国八千里、风云三十年"巨大历史时空之中,坎坷不平的生活对人的灵魂的极大考验,并用比较短的篇幅来加以表现,王蒙在创作上略去人物的经历、遭遇,甚至某些环境描写,而把艺术创作的聚光点聚集在人物灵魂所受的创伤上面。由于时代积累下的感受、情绪太多太重,因此,他在文学创作中着重表现的是人们情绪的直接涌现。这是王蒙的艺术创作笔触得以进入人物的心灵世界的重要主观因素。长期以来,当代文学创作在很大程度上偏重于人物外部客观世界的描述,忽视人本身及其内在的心理

[①] 王蒙:《关于短篇小说的创作》,《王蒙谈创作》,中国文艺联合出版公司1983年版,第55页。

活动的描写,即使有一些心理描写,也往往是单线地、单面地描写人物内心对某一问题、某一事件或某一现象的精神集中的思索。在他们的笔下,写人物的内心世界,常常是集中于某一点或某一方面的矛盾,并不参与与此有关的其他心理,侧重于一种局部的心理真实。这同王蒙强调的多样性的真实,强调表现全部的、立体的心理真实是相悖的。因而,这成为促使王蒙在结构上创新的重要客观因素。于是,王蒙采用意识流手法全方位地表现人们的心理真实,强调表现同时涌现在人物意识活动中的各种感受和各种情绪,追求立体的心理真实,因而他往往通过对比联想、自由联想、奇幻联想、接近联想、控制联想等心理学方法,在人物思考某一事件、某一问题的同时,把周围环境各方面纷至沓来的各种声、形、色、味所引起的不同心理感觉、瞬间的闪念、幻想、幻觉与潜意识的波流,在人物的心理活动中表现出来,从而形成一连串的心理意象并将其贯穿、迭现在人物心灵活动的主线上,建构成由各种感觉、印象、想像、思想、情绪交织的一个人物意识的立体结构,不以传统现实主义手法着重以人物形象和客观细节描写的真实性取胜而以心理真实取胜。王蒙对小说多元化手法在情节叙述结构上的探索,前后经历了一个起伏比较大的过程,具体表现在以下几方面。

(一) 传统结构

这主要表现在王蒙20世纪50年代的作品,如《小豆儿》、《春节》、《组织部来了个年轻人》、《冬雨》、《眼睛》等小说中。这些小说在结构上都是"作者按照他的创作意图的要求,按照作品主题的要求,来组织人物和他的环境关系,来安排情节的次序形成作品的结构"[①]。这类小说结构突出刻画人物性格。1978年1月王蒙在《新疆文艺》第1期上发表的短篇小说《向春晖》是他在新时期的第一篇试作。这篇作品,正如有的评价者所指出的那样:"能够隐约地

---

① 蔡仪:《文学概论》第157页。

看出作者写作时思想是相当拘谨的,甚至受着以往流行的写英雄人物的框框的束缚。"① 其他如《最宝贵的》、《光明》、《悠悠寸心》、《冬天的话题》、《球星奇遇记》等亦属此列。

(二) 心理结构

这主要表现在 1979~1980 年间以王蒙创作的《布礼》、《夜的眼》、《蝴蝶》、《春之声》、《海的梦》、《风筝飘带》为代表的作品。这些作品的结构,与作者以往的小说结构不同,也迥异于国内绝大多数作家所采用的传统心理结构,其内容多反映"故国八千里、风云三十年"广阔深远的时空里"人们在心灵上所受到的考验"②。这种心理结构的情节部分从时间态势上看,有进行式和终结式两种类型。进行式是指随着情节的开展,主人公根据目力所及的一事一物随时展开联想、回忆和闪念,情节结束,人物的联想也结束,如《春之声》、《海的梦》、《杂色》等。终结式(或曰完成式)是指作者一开始就展开情节,很快就结束,然后集中笔力写联想,最后回到现在,如《蝴蝶》。

上述心理结构从其发展过程来看,又表现为三种具体形态:

(1) 标题片断式心理结构

具有这种结构的作品,都具有情节中心,但每一个情节中心都是以人物的意识活动为主。例如《布礼》所标出的 26 个时间的指示符号,是几乎没有连续的时间性情节;《蝴蝶》则采用人物和事件的小标题来组织主人公带有时序跳跃性的意识联想。王蒙说:"《布礼》的结构,我就要表现出主人公心灵活动的历程。这一个会联想到那一个,既是强烈的对比,又是他精神力量的源泉,可以作比较,又可以作联想。"③因此,这种结构"打破了时间的线索,而主要是通过他内心的活动来结构作品,这个结构是写主人公到了

---

① 何西来:《心灵的搏斗与倾吐》,《文学评论丛刊》第 10 辑。
②③ 均见王蒙:《在探索的道路上》,《北京师范学院学报》1980 年第 4 期。

1979年之后,他回忆自己的经历"。因为主人公有"有自己的心灵活动的逻辑,根据他印象的强弱、深浅,往往强的在前头,弱的在后头,浅的在前头,深的在后头"①。所以王蒙认为"这种结构并不是任意结构,而是一个心灵活动的结构"②。而《蝴蝶》的结构则主要以张思远的意识流程来结构全篇,小说的意识流程是从张思远回到家里坐在沙发上开始的。它写了张思远复出前后十几天发生的事情。这种心理结构流程,不同于传统小说的单线倒叙,而是复线发展的,有跳跃、有往返、有交叉,过去、现在、未来常常混在一起。全篇除了"导语"之外,有13个小标题,这其中的每一个小标题都是一个联想中心,每个联想中心,不是人物,就是事件,它"不是按照生活自己的结构,而是按照生活在人们心灵中的投影,经过人的心灵的反复的消化,反复的咀嚼,经过记忆、沉淀、怀念、遗忘、又重新回忆,经过这么一套心理过程之后的生活"③。这里不难看到,作家的自由联想不像西方意识流小说那样有较大的主观随意性,而是明显带有作家有意识的组织,总体上是按时间的先后顺序安排的,人物、事件发展的脉络相当清晰且有内在联系,合乎人物事件发展的正常逻辑。从新时期的文学创作来看,王蒙在《蝴蝶》创作中所采用的这种艺术结构在新时期的小说发展过程中,带有明显的承上启下的过渡特点,这从新时期文学中较有影响的几部短篇小说、中篇小说和长篇小说的简单比较中可以得到证实。例如,茹志鹃的短篇小说《剪辑错了的故事》(发表在《人民文学》1979年第2期,并获得1979年全国优秀短篇小说奖)在结构上,以小标题来结构全篇,在手法上,人物意识的心理活动尽管存在,但容量很少,纯以情节与思想的深刻取胜;王蒙的中篇小说《蝴蝶》(发表于《十月》1980年第4期,并获得1977～1980年全国第一届中篇小说奖)在结构上,虽然由13个小标题来建构全篇,但这只是主人公

---

① ② ③ 均见王蒙:《在探索的道路上》,《北京师范学院学报》1980年第4期。

联想中心的一个引发点,而不是像《剪辑错了的故事》那样,每个小标题是情节发展的必要环节,《蝴蝶》中每个小标题下面的内容,则是主人公对人物或事件的自由联想,而不是对人物或性格的逐步刻画;人物的心理活动范围和容量都有相当大的扩展,虽然间或有些情节描写,但主要的是运用意识流的手法,常常穿插主观镜头和联想,情节总的来说是较淡化的。到了李国文的长篇小说《冬天里的春天》(人民文学出版社1981年出版,并获全国首届茅盾文学奖)则可以说兼具前两者的优点。这里已经没有了带有提示性的小标题,故事的结构是以主人公于而龙回乡时对过去和现在时空中出现的人和事件的回忆、思索来结构全篇的,这与张思远复出后回到家中对于历史与现实的回忆思考相类似;而在于而龙不断对往事进行回想并对现实发生的事进行认识、判断的时候,尽管作品的时空转换反差巨大,时而现在,时而过去,但其情节发展的强烈戏剧性仍然可见《剪辑错了的故事》的神韵,作品情节发展和人物的意识活动都有所强化,而且容量大,艺术手法也愈加纯熟。艺术结构的突破,由短篇而中篇而长篇,不难看出《蝴蝶》所具有的明显的承上启下的过渡特点。至于后来张抗抗的长篇《隐形伴侣》、张承志的《金牧场》则更可看出对以上述三篇作品的扬弃和发展,思想性、艺术性也不可同日而语。对此,在总结《蝴蝶》的创作时,王蒙不无预见性地指出,《蝴蝶》的创作如果用"另一种写法或许可以把《蝴蝶》写成一个长篇,可以把人物写得更鲜明,那将是另一部作品,但同时它也会丧失许多现在的《蝴蝶》特有的东西"[①]。文章千古事,得失寸心知,由此可见一斑。

(2)时间进行式心理结构

这种心理结构是以主人公的心理活动的顺时同向为主要的创

[①] 王蒙、李子云:《关于创作的通信》,《王蒙谈创作》第203页,中国文艺联合出版公司1983年版,第203页。

作指向,全篇以主人公的意识活动为主要内容,对主人公的心理真实进行全方位的放射性表现。如《春之声》就是"通过主人公的联想,突破时间和空间的限制,把笔触伸向过去和现在、外国和中国、城市和乡村。满天开花、放射性线条,一方面是心情联想,闪电般地变化,互相切入,无边无际;一方面,却又是万变不离其宗,放出去的又都能收回来,所有射线都有一个共同的端点,那就是坐在1980年春节前夕闷罐车子里的我们主人公的心灵"①。

(3)复调音乐式心理结构

这种心理结构是借用音乐创作中的方法来进行文学创作的。复调音乐是与"主调音乐"的对称,属于多声部音乐的一种。其中若干旋律同时进行并组成关联的有机整体。在横的关系上,各声部在节奏、重音、力度、起迄以及旋律线的起伏等方面各自有其独立性;在纵的关系上,各声部又彼此形成和声关系。复调音乐以对位法为其主要创作技法。具有这种结构的小说,一般属于复调小说范畴。而复调小说这一概念,是前苏联著名的文艺理论家巴赫金在界定陀斯妥耶夫斯基小说的特色时提出来的。巴赫金认为,小说有两种类型,一种是以托尔斯泰为代表的独白小说,欧洲和我国的大多数小说都属于这一类;另一种就是复调小说,其特点是作品中由一个或多个人物和作者处在平等地位并享有同等权利的独立意义,主人公的语言总是作为具有允许价值的声音在进行对抗。它可以表现为多条线索的人物或事件或情节的交错展现,也可以表现为人物心理或情绪之间的彼此映照。这种复调音乐式心理结构,在王蒙的小说中表现为主人公的心理活动,完全围绕另一个人或事物进行,而这另一个人和事物又与之相应地产生应和,起着和弦共鸣的作用。对此,王蒙曾明确表示过:"在《风筝飘带》里,我还

---

① 《王蒙选集》第4卷,第493~494页。

特别追求一种节奏,佳原和素素的二重奏。"①《风筝飘带》写的是佳原和素素的一次约会而以素素的意识联想为主,又塑造佳原的形象来作为素素意识联想的中心与素素相映衬。《海的梦》则写的是缪可言到海滨疗养,但大海又无时不在应和着缪可言的意识联想,大海也因而成为拟人化了的、人格化了的大海。此外,《相见时难》、《如歌的行板》也具有这种结构特点。因此,如果说复调音乐是以各声部在横、纵关系上的和弦共鸣产生艺术效果的话,那么,王蒙运用复调音乐式心理结构创作的小说,则是既有情节因素,又有意识内容,以人物故事为经、以人物心理活动为纬这样的经纬交错组织成的具有巨大艺术魅力的锦绣。这种结构形式,后来在梁晓声的音乐体小说中又有显现。

(三)散文式结构

王蒙在进行上述说创作试验并取得了成功以后,又开始了新的小说创新实践,强调小说结构的非结构化,追求一种"看来朴实自然的花样、化为行云流水的匠心、貌似轻松如意的气力"②的创作佳境,这种散文式结构就是"没有结构痕迹的行云流云式的结构"③。这种散文式结构的代表性作品是王蒙的《在伊犁》系列小说。这一系列小说"是纪实性的,结构上并不追求精巧完整,语言上也不追求华丽雕饰,而是力图通过结构上的不平衡和语言上的平朴来追求一种逼真性"④。造成这种结构追求的转换,与作品所反映的题材密切相关,王蒙对此阐述说:"当激情攫住了我,酸甜苦辣、冲动伤感,一切交织起来、互相冲撞的时候,用开放性的心理描写手法来写,我感到挥洒自如,再舒服不过了。而当我所写的题材

---

① 王蒙:《在探索的道路上》,《北京师范学院学报》1980年第4期。
② 王蒙:《〈深的湖〉自序》,《王蒙选集》第4卷,第372页。
③ 王蒙:《倾听着生活的声息》,《文艺研究》1982年第1期。
④ 转引自陈孝英:《再访王蒙》,《长安》1983年第7期。

主要是以生活经验为主,实的东西更多一些的时候(如近期的有些作品),用写实的手法也就更多一些。"①由于《在伊犁》系列小说是王蒙对"在伊犁的所见所闻所经历的人和事"的"朴质的记录"②,由于王蒙意识到"职业化小说家的小说即使写得再圆熟",也不独具非专业作家作品所显示的"真实朴素"的优点,所以他"故意不用过去一个时期我在写作中最为得意乃至不无炫耀地使用过的那些艺术手段",而"着意追求的是一种非小说的纪实感",从而有意避免那种"职业的文学技巧",这同时也是王蒙认为"真正好的小说","它可以是人民的心声,时代的纪念,历史的见证,文化的荟萃,知识的探求,生活的百科全书。它可以是真诚的告白,衷心的问候,无垠的悠思"③。

(四)综合式结构

这种结构可以说是对上述几种结构方式的有机配合与统一,既有传统的情节结构,又有现代小说的心理结构,二者交并又从整体上呈现一种散文式的结构;既有戏剧性的紧张冲突,又具有一定的心理情绪结构长度,给人的是一种高山仰止、景行行止、如行山阴道上的顿悟。如《活动变人形》即是这方面的典型代表。

(五)非结构式结构

这种结构又是对上述几种常规思维方式与常规逻辑叙述方式结构的突破和飞跃。它是通过非自觉意识,进行多方位的联想、想像、幻想和顿悟,用非逻辑思维、非逻辑的表达方式与常规思维、常规叙述相结合而以前者为主。这种结构一反传统小说的逻辑性和人物行动的统一性,而以人们熟视无睹、习以为常的客观事物或社

---

① 转引自陈孝英:《访王蒙——幽默·象征·杂色·两套神经》,《延河》1984年第1期。
②③ 王蒙:《〈在伊犁——淡灰色的眼珠〉后记》,作家出版社1984年版,第322页、第323页。

会现象的固有形态的扭曲、变形,造成结构内容和结构形式的陌生化,迫使读者与作品拉开距离,令接受主体放弃与作品的主客交融,以保持清醒的头脑进行冷静的审视,以偏离生活的理性思考来获得一种涵盖万有的审美弹性和张力。如《来劲》即是这样的作品。

所谓语言叙述结构,就是指语言运用的具体表现形式。它包括语言结构的外在形式和语言结构的内在功能两方面的内容。

纵观新时期小说家的创作,其成功的最大标志之一,就是作家对语言个性的顽强表现。这种语言个性不是过去通常意义上的语言个性,即作品中的人物语言要符合他的身份和性格,而是指作家本人用以叙述和描写的语言有别于他人的显著特质。如果说蒋子龙、柯云路的语言是以理性的利剑刺激着读者的话,那么王蒙的语言则是情感轰炸机投下的集束重磅炸弹给读者造成的强烈冲击波。与蒋子龙的演说词式的硬度语言、柯云路的哲理性语言及新时期其他语言严格规范化的作家不同,王蒙注意追求人物心理活动的全方位、立体真实,注意小说的意境和情致,其自身诗人的气质因素使他对"那种纯粹的、富有色彩和旋律感、节奏感的语言,那种诗的、哲理的、言外有言的语言",总是"一见钟情,久久不忘"①。同时,由于作家本人对古今中外的语言养料的吸收与运用,使王蒙的语言在叙述结构上,既具有中国古代文体——赋的铺排形式,又具有对现代语言形式的模拟,融抒情、哲理、幽默于一炉;排比、问句、并列的词和词组板块相迭,从而显示出一种优美的美感风貌。

这种风貌以王蒙一系列的心理结构小说为主要代表。如岳之峰在 2 小时 47 分钟的闷罐车厢里各种心理活动的意象的表现(《春之声》);佳原和素素约会时的困窘处境与作者的感慨(《风筝飘带》);哈丽黛返回阔别的故乡时的游子归乡情绪(《最后的"陶"》);钟亦成被错划为"右派"后的诚惶诚恐(《布礼》);张思远人

---

① 王蒙:《倾听着生活的声息》,《文艺研究》1982 年第 1 期。

蝶幻梦的扑朔迷离(《蝴蝶》);静珍晨起梳妆时的淋漓痛骂(《活动变人形》);xiang ming对现代生活的目瞪口呆(《来劲》);钱文、东菊等青年人的爱情生活(《恋爱的季节》)等等。在王蒙的作品中,这种风貌经常表现于他在名词前后匠心独运地大量使用准确的具有细微的层次区别而表现力极强的形容词和动词加以修饰上。这种富丽堂皇充满艺术张力的句子,精心雕琢,毫无杂芜、堆砌、罗列的累赘之感。如《活动变人形》中静珍早起晨骂一段和《狂欢的季节》中人物语言的整体叙述风格便是典型的例证。

从外在形式来看,这既类似于中国文体中赋的铺排,又是对凯塞尔所说的现代语言"堆积"模式的模拟。对于"堆积",凯塞尔在《语言的艺术作品》中说:"个别例举的部分失掉了它们的独立性,提高成为一个巨大汹涌的运动中的波涛。人们把这些称作堆积。有时候在其中完成一个上升的动作,但是它常常只产生卷走一切的语言旋涡。"在王蒙的小说中,充满了大量的"堆积式"的语言,这在以简洁、准确、规范的传统小说叙述方式中是极为罕见的。词、词组、句子的堆积以排山倒海、暴风骤雨般的气势或用来淋漓尽致地抒情表意,或用来给人以触目惊心的哲理性警句。凯塞尔所列举的语言"堆积"的各种形态,诸如散珠式、穿珠式、渐进式、平行式、首字重复式、句末重复式、对偶倒置等等,在王蒙的小说中都可以找到相应的例句。对此,王蒙曾经有过明确的表述。他说:"第一条是句号的增加,我写《蝴蝶》句号占压倒优势;第二条是引号减少,对话变为心理活动,可以不用引号;第三是比喻的概念也有很大的变化,一般是用群众熟知的东西比喻群众不太熟知的东西,或不容易想到的东西,但比喻都不是这样,可以反喻;第四,《春之声》有一大段,只有名词,只有主语没有谓语;第五,一般排比句应用相近的词,但我常用相反的词义排比。"[①]此外,加上标点符号,多种

---

① 王蒙:《探索断想》,《北京文艺》1980年第1期。

修辞的立体运用，形成了独具一格的王蒙式语言，也成为王蒙文体的重要特色。这种语言风格在王蒙的"季节"系列长篇小说中更是得到了酣畅的运用和淋漓尽致的展现。

从语言结构的内在功能来看，王蒙运用大量跳跃的、彼此相连贯的、不完整的词、词组、句子，同时受结构主义小说语言的影响、消逝作为指示符号的引号，使句号增加，以此表达人物内心所产生的各种感觉、印象和联想，突破固定的语法对语言进行重新建构，使具体的语言叙述获得表达人物深层的意识活动的强大功能，有力地体现了王蒙艺术手法多元化的主张。

总之，在新时期以来的小说创作中，王蒙力倡艺术表现手法的多元化，同时身体力行，在保持传统叙述结构的基础上，进一步熔心理结构与情节结构于一炉；非逻辑思维、非正常叙述方式与正常的逻辑思维、正常的叙述方式相结合，以人物和故事为经，以心理描写——包括意识流小说为纬，经纬交错，既有人物的意识、联想，又有故事情节的发展，并使二者相辅相成，从而构成一种主题、人物、情节、心理、意境、节奏、哲理等的有机综合、多层次的立体结构，显示了王蒙艺术表现手法多元化的主张在艺术实践中创新、突破的主要特征。这样，借助多元化的艺术手法表现多样化的真实，使王蒙的艺术作品富有了多彩的艺术品貌，独树一帜地显示出怡心养性的消闲理念和一种斑驳陆离的"杂色"的艺术风格。

三、返璞归真的消闲理念

毋庸讳言，王蒙是以一个小说家的身份迈入文学理论思维的智慧殿堂的。尽管不能否认在王蒙有些文学作品中不乏他对有关文学认识的真知灼见和理性思索的成果，但较其系统的理论文章和学术文章而言，其文学观念的薄弱和缺乏内在逻辑则是不言而喻的。但有一点，不管是文学创作，还是理论探索，王蒙总是始终如一地坚持自己的一贯风格,那就是不断地求新求异,不断地超越自己、完善自己。事实也正是如此。在20世纪70年代末复出文坛时,聪明的王蒙发现,当他再按照20世纪50年代固有的一般现实主义的创作道路进行自己的艺术创作时,不论是写"伤痕文学"还是写"干预生活"的作品,他都无法、也不可能重新跻身新时期文学的先进行列,而只能趋于平庸和消亡。对此,王蒙断然认为由于自己"早就被迫离开了'组织部',也不再是'年轻人'",因而感到"保持'组织部'的'年轻人'的风格","这是不可能也不必要的"①。于是,他在文学界首倡"寻找我自己"②,在茫茫的生活海洋,时间与空间的海洋,文学与艺术的海洋中,寻找他的位置,他的支持点、他的主题、题材、形式和风格。应当说在当时,这种探索的勇气是弥足珍贵的,这次寻找无疑是对他20世纪50年代所取得的文学成就的一次艺术观念上的彻底否定。而一个作家从否定自我走向重新肯定自我,不但是一次文学的量变,更是文学的质变,不但需要文学艺术创新的大勇,更需要变革文学思维的大智。事实上,"当一个作家作出了某些成绩,其作品被读者接受甚而深爱,读者自然地盼望从他的作品中'再见那可爱的孩子',那种公众效应很容易诱使作家顺着惯性往前走,此时作家否定自我需要更多勇气,也更为必要"③。文学创作技巧的变化尚且如此困难,文学观念的变革其艰辛便可想而知。因此,如果说王蒙复出文坛后的创作不愿再回到"组织部"式的创作模式中去是为了寻找艺术突破口的话,那么,我认为王蒙的寻找同时也是对文学政治教化功能的一种疏远和淡化。王蒙由此开始向文学的多功能方向迈进,并逐渐从理论和实践两方面向文学消闲观渐变并完成。考察王蒙新时期以

---

①② 王蒙:《〈王蒙小说报告文学选〉自序》,《王蒙小说报告文学选》,北京出版社1981年版。
③ 程青:《转型期:是否出长篇的时代》,《瞭望》新闻周刊1995年第49期,第36页。

来的文章也充分证明了这一点。

　　由于王蒙是怀着想当一个职业革命家的理想而闯进文学的广袤原野的,所以,对于文学的观念及其作用而言,在他的文学创作和理论文章阐述中,一开始是非常重视文学的社会作用与教化功能的。其后,由于时代与社会变革的加剧,王蒙不断地调整自己的文学观念,在经过了从一元文学观到多元文学观之后,最终才形成了文学消闲观。王蒙文学消闲观的形成是经历了一个从量变到质变、从文学革命到文学消闲的过程的。

　　在王蒙早期在文坛上崭露头角及至王蒙在新时期文坛复出之时,在王蒙的文学观念世界里,一直认为"文学与革命是天生地一致的和不可分割的"①。在王蒙的心目中,革命便是他生活的全部内容,而且认为其他人的生活也应该是如此这般的。因此,在王蒙的文学观念世界,政治与革命是同一个词,而革命便是生活、革命便是文学、革命便是一切。"文学是革命的脉搏,革命的讯号,革命的良心;而革命是文学的主导,文学的灵魂,文学的源泉。"②"文学本身就代表着真、善、美的追求,对于光明的追求,代表着这种肯定、这种爱。"③文学"本身就是光明的化身,它应该成为火炬、成为明灯、成为璀璨的珠贝,成为闪亮的星"④。其文学的社会性和政治教化功能色彩是显而易见的。在此后的一些文章中,王蒙对文学观念的探讨主要侧重于艺术技巧、扩大艺术主要是小说的艺术范畴方面,主张应当"像唱歌一样地写短篇小说"⑤,主张文学作品要有独特的"味道"⑥,以表现生活的丰富性、鲜活性和流动性,讲

---

①② 王蒙:《〈王蒙小说报告文学选〉自序》,《王蒙小说报告文学选》,北京出版社1981年版。
③④ 《王蒙选集》第4卷,第253页、第258页。
⑤⑥ 《王蒙文集》第7卷,华艺出版社1993年版,第56页、第60页,引文出自此卷者,出版社、出版时间从略。

究"小说的色彩和情调"①以及幽默、温馨、旋律感和节奏感,张扬的是艺术的审美功能。王蒙审视文学的视角由此不断转换,由面向生活而面向作家,由面向作家而面向作品,直到面向广大的读者,并由此返照作家作品自身时,王蒙从批判庸俗的文学政治观入手,开始了他文学消闲观的最初构建。

1979年3月,有感于"文革"这段历史对作家创作观念的"左"倾教条影响,对于那种文学紧跟政治的不正常现象,以及某些创作对文艺与政治关系的简单化理解,王蒙表示出自己深刻的理论素养。他说:"政治是挂'帅'的,但是'帅'不可能深入到每一个堡垒、壕沟、阵地,'帅'一般地更不可能深入敌后。"②"让文学给我们的'帅'当好侦察兵"③就足够了。这是王蒙对文艺与政治关系在功能方面比较清醒的最早论述,它表明王蒙已认识到文艺自身所具有的独立性特点,强调文艺自身独特功能的发挥,可谓王蒙文学消闲观的萌芽。由此,王蒙对文学观念与文学功能的探索,逐渐深入地向前发展,其文学消闲观的形成也逐步完善。1980年4月,针对极"左"思想,王蒙以一个作家的深刻体验和敏锐的思维,不断用探索和发展的眼光去深刻地理解文学的对象与功能之间的各种问题。在许多文艺评论家、作家以及广大读者把恩格斯有关巴尔扎克、列宁有关托尔斯泰、毛泽东有关曹雪芹的政治性评价理所当然地作为自己思想、创作和批评的原则并奉政治标准为神明的时候,王蒙从文学功能的独特性角度,从读者的自我阅读需要出发,富于勇力地将文学从政治的圣坛拉回民间的怀抱,理直气壮地进行了大胆的诘问:"我们能否问一问,过去和现在,法国、欧洲和中国、亚洲以及别的国家的别的洲,多数读者首先是为了研究经济学,是为了研究法国'革命以后动产和不动产的重新分配'而阅读巴尔扎克

---

①②③ 分别见《王蒙文集》第6卷,华艺出版社1993年版,第67页、第10页、第9页,引文出自此卷者,出版社、出版时间从略。

的著作吗?"①"试问那些在各地的新华书店门前排着长队等待购买《安娜·卡列尼娜》和《复活》的读者,他们当中又有百分之几十主要是为了了解俄国革命的某些本质方面,是为了研究19世纪沙皇俄国的农民问题而争相购买托尔斯泰的长篇小说呢?""有多少读者首先是为了研究封建社会的阶级斗争、政治斗争而阅读《红楼梦》并首先把它当作政治小说来读的呢?"王蒙坚决主张"我们不能无视作家的创作实践,不能无视不同时代不同国籍的广大读者——社会公众的阅读和欣赏的实践。我们正是要通过这些实践的检验、通过对这些实践经验的总结,来探讨关于文学的对象与功能问题的各个(不是一个)方面"。因此,在王蒙看来,开卷展颜或掩卷长叹,必须改变旧有的文学政治功能观念的桎梏,从新的文学功能观人手,去打动读者,要做到这一点,首先"是吸引,只有在吸引读者的前提下,才能给读者以知识、以教益、以感奋、以愉悦和慰藉"②。对于文学的功能,王蒙认为"首先不在于它能及时地提出社会问题,及时地干预生活……文学的力量、文学的功能、文学的特长是在于它发自作家的心灵深处,它关心着、感受着、理解着和表现着许多人的命运和灵魂,从而打动着、潜移默化着千千万万读者的心,化为读者的内在的精神力量"。如果能做到这一点,即使是"一味追求那种小巧玲珑的风花雪月"的文学及作家"固然也可存在"③。于是,王蒙的理论视角开始直接注目于文学的审美娱乐功能:"我们在强调文学作品的认识价值、教育作用的同时,再不要把文学作品的美学价值、感染和愉悦作用放到最微小的地位,恰恰相反,不论创作还是评价一个作品,我们首先要考虑它的最直接的功能——打动人心的功能。"④可见,在文学界拨乱反正之初,王蒙就切中了过去所强调的文学功能的偏颇,这也说明王蒙文学消闲

---

① 《王蒙文集》第6卷,第44~45页。
②③④ 《王蒙文集》第6卷,第46页、第50~51页、第54页。

观的形成、提出和实践并非一时的冲动或刻意的立异标新,而是长期的文艺实践的一种必然的结果。

20世纪80年代初,在进行了一系列小说试验并取得了以《蝴蝶》、《风筝飘带》、《相见时难》、《杂色》、《春之声》、《海的梦》、《夜的眼》为代表的创作实绩之后,王蒙可以说已经炉火纯青地掌握了职业小说家把一切化入小说的娴熟技巧。也正是1984年2月14日,王蒙从创作的技巧出发,提出了对于文学而言"游戏有时候也是需要的"这一近乎令人瞠目结舌的主张,认为"职业的小说家的那种几乎可以把一切化入小说、写成小说的娴熟技巧""会使作者有意无意地与读者做文学的游戏——构思的游戏、排列组合的游戏、抒情状物的游戏、语言文字直至标点的游戏。游戏有时候也是需要的"[1]。这里,王蒙的文学观念已经疏远了政治的因子,进入自由的艺术王国,已经认识到了作家是可以"有意无意地与读者做文学的游戏"的。这是王蒙文章中第一次大密度地使用"游戏"一词,而且几乎包括了文学活动的所有过程,显示了王蒙从早期注重文学政治功利作用开始向文学游戏性发展的轨迹,在王蒙的有关论述文学功能的理论文章中占有重要的地位,是认识王蒙文学消闲观的关键所在。如果说以往的当代文学作品很少或没有、不能或不敢认为文学可以是一种游戏是受对于文学教化功能认识的拘泥和限制而忽略其消闲娱乐功能的话,那么,1984年8月23日,王蒙对《中国青年报》记者提问的回答,则可以说是王蒙第一次明确提出了对文学消闲功能的正确认识。他说:"从《霍元甲》的盛况可以看出人们对娱乐性作品的要求之热烈。对这个问题,我们还缺乏认真的研究。我们完全应该有自己的更加使广大群众喜闻乐见的、提供美好文化休息的作品。"[2]值得注意的是,王蒙此时第一次使用了"娱乐性作品"和"文化休息的作品"这样的概念。这表明

---

[1][2] 《王蒙文集》第6卷,第164页、第185页。

大众娱乐性的文学已经引起王蒙相当的关注和思考,这使王蒙的文学消闲观念日趋合理与完善,而且,随着大众传媒的蓬勃兴起和大众文化的发展,王蒙开始有意识地系统阐述其文学消闲观。

1985年1月,王蒙在认真分析了《霍元甲》和《血疑》及通俗流行歌曲之后,在阐述它们之所以引起轰动的原因时,曾用美声唱法和通俗唱法作比喻来说明文学的通俗性和消闲性:"一般所谓通俗文艺,娱乐性强,人们听这歌,也并不是想从这里面欣赏声音的控制,他们不讲究这些,就是为了轻松一下。有时软绵绵的也听得怪舒服的,精神可以轻松一下,换换脑筋。有时饭后,茶余酒后,听了还可以助消化。"王蒙承认自己"从歌曲,从电视剧上,都给了我一种新的启发",并预言"文坛今后将有一大批娱乐性的文艺作品出现"①。从《霍元甲》、《血疑》这类通俗文化的普及与兴起,王蒙反思了中国文学的沉重历史,觉得"这样一些文艺现象告诉我们,就是我们要满足群众的娱乐要求"②,并开始明确提倡"要重视小说的娱乐性,而且我们不排除一些作品有更多的娱乐性"③,重视并从多方面探讨和宣扬文学游戏、娱乐的可能与必要。1985年10月5日,王蒙应中国作协新疆分会和乌鲁木齐市教育局的邀请,在为近千名文艺爱好者和大专院校师生作的报告中,从更广阔的视野上,再一次公开提出了文学功能由教化转向娱乐的历史发展趋势。他总结道:"对我们国家、我们民族来说,从来就是重视文学艺术的社会作用,特别是它的教化作用的。……要写部作品,是非功利性,是纯粹供欣赏用的,这是不大可能的。……现在能够提出这样一些问题来,恰恰是温饱问题得到了基本解决,政治上安定团结,在这样的基础上才有可能对文学的这一方面的功能来进行更充分的探讨,如欣赏的功能、鉴赏的功能,以至于玩赏的功能、游戏

---

①②③ 《王蒙文集》第7卷,第237页、第238页、第239页。

第二章 王蒙文学观念论

的功能、娱乐的功能,我们才能够有更多的探讨。"①这里,王蒙已经明确指出了文学的欣赏功能、鉴赏功能、玩赏功能、游戏功能和娱乐功能,其理解更加全面而且针对我们国家重严肃文学有余而轻视通俗文学存在的褊狭文化观,指出"大量的容易被群众所接受的仍然是那种消遣性、趣味性、娱乐性的东西"②。而且肯定"通俗的文学、通俗的艺术的存在,这是一个事实,是不能否定的,而且它还有它的优越性,它能够比较容易地被接受"③。这些观点一方面显示了王蒙相当开放、宽容的文学观,另一方面也是王蒙对文学自身功能认识的深邃和全面,文学应该满足大众的文化消费、文化享受和文化休息的需要。对此,王蒙显示了其对于文学消闲观的更加清醒的理性认识和更加执著的理论倡导和艺术实践。

1985年10月10日,王蒙在《光明日报》发表《社会性不是文学之累》,虽然承认"中国现代当代文学具有强烈的社会意识,具有社会内容、社会意义、社会使命感,这无论如何不是它的缺点"④,但是,深刻的文学历史反思,也更使他对文艺功能单一性、狭隘性有了清醒而理智的认识,不能一谈文学就只讲社会性而忽略其他,他承认在从孔子时代直至"文化大革命"这段中国历史急剧变化的时期,文学家"认真地与一贯地追求艺术的非功利性,追求艺术的空灵与超脱,追求为艺术而艺术,不但是难以想像的,而且往往被不无道理地说成是用心可疑的"⑤。而今,我们的国家进行了拨乱反正,落实各项政策,初步实现了经济的健康发展,政治局面的安定团结与文化教育事业的活跃繁荣。尤其是人们需要安慰,需要一种较高文化层次的休息,"出现了更丰富、开阔得多的精神要求——不但有积累、提高和开拓的要求,也有消费、享受与休息的要求,人们有可能更多层次、多角度地考察与呼唤文学与艺术的特

---

①②③④⑤ 《王蒙文集》第6卷,第286~287页、第298页、第299页,第232页,第232页。

性与功能。特别是那些由于历史的原因,客观与主观的原因,长期被正当地或过分地忽略了的文学艺术的特性与功能,理所当然地受到了更加热衷的谈论"①。这种"消费、享受与休息的要求"构成了对消闲文学的热情召唤。王蒙在这方面显示出了一种极大的热情,他不仅在国内的报纸杂志上撰文论述文学的消闲功能,在文学讲座、学术报告中大声疾呼,而且在对外文化交流中,也一如既往地阐明自己的文学消闲观。1986 年王蒙在圣若望大学亚洲研究中心举办的中国当代文学研讨会的讲话中,不仅承认文学的教化功能,而且更加肯定文学的娱乐作用,宣告"中国作家并不排斥文学的娱乐作用、补偿作用,不排斥自我表现或者移情"②。和以往文学过分强调和重视社会性的一元文学观不同,1987 年,王蒙在《文学评论》第 1 期上发表了《文学三元》一文。这是表明王蒙文学多元观念的著名理论文章。在这篇文章中,王蒙尽管承认文学是一种社会现象,具有社会性,但是同时,他也肯定、重视,甚至是倡导文学的非社会性,从"有"与"无"的哲学角度为他的文学消闲观找到了依据。他认为,"非社会性,恰恰是社会性的一种表现"③,对某些作家来说,"淡化社会性反映了他们的紧张的社会生活中的疲倦,或者仅仅反映了一种调剂安抚的要求,他们有可能在社会生活中是积极入世的,但在文学活动中,却追求宁静、幽深、空灵、雅致直到朦胧晦涩神秘抽象玄虚,就是说,这种'无'是对有的一种补充、一种调节、客观上的一种帮助。甚至最热烈的政治家也有读读小说'换换脑筋'的愿望,所谓'换换脑筋',当然有从最尖锐的现实社会问题的注意中超脱一下、转移一下的意味,这不难理解"。而且肯定"作家有意地去淡化社会意识,恰恰是社会生活安定健康清明的表现"④。至此,神圣的文学世界在王蒙的观念里已显得相当平凡,因而,他也理解"很多读者把看小说作为一种消遣"的行为和

---

①②③④ 《王蒙文集》第 6 卷,第 233 页、第 306 页、第 324 页、第 325 页。

思想,而且承认尽管小说本身可能很伟大,可是"看小说在他们全部业余生活的消遣方式中也只是其中的一种"。原因在于我们的文学正面临着通俗文学冲击所导致的"文学的分化"①。面对这种前所未见的文学危机,1988年11月王蒙以《红楼梦》为例,著文指出优秀文学的标准应该雅俗共赏,既有很高的读者层次,又被广大群众所接受。文学作品应面向广大读者层,这实际上,已经提出了文学消闲的雅俗共赏问题。

1988年以后,随着社会的进一步发展,尤其是商品经济对文化市场形成强大的冲击之后,文学失去了往日的辉煌,很难再形成相当规模的文学轰动效应,逐渐被挤到社会的边缘,整修社会面临着转型。对此,王蒙冷静地面对现实,认为"如果一个社会的许多成员只是为了'解闷儿'而读文学作品,冷落了一些救世型的思想家与玩世型的艺术家的巨作,也并非完全可悲"②。相反,这是很正常的事,正如王蒙后来不无幽默的调侃和自嘲那样:"中国有一个鲁迅,鲁迅是伟大的,如果有50个鲁迅,那将成个什么样?"③所以王蒙主张文学"与其搞三元对立,不如搞多元互补,这和自然界的生态平衡是一个道理"④。这是作家面临社会转型期的一种必然的选择。

1991年,王蒙出版了他的"红学"研究专著《红楼启示录》。在这部著作中,王蒙借对《红楼梦》的散点分析与评判,从自身的欣赏启示出发,认为它最主要的一点不过是一部闲书,并由此出发从几个方面开始系统论述了他的文学消闲观。

1. 关于人生、文学与小说

王蒙认为《红楼梦》"留下了记载,留下了辛酸荒唐,留下了消愁解闷、喷饭供酒的材料",进而王蒙感慨到:"这不就是人生么?

---

①② 《王蒙文集》第6卷,第334~335页、第340页。
③④ 弘文:《王蒙:活得还可以》,《文化娱乐》1995年第4期,第30页、第31页。

这不就是文学么？这不就是小说么？"①一语道破了《红楼梦》一书给读者的影响,尽管是"辛酸荒唐",但毕竟能给读者带来"消愁"、"破闷"、"喷饭供酒"之功能,而有此一益,便足以抵人生、文学与小说之宏篇巨论,从而肯定"小说毕竟只是小说,至少首先是小说,虽然不如起诉书或辩护词那样具有明确的针对性,却因为推动了这种针对性而获得了更普遍更长远的意义。写小说就是要把小说当小说写,而不是当檄文当救世秘方当判决书写","《红楼梦》摆在案头,就是供人'把玩把玩'"②的。这里既为"辛酸荒唐"作了最好的注释亦即"辛酸"乃日常生活,"荒唐"乃阅读效果令人荒唐可笑,而作者的针对性和倾向性则是相当隐蔽的,也指出了文学因远离社会政治(即"针对性")从美学意义上则可以获得长远的意义,同时也指出了文学的功能也仅是供人"把玩"而已并不是什么自我拔高的战斗的"檄文"、拯人于水火的"救世秘方"、真理是非的"判决书",从经典的意义上消解了文学的崇高与神圣和高贵。

2. 关于题材及其性质

王蒙赞同空空道人对《红楼梦》所作的批评确有道理也确有依据:第一件"无朝代年纪可考"亦即"时代背景不明确",或曰"缺乏朝代精神";第二件是"并无大贤大忠,理朝廷、话风俗的善政",亦即"没有政治内容也就少了教化意义"③。说明了其文学消闲观具有模糊时代背景、远离重大政治题材、摒弃政治内容、削弱文学教化功能的基本观点。同时,王蒙也巧妙地借"石头"对空空道人的批评之口,反唇相讥,彻底批评了那种"千部一腔、千人一面""讪谤君相,贬人妻女,奸淫凶恶,坏人子弟"④的货色缺乏创造性,认为曹雪芹写《红楼梦》"大旨不过谈情,亦只是实录其事,绝无伤时诲淫之病",所以王蒙从最初创作动机断言《红楼梦》是"老实百姓写

---

①②③④ 王蒙:《红楼启示录》,三联书店1991年版,第6页、第3~4页、第9页、第10页。

的闲书"①。这同毛泽东、鲁迅及当今文学史书对《红楼梦》的评价可谓大相径庭,而又言之确凿确有实据,其实质不过是王蒙为阐释自己的文学消闲观而采取的富有东方式狡黠的委婉表达而已。

3.关于语言

王蒙认为《红楼梦》对于"幻境"的谜语式描写以及谐音、组字、比喻及至画谜,都是一种文字游戏,而且还以莎士比亚的剧作为例深刻地指出"即使是有血有泪的至诚之作,仍然不排斥游戏的因子,古今中外皆然"②。承认游戏的合理合法性。因此,王蒙不无讽刺意味地指出"有几位我国当代青年,突然发现了什么'崇高感'、'宗教感'之类的词,立即视游戏为罪恶为大逆不道,与'玩文学''玩批评'的主张各执一词地咋咋唬唬起来"③。王蒙讨厌假大空的道貌岸然的严肃性语言,承认游戏的纯洁、名正言顺与合情合理。语言的游戏性可看作是王蒙文学消闲观在文学表现上的基本形式和手段。

4.关于人物塑造与艺术的游戏性

王蒙在分析秦可卿这个人物时,认为"这个人物的塑造与以巴尔扎克、托尔斯泰为代表的,不但经过别林斯基、车尔尼雪夫斯基、杜勃罗留勃夫而且经过恩格斯论述的现实主义方法大相径庭"④的原因在于中国文学的游戏性,对此,王蒙分析说:"中国传统文学,特别是小说这种'大众文学'样式……更富有游戏性,它不像西洋的现实主义那样严肃、那样呆板、那样郑重。在中国传统小说里,回避隐讳、影射暗示、假托借代……谜语占卜、牵强附会,以及种种文字游戏……的方法用起来得心应手,与外国文学作品相比,自有一种中国特色的轻灵潇洒。轻灵潇洒而不失其分量,不失其痛切沉重,把荒唐言与辛酸泪结合起来,虽荒唐而字字血泪,虽血

---

①②③④ 王蒙:《红楼启示录》,三联书店1991年版,第11页、第21页、第21页、第55页。

泪而荒唐可说,这样的写法有一种特殊的间离感。"①正因为有了间离感之后,"间离了才好把玩"②,所以王蒙一再强调《红楼梦》一书在大众读者眼里"不过是供'酒余睡醒之时,或避事消愁之际,把此一玩'而已"的"闲书"而已③,目的不过是强调文学的消闲作用。

5. 艺术创造的随意性和规定性及多重功能

王蒙认为曹雪芹并"不懂什么文艺学上的这主义那主义,他不囿于一种体系一种规则所提出的最高任务最高标准,他的选择其实是多向的多元的"④,主要有"怀旧"、"解闷"、"纪实"、"警世"、"求气"、"炫己",而且认为《红楼梦》的纪实性、怀旧性与警世性是严肃的,《红楼梦》的假语村言花花哨哨的东西,"它的游戏性炫耀性梦幻性又是随意的"⑤。我认为,前者可以说是对雅的追求,而后者则是俗的表现,二者是统一协调的,它实质上是王蒙对于文学消闲功能的雅俗共赏方面的美学要求。

6. "玩文学"的小说传统

王蒙在论及《红楼梦》创作的随意性与规定性时,从历史的角度论述了小说的娱乐性及其合理性和必要性,指出"玩文学"的小说传统同样亦应该得到继承。他分析曹雪芹写《红楼梦》之所以自由、随意、得心应手,"可能是由于小说在古代中国难登大雅之堂,其主要目的是娱乐大众,没有哪个中国古代小说家摆出一副'忧国忧民'、'一字千钧'、'人类的良心'、'思想家'的阵仗。这种'玩文学'的小说传统正与诗文的'兴观群怨'与'文以载道'的传统一样久远"⑥。这里,王蒙借评论对象阐明了文学消闲的目的是娱乐大众,文学家必须正视自己的地位,要继承、提倡和发扬"玩文学"的悠久的传统,实际上已勾绘出了消闲文学的基本运作方向和宗旨,也就是要在真正意义上"玩文学"以达到"捅破文学的时时绷得紧

---

①②③④⑤⑥ 王蒙:《红楼启示录》,三联书店1991年版,第55页、第3页、第3页、第57页、第57页、第59页。

紧的外皮"①这一尴尬现象的目的。

7. 游戏性的小说观

我们的小说创作,从作家主体来说,都有一种任重道远的使命感、崇高感和神圣感,强调社会性、功利性,因而总是遵循小说的规定性,忽略了小说的随意性,一方面觉得随意性有欠严肃不足以彪炳青史,另一方面也是崇"雅"厌"俗"的非自由创作心理所致,或不为或逃避或批判或否定或拒绝。然而,从小说的角度实事求是地加以考察对比,王蒙觉得"很难将这更多游戏性的小说观与洋大师们的小说观分出个高下"。他相信,"这种自由心态的小说,多元价值取向的小说,不戴悲壮严肃面具的小说完全可以写得更好",就像《红楼梦》一样。所以,王蒙号召"有识之士"应该"从一个高层面来看"富有游戏性的小说。对于游戏性,王蒙显得坦然,认为"游戏中自有真情真知真意味,游戏中更有一种'翻过筋头'以后'看破红尘'以后的智慧与超拔"。作家们之所以不敢言谈游戏、做游戏,骨子里是那种崇高感在作怪,对此,王蒙看得很透,也很深,更很准。他说:"游戏与崇高也不是截然对立的。精神境界十分崇高的人未必一定厌弃游戏。"在王蒙看来,"如果从一味追求崇高的标准来衡量,'样板戏'确实达到了顶峰,但整个样板戏的故事,不也是一种游戏吗?"②用语颇不乏王蒙式的机智,但也说明了在崇高感的重压下作家的困窘与尴尬,就像一个在海边扛着舢板找大船的水手一样,文本与话语尽管是他们的看家本领,却被美丽的虚幻所遮蔽,难以正常地发挥。

如果说王蒙对《红楼梦》的批评是从"古"与"雅"的角度选取例证来获得有关文学消闲性的启示的话,那么,王蒙对王朔其人其作的评价则可以说是从"今"与"俗"的视角更加系统地阐述了他的文

---

① 《王蒙小品》第122页,中国人民大学出版社1994年版,第122页。
② 王蒙:《红楼启示录》,三联书店1991年版,第59~60页。

学消闲观的全部内涵。这些观点主要体现在王蒙1992年8月发表的《王朔的挑战》、1993年1月发表的《躲避崇高》、1995年1月发表的《沪上思絮录》等文章中。

  在这些文章中,一方面王蒙更加深入、细致、全面地对王朔其人其作之所以红火的原因进行了精辟的分析研究,另一方面又在更加广阔的文化视野上探寻中国文学的转换与更新的契合点。针对过去文学作品中人物理想化、神圣化、不食人间烟火、远离大众的英雄化倾向,王蒙赞赏"王朔的人物非工非农非知识分子非领导非被领导非反革命非革命非先进非落后非中国非改革非保守非正经人非黑社会"①,只是凡夫俗子一个,"是对古典的、贵族的、高雅的、封闭的文学世界的反抗",是一种反文化的倾向,而这种"反文化的目的应该是使人活得更像人"②。从语言风格上,他欣赏王朔的调侃胆大包天,什么神圣的词儿他都敢调戏抻弄,什么恶劣的词他都敢往自己身上拉,无拘无束,自由潇洒,无所顾忌,汪洋恣肆。他激赏王朔消解了崇高,撕碎了神圣,还原了本色,王蒙认为王朔"他太尖锐,他戳破了所有的道貌岸然。他很轻松,哈哈一笑也就消食化气。他很油滑,他也辛酸……他根本不信也不让读者信你那冠冕堂皇的假大空"③,从而还原作家的本来面目本来地位品格。他认同王朔作品平凡中的深刻和对读者的坦诚;他羡慕读者读了王朔的作品让人觉得凉快,但不悲伤;咯咯嬉笑但不喜悦,骂骂咧咧但不生气,啧啧称赞但不敬重,他没有让读者受到启示受到教育受到激励的教师爷架子,而只是既不让读者失眠又不会想入非非,"一切照旧却不无轻松透亮"④。因此,当王朔在文坛受到冲击之际,王蒙仗义执言,断言王朔的红火是"各方面通力造成的",是"应运而生","是一个社会在转型期中的必有的心态,王朔的作

---

① ③ ④ 见《王蒙文集》第7卷,第457页、第457页、第458页。
② 《文学的逆向性:反文化、反崇高、反文明》,《上海文学》1989年第5期,第67页。

品将此种心态活灵活现、惟妙惟肖地传达了出来,使社会最普通的小人物得以达到心理平衡和自我肯定",使读者"最充分地体验到一种'短、平、快'的释放与轻松",进而肯定王朔其人其作其效应的价值在于它"是社会转型期中的一大必在历史上留下痕迹的文化现象"①。由此,二王心有灵犀借消闲而互通,并达到了某种理论和实践上的默契。所以,王蒙对于华艺出版社出版的中国当代著名作家新作大系中他的《我又梦见了你》,于1992年11月公开宣称其作用和目的就是让读者"茶余酒后,或可把玩,喷饭解颐,微熏凝睇,知我爱我,有益无损"②。至此,王蒙的文学消闲观从感性到理性到实践水到渠成,脱颖而出,并显示出在文学、历史和哲学、美学等多重意义上的文化意蕴。

从内涵上来说,王蒙的文学消闲观是指作为满足闲暇时间消费需求而向大众提供的以欢娱为主的一种非政治功利的文学观,它是以多元文学观观念在文学功能系统中的娱乐层面为基础,以大众为基本欣赏对象,以游戏性为基本创作核心,以调侃为基本叙述语调,以反文化、反崇高、反英雄、反教化为既定的文学运作方向,以娱乐性和雅俗共赏为美学特征,来满足大众的文化消费、文化享受和文化休息的文学形态,王蒙的文学消闲观及其观念指导下的文学实践,是对理性文学的反叛,是对文学教化功能的消解,是中国闲适文学传统在当代的扬弃,是清淡而悠远的生活趣味与舒展而平实的生活律动相结合的一门语言艺术,是中国文学历史发展的必然性在当代文坛的合理释放与回归。王蒙的这一理论倡导将文学从沉重的严肃政治教化目的转向轻松、调侃的娱乐追求,其目的是满足人民群众的消遣娱乐之需要,以缓冲快节奏的现代生活所带来的紧张心理。于是,就使其从欣赏功能与欣赏对象两方面具有了娱乐性和雅俗共赏的美学特征和多重的文化意义。

---

①② 见《王蒙文集》第7卷,第459页、第663页。

1. 娱乐性

以往我们论及文学的功能主要是侧重于认识和教育两大功能，即使说到审美功能，其审美也只是对认识和教育的一种中介活动，娱乐功能从未被明确地独立提出过。事实上，认识与教育功能首先是在娱乐功能的基础上产出的。就人的本性而言，追求享乐、快乐和娱乐，需要娱乐、满足娱乐、创造娱乐，是人类生存发展所遵循的一个普遍规律。以往，人们一谈起娱乐，就觉得它必是富裕的产物，而富裕是剥削阶级的象征，人们从政治意义上不敢接受娱乐就像不敢承认自己是属于剥削阶级一样，但是在当今的现代社会则不同。娱乐对人类日益不可缺少，娱乐和游戏在相当程度上已成为一种迫切的精神需要。人们在娱乐和游戏中展现自己自由的本质，已变得和吃饭睡觉一样成了人基本的生理需要，成为一种生物生命现象而非精神生命现象。"社会需要文化，大众社会需要娱乐，娱乐取代艺术成了大众文化的原则。"①所以，一般人都对自己所从事的日常工作和普遍的世俗生活常态不太满足，在此之外，他们更喜爱追求惊、奇、险、变、趣，更喜欢见所未见、闻所未闻、出人意料、平地起波澜，讲究神奇、巧合、冒险、误会和刺激。因此，消闲文学的出现，满足了大众娱乐性的需要。只是和其他严肃文学相比，它在如何达到"寓教于乐"这个目的上，具有自己的特殊性。清代的李渔认为由于"人性喜读闲书，畏听庄论"②，所以他功夫主要还是用在吸引读者，引起读者兴趣上，是通过娱乐来达到"劝惩"的目的。消闲文学在文学的多项功能中所担负的使命应该说就是娱乐。正如鲁迅所说的俗文学两极发展"一为娱心，一为劝善"③一样，"娱心"为主，"劝善"次之，只有满足"娱心"的需要，才能达到

---

① 张汝伦：《论大众文化》，《复旦学报》1994年第3期，第18页。
② 李渔：《闲情偶记·凡例》，浙江古籍出版社1985年版。
③ 《鲁迅全集》第9卷，人民文学出版社1982年版，第110页、第302页。

"劝善"的目的。娱心的需要既促进了消闲文化的产生和发展,又赋予了它娱乐性的美学特征,并且逐渐成为人们的文化消费观念。所以,王蒙早在1980年8月在大连作的《生活、思考、创作》的讲话中就已经指出:"文学,应该使人快乐,这种快乐不是指酒足饭饱的满足,而是更高的精神上的一种舒展、精神上的一种美化,一种升华。……文学作品的快乐包括着智慧的快乐……想像的快乐、体验的快乐。"①1983年他又讲"为了能确实给读者提供一点精神上的营养,增加一点精神力量,我们确实应该从生活故事的寻找和复述当中升华起思想的力量来"②。这同恩格斯关于民间故事书的使命的论述有着惊人的相似。恩格斯说:"民间故事书的使命是使农民在繁重的劳动之余,使傍晚疲惫地回到家里时消遣解闷,振奋精神,得到慰藉,使他忘却劳累,把那块贫瘠的田地变成芳香馥郁的花园,它的使命是把工匠的作坊和可怜的徒工的简陋阁楼变幻成诗的世界和金碧辉煌的宫殿,把他那粗壮身体的情人变成体态优美的公主。"③民间故事书作为消闲文学的一类具有如此的功能,实际上也代表了消闲文学的整体功能:使劳动者恢复疲劳,得到快乐、欢娱、暂时脱离现实生活,使之于艺术世界的沉醉中获得片刻的慰藉。它不像严肃艺术那样只是一味的劝善而无视娱乐的本能需要。

实际上,王蒙所说的"从生活故事的寻找和复述当中升华思想的力量",既包含了文学娱乐性,也指出了所包含的通俗文学因素在内。这样,王蒙所提倡的消闲文学也就具有了雅俗共赏的美学特征。

2. 雅俗共赏

文学属于美学范畴。美的形态又是丰富多样的。英国美学家

---

①② 《王蒙文集》第6卷,第78页、第161页。
③ 《马克思恩格斯论艺术》(四),中国社会科学出版社1985年版,第339页。

鲍葵将美分为平易的美和艰难的美,消闲文学应属于平易的美、通俗的美。而所谓"通俗",茅盾认为"应当是形式则'妇孺能解',内容则为大众的情绪与思想"①。郑振铎则认为:"她是民众所嗜好、所喜悦的;她所讲的是民间的英雄,是民间少男少女的恋情,是民众所喜听的故事,是民间的大多数人的心情所寄托的。"②他们的侧重点都侧重于大众与通俗的一面。但是,通俗并不等于庸俗,消闲也并非无所事事。和严肃文学、纯文学、高雅文学相比,消闲文学只不过是从形式到内容变得使人亲近可爱一些,生活趣味浓一些,增大了可欣赏性可把玩性,与各种"崇高"稍稍"躲避"了一点距离,是极俗而后的极雅,是雅俗共赏的,是对大众文化的媚俗,目的是创作一些"浅显易解的作品,使大家能懂、爱看,以挤掉一些陈腐的劳什子"③,让文学由殿堂走向民间。所以,王蒙主张文学作家和作品应该是多种类型的,有悲剧升华型的作家,也有喜剧型化解型的作家。作品也是同样。前者与俗难谐,后者则时不时地调侃一切,动不动就把一些伪君子的面具撕个粉碎。他们尤其敢于自嘲,具有一种轻松直率的性格魅力。在公众当中,"他们宁愿蹲下来,不但与'俗人'打成一片,而且还与'下等人'不分你我"④。在中国文学历史发展中,文学的雅俗两极,始终矛盾对立又经常相互转换的。以往那种讲高雅则如阳春白雪,不食人间烟火,讲通俗则下里巴人,俗不可耐的单一极向已被鉴赏力逐步提高的读者所拒绝,读者水平的提高,迫使创作应努力做到审美情趣上的高雅和艺术形式上的通俗。通俗而不庸俗,以粗俗而入高雅(如王蒙的《暗杀——3322》)既不能要求每一部作品的思想都博大精深,都含有

---

① 《茅盾文艺杂论集》(下),上海文艺出版社1981年版,第729页。
② 《中国俗文学史》,作家出版社1954年版,第4页。
③ 《鲁迅杂文全集》,河南人民出版社1994年版,第969页。
④ 王蒙:《沪上思絮录》,《上海文学》1995年第1期。

关系国家兴亡、宇宙人生的大道理、要求作品都合乎高档的创造规范,又应承认文学活动就是为人们艰辛、紧张或无可奈何的生活提供两种忘情、放松和宣泄的氛围和机会。因此,王蒙推崇《红楼梦》和王朔在创作上和效应上的成功,认为他们作品的艺术内容和艺术形式都被不同层次的欣赏者接受和认可,引起广泛的共鸣和欣赏。作家应力求雅俗共赏、以旧为新、以俗为雅,"真正的高雅不会掩饰自己世俗的一面"①。对于文学中的"俗",王蒙明确表示:"俗,并不一定是庸俗,他是怎么样的就写怎么,有七分俗就不必装出十分雅……再伟大再不俗的人,他就不是用嘴吃饭了吗?"②可谓嬉笑怒骂皆成文章,旗帜鲜明而态度坚决,而这种深沉的艺术底蕴正是来源于文学消闲观所具有文化力量的释放。

在时下的大众活动中,消闲无疑是使用频率最高的传媒语言,在工业化和都市化热潮一浪高过一浪的我国城市和已经或正在奔小康的乡村,消闲清风正悠悠地从四面八方向人民大众吹来,以至于成了日常生活不可缺少的社会存在,这就迫使理论工作者去探索它的文化意义。

以王蒙为首的既在理论上倡导又在实践上探索的文学消闲观,作为一种社会文化现象,是有着多重的文化意义的。概括起来主要有六个方面:①文艺本源的复归;②闲适传统的继承;③历史理性的反叛;④现代生活的召唤;⑤市场经济的催生;⑥文学自身的嬗变。

1. 文艺本源的复归

中国文学几十年的历史进程及其演变形式,无不经历了一个由俗而雅,由民间到庙堂,由街谈巷语、俚曲闲词到大雅之堂的过程。考察各种文学样式的最初起源和最初的目的,又无一不是为

---

① 王蒙:《沪上思絮录》,《上海文学》1995年第1期。
② 孙玉林:《60岁零1个月的王蒙在复旦》,《大学生》1995年第6期,第40页。

了娱乐与消遣。鲁迅在论及小说的起源时,曾经说:"人在劳动时,既用歌吟以自娱,借它忘却劳苦了,则到休息时,亦必要寻一种事情以消遣闲暇。这种事情,就是彼此谈论故事,而这谈论的故事,正就是小说的起源。"①可见,小说自产生之日起,就是供消遣闲暇的,而且从目的、手段到内容是为了娱乐的。事实上,不仅是小说,大至整个文学,莫不如此。就如周作人在《中国新文学的源流》中所阐述的那样:"文学是用美妙的形式,将作者独特的思想和感情传达出来,使看的人能因而得到愉快的一种东西。"②他认为"文学和宗教两者的性质不同,是在于其有无'目的':宗教仪式都是有目的的,文学则没有","文学只有感情没有目的"。文学的功能"只是以表达出作者的思想感情为满足","只能令人聊以快意"③。只是到了后来,部分的小说(文学)创作开始从娱乐性中分离出来,不仅作为娱乐的对象和方式,而且充当统治者的代言人,而统治者为维护自己的统治,又想把文学变为一种宗教,要求具有一种内在的严肃性,对社会的政治、经济、道德、风俗、思想发挥作用,把文学作为教育民众接受统治阶级思想、意志、消除和化解非统治阶级思想的工具,文学的"教化"功能由此而来,从此丧失了文学的本性和初衷。——也就是如康德所主张的那样:艺术是游戏的,而非功利的,"人们把艺术看作仿佛是一种游戏,这本身就是一种愉快的事情,达到了这一点,就算是符合目的"④。而且,如果从生活本身来说,文学消闲作为一种文化生活行为更是生活本源的复归。林语堂在《悠闲生活之崇拜》中说:"如果一个人真的要享受人生,人生是尽够他享受的,一般人不能够领略这个尘世生活的乐趣,是因为

---

① 《鲁迅全集》第9卷,人民文学出版社1982年版,第302页。
②③ 倪墨炎:《中国的叛徒与隐士:周作人》,上海文艺出版社1990年版,第288页、第289页。
④ 朱光潜:《西方美学史》(下),人民文学出版社1984年版,第383页。

他不热爱人生,把生活弄得平庸、刻板无聊。"人都是爱惜生命,留恋尘世的。然而,不为无益之事,何以遣此有涯之生。弗洛伊德似乎为人们寻找到了几条出路。他说:"生活正如我们所发现的那样,对我们来说是太艰难了:它带给我们那么多痛苦、失望和难以完成的工作。为了忍受生活,我们不能不采取缓冲的措施,这类措施也许有三个:强而有力的转移,它使我们无视我们的痛苦;代替的满足,它减轻我们的痛苦;陶醉的方法,它使我们对我们的痛苦迟钝、麻木。"①这"转移"、"代替"和"陶醉"无一不是消闲文学所具有的功能,时下严肃文学的"门前冷落车马稀",而通俗歌曲、武侠言情小说、相声、小品、漫画、卡拉OK、上网、贺岁片等各种消闲文化却"不尽长江滚滚来",既登大雅之堂,又特别为普通百姓所喜爱、所接受,都充分说明了这一点。以小说而言,无论今天怎样备受推崇的《西游记》、《红楼梦》、《三国演义》、《水浒传》、《今古奇观》等等,当年无一不是为消闲而作的闲书,它们既非工作事业要求,也不是生活所必需的书,是可读可不读而偏要吸引人去读的书,其目的无非是为了消遣,放松身心,希冀更好地工作与生活。在海内外获得"凡是有中国人的地方,都有人知道他的名字"这样殊荣的金庸,其成功的原因就在于他的小说是"俗极而雅又大雅若俗的故事","正在于它既俗又雅,既通俗又深刻,既好看又耐看,既'热闹'而又有'门道',既离奇又真实,既可满足人们的娱乐要求,又可品味它的丰富的美学与哲学意味,既是一种关于武侠与传奇的'成人的童话',又是一种关于人生与世界的深刻的寓言";就在于金庸从创作之初就本着写武侠小说的目的主要是为"娱乐自己,而复娱乐他人,只求把故事讲得生动热闹……写这种小说,自己当作是一种娱乐,自娱之余复以娱人"②。金庸以及时下王朔的创作都可以说

---

① 《弗洛伊德言论精选》,农村读物出版社1988年版,第5页。
② 陈墨:《金庸小说赏析》,百花文艺出版社1991年版,第17~18页。

是顺应了人民大众的消闲娱乐之要求,是对我们这个民族只认庙堂之高而不认识江湖之远,只崇尚"经国之大业"而不屑身边"鸡毛蒜皮"之小事的文学而进行的一次成功的抵抗和在文学本源与生活本源意义上的复归。一切艺术都是游戏,它的最初的基本功能就是令人愉快、快乐。就像黑格尔所认为的那样:艺术不过是虚假的游戏,而欣赏者却不能不认真对待之,就像儿童看玩投石击水的游戏一样。如果将文学观上升到文化的高度来看,它也是中华民族几次大的文化历史变迁与综合的必然结果。新时期以现代科技和大众传媒为基本物质保证的文学消闲的勃兴,其最初宗旨与文化的第一次产生相一致,文学消闲观倡导的娱乐性雅俗共赏性就是在文化意义上对艺术本源的回归。面对大众消闲文化消费转型到今天,精神的神圣信仰和宗教意识已不再像昔日那般辉煌而显得黯然失色,消遣娱乐已成为人们精神活动的一个重要组成部分,这是一个不以人们意志为转移的客观事实。王蒙主张文学消闲,注重娱乐和游戏,这是对社会现实和人的心理状态的一种务实态度,是在非常深刻意义上对文学的认识和真正的归宿。

2. 闲适传统的继承

其实,如果仔细考察王蒙文学消闲观及其实践历程的源流,就不难发现,当代消闲文学的滥觞实际上是历史发展的必然,这体现的是文明演化中的一个曾经中断的上行性螺旋的重新开始。从历史发展的角度看,作为第一次文明浪潮的游牧时期,农耕文明就呈示出原始的消闲文化:《诗经》以降的很多文学作品都是民间消闲的产物。春游芳草地,夏赏绿荷池,秋饮菊花酒,冬吟白雪诗;"采菊东篱下,悠然见南山","绿蚁新醅酒,红泥小火炉。晚来天欲雪,能饮一杯无",都艺术地反映了往昔那种田园风韵极浓的消闲情调。就连被人称为得其半部便足以"治天下"的《论语》,其内容也不是篇篇皆言治国之道、救民之术,也有着"暮青者,春服既成,冠者五六人,童子六七人,浴乎沂,风乎舞雩,咏而归"的闲情雅趣,也有着"智者乐水,仁者乐山;智者动,仁者静;智者乐,仁者寿"①的感叹。只是汉代时,大一统的封建政权才废黜百家、独尊儒术,儒家理论在权力的崇尚下,作为统治阶级的理论武器而对其他各家的各种理念进行了大规模的围剿。于是,思维开始向理性的模式浇铸,儒家思想开始在文学中奠定不可动摇的地位。与此同时,汉代的知识分子也开始丧失春秋战国时代学术论著和思辨论争的自由。虽然"诗言志",但他们能"诗"却"不得志",这种矛盾状态在士大夫当中有相当的普遍性,于是,人们开始把关注思维的焦点转向可使"帝王大悦"的自然风光,以恬静无为的闲情自我标榜为精神上的无冕之王,人生的恣意开始发生变革,中国的闲情文学层面从此开始多元化的建树。这些人在不愁温饱的情况下,以甘劳苦、远荣辱、弃功名为先导,投身闲情世界,如倦鸟返旧林,池鱼归故渊,追求远离庙堂,闲居独处,在将自然生命和山水相融的机缘里,个体只追求生命的原存价值,借描山绘水以忘忧苦,弈棋斗牌以慰不平之心,用闲情以遣恋怀,这种典型的不求大富大贵而只求身心愉悦的闲情逸趣,啸起于东汉的士林,而经过三国和两晋南北朝的政治军事纷争,中国古代的闲情文学选择了最为成熟的方式而沿袭几千年之久。推动这种闲情逸趣的文人士子如张衡、杨修、嵇康、王羲之、陶渊明、鲍照、谢朓、潘岳等人,在他们的笔下,徘徊在功名利禄之间的心灵浮躁已经渐趋平静,自安自慰与自得自乐日渐上风,消闲养性而寄情山水书法音乐绘画成了他们平静心灵的良药,以无欲无争的人生态度处江湖之远,让"山中清风"与"水中明月"这"取之不尽、用之不竭"的自然财富来颐养天年,以烹茶品茗来钩沉古今的追忆,让春华秋实来满足心灵的饥渴。于是,李白将闲情斟进美酒,白居易寄闲情于飘零,苏东坡用闲情挥洒无奈与自嘲,关汉卿将闲情演出杂剧,三袁兄弟将闲情与万物为师,张岱寄闲情

---

① 孔子:《论语》。

于西湖七月半之明月,蒲松龄寓闲情于聊斋,曹雪芹则把闲情幻化成千古红楼一梦。到了现代,胡适、周作人、林语堂、梁实秋、丰子恺、夏丏尊、刘半农、朱湘、叶圣陶、老舍、冰心、朱自清、徐志摩、郁达夫、沈从文、孙犁、张拓芜、郑振铎、钟敬文、石评梅、陈白尘、碧野、冯亦代、阿英、张爱玲、陆蠡、柯灵等,都借文学以传递闲情,力求使人展示出风采,活得涵养出品位来。在当代,金克木、张中行、舒芜、季羡林、汪曾祺,包括王蒙、张洁、陆文夫、李国文等,都借小品文以寄闲情,或谈文论艺看电影,或论吸烟喝粥磨豆浆,或谈古论今说安详,或轻松逍遥加调侃,或旅游遗憾不设防,其主题主旨大都寄情于山水、品味饮食,遥忆过去时光,咀嚼人生滋味,与传道诲教的载道文学大相异趣,较多地抒写自己的闲情逸致。纵观中国文学发展史,其"载道"与"消闲"的文学实践与观念一直是此消彼长的,只是我们的文学史书是以"载道"观点来衡量作家作品的,对消闲派作家作品多加遮掩,才使我们总觉得凡文学则必济世载道。如果此说合理,那么,不妨说,中国现当代文学90年代以前是载道派,90年代后期是消闲派。中国以往的文学史过分强调载道之教化功能,现在应该是消闲娱乐的时代了。因此,王蒙倡导的文学消闲观及其思想引导下的消闲文学创作,既是对中国文学历史上闲适传统在当代的继承和发展,也是中国文学历史发展的必然周期。而且,王蒙所倡导的消闲文学的勃兴,也是重生、崇爱、敬神的民间文化精神的复苏。道家的无为谋略逍遥风度,返璞归真的宗旨及儒家中和之美的理想,这种儒道遗风在市民闲适、平庸的生存中,演化成为修身养性的本体意识和乐天安命的生存意识,成为一种缺乏经典里所蕴涵的形而上精神的消闲文化意识。新时期以来,王蒙接连著文,谈宽恕,谈费厄泼赖,谈无为,谈逍遥,谈不设防,这不仅给漠视个人生活、强调教化功能的文学以彻底的反叛,加之行文的潇洒和品位的精致,对于倒足了政治教化和庸俗社会学胃口的普通读者而言,不啻是一次精神上的高级享受,施与浮躁的当代人心灵上的镇静剂,从形式到内容都是对闲适传统的回归和发展。而且,王蒙倡导文学消闲,在其哲学意义上,是与第一次文明浪潮和农牧文化的回归和翻新。这同时也是我国古代体法自然崇尚自由的老庄哲学在今日西方发达国家为智者所厚爱,在我国被大众所乐道的重要原因,是真正文化意义上的消闲文学观。

3. 历史理性的反叛

值得注意的是,在《王蒙文集》第 6 卷所收的有关文艺的综论、代言和杂谈的全部文章中,在有关代言部分(指王蒙担任某些文艺工作的领导职务时的带有因公务而言的性质的言论)①的 46 篇文章中,只有 1 篇即 1988 年 2 月《在全国编创人员座谈会上的讲话》中,提到了文学创作欣赏的"愉悦的原则",并且仅仅是着眼于审美中介方面,认为"我们的作品应该使读者和观众、听众得到美的愉悦、美的欣赏和美的快感"②。从此,再没有一次明确提出过文学的娱乐性和消遣性。这不仅说明了人们对文艺娱乐功能认识的不足,也表明了王蒙在特定的时空环境中对于文学观念由于"代言"而导致的局限。尽管我国已从政治、经济与文化的长期封闭与禁锢中开始迈出,但是,人们所见到的文艺大多是"认识作用"及其"教育作用"的产物,只是有"文"而无"艺","娱乐作用"虽非大逆不道,至少也很有些不登不雅之堂,文学过分关注于某种理念的表达,势必会使作品的理性因素加重,娱情因素受窒,从而失去读者的阅读,作家的主体作用也消失殆尽。因此,王蒙从探寻中国文化转换与更新的目的出发,认为"中国一个很大的问题是泛政治化",其原因就在于"近百年急剧的政治变动,使人们习惯于对一切问题都从政治的角度看……但从长远来说,这种现象必须改变。一个社会越正常,越健康,人们各行各业社会分工的观念就会明确,文

---

① 见《王蒙文集》第 6 卷说明。
② 《王蒙文集》第 6 卷,第 650 页。

学就是文学,科学就是科学,电影就是电影,有的电影政治性很强,有的只是娱乐而已"①。这种泛政治化的要求赋予文学太神圣、也太沉重的使命,文学要教化社会和民众,甚至成为政治的宣言,一步步迈入神圣的殿堂,最终被搁置在祭坛上,让人们去膜拜,这本是文学的不幸,但由于这种观念由来已久,难以一下得到更改。如今,当文学走下圣坛回到本来位置时,市场经济使社会的整个机制已开始转型。面对如此巨大的转变,习惯了文学的轰动效应,认为文学永远是最伟大最神圣的思维定势,显然已难以适应,"因为从一开始人们就把文学看得太重了。从启蒙家的'小说决定论',政治家的'文武大军论',都为了变革社会而对文学寄予厚望,委以重任,度过了近百年的艰难岁月,也许新文学有不胜重负之感了。于是'玩文学'了"②。因此,当代文学从20世纪80年代初的不屑于作时代精神的传声筒,也不屑于表现自我感情以外的丰功伟绩的"自我表现",到20世纪90年代初的对生存困窘的烦恼与描写精神理想的溃败的"新写实",消闲文学开始逐步疏离政治,政治上虚假的"真善美"逐步被生活本身的真善美和艺术特有的真善美所取代,温柔敦厚的宽容精神消融了矛盾的斗争哲学,非英雄化的平民意识开始吞没"假大空"式的英雄主义,人性化的生命意识逐步摒弃乌托邦式的人生思想,闲适恬淡的人生意义撕裂了扼杀人性的虚假的道德规范,日常生活状态中的"鸡毛"式的琐屑烦恼开始展示被人为的崇高所遮蔽的生存境界。正是在这个意义上,王蒙开始赞同王朔的文学创造观、风格观、语言观和人物观,认同他的作品回避、消解、亵渎和否定崇高。面对沉重的历史,王蒙的文学消闲观着眼于现实生活及其生存游戏和娱乐,把历史理性的正面埋没在大众世俗的喧哗中,运用世俗的取乐方式,通过对时空的伪装

---

① 王蒙:《探索中国文化转换与更新的契合点》,《书与人》1995年第5期,第40页。
② 黄修己:《20世纪中国文学的时代性》,《学术研究》1995年第1期,第99页。

和虚拟(如"季节"系列长篇)以历史的奇闻轶事置换历史的内容,使理性的历史内涵在欣赏者轻松愉快的笑声中彻底世俗化,于是,消闲文学将理性重压下的感情解放出来,让人在消遣性、娱乐性、刺激性的游戏的心态中找回鲜活生动、童心未泯的自我。消闲文学所提供的最恰当的形式和内容,将表里深浅各不相同的文化内涵在肤浅的层面上抹平,以戏谑性、荒诞性和消费性的渗入,消解了理性世界的深度和高雅,作为对理性压抑的反叛,文学消闲观作为一种世界性的文化潮流和全人类的文化选择带来的崇高感、尊严感、神圣感、目标感和责任感失落的后果,使理性在放逐的慵懒中处于无所事事的休闲状态,恰恰是人性上升到更高境界的重要标志之一。

4. 现代生活的召唤

"文变染乎世情,兴废系乎时序。"①文学的变迁,常和物质生产处于不平衡的关系,当人们不再为温饱而发愁时,希冀消闲的意念便油然而生。当大工业生产的机器运转轰鸣声响起时,纯朴原野上农耕文明的宁静与闲适被打破,工业化的进程作为第二次浪潮使都市社区中的几乎每个人都成为整个大一统工业机器中的齿轮和螺丝钉。快速、高效的生活节奏,给人们带来空前的财富,也带来无尽的烦恼,于是,追求惬意的娱乐享受情绪反过来构成了创造消闲世界的强大心理动力,渴求松弛紧张的神经成为大众的普遍需求。伴随着电脑科技和信息革命的第三次浪潮,形成了所谓后工业社会技术和知识的过度膨胀,压缩了所谓后工业社会技术和知识的膨胀,压缩了人类的生存空间,人类完全被一种文化一种技术所异化、所限制、所束缚,这种时代氛围又反过来促成了当代人的消闲追求。当琼瑶和金庸以"言情"和"武侠"闯进大陆读者的视野时,当《霍元甲》和《少林寺》使人感到"万水千山总是情"时,实

---

① 刘勰:《文心雕龙·时序》。

际上已透射出走在希望的田野上的中国人的心态,一种对平和、悠然、闲适生活格调的痴情向往。当经济生活发达到一定程度,当必要劳动时间缩短而闲暇时间增加乃至于中国从1995年5月1日正式开始实行双休制到实行带薪休假等措施,消闲的动机迅速由可能变成现实并进而成为普遍的消闲实践,从衣、食、住、行各方面的日常生活差不多都冠以消闲之名,消闲成为生活快乐的源泉,闲暇时间成为把握生命存在的最可贵的财富,这对每个正常人来说既是必不可少的,也是可能的。马克思说:"闲暇时间是满足绝对需要劳动时间之后留下的从事其他活动的剩余时间,是劳动者用于消费和用于从事自由活动的时间,是为全体社会成员本身发展所需要的时间。"[①]王蒙的文学消闲观正是满足了人们消费闲暇的文化需要,以其娱乐功能舒展了人的生命张力,是我国人民生活水平文化水平提高的一个标志。而且,现代社会无疑是一个令人身心高度紧张的社会,它决定了追求紧张工作之外的轻松乃是人们的一种普遍心态,他们已无法养精蓄锐地对严肃文化的过高欣赏要求作出反应,同时现代社会特有的现代性本身就有一种使文化涣散的力量,科学技术使人类物质生活方式发生了根本性改变,电影、电视、录像、电脑、因特网等大众文学媒介的产生和发展,使人们对文学观念的理解和运用已今非昔比,电脑网络广泛而普遍的迅猛应用,使人脑的精致个性更为突出,其表现方式也变得复杂和多样,促使大众愈发具有了明确的文化消费需求。他们不再满足于对自己的日常生活进行有限的修辞化处理,而是谋求一种纯粹意义上的精神愉悦和宣泄。在这种大工业文明背景下出现的王蒙的文学消闲观,它"是稳定化和进化之间的一种张力,它是坚持固定不变的生活形式的化身和打破这种僵化模式的倾向之间的一种

[①] 引自《消闲四品》,湖南出版社1993年版,第692页。

张力"①。于是,王蒙倡导的文学消闲观,客观上使文学远离了更为复杂而深刻的苦难意识、忧患意识、历史意识、悲剧意识、神圣意识、崇高意识、信仰意识乃至批判意识,愉悦和消闲成为人们文化生活的第一需要,在传统文化价值体系的崩溃中,王蒙的文学消闲观终于应和着现代生活的召唤,踏上了自己前所未有的文化舞台,其时代意义不言而喻。

5. 市场经济的催生

世纪交替之时,社会正面临转型,商品大潮惊涛拍岸,给文学带来巨大的冲击。随着计划经济向市场经济的转轨,文学作为战斗的武器和工具的意义逐渐淡化,它的娱乐、审美、消遣的功能日益被大众偏爱,一向头上罩有迷人光环的作家,一夜之间在金钱面前显得穷酸异常,一文不值。尽管文学对人类的命运、人生的价值应有终极的关怀,但是,就单个社会的成员而言,其本身就生活在一个世俗的、功利的氛围中,无法拒绝市场的世俗的、功利的消费的东西,市场经济已成为当前国人不可逾越的阶段,文学则必须与市场经济接轨,人们阅小说、读散文、观戏剧、看影视,固然能增长见识,或者增加美感,但他们花钱的目的并不是首先为了这些,而是要调剂生活,求得乐趣,不过是借以消遣光阴、博得轻松的手段。王蒙自己也承认他的长篇小说《暗杀——3322》"不过是一个跟随布老虎的雅俗共赏的潮流编撰的故事","作者把这个故事卖给了春风文艺出版社",而读者"又为了解闷而花钱买了它",作家自己也"将会只能得到你(指读者)所付的买书码洋的百分之八,然后交税",然后王蒙表示自己"吃饱喝足,再去构思下一个能吸引你(读者)掏钱购买的悲欢离合的故事"②。这哪里是在写小说,简直是在谈为文经商的生意经,只是这样的坦率和那些面对金钱欲拿还

---

① 卡西尔:《人论》,上海文艺出版社1985年版,第283页。
② 王蒙:《暗杀——3322》,春风文艺出版社1994年版,第125页。

羞,不要心疼的伪君子更觉得真实可爱。纯洁高尚如王蒙者尚且如此,其余可想而知。因此,文学消闲观念指导下的文学实践向市场靠拢,甚至投合市场需求,对文学的运作过程采取商业性的方式,它成了绝大部分文人不可避免的选择。作家不得不面对自身的生存进行深刻的反省:"明确的功利目的创作,是否将彻底取代非功利目的创作?"[1]尽管文学的柔美与纯情依然吸引着人们的心,但在这日益重实用的时代,艺术常常是和最无用的东西排列在一起的,经济的杠杆碾压着真正以文学为生存方式的作家努力改变自己,以建立与市场经济相适应的生存模式,坚守的痛苦与放弃的轻松,使人略感荒唐的同时,更多的还是感奋不已。有资料显示上海的一些作家正在参与消闲文学的写作,以摆脱经济的困窘。小品文、大特写、通俗小说、影视剧本、纪实文学、广告文学等,涉及的领域相当广泛。[2] 生存的困境、价值的错位、理性的惶惑,使作家面对社会转型的十字路口四顾茫然,既不能看到出路何在,又无法正视自己,似乎他们已经无法使自己定位于某一种生存方式来免于物质的清贫又能承载他们的人文理想。在这种情况下,王朔第一个以青年作家的身份,遵循以市场经济意识为导向的商业化创作原则,认为自己作品的第一标准就是为读者"找一乐儿",而且坦率无比地承认自己是个拜金狂,他并没想到流芳百世,只想解决眼前问题,只是在"玩"文学,只不过是"玩着玩着就流露出一些玩不动的沉重的东西"[3],就玩出一些真格的来,明确地显示出消闲创作心态和消闲性追求与消闲文化的互为因果关系,因此,王蒙认为王朔生活得潇洒愉快。所以,王蒙认为中国在文化上之所以常常发出"报警和哀叹"的声音,原因就在于当代"中国的管理体制已

---

[1] 马原:《小说百窘》,《文艺争鸣》1992年第2期。
[2] 参见陈丽:《困境与突围》,《社会科学》1995年第1期,第69~70页。
[3] 王蒙:《躲避崇高》,《读书》1993年第1期,第17页。

经使中国的文化工作者习惯于被养起来,几乎经不住竞争上的挫折,稍有挫折,就感到大难临头,蒙受极大冤屈"①,因而主张"作家不应该被养起来,他们本来就应该为自己的吃饭操心"②。这一方面固然是为适应文化市场的竞争机制,另一方面也是使作家摆脱政治的指挥棒的有效途径。所谓拿人钱财,替人办事,拿工资的作家对于文学的潇洒总是显得"犹抱琵琶半遮面",总不如王朔无单位无工资无医疗无专业那般显得天马行空、潇洒如意、无后顾之忧,而且更主要的是使作家、作品、读者都获得人生意义上的自由,彻底改变文学的观念。所以,王蒙为歌星的劳动与价值辩护,为自己在文化部长任职内"开放了舞厅"而感到最满意。③ 王蒙所倡导的文学消闲观,为作家自身的生存和选择提供了最佳的转换途径,是文学适应市场经济的有效手段。文学的消闲功能和市场经济相适应,既满足了广大读者消闲娱乐的需要,也消除了在快节奏的现代生活中的紧张感。

6. 文学自身的嬗变

在中国经济发展日益与国际接轨的今日,文学由政治意识形态消费向大众消闲文化消费转型,艺术的功能已经从文化的价值层面向游戏层面回归,由文化批判转向文化娱乐和消遣,虔敬之心和美好情怀为世俗性所取代,人们不再信仰崇高和神圣,整个文学界发生了彻底的变革,张扬欲望而消解主义,酷好当下而厌倦永恒,嗜谈本能而弃置崇高,这一系列冲击波,迫使文学重新审视、选择自己的出路。

首先,就作家自身而言,从职业特点看,文学家其实与其他行业在社会学意义上并无多大差别,因此,硬说文学多么神圣、崇高和伟大,难免有自我膨胀之嫌。以往我们不愿承认这一点,在作家

---

①② 《王蒙文集》第6卷,第806页、第808页。
③ 王蒙:《探索中国文化转换与更新的契合点》,《书与人》1995年第5期,第37页。

的头顶上套上迷人的光环,让作家成了高居他人之上的圣谕传播者,"他们中有许多人有一种救国救民、教育读者的责任感:或启蒙或疗救、或团结人民鼓舞人民打击人敌人声讨敌人,或歌颂光明,或暴露黑暗,或呼唤英雄,或鞭挞丑类……他们实际上确认自己的知识、审美品质、道德力量、精神境界,更不要说是政治的自觉了,是高于一般读者的。他们的任务他们的使命是把读者也拉到推到煽动到说服到同样高的境界中来"①。这一方面让大众对作家产生神秘感,另一方面也使作家在炫目的光环中陶然以至沉迷,以为自己手举火炬必定引人注目,而实际上人们又没有把他怎么当回事。虽然社会生活中,"王婆卖瓜、自卖自夸"乃人之常情,"每个行当的人都有神话自己的本能冲动"②,但王朔却认为"写字是一门职业,应该用职业的态度对待它"③。鲁迅也曾一针见血地指出:"以为诗人或文学高于一切人,他的工作比一切工作都高贵,也是不正确的观念。"④王蒙评价王朔"他的思想感情相当平民化,既不杨子荣也不座山雕,他与他的读者完全拉平,他不但不在读者面前升华,毋宁说,他见了读者还有意识地弯下腰或屈腿或屈腿下蹲,一副与'下层'的人贴得很近的样子"。因此,"王朔等一些人有意识地与那种'高于生活'的文学、教师和志士的文学或绅士淑女的文学拉开距离","撕破了一些伪崇高的假面"。所以,读王朔的作品可以使人"觉得轻松如同吸一口香烟或者玩一圈麻将牌,没有营养,不十分符合卫生的原则与上级的原则,说不上感到……但也多少满足了一下自己的个人兴趣,不再活得那么傻、那么累"。因而也"很适合四项原则与市场经济"⑤。王蒙在这里借褒贬王朔其人

---

① 王蒙:《躲避崇高》,《读书》1993年第1期,第17页。
②③ 《王朔王蒙谈王朔》,《作品与争鸣》1993年第3期,第61页。
④ 《鲁迅杂文全集》,河南人民出版社1994年版,第390页。
⑤ 王蒙:《躲避崇高》,《读书》1993年第1期,第17页。

其作来还作家以世俗本色,平等地对待众生,心平气和地发挥作家的自由感和文学本来的作用。

其次,从艺术创作来看,以往文学由于过分地强调生命意义和人类命运这类有着艰深哲学理性的命题,作品中的主要人物常常陷于难以自拔的自我思索中,他们都具有丰富而复杂的精神世界和频繁的内心活动,有一个成熟而旺盛的"内宇宙",因而这类作品往往有细腻而冗长的心理描写和复杂深刻的精神分析,成段的内心独白和自诘自问式的节奏显得缓慢和深滞,情节流常常受阻,这种作品在时代步伐与生活节奏显著加快的今天,未免令大多数读者感觉腻烦和产生阅读障碍,其命题本身的艰深需要有专门的美感训练才能接受,它的艰深与沉重必然会把大批不想活得太累而只求潇洒愉悦的读者拒之门外。对此,王朔明确表明心态:"谁也挡不住我的狂话。中国人活得太可怜了,我装孙子看脸子多少年了,干吗呀,我不想装了,我一没单位二没领导,经济上又独立,有充分的自由感,我要抡圆了活一把,活着就得对得起自己。"①王蒙也明确地表示:"我个人越来越反感'背负十字架'这个说法。"原因是他感觉自己"不是救世主,世界上也没有什么救世主,为人类的整个罪恶而背上十字架,这个感觉太良好,牛皮吹得太大。……抱着救世主的心态,将对普通人做出可怕的事情"。而且他特别声明他"本人不打算背十字架,作发光体……这是一种理性的、谨慎的、乐观的态度,是一个利己的原则,乐生的原则"②。这就使其文学消闲观因避开生命时空之类终极命题的形而上的抽象的理性思辨,而将笔力指向更开朗、更明确、更具象也就更世俗的命题,显得更具务实性和平民性,更贴近人伦意义上的"生活";同时,具有文学消闲观念的作品一般节奏明快、情节流畅、跌宕起伏、悬念丛生、

---

① 《王朔王蒙谈王朔》,《作品与争鸣》1993 年第 3 期,第 61 页。
② 弘文:《王蒙:活得还可以》,《文化娱乐》1995 年第 4 期,第 30~31 页。

偏重娱乐性的消闲性,更具可读性更切合现代读者的需要,而被大众所认同。

再次,从接受美学的角度讲,在当今社会生活中,作家、作品和读者之间的关系已经发生了深刻的变化,作家不再神圣,作品应顺应文化市场需求,读者成了阅读、评价作品的上帝,过去那种以"革命"促销售的可能性已不复存在,读者或许尊重某一名家,但却完全有权选择读或不读他的作品,当读者掏腰包的时候,他实际上是进行着一种经济、文化的和审美的多重选择,一个作家作品影响力的大小,不在于官方的政治评价,而在于市场效应和经济效益的作用,王蒙的文学消闲观念正是迎合了读者的欣赏习惯,顺应了文学从文化向市场的转换,而且引导着大众文化的消费方向。

总之,王蒙的文学消闲观,对于以往文学自身所存在的诸多缺陷与弊端的除旧布新,其在文学观念与文学功能上的意义,远非本书论述所能概括,随着经济建设高潮的到来,我们也必将迎来一个文化建设的高潮。王蒙的文学消闲观作为这次文化建设高潮的前奏,其对文学传统的冲击、对文学价值的评定和文学功能的发挥必将产生深远的意义,在此意义上的中国文学的真正复兴与再造辉煌之期必是指日可待的。由此观念作用于王蒙的艺术实践,使其作品呈现出驳多统一的"杂色"风格也是人所共知的事实。

四、驳多统一的杂色风格

"杂色"来源于王蒙的中篇小说《杂色》这个题目,本意是指马的颜色:"这大概是这个公社的革命委员会里最寒伧的一匹马了。瞧它这个样儿吧:灰中夹着白、甚至还有一点褐黑的杂色,无人修剪,因而过长而且蓬草般地杂乱的鬃毛。"[1]然而,"杂色"的含义并

---

[1] 王蒙:《杂色》,《收获》1981年第3期。

不止于此，而是宽泛得多。由于色彩作为一种美的形式，每个人都有程度不同的偏爱。如同茹志鹃离开高高的白杨树在草原的小路边陶醉于百合花的芳香与色泽；在远天和晨雾中隐形的张抗抗则喜欢淡蓝；每个字都饱蘸着火热的激情、字里行间充溢着男子汉阳刚之气的蒋子龙喜爱大红的颜色；历尽磨难对文学仍痴情不改的王蒙，则深深地钟情于杂色。这与其说是作家对色彩的不同的审美趣味，毋宁说是各种文化积淀、审美理想、艺术追求在作家创作个性中的情感显现。

现代心理学的研究成果表明，人们对色彩的喜欢或者偏爱，与人的生活经历、生活方式和生活习惯等密切相关，它体现着人的文化素养、审美情操、感情价值和个性气质。色彩作为自然界中客观存在的物质形式，它作用于人的心理，就会产生在客观上不同的主观感觉和身体内的不同的生理反应，而且由于色彩作为一种人类文化积淀，早已深深凝聚于人们的意识或潜意识之中，因此，色彩作为一种审美对象又会令人产生不同的审美心理感觉、联想等诸多心理活动，显示出种种不同的审美情感价值，这从大庭三郎色彩感情价值表和克拉因色彩感情价值表中略见一斑。[①]

杂色，在王蒙的调色板上，既可以说是赤橙黄绿青蓝紫等色彩之一种或几种，也可以说是对上述色彩的全部融合。杂色，既表现为王蒙自身的生活色彩，也表明王蒙个人对生活的一种看法，同时也是王蒙对于一种美的艺术境界、对于艺术创作风格的追求和展现。前者本书已有所论述，这里着重论述后者，即作为一种艺术风格品貌的杂色。

在这里，杂色作为对一种艺术风格的追求，是以王蒙对生活事物的复杂性、丰富性、多样性以及微妙性的认识为前提，以多元的艺术表现手法为基础并与对风格的主观性和客观性的辩证认识相

[①] 余秋雨：《戏剧审美心理学》，四川人民出版社1985年版，第185～189页。

统一,而在艺术创作中显示的不同品格和风貌。

和以前大多数的作家、批评家一样,王蒙十分强调"风格"对于创作、对于作家的美学意义。同时,王蒙又以自己的艺术个性和创造显示了对"风格"的独特感悟和表现。在《论风格》一文中,从新时期文艺的创作实际和研究艺术风格问题入手,针对某些作家热衷于表现自我、一味"挖掘自我、挖掘内心"作为保持自己的风格特色的倾向,王蒙既强调风格的主观性,又注重风格的客观性。他指出:如果以为可以不把眼光投到时代、民族、社会上,不植根于客观世界之中,如果以为可以不必费力去研究各种生活式样、多种人物及其环境条件从而研究各种题材的特点,而只需要挖掘自我、挖掘内心,便可以保持风格的特色,这样不免包含着一种作茧自缚、使自己的风格钻入牛角尖的危险。王蒙于是提出了一个鲜明的论断:"风格便是追求,固定风格便是风格的停滞乃至死亡。"[①]他明确地阐述说,风格不应是一个静止、封闭的概念,"风格本身便是一个探求的过程。就是说,风格是一种追求,追求用最适合于自己的,最好的方式,最好的角度,来表现自己感受最热烈的生活。创造是无止境的,最好的方式与最好的角度是无止境的,因此,风格是无止境的"[②]。这在王蒙看来,风格既不是形式、技巧和手法,也不是题材的选择和提炼,风格是主观与客观的统一,是艺术家运用艺术手段反映生活、抒发情感所表现出来的一种特有的气韵、节奏与特色的综合。风格愈成熟,其艺术作品就愈和他本人的性格、世界观、情感、气质趋于统一,乃至"行云流水,天衣无缝,返璞归真,浑然天成,信手拈来,即成妙趣"[③],从而来接近无法之法、无道之道的极致。同时,与王蒙自己提出的艺术表现手法多元化主张相一致,在艺术追求的美学境界上,王蒙也同样形成了发展、开放的

[①] 王蒙:《论风格》,《钟山》1980年第3期。
[②][③] 均见王蒙:《论风格》,《钟山》1980年第3期。

风格观。王蒙认为在艺术描写和艺术表现上"多用几套笔墨"①，必须进行多方面的借鉴，无论古今中外，都不妨大胆借用。在风格上，他同样主张多样化，认为艺术风格不能"定于一"，它既"可以是抒情的，冷峻的，嘲讽的，诙谐的，庄严的，快乐的，悲痛的，也可是混合的，酸甜苦辣都有的"，"可以很精确，很有分寸，也可以比较夸张，甚至比较怪诞……正剧、悲剧、喜剧、闹剧……都可以一试"，包括某些古典的、外国的、现代的"都可以采取'拿来主义'，为我所用"②。他反对排他性，主张宽容性，认为"幽默与严肃，达观与哀伤，夸大与写实，议论与直观，通俗与含蓄，嬉笑怒骂与深沉委婉，都不是互相绝对排斥的"③。提倡风格便是探求，在探求中不断地发展风格，作家的风格应是多元的并在多元的追求和表现上达到高度的统一和同一，这便构成了王蒙对于艺术风格表现的核心观点。正是基于这样的认识，王蒙在选取不同的题材、运用不同的艺术手法创作出的艺术作品中，博采众家，兼收并蓄，显示出了标新立异、另辟蹊径、花样翻新的创造精神和斑驳陆离的风格品貌：

《说客盈门》笔调诙谐，富于机智和幽默，有如单口相声，读后令人舒心畅快；而《买卖提处长轶事》有如"天方夜谭"，揭示了人类处于荒谬状态中使人欲笑还哭的"黑色幽默"；《表姐》以契诃夫《套中人》的笔法致力于小人物刻画；《歌神》则谱写出美的持久与强健；《布礼》内容浩繁，结构复杂，情绪大起大落如波翻浪涌的大海；《最宝贵的》则单纯、明晰、简洁、干练，仿佛林间潺潺的小溪；《悠悠寸草心》、《光明》却显示了传统现实主义手法的风貌；《春之声》、《风筝飘带》又具有西方现代派意识流的风采；《在伊犁》系列小说真实平朴；《球星奇遇记》显得荒诞不经；《蜘蛛》又是那样扑朔迷

---

① 王蒙：《善良者的命运》，《文学评论》1982 年第 5 期。
② 王蒙：《短篇小说杂议》，《王蒙选集》第 4 卷，第 291 页。
③ 王蒙：《倾听着生活的声息》，《文艺研究》1982 年第 1 期。

离。带有童话色调的《木箱深处的紫绸花服》和结构行文近于散文的《青龙潭》争奇斗妍;粗犷剽悍的维吾尔好汉子依斯麻尔(《好汉子依斯麻尔》)与腼腆而又自尊的剪影艺术家米如云(《妙仙庵剪影》)相依而至;《深渊》浓郁的悲喜剧和《灰鸽》淡雅的轻喜剧交相映耀;《黄杨树根之死》提供的心灵解剖图和《葡萄的精灵》唱出的小夜曲珠联璧合;淡淡的然而又是持久的《惶惑》与《鹰谷》上空的《逍遥游》彼此映衬;《青春万岁》的浪漫主旋律与《活动变人形》那根沉睡了数十年的古弦发出了和谐的共鸣,而"季节"系列小说则铸就了王蒙长篇小说的黄钟大吕。

　　这些作品亦庄亦谐,既有深沉,又显示着幽默机智,小夜曲、抒情诗和交响乐齐奏,正剧、悲喜剧和荒诞剧同演,色彩斑斓而又新颖独特,令人眼花缭乱却又感到心旷神怡,其根源正在于"复杂化的生活会有复杂的心绪,会有复杂化的题材,也会有复杂化的形式和手法"①,而"题材不同,采用的手法、风格就会不同"②。王蒙炉火纯青地达到了艺术手法的复杂多元性与艺术风格的相对稳定性的统一。然而,这并非只是说王蒙只有丰富多样的风格外貌而缺少或没有基本、鲜明的艺术特色,恰恰相反,王蒙的艺术作品"尽管写的题材不同,表现出来的风格不尽相同,但它都是作家的全部个性、全部风格的各个有机部分"③。王蒙是一个清醒的艺术家,他对艺术风格多样化的追求,使自己目标明确地去掌握某些艺术手法;而对艺术手法的广泛采用,又为王蒙锤炼和发展自己的艺术风格开拓了广阔的道路。文似看山不喜平,贵在独创与常新。从容于法度之内,驰骋于规矩之中,方能显示艺术家所展现的艺术风格

---

① 晓立、王蒙:《关于创作的通信》,《文学评论》1982年第6期。
② 陈孝英:《访王蒙——幽默·象征·杂色·两套神经》,《延河》1984年第1期。着重号为引者所加。
③ 王蒙:《论风格》,《钟山》1980年第3期。

的高妙,王蒙可谓深得个中三昧。他说:"作家的任务是创造。……是创造就是探求,就是试验,就是披荆斩棘,就有成功和失败两种可能。因而创造带有冒险的性质。不敢冒险,不敢突破,不敢做试验的人就没有创造。"①因而,他也就无所谓风格可言。因此,新时期的王蒙从一开始创作就明确表示:"矫揉造作,为技巧而技巧,不干。从一而终,更用不着。不同的作品会有不同的反映,正常。"②就王蒙自身创作的艺术作品的风格来说,尽管有着色彩纷呈的复杂多变,但还是万变不离其宗,离不开王蒙的"个性"土壤,这就是布封所说的风格就是人,这里的人,是指一个人(作家或艺术家)的思想、性格、志趣、爱好的总和,并且专指这个总和所综合呈现出的特色。对王蒙"这一个"作家而言,王蒙的生活道路、思想修养、艺术才华、美学趣味以及情操和性格气质等诸方面因素,既决定了他的创作个性,因而也就深刻影响了王蒙的艺术风格,因为南国的花草果木难以在北国的林海雪原落根,长白山的仙草灵芝也不可能在海南岛采摘,风格并不是别的什么,风格就是植根在艺术家"个性"土壤之上并与这些水土相适应而繁茂的奇花异草硕果佳酿。这些形貌各异、千差万别的风格,都是单一的杂多,都具有幽默的统一色调,这是王蒙多样风格中始终不变的一个重要色素,它的产生和发展并非偶然的神来文笔,而是有一定主客观因素和一定的历史发展过程的。

鲁迅先生曾经说过:"幽默风格和情绪、倾向之类,不但因人而异,而且因事而异,因时而异。"③王蒙幽默风格的形成,也是这样,它不但取决于作家个人的天性气质,更取决于作家所处时代的

---

① 王蒙:《论风格》,《钟山》1980年第3期。
② 王蒙:《窝头就蜗牛,再加二两油》,《北京晚报》1980年8月28日第3版。
③ 鲁迅:《准风月谈·难得糊涂》,《鲁迅全集》第5卷,人民文学出版社1958年版,第424页。

"时"与"事"。

60年代的作品使王蒙早负盛名,但这期间的王蒙是以严肃方正的"职业革命家"的标准来塑造熔铸自己的。虽然生活中的王蒙并不缺乏幽默感,但是,体现在他创作的艺术作品中,幽默往往只是作为一种插科打诨的因素出现,客观上幽默的特征不够明显,主观上,王蒙对幽默风格的探索和追求也缺乏明确的目的性和积极的主体自觉性。在这以后的很长一段岁月流逝的坎坷生活中,王蒙既见识了"渺小而卑鄙的人和事",也"认识了真正的伟大和崇高。在生活的最低层,在最边远的地方,与人民同甘苦共呼吸,站在人民的立场看那些年的戏法魔术,风云变幻,翻手云雨,孰是孰非,孰胜孰败,洞若观火"①。受新疆维吾尔传统文化的深刻影响,也由于自身的感情交流和生存需要,幽默青睐了王蒙,王蒙也对幽默一见钟情而且有了更加深刻的感性认识和理性把握。他感到"幽默是一个很有意思的东西,它能使一个人放下架子,也能使别人去掉戒心,从而建立起一种亲切、平等的关系。它还能使人体察到你的善意和诚挚,有时甚至可以弥补你言行中的漏洞和小疵。它往往在下层百姓中更为风行,在命运坎坷的人们中更有市场"②。从此,生活的磨砺使他性格中原本不显眼的幽默诙谐因素变成了他性格中占显著地位的东西,成了他生活中"不可或缺的一条支干"③,并且"把幽默视作维持生存的要素"④和精神战斗的锐利的思想武器。新时期以后,王蒙个人的幽默风格愈加突出,他作

---

① 王蒙:《〈王蒙小说报告文学选〉自序》,《王蒙小说报告文学选》,北京出版社1981年版。
② 陈孝英:《访王蒙——幽默·象征·杂色·两套神经》,《延河》1984年第1期,第28页。着重号为引者所加。
③ 晓立、王蒙:《关于创作的通信》,《文学评论》1982年第6期。
④ 王蒙:《〈王蒙小说报告文学选〉自序》,《王蒙小说报告文学选》,北京出版社1981年版。

品中的幽默因素也有了显著的大幅度的增长,幽默的风格也日趋成熟,到 20 世纪末则达到了他个人创作和追求上的一个顶峰。

纵观王蒙迄今为止发表的作品,可见幽默这根艺术红线贯穿于王蒙各个时期所写的即使不是全部也是绝大部分小说乃至文艺论文之中。王蒙本人也多次表明了这一点。他在谈到幽默在其作品中的地位时说,幽默"是我个人……很有兴趣的一种色调"①,"是贯穿我的作品的一个不可或缺的稳定的因素"②。而且王蒙特别强调指出:"即便是浪漫和透明如《风筝飘带》我的情歌里仍然有一种清醒的冷峻的调子"③,甚至"即便在我写得最规矩、最正经、最抒情的作品里,仍然不乏笑料",追求漫画式的、闹剧式的笔法来表现"严肃的东西"④。从主观上讲,这种风格的形成,是王蒙力图打破以生活的本来面目反映生活的创作方法所带来的局限而力倡艺术手法多元化主张在风格上的表现,也是王蒙对于中外古今文学遗产的借鉴、继承和发展所形成的开放、宽容的艺术观在创作上的必然发展以及创作主体对幽默的认识与追求的自觉和必然选择。

文学作为对现实生活的能动反映,它的基本方法只有两种:一种是正剧或悲剧式的,要求以严肃、庄重的格调,按照生活的本来面目来反映生活;另一种是喜剧式的,力求运用夸张、虚拟、变形、荒诞等手法将生活中的本来面目予以扩大或缩小、扭曲或延伸,以此曲折地表现生活的本质。尽管作为方法论而言,二者并无优劣之分,以其各自手法创作的艺术品也具有同样的艺术价值和审美价值。但是,由于人为的功利干扰,前一种方法在中国当代文学中

---

① 王蒙:《漫话小说创作》,《钟山》1982 年第 1 期,第 223 页。
② 转引自陈孝英:《论王蒙小说的幽默风格》,《文学评论》1983 年第 2 期,第 43 页。
③④ 王蒙:《〈王蒙小说报告文学选〉自序》,《王蒙小说报告文学选》,北京出版社 1981 年版。

一直占有正统的地位,因而艺术作品多为正剧式的,而后者则被认为难登大雅之堂,加之或许被认为潜含毒素或"反党"、"反革命"的基因而未能被大多数作家所广泛采用和发展,因而使得一大批艺术作品所呈现的风格也就只能是一片莺歌燕舞的"歌德"现象,偌大的文苑很少玫瑰与仙人掌的竞相开放。早在50年代就以"干预生活"的响亮的文学创作主张震撼文坛、以《组织部新来的青年人》的独特的艺术魅力打动人心的王蒙,一方面在新时期他已不满足于继续谱写那种献给生活和文学的"初恋的情诗"和"小夜曲",而需要寻找"运用一切配器及和声的交响曲"①来倾诉他对生活的深沉思考和对历史经验的深刻反思,同时以多元手法进行艺术创新,这使王蒙选择了幽默;另一方面,幽默就像一只尾巴向上、朝天飞去但又一直盯视着地面的小鸟,具有外谐内庄的特征而成为一种特殊式样的喜剧手法,它要求从平淡中揭示崇高,从荒诞中显示理智,从貌似随意性的描写中揭示事物内在的本质和规律,甚至从可笑的事物中揭示悲哀的实质,透过有目共睹的笑来揭示出世人看不见的眼泪。因而,运用外谐的手法来反映内庄的本质,这同王蒙的一系列创作主张和文艺实践相吻合。同时,从幽默产生的历史及其影响来看,在欧美,幽默的产生可以溯源到公元前4世纪的古希腊喜剧,其后经2400多年的演变,到了20世纪60年代,欧美的传统幽默与荒诞派、现代主义等合流,产生了黑色幽默、蓝色幽默等现代幽默;在中国,幽默可以一直溯源到公元前8世纪西周末年或公元前13世纪始用俳优之风,从俳优开始,其间历经唐参军戏、宋杂剧、金元院本、元杂剧、明清传奇、清代中期崛起的京剧以及后起的民间说唱文学,中国的幽默循此线索发展到今天,终于产生了当之无愧的集大成者,这就是为人民群众所喜闻乐见、雅俗共赏的

---

① 王蒙:《〈王蒙小说报告文学选〉自序》,《王蒙小说报告文学选》,北京出版社1981年版。

相声表演艺术和方兴未艾的小品表演艺术。但由此也不难看出，幽默主要还是体现于戏剧、说、唱等表演艺术之中，在民间文学中比较风行。从古代、近代以至中国现当代文学的发展历史来看，尤其是在作家的书面文学创作中，幽默并不十分发达，这固然与儒家"不苟言笑"、"不语怪、力、乱、神"的封建传统有关，更与中国封建社会及半封建半殖民地社会的长期高压政策有关。然而，由于王蒙独特的个性和特殊的生活经历，使得王蒙幸运地在幽默这面哈哈镜中发现并找到了自己，并且开始了溯本穷源的艺术探索与采撷，不断充实自己的艺术创作储藏，以开放、宽容的态度对古今中外的优秀文化遗产进行"为我所用"的必然优化选择。于是，在王蒙所喜爱的艺术家和艺术典型中，果戈理、契诃夫、狄更斯、卓别林、蒲松龄、鲁迅、侯宝林、刘宝瑞、马季这些古今中外的幽默大师和堂·吉诃德、阿Q、马大哈、阿凡提等这些幽默讽刺名著中的主人公占据着显著的地位，在小说创作中，王蒙并不否认"对侯宝林和马季的相声有所借鉴"[①]。而且，王蒙艺术作品幽默风格的形成，更是对中国文学史上庄子、东方朔、陶渊明、蒲松龄、吴敬梓、鲁迅、老舍、钱钟书、赵树理、沙汀、陈白尘、周立波、张天翼、丁西林这些以幽默见长的作家的艺术风格的继承与发展的必然产物，是与李準、马烽、西戎、高晓声、陆文夫、沙叶新、古华、冯骥才等同时代具有幽默风格的艺术家进行艺术竞争的必然结果。它反映了王蒙以及当代中国作家对文学的继承、创新、引进外来形式和力求与民族化相结合的刻意追求。正是在这样深厚的基础上，王蒙形成了自己对于幽默的深刻的艺术观点。

这种幽默的观点，最直接地体现在语言的运用上。由于幽默必须以深刻的洞察和深沉的爱憎为基础，所以，老舍要求幽默的语

---

① 王蒙：《倾听着生活的声息》，《文艺研究》1982年第1期。

言要"想得深而说得俏"①。王蒙的幽默语言也正是向此方向追求和展示,追求"把幽默和深情……结合起来"②。和新时期的其他作家相比,在老舍京味幽默影响下侧重于语言技巧下的幽默可以陈建功、王朔、王小波等人的部分小说为代表。而王蒙在创作中虽然不乏幽默的语言,但他同时发现幽默有两种,其一类似于北京人说的"耍贫嘴",是纯属语言技巧的,他认为这种"仅仅玩弄语言的幽默只能是低档的"③,他要追求的是"更有价值"的另一种幽默,即能"把人们熟视无睹而又未曾发现的哲理从生活现象的深层开掘出来,使人心悦诚服而又心旷神怡,得到智慧和美的享受"④,具有美学价值和历史价值这样双重价值的幽默。王蒙对幽默的追求显然超越了语言技巧而力求达到形式与内容的和谐统一。就王蒙的新时期创作来看,他开始以《队长、书记、野猫和半截筷子的故事》、《买买提处长轶事》等作品,表达的是对历史的一种幽默,幽默的喜剧意味较多。后来,王蒙把幽默表现的内涵变得更加深刻、锐利,产生了带有自我嘲弄式的《布礼》、《蝴蝶》、《杂色》、《相见时难》等一组作品;随后,王蒙大胆地借用西方现代艺术的手法,与外来文化思潮、文化契机相谐调,创作了《莫须有事件》、《冬天的话题》、《球星奇遇记》、《坚硬的稀粥》、《来劲》、《笑而不答》等一系列现代派幽默作品,深刻、老辣、含蓄、独特,深得幽默外谐内庄的神韵与精髓,显示了王蒙对幽默独具匠心的运用和对幽默自身内涵的深刻认识和开掘。

在王蒙看来,"幽默应该是一种生活的智慧,对生活的洞察。幽默就是智力的优越感"⑤。从功能上来看,他认为"幽默也是刺,

---

① 老舍:《戏剧语言》,《论剧作》,人民文学出版社1979年版,第108页。
② 晓立、王蒙:《关于创作的通信》,《文学评论》1982年第6期。
③④ 陈孝英:《访王蒙——幽默·象征·杂色·两套神经》,《延河》1984年第1期,第28页。着重号为引者所知。
⑤ 王蒙:《漫话小说创作》,《钟山》1982年第1期。

是进攻又是自卫的手段"①。从作家创作的态度上,王蒙肯定"幽默中仍然有是非感,包含着对于真善美的肯定和对于假丑恶的嘲笑"②。它是"把最严肃的事,用最不严肃的形式写了出来"③,因而,王蒙的幽默色调也具有传统的"内庄外谐"的基本的幽默特征,而且较此更为宽泛。内庄,在王蒙看来,可以是"刺",可以是"进攻"和"自卫"的手段,可以表达作者的"是非感"、"对生活的洞察",可以表现社会生活中"最严肃的事",是一把双刃的利剑;而外谐,则可以是"嘲笑",是"智力优越感"以及"最不严肃的形式"。就王蒙的本意而言,对生活中那些低能、畸形、庸俗、虚伪以至惨无人性的东西,与其义正辞严地加以声讨,还不如以幽默的态度显示其荒谬而又不失其真的丑态;与其面对面地同它认真较量,毋宁保持一个真正的人在智力和道德上的优越感,居高临下地给以轻蔑的哂笑,给予外谐内庄的嘲弄。例如《蝴蝶》中,作者是要"用有限的形式大跨度地来思考我们的历史,思考我们的现实,思考我们的城市、乡村"④的,是一个非常严肃的主题。但就是在这严肃的主题之下,作者以一个又一个平淡却寓以深意的生活现象组合成幽默的契机并对这些生活现象提出疑问和思考,作品中悲剧因素的表现和悲剧人物的塑造给读者心灵的震撼是很强烈的,但这并没有冲淡作品的幽默情调,而是作为一种深远的背景成为幽默情调的组成部分,而且大部分的幽默情调又是通过主人公张思远不受时空限制的心理活动过程的展现而得以显示的。如把爱情叫作"个人问题"的习惯;对于空洞大话的激昂慷慨地宣讲和虔诚地信任;定性与不定性的政治术语的合理或不合理的采用;亲密伴侣之间

---

① 晓立、王蒙:《关于创作的通信》,《文学评论》1982年第6期。
② 王蒙:《漫话小说创作》,《钟山》1982年第1期。
③ 王蒙:《在探索的道路上》,《北京师院学报》1980年第4期。
④ 王蒙:《在探索的道路上》,《北京师院学报》1980年第4期。

转瞬反目的阶级划分;在小山村里张思远对自己仍然是个不坏的、有点魅力的男人的发现;冬冬用噗噗声来表现自己是一个缝鞋老手的努力;想砸掉播放着"爱的寂寞"的录音机的冲动和后来坐在澡盆里心平气和地试着哼"爱的寂寞"的心理对比;张思远九年没有拉长声音以后突然地、不自觉地拉长声音并且脸随之红的瞬间心理定格;火车上蛮横的小胖子的闹剧和交通食堂穿登山服的大个子的流氓行为,以及从此而引发出的当普通老百姓也不容易的感叹。这一系列幽默笑料,惟其"外谐"才更显其"内庄"的鞭辟入里、发人深省,让人从中咀嚼出一种苦涩的自信和沉重的乐观。其他如《莫须有事件》、《冬天的话题》、《坚硬的稀粥》、《不如酸辣汤及其他》、《失恋的乌鸦及其他》、《扯皮处的解散》(外三篇)、《偶然——小说三题》、《欢乐的故事》、《球星奇遇记》、《笑而不答》甚至连具有史诗性质的长篇"季节"系列小说等无一不是如此。这是生活对王蒙的恩赐与启示,也是王蒙以一种"韧"的顽强进取方式以积极"入世"的精神在艺术创造中的具体表现,从而在杂色风格幽默色调里显示出一种绵里藏针式的深刻讽刺。这是王蒙艺术作品斑驳的艺术风格品貌中最核心、最深层的主旨所在。

"讽刺"这个词来源于拉丁文 satura,本意为"盛满的",后指"一种多质混合物"。因此,这个词最原始最基本的意义,即多质混合。王蒙所追求的杂色的风格在这一点上是与其精髓一致的,而且王蒙的作品都具有或部分具有多数讽刺作品里所特有的具有多质掺和、极度的质朴、粗粝、即兴笔调、幽默、综合情感等特点。就其描写对象而言,王蒙作品中所描写的事件,或是令人惊奇反常的(如《坚硬的稀粥》),或是由荒诞不经的意外事件和巧合组合而成的(如《球星奇遇记》),它的主角具有超人的忍耐力(如《杂色》中的曹千里)、超人的生命力(如《活动变人形》中的倪吾诚)、天真质朴的吸引力(如《名医梁有志传奇》中的梁有志)、狡黠机敏的吸引力(如《莫须有事件》中的王大壮)、《笑而不答》中类似卡通形象的老王等等,因此,"它的角色,虽然常常无处不像是被作者严肃地描写出来的,但却是畸形的、夸张的、漫画式的"①。而且,从作家的创作动机来看,"首先,讽刺家总是受着个人的憎恨的轻蔑和居高临下的娱乐趣味的驱动。讽刺家常常否认这个事实,并且宣称他已排除一切个人情感,他写作纯然是为了公众的利益。但是,他总带着一种痛苦不堪的怨怒,无论他努力把这遮盖得多么严实,他总要露出一种轻蔑的抽搐,无论他把抽搐转化为多么优雅动人的微笑"②。正是在这一层意义上,作家何士光在读完王蒙的《逍遥游》之后写信给王蒙,说王蒙在呼喊——歌唱——长啸的另一面,"显示的是一种男人慷慨的抽噎"③。当然,这其中也包含着"个人的自卑感、社会不平感和被特权集团排拒的悲妒感的驱动"④等综合因素的合力作用。

其次,"讽刺家总受着一种惩恶除奸的使命感的驱动","讽刺家们总希望去惩罚罪犯、嘲弄傻瓜,从而达到减少或消除这些社会肿瘤的目的。屈莱顿说'讽刺的真正目的,是以矫正的方式使罪恶得到匡正'"⑤。王蒙正是在使文学歌颂真、善、美,鞭挞假、丑、恶的神圣使命感召下,从天真赤诚的袒露走向幽默、深沉的微笑,尽管他懂得理想毕竟不可能一下子变成现实,懂得用小说干预生活毕竟比脚踏实地地去改变生活容易。但是,当他拿起笔时,"在企图多多少少地干预点生活的同时","更着眼于读者以慰藉和启发"⑥。王蒙所"追求的是对一些有缺点的人物的善意的揶揄和有

---

① ② ④ [美]吉尔伯特·哈特著《讽刺论》,万书元、江宁康译,广西人民出版社1990年版,第130页、第204～205页、第206～207页。
③ 何士光:《致王蒙》,《当代作家评论》1984年第4期。
⑤ [美]吉尔伯特·哈特著《讽刺论》,万书元、江宁康译,广西人民出版社1990年版,第207～208页。
⑥ 晓立、王蒙:《关于创作的通信》,《文学评论》1982年第6期。

节制的讽劝"①。在描写和解剖那些被伤害、扭曲、污染、毒化以及因此变得萎琐、庸俗、丑陋的对象时,王蒙自称不愿做切除脓疮的"外科医生",而宁肯做洗涤伤口的"灵魂的护士"②,同时,"仍然敢于面对任何尖锐复杂的社会矛盾"③进行一个"职业革命家"的顽强不懈的战斗。

再次,"任何从事讽刺创作的人一定是受到它们的困难的吸引"和"一种奇异的审美欢娱的冲动",同时作家本身"需要极其丰富的词汇量;需要一种强健而严肃的人生观相结合的生动活泼的幽默风格;需要一种跳腾几下就跑到读者前面的轻倩灵活的想像力;需要一种健康的趣味"④。王蒙可以说是上述诸质兼备而且和谐、巧妙地运用、体现于他的生活和创作之中。

从创作的整体来看,"讽刺家们拒绝被排列成黑色与白色这样两支队伍。他们是任性而独立的人。讽刺的旗帜不是半白半黑、黑白相间的,而是色彩缤纷的。讽刺本身就是一种多质混合。单个的讽刺家,既可能作为一个乐观主义者创作一部讽刺作品,又可能在不久之后作为一个悲观主义者创作另一部不同风格的讽刺作品。一个初学写作的讽刺家会像一座带着滚沸奔涌的熔浆的帕里库亭山一样地爆发出他的怒火,用他熊熊燃烧的讽刺之火把他的敌人烧个焦头烂额,烧个焦尸横陈。但是,若干年后,他的暴烈火气以及无情的攻击,就会慢慢减弱,他虽然仍会严厉地皱着眉眼,但他的书中却开始出现受同情的形象和温婉的笑容。在一本书中,甚至在一页书中,我们可以看到讽刺家的多种情感,这些情感

---

① 王蒙:《文学与我》,《花城》1983年第4期。
② 晓立、王蒙:《关于创作的通信》,《文学评论》1982年第6期。
③ 王蒙:《〈王蒙小说报告文学选〉自序》,王蒙著《王蒙小说报告文学选》,北京出版社1981年版。
④ [美]吉尔伯特·哈特著《讽刺论》,万书元、江宁康译,广西人民出版社1990年版,第207~208页。

彼此都为压倒对立的情感从而占据主导地位而相持不下;而讽刺家创作成功与失败的关键,从根本上说,就取决于他是否善于运用这颗包蕴着排斥与吸引、嫌恶与欣赏、喜爱与讨厌这种情感的酵母"①。王蒙在进行创作时,同样旗帜鲜明地宣称:"但只把人分成黑白两色,而且黑得奇黑、白得纯白的作品,我也觉得不甚满足。……但我要说生活是杂色的,不是单色。"同时认为:"光说杂色是不够的,还必须善于表现杂色中的光明、理想和温暖。《杂色》的成功,也在于它既写了杂色,又表现了杂色中的主色——光明和理想:马老而且驽,连黑狗袭来,也不愿意改变自己慢条斯理的步子,但却终于奔跑起来,四蹄腾空,如风如电;曹千里落魄边疆,有时拼命贬低自己,把自己说得既渺小又卑贱,却也自有他的顽强和信念;无边的荒凉的戈壁上,也并非没有优美的小溪谷。"②因而王蒙声称他的"恨是有限的。不滥用恨……也并非麻木不仁,并非明哲保身"③。所以,王蒙在理论上、创作上都表示在"尖酸刻薄后面我有温情,冷嘲热讽后面我有谅解,痛心疾首后面我仍然满怀热忱地期待着"④。从理论到实践及其发展轨迹,二者何其相似,简直如出一辙。

至于讽刺在描绘真实的人物形象时,通常采用强烈的刺目的色彩(如《布礼》),它舍弃陈规陋矩和僵死惯例,运用自己时代粗放生动的语言(如《来劲》),以至"在最优秀的讽刺家作品中,循规蹈矩的成分最少,真实的成分最多"⑤,至于通过扭曲和扩张来进行模仿,以唤起人们的兴致、嘲弄和讥讽的"戏拟"、"独白"和"叙述"

---

① [美]吉尔伯特·哈特著《讽刺论》,万书元、江宁康译,广西人民出版社1990年版,第204页。
② 王蒙:《倾听着生活的声息》,《文艺研究》1982年第1期。
③④ 王蒙:《我在寻找什么》,《王蒙选集》第4卷,第270页。
⑤ [美]吉尔伯特·哈特著《讽刺论》,万书元、江宁康译,广西人民出版社1990年版,第1页、第12页、第199页。

等讽刺类型,①王蒙的创作无不与讽刺的标准相符合。他曾一贯地表达过这样的美学理想:"对生活的看法,对人生的态度,对于祖国的感情,一个作家他嘲笑什么,推崇什么,原谅什么,不原谅什么,嘲笑之后又安慰什么,为什么他既能尖锐地讽刺一些人,又能为之开脱,为什么他既是十分尖锐的,又是相当能够谅解的?这些问题往往可以找到贯穿他的一系列作品的最根本的共同点。"②体现在他具体的艺术作品中,这种美学理论的表达,只不过或隐或显的程度与方式不同而已。但是尽管如此,当王蒙把众生相的心态与个性解剖给读者,在力度与广度上显示讽刺的锋芒并把二者显现在传神的语言描写和意象上时,亦即"把尖酸刻薄的人身攻击和社会批评熔铸进他机智的杂集时,当他把讽刺的酸味、辣味、咸味通过自己的作品融为一体时,讽刺便呈现了它真正的定性的本质"③。这是为许多的王蒙研究者、评论者所无意忽略亦或是有意回避然而又是王蒙及其作品中不可缺少的重要内容,尽管王蒙所讽刺的都是那些消极的东西。这却是"沉沦"于"死水"中扩散的筝波,是"炉中煤"的变相燃烧;是鲁迅"哀其不幸、怒其不争"的呐喊余音,是"为什么我的眼里常含泪水,因为我对这土地爱得深沉"的艾青式情感的凝聚;是巴金寒夜式的对于坚冰包融下的心的光明与温暖的颂歌。

总之,为了丰富、发展和繁荣社会主义文艺,开阔现实主义道路,满足人们多样的精神需要,杂色的幽默风格构建了王蒙全部文学观念中绝对的、不变的核心;而对于题材选择、主题意向、艺术手法运用、艺术风格表现等诸多观念的多元化主张,则是相对、变化的不断扬弃;王蒙由此而形成的发展、开放、宽容的不断旋转翻变

---

① ③ [美]吉尔伯特·哈特著《讽刺论》,万书元、江宁康译,广西人民出版社1990年版,第1页、第12页、第199页。
② 陈孝英:《再访王蒙》,《长安》1983年第7期。

的文学观念则是其杂色风格变与不变的有机统一,是历史与时代静止与运动的文艺实践在王蒙不同创作阶段上的相应表现。正是由于不变,才使王蒙及其艺术创作的基质保持了相对的稳定,也同样是由于变,才使王蒙的艺术创作能有稳定的发展,才使其永葆艺术青春,正是变与不变的辩证统一相辅相成,才使王蒙及其创作产生了一个又一个的飞跃,而坚定不移的艺术内涵的信仰意识,无疑是王蒙丰富多彩的艺术作品中所涵盖的不变的根源所在。这是王蒙及其艺术世界观念层次上的深化在艺术上的具体而形象的表现。

第三章　王蒙艺术信仰论

列宁在《列夫·托尔斯泰是俄国革命的镜子》一文中,曾经深刻地指出:"如果我们看到的是一位真正伟大的艺术家,那么他就一定会在自己的作品中至少反映出革命的某些本质的方面。"[1]列宁的这个论断,提出了评估一位伟大作家的全部创作达到的深度和广度以及评估一位伟大作家在人类文学史意义方面的、科学的尺度,"从根本上解决了无产阶级革命时代文学与现实的关系问题、作家与革命现实的关系问题"[2],它的意义并不在于反映了集专门的政治素质、革命素质和艺术素质于一身的列宁对于文学认识功能的独特理解,也深刻揭示了支配伟大作家创作发展的艺术规律。作为新时期优秀作家之一的王蒙,当然也不例外,这个规律,同样适合于对王蒙新时期文学创作的总体评估。

对于王蒙新时期以来在文艺园地上所取得的重大成就,人们归结出了许多重要的特征。1980年文学批评界对王蒙旨在艺术创新的6篇作品进行理论探讨时,不少研究人员及其有关文章,把王蒙的作品放到广阔的社会背景下加以考察,指出社会变革和"文艺潮流大解放的历史趋势"是这批作品问世的"社会原因";把王蒙作品同作家的人生道路、性格气质联系起来进行分析和评价,指出作家表达他自己从"故国八千里、风云三十年"中悟出的人生真谛

---

[1]《列宁选集》第2卷,第6页。
[2] 陈涌:《列宁与文艺批评》,《陈涌文学选集》(下),上海文艺出版社1984年版,第697页。

的强烈愿望和"不安于长久承袭的艺术传统"的创新精神,是这些作品问世的"主观原因";把王蒙作品同外来的影响、文学传统相比较,指出这些作品实际上是中西合璧,是在现实主义的基础上,吸取了某些现代派的手法创作出来的①,便是其中一例。此外,对人的内心世界的多层次、全方位的开掘,对现实主义理论和创作实践的深化与发展、客观真实与心理真实的经纬交错等等,都从不同角度向人们展示着王蒙的创作风貌。然而,在论述王蒙新时期文学创作的主要特征的时候,任何一个明智的批评家都不会忘记"信仰"这个贯穿王蒙全部文学创作的根本命题,而且这一命题也几乎同全部的文学创作的神髓相吻合。古今中外几乎一切文学创作都或浓或淡或隐或显地在颠簸的历史生活中捕捉着它、寻找着它,或者在痛苦绝望中引吭高歌,或者在迷惘中喃喃细语;有时情不自禁地投身其中,有时遁离尘世冷静地作壁上观;抑或从昔日的热情中提取着信心,重新体验曾被烈火烧烤过的旧梦,抑或立足于今天的现实,力图建造不可摧毁的思想台基。

对于王蒙这样一个怀着想做一个"职业革命家"的宏伟理想而闯入文学殿堂的作家来说,在他的文学观念中,他始终认为"革命和文学是不可分割的。真、善、美是文学的追求,也是革命的目标"②。对此,有的研究者认为这是潜藏于王蒙心灵结构中的"少共情绪"或"少共情结"③。这种概括尽管有其深刻的独到之处,但未免有以偏概全的褊狭,并不能全部涵盖王蒙新时期艺术创作的基本内涵,而这一基本内涵,用王蒙自己的说法就是"信仰意识"④。

---

① 参阅《中国文学研究年鉴(1981)》,中国社会科学出版社1982年版,第126~127页。
② 王蒙:《冬雨·后记》,《读书》1980年7月号。
③ 王蒙、李子云:《关于创作的通信》,《读书》1982年第12期。
④ 王蒙:《文学三元》,《文学评论》1987年第1期。

这种观念导源于托尔斯泰的宗教艺术观。在托尔斯泰看来，文学作为一种艺术创作活动，它是以下面这一事实为基础的，即"一个用听觉或视觉接受他人所表达的感情的人，也能够体验到那个表达自己的感情的人所体验过的同样的感情"①，因此，对于具体艺术家的具体艺术创作而言，"作者所体验过的感情感染了观众或听众，这就是艺术"②。这里，托尔斯泰从现实主义的创作角度界定了艺术的范畴，同时，其宗教世界观直接影响了他的艺术观而深刻地表现在文学创作之中，进一步明确了其艺术创作的基本内涵。他说："在每一个历史时期，在每一个人类社会，都有一种对生活意义的崇高的理解，这种理解只有这个社会里的人们才可能有，它确定了这个社会所努力争取的崇高的幸福。这种对生活意义的理解就是该时期、该社会中的宗教意识。这种宗教意识通常由社会中的一些先进人物清晰地表达出来，而且为所有的人多多少少明显地感觉到。在每一个社会里，经常都有这样一种与其表达方式相适应的宗教意识。如果我们觉得社会里似乎没有一种宗教意识，那么我们之所以会有这样的感觉，不是因为这种宗教意识实际上不存在，而是因为我们不想看到它；而我们之所以往往不想看到它，是因为它揭露了我们那种和它相抵触的生活。"③文学作为对现实生活的能动的反映，是人类社会发展的产物并同人类社会的发展相同步的，同时，文学作为表现人类美好理想的一种艺术，无论承认与否，在人类历史发展长河中，"一个社会的宗教意识好比是流动的河水的方向。如果河水在流动，那么它一定要有一个流动的方向。如果社会是生气蓬勃的，那么它一定有一种宗教意识，这种宗教意识，为社会里所有的人都指示出一个方向，让他们按照

---

①②③[俄]列·托尔斯泰：《艺术论》，引自伍蠡甫、胡经之主编：《西方文艺理论名著选编》（中卷），北京大学出版社1986年版，第411页、第413、第426页。

这个方向多多少少地有意识地前进"①。这种体现在艺术创作之中的宗教意识,是托尔斯泰本人的宗教世界观在艺术上的具体表现,它表明了作家的思想与世界观对文学艺术创作的深刻的潜移默化的影响,是有其历史的进步性。当然,我们也不应该否认其自身的历史局限性。但是,托尔斯泰提出的艺术内涵的"宗教意识"这一深刻、独特而又带有普遍意义的见解则是有着深远的影响的。尤其是对于具有进步的世界观和艺术观的艺术家来说,其影响更是不容忽视。托尔斯泰作为王蒙十分推崇的大作家,其艺术观念和艺术创作对王蒙的影响无疑是潜移默化的。它同样表现在王蒙的文学观念和艺术创作的实践上,只不过这种观念带有更加鲜明的社会色彩与时代烙印。

从文化反思的理性高度,王蒙认为:"中国传统文化的或有的一个特点是,用道德意识代替信仰意识,道德与信仰相结合,使道德信仰化,用来排挤冲淡求生存求幸福求真理的意识。这样,善恶报应、才子佳人、忠孝节义、明君清官、乐天如命、穷达通变直至它们的变态——啸傲山林、难得糊涂等等,都相当集中地反映在过去的乃至在一定程度上反映在现在的文学作品之中。中国传统文学有一种劝善的说教传统,至今仍有其生命力。而从'五四'以来,特别是新的历史时期开始以来,社会平等、民族自尊、民主科学、个性解放、人道主义、改革开放、喜新趋时、反省图变、崇尚欧美,以及作为这种思潮的反动的、国粹至上、阿Q主义、闭关锁国、因循守旧、随波逐流、自暴自弃的文化心理与生活方式,无不在文学作品中相当生动、相当丰富、相当尖锐地表现出来。"②从汉民族发展的历史角度,王蒙更深刻地指出:"我国的汉民族缺少信仰一个统一的、强

---

① [俄]列·托尔斯泰:《艺术论》,引自伍蠡甫、胡经之主编:《西方文艺理论名著选编》(中卷),北京大学出版社1986年版,第427页。
② 王蒙:《文学三元》,《文学评论》1987年第1期,第7页。

有力的、宗教的历史传统,目前,为我们所接受的马克思主义世界观又是彻底唯物主义、无神论的。这样,我们的信仰意识首先是与社会理想相结合起来。社会主义与共产主义、爱国主义是科学也是信仰。其次,我们的信仰意识需要在相当大的程度上,体现在文学艺术作品中。对于自己的灵魂关注,自省、净化和拯救自己灵魂的愿望,对于一种比现实生活的需要更崇高的理想和价值标准的向往、追求、乃至崇拜,反过来说,对于信仰无灵魂者的谴责,都会自觉或不自觉地表现在作家的笔端。"①由此出发,王蒙认为在这种文化氛围中熏陶出来的读者"要求在作品中为人们竖起一座精神的纪念碑,这也是文学事业常常被放在很高的、乃至过高地位的一个原因,也是中国作家特别引人注目有时候被要求得特别高的一个原因"②。这样,立足于世界文学大潮的波峰浪谷,俯瞰中国文学的古今全貌,以艺术家的目光透视中国文学中占显著地位的汉文学耀眼的光环,王蒙也只有入乎其中才能超然其外。"为人们竖起一座精神的纪念碑",这既是时代和历史发展对文学的呼唤和必然要求,也是王蒙对文艺现状和自身特质的合理施为,而且,从整个文学发展历史来看,文学本身就体现着一种信仰,代表着一种信仰。就其在中国文学中的表现而言,受"文以载道"的观念影响,封建文学几乎无一例外地成为某种程度上的"道德信仰化"的文学,而中国真正的信仰文学则是从 20 世纪初开始萌发的,其中主体熔铸的是一种现代文学精神。20 世纪初以来,中国文学逐步迈入现代文学的发展轨道,其成就与曲折、欢乐与痛苦都围绕着如何建立一种真正的文学信仰,这种信仰经过了近半个世纪的发展在中国文学中逐渐确立下来,大多数文学艺术家的灵魂接受了共产主义理想的洗礼,这个信仰成为中国现代文学发展的强大动力。

这里,应该强调指出的是,在新时期文学中,所谓信仰不是时

---

①② 王蒙:《文学三元》,《文学评论》1987 年第 1 期,第 8 页。

髦的信条和简单的政治观念,信仰意识也不是上述诸种观念的抽象表达,信仰在这里具体代表的是文学对于真、善、美的追求,信仰意识便是对生活中的真善美的艺术表现和深化,它"包括宗教与非宗教——诸如追求理想、民族主义、爱国主义、集体主义、国际主义、人类大同的理想,等等。例如可能表现于许多仁人志士、领袖人物的活动与广大群众的奋勇跟随上面,当然也可能表现于虚假乖谬的信仰意识所造成的愚蠢有害的公众行为或个人行为上"①。这种信仰意识相当开放而又具有相当周严的内涵,它表达了中国现当代历史发展的必然要求。

在新时期文学创作中,这种信仰意识表现在具体的文艺作品中,有着深厚的历史基础。新时期文学的魅力也正是因其植根于深厚的历史与现实的土壤上才绽开出绚丽与芬芳的真善美之花,其中最辉煌的篇章和惊人的艺术成就也是属于经历历史生活磨炼而仍高歌"英特纳雄耐尔一定要实现"的人们,王蒙则无疑是其中的佼佼者之一。王蒙及其他重新出现于新时期文学地平线上的"重放的鲜花"——刘绍棠、丁玲、从维熙、张贤亮、邓友梅、宗璞、流沙河、陆文夫、高晓声、李国文等一大批作家,有的大难不死,有的死里逃生,都经历了程度不同的精神或肉体上的磨难,他们的青春年代被岁月无情地凋零了,但是他们的青春时代坚定的信仰则经历了血与火的考验。也许正是由于对人生艺术的坚定信仰,才使他们陷入一个又一个接踵而来的苦难的旋涡,同时也正是信仰才使他们从一个又一个死亡的沼泽中跋涉出来,成为他们忍耐、等待和不断进行思考、探索、前进的精神的动力源泉。而且,如果我们仔细加以深入的考察与比较,就会发现他们心灵结构中某些惊人的相似之处:在1957年以前,当他们对即将来临的厄运一无所知的时期,他们都曾经是自以为前途最光明、最有希望的青春男儿,

---

① 王蒙:《文学三元》,《文学评论》1987年第1期,第7页。

他们几乎毫无例外地都感觉到除了热情忘我地工作和学习以外，还有许多剩余的热情和精力要宣泄，于是，文学这位灰姑娘便天然地成为他们为实现理想而一致追求的初恋情人而且是那样忠贞不渝，甚至比工作和学习热情更高、劲头更大地投入文学创作行列。王蒙创作了《青春万岁》、《组织部来了个年轻人》，张贤亮写了《大风歌》，宗璞写了《红豆》，邓友梅创作了《在悬崖上》……，这些作品都成为当时文苑的奇花异葩。这时，他们的创作与其说是艺术追求，毋宁说是对于新生活的信仰、追求和欢愉。对于人生，他们满怀着一种单纯的信仰，沉醉在建设新社会、为人类理想而奋斗的理想境界之中。他们不可能把自己的命运和自己的信仰分开，也不可能把自己的信仰和自己所面临的世界、自己的工作、自己的党和国家的利益分开。这一切，构成了他们所创作的艺术世界深厚内蕴之一，而以王蒙为主要代表，其艺术内涵的信仰意识，具体表现为三个方面的内容，即信仰真理的执著追求、美丽人生的现实展现和丑恶生活的揭示批判。

一、信仰真理的执著追求

考察王蒙至今发表的艺术作品，无论是他早期得以在文坛上享有重要声誉的《组织部来了个年轻人》，还是新时期发表的《春之声》、《海的梦》、《蝴蝶》、《布礼》、《杂色》、《坚硬的稀粥》、"季节"系列等作品，许多是带有很大争议性的。其矛盾的焦点，一方面是由于艺术手法的创新而引起的，另一方面则是由于作品撼人心魄的艺术力量所致，而且一定程度上在形式与内容达到了和谐的统一。因而，侧重于各自不同的立场和角度，人们对王蒙的作品作出了各种不同层次上的评价。但是，毋庸置疑，这里自然而然地涉及了文学批评的一个重要原则，即评论不同创作方法创作出来的作品，应该采用不同的批评尺度：评论现实主义的作品，应该用现实主义的尺度；评论浪漫主义的作品，应该用浪漫主义的尺度；评论不同于以往任何一种创作手法创作的作品，应该用不同于以往任何作品的尺度，应该根据不同规律来研究不同的作品。然而，尽管各种艺术创作手法存在着千差万别的差异，但体现于具体的艺术作品和艺术创作过程中，它们都应该有一个共同的美学要求，这就是对真善美的追求与表现。

这种从艺术作品中所表现出来的真、善、美，既是对现实生活的肯定，又是对未来美好憧憬的启示。它可以化凶为吉，去伪存真，它可以唤醒生活的幻想者，同时给过分现实的人一点幻想，它还能给那些颓唐、沉沦、迷惘的人一服有效的精神补剂，它可以比普通实际生活更高、更典型、更具有普遍性，从而起到警省人们、感奋人们的作用。

从《小豆儿》到《青春万岁》及至《组织部来了个年轻人》，以及《蝴蝶》《布礼》等一系列作品，可以清晰看到这一信仰意识，伴随着王蒙现实主义的艺术创作韵律向纵深发展的轨迹。这同王蒙对于人的内心世界的认识密切相关。他说："对于我们，文学与革命是不可分割的，文学召唤我们为了真、善、美去向虚伪、邪恶和鄙丑抗争，文学召唤我们走向革命，革命点燃了我们的青春，充实和照亮了我们的人生，启示我们拿起笔。"[①] 所以，在《小豆儿》中的小豆儿，当她检举了包庇特务的爸爸和当特务的叔叔后，她感到这新的一天，都是和诗在一起，感动着她的灵魂。小豆儿的形象是我国20世纪50年代初期少年纯真心灵的真实写照，这就是对祖国、人民和党的单纯和赤诚，果敢与无私、无畏，这也是王蒙踏进文学门槛奉献给读者的第一首天真烂漫、纯洁美好的信仰之歌。在《组织部来了个年轻人》里，王蒙把自己的理想与愿望、勇气与思想都熔铸于作品的主旋律之中。走向了生活和社会的林震，从内在心灵

---

① 王蒙：《我们的责任》，《王蒙选集》第4卷第206~207页。

到外在行动都可以说是小豆儿的复杂化,是成长了的小豆儿。他不失单纯的气质,不减敏锐的本色,不改赤诚的个性与执著的理想。在主人公林震的身上,渴望废寝忘食、全身心地投入到火热的生活中去,为党和人民贡献出自己的火热的青春。然而,林震毕竟是"组织部""新来"的一个"年轻人",他还没有完全认识到生活斗争的复杂与艰难,在"刘世吾式"的冷漠面前,林震的热情遭遇了无形而又无情的冷酷,他因而产生不解。这种迷惑的产生,正是由于他对于理想的激情与赤诚和现实的错位造成的,生活中诸种不尽如人意的人与事、理想与现实的巨大反差而使林震这个组织部新来的年轻人感到失望和一种由失落感而激起的愤懑情绪。可贵的是,林震敢于正视党内的矛盾,敢于揭露党员干部与人民群众之间的矛盾,表现了一股初生牛犊不怕虎的豪气。林震坚决主张:人要在斗争中使自己变正确,而不能等到正确了才去作斗争。因此,尽管他遭到了挫折与不被人理解,但是,他并没有因此而气馁、妥协和逃避,仍然是执著地为真理而奋斗、追求。对此,王蒙曾经进行了很深刻的剖析。他说,这一切,是"随着我们在成长过程中对于生活的观察和体验,基于我们对于党的赤诚的爱,当然也包含着年轻人的理想主义和不尽切合实际的要求,我们也正视了生活中的一些消极因素,我们也曾尝试着把自己的幼稚的观察和思索的果实交给党、交给人民。初生牛犊不怕虎,我们也可能有幼稚,有冒失,甚至也有某些荒唐,但我们没有二心,没有市侩气,不懂得阿谀奉承和投其所好,在党组织和领导同志面前,我们从不设防"①。这可以说是对林震当时思想的有力说明。它既表明了林震在政治上的早熟,也是王蒙纯真的创作个性从纯真的革命加青春转为严肃的革命加思索的标志,同时也是王蒙艺术创作中最早较为典型而集中地体现其艺术创造的信仰意识的代表作品。

---

① 王蒙:《我们责任》,《王蒙选集》第 4 卷,第 206~207 页。

第三章　王蒙艺术信仰论

由于王蒙特定的生活遭际，在他复出以后的创作中，他一再表示："我们与党的血肉联系是割不断的！我们属于党！党的形象永远照耀着我们！即使在最痛苦的日子里，我们的心向着党。而且一旦重新允许我们拿起笔来，我们发出的第一声欢呼和呐喊，仍然充满了对党的热爱、信念和忠诚，我们所仇恨，所诅咒，所批判的正是党的敌人，正是危害党的病毒和细菌。"[①]因此，在王蒙新时期的创作中，几乎每篇作品的主人公都带有王蒙自己的影子，都凝聚着、渗透着王蒙"故国八千里、风云三十年"的体验和感知。钟亦成、丁一、严一行、张思远、岳之峰、翁式含、周克、王民、倪藻、钱文等人物身上，都曾经历了程度不同的物质上、精神上的种种磨难而仍不失其赤诚的信仰、保持着纯洁的心灵，他们无不呼唤着"平等，无私，天下为公，人人为我，我为人人，水滴融入大海，胸怀坦荡，将心比心，关心别人比关心自己更重要"[②]的绚丽辉煌、净化灵魂的年代，呼唤着理想的回归，回到"布礼"的岁月，唤起"布礼"的精神，"用布尔什维克主义的精神改造世界和改造自己"[③]。所以，王蒙在他的几乎每部作品中，都涉及城市与乡村、社会与家庭、过去和现在等问题，在作家笔触涉猎的每一个生活角落，每一个历史镜头，都有所折射、针砭和赞美。赞美坚贞的品格，赞美崇高的理想，赞美忠贞不渝的尊严，批判极"左"的愚昧和人性禁锢，批判封建主义、官僚主义和败坏了的社会风气、庸俗和虚伪。在对于"严冬的回顾"中，唱出了一曲曲作家心中永驻的"春的赞歌"[④]。正是受信仰意识的驱使，王蒙这只自由自在的蝴蝶，在青春万岁的激情荡激下，跟随着组织部新来的年轻人，闪着一双深的湖般淡灰色的眼

---

① 王蒙：《我们的责任》，《王蒙选集》第4卷第206～207页。
②③ 王蒙：《如歌的行板》，《王蒙选集》第2卷，百花文艺出版社，1985年2月版，第220页、第223页。下引此卷者，出版社、出版时间从略。
④ 王蒙：《杂色》，《王蒙选集》第2卷，第159页。

珠,聆听着从冬天破败混乱嘈杂的闷罐车里荡漾着的春之声,从缭乱变幻的心的光中看到了生活的转机,探寻到了最宝贵的悠悠寸草心,正是这只无忧无虑的蝴蝶,从已经失去大海的梦幻里重又找到了海的梦,从石雕猫头鹰深陷的眼窝中看到了属于自己的激情和自豪感、自尊感;正是这只蝴蝶,披着木箱深处的紫绸花服,和杂色的老马在如歌的行板伴奏下,并驾齐驱,比翼齐飞,一手牵着风筝飘带,一手把玩着活动变人形,迎接着相见时难的新大陆人;正是这只迷人的蝴蝶,背负着十字架,穿梭于轮下,不惧深渊而更加来劲;在爱情、政治、历史、命运的春夏秋冬四季交响中描绘着个人、社会、国家和人民的过去、现在和未来的恢弘画卷。在历史的沧桑巨变之中和慨叹之中不断地流露出对往昔年代里的激情缅怀,不无伤感地追忆着与不无困惑地注视于今日现实,构成了王蒙艺术内涵的信仰意识在真理追求过程中呈现于历史与现实之间的双重色调,体现在作品主人公对于真理的坚定信念和执著追求上。

《说客盈门》中的县浆糊厂厂长丁一,是一个普通到了极点的基层干部,如果把他汇合在熙熙攘攘的人流中,连他的老婆都难以辨认出来。然而就是这其貌不扬的人,内心却有着至纯的党性和对工作极端认真负责的崇高思想。尽管出于种种目的和心理为县委第一把手的表侄前来说项者络绎不绝,总数竟达到了"199个半"的程度,但是,他仍坚持不改变自己的正确决定,浆糊厂也由此得到大治。和蒋子龙《乔厂长上任记》中大刀阔斧进行一系列改革、锐气逼人的乔光朴不同,丁一的身上全凭的是一个共产党员的责任和使命。在请他到省城开会和介绍经验时,他只说了两句掷地有声的金石之言:第一句是"共产党员是钢,不是浆子";第二句是"不来真格的,会亡国"。充分体现了共产党人对于真理的坚定而执著的追求,显示了真正共产党员的高风亮节。这种对于真理的执著追求,在《布礼》中的钟亦成身上得到了深刻的表现。

在这部带有王蒙本人浓厚的自叙传色彩的作品中,主人公钟

第三章 王蒙艺术信仰论

亦成在迎接P城解放的游行行列中,从凌雪的问候中第一次听到了"致以布礼"的诚挚而亲切的同志式的问候,钟亦成感到"这真是烈火狂飙一样的名词,神圣而又令人满怀喜悦的'问候',从此,'布礼!布礼!'黄钟大吕般的声音在耳边响起"①。激励着他为迎接新中国的曙光不惜流血流汗而舍生忘死地为人民的利益而奋斗不息。在钟亦成的革命道路上,给他印象最深的,要算是P城解放后第二天召开的第一次全市党员大会的场面。一步入庄严的会场,钟亦成就感到"他好像一个在一条小沟里划惯了橡皮筏子的孩子,突然乘着远航大轮船行驶到了海阔天空、风急浪高的大洋里"②一样,激动不已。正是在这次党员大会上,他第一次看到了党旗、听到了《国际歌》的词句和旋律,这使他的灵与肉,充满了对党的坚定信念。正是这一信念,使他在遭受红卫兵毒打时,他看到的是17岁"革命的岁月"。因为在他的心目中,在他17岁的时候,他的信仰是:

"除了懦夫、白痴和不可救药的寄生虫,哪一个17岁的青年不想用炸弹和雷管去炸掉旧生活的基础,不想用鲜红的旗帜、火热的诗篇和袖标去建立一个光明的、正义的、摆脱了一切历史的污垢和人类的弱点的新世界呢?哪一个不想移山填海、扭转乾坤,在一个早上消灭所有的自私、虚伪和不义呢?17岁,多么激烈、多么纯真、多么可爱的年龄!在人类历史的永恒的前进运动中,17岁的青年人是一支多么重要的大军呀!如果没有17岁的青年人,就不会有进化,不会有发展,更不会有革命。"

(王蒙:《布礼》,《王蒙选集》第2卷,第16页)

所以,当钟亦成再次失去知觉时,他迸发的是发自肺腑的致以

---

①② 王蒙:《布礼》,《王蒙选集》,第2卷,第16页。

布礼,并且带血的嘴角上出现了发自内心的笑意。而这一切,都是出于钟亦成对革命的向往和热恋,出于他崇高理想充实的广阔胸怀,出于他想做一名合格的共产党员的炽烈愿望。共产党员这一神圣的荣誉和光荣的称号,具有强大的力量。在王蒙的内心,在钟亦成的灵魂深处,都有着《布礼》中老魏那样的崇高的信念,这就是:

"共产党员是无产阶级的先锋战士,是摆脱了一切卑污的个人打算和低级趣味的人。他有最大的勇敢,因为他把为了党的事业而献身看作人生最大的幸福。他有最大智慧,因为他心如明镜,没有任何私利物欲的尘埃。他有最大的前途,因为他的聪明才智将在千百万人民的千年事业中得到锻炼和成长。他有最大的理想——在全世界实现共产主义。他有最大的气度,为了党的利益他甘愿忍辱负重。他有最大的尊严,横眉冷对千夫指。他有最大的谦虚,俯首甘为孺子牛。他有最大的快乐,党的事业的每一点每一滴的进展都是他的欢乐的源泉。他有最大的毅力,为了党的事业他不怕上刀山,下火海……"

(王蒙:《布礼》,《王蒙选集》第2卷,第29页)

正因为如此坚定的信念,正因为如此执著的追求,在钟亦成被错划为右派的20余年时间里,尽管"有些记忆随着时间的流逝而逐渐褪色,然而,这记忆却像一个明亮的光斑一样,愈来愈集中,鲜明,光亮。这20多年间,不论他看到和经历到多少令人痛心、令人惶惑的事情,不论有多少偶像失去了头上的光环,不论有多少天真而美丽的幻梦像肥皂泡一样地破灭,也不论他个人怎样被怀疑,被委屈,被侮辱,但他一想起这次党员大会,一想起从1947年到1957年这10年的党内生活的经历,他就感到无比的充实和骄傲,感到自己有不可动摇的信念"①。他坚信"革命、流血、热情、曲折的痛苦、一切代价都不会白费"②。13岁接近地下党组织、15岁入党、17岁担任支部书记,18岁离开学校做党的工作,钟亦成坚信"他选择的道路是正确的道路,他为之而斗争的信念是崇高的信念"③。尽管,他身处逆境、处于不公正的地位,他仍然坚信:"既然物质不灭和能量守恒的法则对于整个宇宙、对于全部自然界都是适用的,那么……人民的愿望,正义的信念、忠诚,难道能够削弱、能够不守恒吗?"他坚信"冬天之后一定是春天,三角形的三个内角之和是180度,不会更长或更短、更多或更少",他坚信"英特纳雄耐尔一定要实现"④。为了他曾参加的全市党员大会,他宁愿付出一生被委屈、一生坎坷、一生被误解的代价,即使要死在自己的同志以党的名义射出来的子弹下,他的内心里仍然充满了光明,他不懊悔,不伤感,也毫无个人的怨恨,更不会看破红尘。他将仍然为了自己,哪怕是一度成为这个伟大的、任重道远的党的一员而自豪,而光荣。党内的阴暗面,各种人的弱点他看得再多,也无法遮掩他对党、对生活、对人类的信心。哪怕只是回忆一下这次党员大会,也已经补偿了一切。他不是悲剧中的角色,他是强者,他为此感到幸福!正是为了这一崇高的信念,钟亦成发出了这样的誓言:"中国如果需要枪毙一批右派,如果需要枪毙我,我引颈受戮,绝无怨言!虽然划了右派,我仍然要活下去,我仍然能活下去,就因为我有这个坚定不移的信念,坚如磐石,重如泰山。"⑤因为他坚信:任何力量都不能妨碍我们沿着让不灭的事实恢复本来面目、让守恒的信念大发光辉的道路走向前去。

雄鹰需从暴风骤雨中飞过,真金只能够从熊熊烈火中锻炼。在王蒙笔下,经历了坎坷逆境的赤子,不是对政治信念的幻灭、悲

---

①②③④⑤ 见王蒙:《布礼》,《王蒙选集》第2卷,第27页、第27页、第27页、第38页、第37页。

观、动摇和背叛,而是对政治信念的愈加执著和坚定。在1979年平反昭雪之后,恢复党籍的钟亦成与认为一切"全是胡扯,全是瞎掰,全是一场空"①的"灰影子"②的论辩与斗争,尤为充分地证明了这一点。面对着20世纪70年代末期,"常常光临我们"每个人的灵魂的"灰影子"的挑战,钟亦成义正辞严地表明了自己的信仰,对真理与光明的追求和向往。他说:

"是的,我们傻过。很可能我们的爱戴当中包含着痴、呆,我们的忠诚里边也还有盲目,我们的信任过于天真,我们的追求不切实际,我们的热情里带有虚妄,我们的崇敬里埋下了被愚弄的种子,我们的事业比我们所曾经知道的要艰难、麻烦得多。然而,毕竟我们还有爱戴,有忠诚,有信任,有追求,有热情,有崇敬也有事业,过去有过,今后,去掉了孩子气,也仍然会留下更坚实更成熟的内核。而当我们的爱,我们的信任和忠诚被践踏了的时候,我们还有愤怒,有痛苦,更有永远也扼杀不了的希望。我们的生活,我们的心灵曾经是光明的而且今后会更加光明。"

(王蒙:《布礼》,《王蒙选集》第2卷,第35页)

至此,一个栩栩如生、血肉丰满的普罗米修斯式的人物形象如巍巍高山一样凸现在我们的眼前,主人公为了自己的信仰而百折不挠的追求与奋斗精神也如长江大河一样荡涤着现实生活中人们灵魂深处的尘埃。如果说从丁一、钟亦成等党的干部身上体现了我们这个时代最优秀者的信仰意识,那么,这种信仰意识,也同样存在于渴望自身生命的价值得到充分实现的普通人的身上。

在带有童话色彩的《木箱深处的紫绸花服》中,王蒙以艺术家的大智若愚、藏朴现真、内直外曲和独具匠心,深刻而含蓄地表达

---

①② 均见王蒙:《布礼》,《王蒙选集》第2卷,第34页。

了这一深邃的思想。这件紫绸花服是新婚前夕的主人公鲁明和丽姗在1957年从国营服装商店买的,只是在新婚的当晚穿了一次,以后,便被一直放到樟木箱子的最低层,直到20年后,他们的儿子快要结婚时,这对夫妇打算把这件衣服作为礼物送给年轻的恋人。尽管这件衣服有悠久的历史和价值并曾在当时被炫耀一时,深得鲁明和丽姗的厚爱和自豪,但由于毕竟已是时过境迁,这件紫绸花服最终仍是回到了木箱深处。对此,王蒙饱带感情、充满哲理地写道:

"衣服是为了叫人穿的,得不到穿的衣服是不幸的。然而,最珍贵的衣服又往往是压在箱子的深处的。"

"他(它)们已经经过了岁月的试炼,他(它)们尽了自己的心力,他(它)们怀着最纯洁的心愿期待着。如今,他(它)们期待的已经实现,落在紫绸花服上的惟一的一滴眼泪已经蒸发四散,他(它)们已经得到了平静,喜悦,真正的和解和愈来愈好的未来。他(它)们有他(它)们的温热的骄傲和幸福。紫花绸服的价值已经超过了一般,而这些写下来以后,木箱深处的紫绸花服还会慢慢地氧化在心的深处。"

（王蒙：《木箱深处的紫绸花服》,《王蒙选集》第3卷,第408～409页。）

这已经超越了一件普普通通的衣服本身,它象征性地体现出一种对信仰的哲理感悟。因为这件充满了灵气的紫绸花服,"它懂得了它的主人这一代人,他们的心里充满了燃烧的光明和温热,从它来到他们的家里以前,就是这样。现在,仍然是这样"[①]。而且可以肯定地说,将来也应该是这样。

---

① 王蒙：《木箱深处的紫绸花服》,《王蒙选集》第3卷,百花文艺出版社1985年版,第408页。下引此卷者,出版社、出版时间从略。

当然，在追求真理的过程中，并非只是一帆风顺、永远坚定不移的，也同样有迷惘，因此，这种信仰意识也表现在迷惘之后的清醒，短暂动摇、困惑之后更加持久的坚定上，因而也就更具有普遍性的意义。这其中最典型的代表作品便是短篇小说《逍遥游》和中篇小说《蝴蝶》。

《逍遥游》是王蒙《在伊犁》系列小说中的一部，主要记述主人公王民在动乱的年代在新疆所度过的一段生活。它是直接借用《庄子》第一篇的篇名，而扬弃庄子所宣扬的超然物外、各适其性、逍遥自得的处世哲学，用其广义以为题，以形容"文化大革命"时王蒙在伊犁所度过的一段"逍遥游生活"。书中的主人公王民，在一定的程度上可视为王蒙的化身，因为二者的心灵是非常相似的。对此，王蒙在解释他在当时所处的所谓"逍遥游"状态中的思想经历时说："逍遥的背后有悲凉，当然，那时候如果全无悲凉除非是全无心肝。悲凉的深处却又是一种对于生活、对于入迷的'不可救药'的兴趣和爱，所以是逍遥，所以能逍遥，也只能逍遥，所以不仅仅是逍遥了。"[①]如果抛开语言形式上的近似游戏，那么透过这层语言的面纱，对王民及其言行心理进行冷静的观照，不难发现，王民内心中渴望"仰天长啸"的深沉与执著，因为他痛苦的内心深处，在和人民同舟共济、甘苦与共的岁月中，他坚信他生存的空间是"多么迷人的生活和大地，当动乱的忧烦成为过去之后，一切一定会更加美丽"[②]。

而《蝴蝶》同样借用庄子的典故：

"昔者庄周梦为蝴蝶，栩栩然蝴蝶也。自喻适志与？不知周也。俄然觉，则蘧蘧然周也。不知周之梦为蝴蝶与？蝴蝶之梦为

---

① 王蒙：《致何士光》，《当代作家评论》1984年第4期。
② 王蒙：《逍遥游》，《在伊犁——淡灰色的眼珠》，作家出版社1984年版，第241页。

周与？周与蝴蝶则必有分矣。此之为物化。"

(《庄子·齐物论第二》)

这里庄子原意在论证其所提出的"名是非,齐彼此,齐物我,齐寿夭"的相对主义观点。王蒙借用此典又与庄子的原意不同,他不是宣扬庄子的相对主义的悲观哲学而是用隐喻,以出世的外相显示入世的积极,用以揭示作品主人公在"文革"前后风云变幻的政局中的不同遭遇及其复杂微妙的心理状态。

在这场荒唐变成现实,现实变成梦魇的"蝴蝶梦"中,张思远这个钻山沟的八路军干部,化成了一个赫赫政权的领导者、执政者,又化成了一个被革命群众扭过来、按过去的活靶子,又化成了一个孤独的囚犯,又化成了一只被遗忘的、寂寞的蝴蝶。这不是历史的嘲弄,也不是"幻灭者的微末的悲凉"[①]和虚无主义者的诡辩,而是对变幻无常的"文革"历史现实状况的讽刺。

尽管张思远在这场"蝴蝶梦"中经受磨难、痛苦、挣扎、迷惑、彷徨而百思不得其解,甚至到了"没有办法生活,又没有办法不活,连死的权力都没有"[②]的可怜地步和困窘处境。但是,他的心始终有热流在运行,是同梦为蝴蝶的庄周的悲观情绪截然相反的,他感到"有那么多人在注视他、支持他、期待他、鞭策他。……他期待明天,也眺望无穷"[③]。他坚信:"山路崎岖。人生的道路更加崎岖。但山还是山,人还是人。尽管祖国的大地承受着太多的苦难,春天仍然是祖国的春天,山的春天,人的春天。他真希望自己能变成一只蝴蝶,从积雪的山峰飞向流水叮咚的山谷,从茂密的野果林飞到梯田。"[④]这其中充溢着对生活的热爱,对祖国的眷恋,对共产主义

---

① 计永佑:《幻灭者的微末的悲凉——评〈风筝飘带〉》,《北京日报》1980 年 8 月 7 日第 3 版。
②③④ 均见王蒙:《蝴蝶》,《十月》1980 年第 4 期。

理想的执著追求,对人民命运的深切关注,对党的坚贞不渝的信念,对于春天的憧憬,对明天的希望和赞美。因而,这种积极乐观的生活态度与坚强的革命信念,是深藏在张思远的"蝴蝶梦"中的精神内核,这同庄子"知无可奈何而安之若命"[①]和"不遣是非,以与世俗处"[②]的游戏人生的态度是相对立的,这也不是什么所谓"有光明尾巴的现实主义"[③],而是王蒙根据生活的本来面目,艺术地再现了活生生的自己的生活和心路历程,体现了生活的真实性,因而让人感到可亲、可信、可敬。就其中意义而言,小豆儿、林震、钟亦成、张思远等人物的信仰追求和心灵历程,不仅是王蒙个人的全息缩影,也是和王蒙生活于同时代人生活奋斗者的咏叹调,这种信仰意识是"真正的人"的血液凝聚的碧血丹青,它诚如恩格斯在《致斐·拉萨尔的信》中所阐述的那样:"主要人物是一定的阶级和倾向的代表,他们的动机不是从琐碎的个人愿望中,而正是从他们所处的历史潮流中得来的。"[④]这些人物体现了王蒙赤诚的信念、坚韧的意志、顽强的追求、深刻的思考和勇敢的创作个性,他们的灵魂也是王蒙所寻找的"我自己"的基本内容,是王蒙通过艺术的创造表达的一曲曲真诚的信仰之歌。

正是这种对真善美的执著追求和忠贞不渝的崇高信仰意识,才使王蒙及其艺术作品中的主人公渡过了一个又一个难关,战胜了平常人难以忍受的痛苦和挫折,迎来了光明、灿烂、充满生机与希望的今日和美好的明天,也正是在执著的真理追求中,在和人民群众血肉相连、息息相关、休戚与共的生活岁月里,他们才发现了真正的崇高和伟大,卑鄙和渺小的人与事。在王蒙重新拿起笔进

[①][②] 曹础基:《庄子浅释》,中华书局1982年版,第77页、第508页。

[③] [美]菲尔·威廉斯:《一只有光明尾巴的现实主义的"蝴蝶"》,《当代文艺思潮》1983年第1期,第37页。

[④] 恩格斯:《致斐·拉萨尔的信》,《马克思、恩格斯、列宁、斯大林论文艺》,北京大学中文系文艺理论教研室编,人民文学出版社1983年版,第98页。

行创作时,以更加坚定的笔触来歌颂美好的生活,这一切,从信仰意识的又一侧面,王蒙集中地体现了在其作品中对于美好事物以及个性发掘的深刻表现上面,这就是美丽人生的现实展现。

二、美丽人生的现实展现

正如鲁迅先生怀抱着"寄意寒星荃不察,我以我血荐轩辕"的赤子之心,以精锐锋利的解剖刀对"哀其不幸、怒其不争"的国民性进行深刻的剖析,郭沫若以凤凰涅槃式的执著渴望为祖国像"炉中煤"熊熊燃烧一样,王蒙则尽情抒唱着"生活是多么美好"①的心灵之歌。他曾经这样表述过自己的创作心理:"生活是多么美好!这一直是我们的心灵的一个主旋律,甚至于当生活被扭曲,被践踏的时刻,我也每每惊异于生活本身的那种力量,那种魅力,那种不可遏止、不可抹杀、不可改变的清新活泼,即使被错戴上'帽子',即使被关进了牛棚,即使我们走过的道路有过太多的曲折和坎坷,然而,生活正像长江大河,被阻挡以后它可能要多拐几个弯,但它终究在流动、在前进,归根到底它是不可阻挡的。"②所以,王蒙在进行创作时曾一再表示:"即使仅仅从艺术上考虑,我也不赞成堆砌黑暗,渲染丑恶,或者一味地沉湎于那种廉价的怨艾伤感"而"愿多写点好的故事","把美的东西集中一点写出来,让人们感到生活是可爱的、美好的、诱人的"③。在具体的艺术创造中,王蒙也一贯地体现了这种创作主张。

在《青春万岁》里,作者以诗的语言,诗的情感,表现一群沐浴在共和国朝霞里的孩子的如诗如画如歌如乐的美好生活。他们手拉手唱着动听的歌,跳着洋溢着生活欢快气息的舞蹈,欢庆着"五

---

①② 王蒙:《倾听着生活的声息》,《文艺研究》1982年第1期。
③ 王蒙:《漫话小说创作》,《钟山》1982年第1期。

一"、"五四"、"六一"、"七一""八一"、"十一"、"春节"等一个又一个喜气洋洋的节日,欢呼着、拥抱着、爱恋着比电影还美的新生活。这些正值豆蔻年华的少男少女,他们爱营火、爱星星、爱学校和老师,他们渴望"用青春的金钱和幸福的璎珞"来编织一个个幸福甜美的梦,他们"渴望生活,渴望在天上飞,从来都兴高采烈,从来不淡漠"①。这也是王蒙对当时生活的体验与感知的真实的艺术写照。他曾经充满深情地回忆这段纯洁而幸福的生活。王蒙说:"20岁的时候,生活和文学对于我来说像是天真烂漫、美好纯洁的少女,我的作品可以说是献给这个少女初恋的情诗。"②这种宝贵的对于文学的初恋情结一直铭刻于作者的心中,并体现在他的艺术作品中主人公的优美的灵魂里。

因此,当王蒙重新拿起笔进行创作时候,他"觉得神圣","觉得庄严",王蒙认为自己创作的《青春万岁》是"热情的结晶,是生活的光泽,是青春的足迹,它比生活事件本身更永久,比生活事件本身更能为千万人所了解,它是心灵的历久不变的、行远不衰的惟一的信息"③。而在那《组织部新来的青年人》里,王蒙关于林震"他们的幻想、追求、真诚、失望、苦恼和自责的描写,远远超过了对于官僚主义的揭露和解剖"④。因此,艺术内涵的信仰意识作为王蒙艺术创作的理念规范,从其崭露头角的《青春万岁》到饮誉文坛的《组织部新来的青年人》及至震动新时期文坛的《布礼》、《蝴蝶》、《杂色》、《相见时难》以及纪实性小说《在伊犁》、《新大陆人》系列等等,从长篇小说到中篇小说到短篇小说、微型小说等等,在王蒙自成系统的小说家族中,字里行间,无不激荡萦绕着这一崇高的韵律。这既是其作品中信仰意识的生动艺术表现,也是王蒙对于人类美好心灵的讴歌。

---

① 王蒙:《〈青春万岁〉序诗》,《青春万岁》,人民文学出版社1979年版。
②③ 王蒙:《我在寻找什么》,《王蒙选集》第4卷,第268页、第263页。
④ 王蒙:《〈冬雨〉·后记》,《读书》1980年第7期。

所以，在王蒙的一系列创作中，他不断地挖掘和探索生活的美和人物心灵的美，表现人世间最宝贵的东西，正如他自己所阐述的那样："文学本身就代表着对于真、善、美的追求，对于光明的追求，代表着这种肯定、这种爱。如果没有这种追求，这种肯定和爱，没有对于光明的信念，文学创作活动也就失去了意义和动力。"①因此，对于美好事物的向往和追求，成为贯穿王蒙作品的一条鲜明的灵魂红线，王蒙也在其丰富的艺术创作中加重拓展了这条红线的色彩与宽度。

这种对美好事物的追求和肯定，首先表现在人与自然的关系之中，这是为许多王蒙研究者所忽略而在王蒙艺术创作中带有相当大的比重的部分，是显示王蒙小说丰美全貌的不可缺少的一个侧面。

在王蒙的笔下，大自然的优美风姿是经常闪现在读者眼前的。春日洒满阳光的茵茵芳草地，夏日浪漫如迷人的小夜曲的黄昏，金黄灿烂、红枣如雨的山村丰收的景象，雪花纷飞、红装素裹的冬日北海，清雅的牡丹、浓馥的桃李、质朴的槐花、枯萎的黄杨树根，长河落日与大漠孤烟，花草烟霞与巍巍高山等等瑰丽的景观，无不展示了王蒙小说异常丰美的一隅。在大自然的众多景物中，最典型而鲜明的是王蒙对流水的神迷：无论是早期的《冬雨》、《夜雨》等作品所显示的天雨的宁静与清纯，还是《深的湖》、《海的梦》、《听海》、《光明》等作里主人公对大海的向往与迷恋，以及奔腾的伊犁河水在作家心中溅起的情感浪花，都显示了作品中人与自然的和谐关系。"登山则情满于山，观海则意溢于海。"②在王蒙的个人生活

---

① 王蒙：《生活、倾向、辩证法和文学》，《十月》1980年第1期。
② 刘勰：《文心雕龙·神思》，转引自郭绍虞编《中国历代文论选》（一卷本），上海古籍出版社1981年版，第84页。

中，他曾多次表示非常"喜欢游泳,不放弃每一个游泳的机会"①。对于潺潺的小溪和波澜壮阔的大海的成分——流水,王蒙对此有着独特的审美感受,是王蒙内心情理结构的一种艺术对象化的感性显现。王蒙曾这样描述过流水的美丽特征:

"中国的和希腊的哲人,都曾经用水来比喻生活,比喻时光,比喻历史的伸延、连续和变化无休。

水流的几个特征是迷人的。第一,它映照着世界的形象。第二,它改变着世界的形象。第三,它时时保持着又改变着自身。第四,它有文(纹)彩,有浪花(浪花可以看到从白光中折出的赤橙黄绿青蓝紫,看到彩虹),或曲、或直、或急、或缓,或奔泄而下、或逶迤回环,有它天然形成的节奏、振荡、结构。"

(王蒙:《读〈绿夜〉》,《王蒙谈创作》,第189页)

这可以说是王蒙对于艺术作品中自然景物的独到而深刻的理解。这里,王蒙是把自然景物与人物心理活动与作者的创作意向统而为一进行深刻的富有哲理意味的艺术描述。在他的艺术创作中的自然景物都是如此,而这一切之所以成为可能,则是由于作家主体的特质所决定的。因为,在王蒙看来,"一个伟大的作家,由于他思想的非凡的广阔和深刻,由于他对生活的独具慧眼的观察和感受,也由于他的高超的艺术表现能力,使得他哪怕是信手拈来,写一些小景物和小事件的时候,往往也在这小景物小事件中注入了那么多思想和情感,使得小景物小事件的客观意义大大超出了作家的主观意图"②。它无疑是蕴涵于作家内在的心灵情理结构的形象描述和深刻的抽象概括。

---

① 王蒙:《文学与我——答〈花城〉编辑部××同志问》,《花城》1983年第4期。
② 王蒙:《〈雪〉的联想》,《甘肃文艺》1979年第7期。

在《湖光》中,王蒙给读者描绘了一幅情景交融的西湖垂柳湖光画卷,这可以看作是王蒙小说里旖旎风光的一角缩影,色彩斑斓、气象万千的众多风景画中一幅纤柔情愫的素描。作者以细腻的笔法写道:

"西湖的似乎与众不同的垂柳,在夕阳的余晖之中显得更加纤细、柔顺、沉默。那软弱而又情意深长的摇摆,那丰盈而又迷茫怅惘的身姿,那鲜活而又如醉如痴的风度,使李振中想起人类自身的无尽的和无力的,永远得不到充分的发扬和补偿的热情,想起生活中许多微小而又亲切的、不论什么样的仁人志士、英雄豪杰也难以摆脱的情感的波流来了。只要人类没有灭绝,就总会有那么一些垂柳的纤细的枝条摇摆依依,欲倾诉而无言,也总会有这样的明澈的湖水,从蓝绿变成灿黄,又从灿黄变成橙红,尔后又黄褐,尔后又黑紫,尔后在夜幕中含笑欲语,闪着那只有从情人的眼睛中才能看得到的柔波万种。"

(王蒙:《湖光》,《当代》1981年第6期)

如果说小说家在这里表现的是主人公的一段感情波流,也是重感觉的作家王蒙丰沛悠婉的艺术感情的流泻,从而体现出一种阴柔的美的意蕴的话,那么在《逍遥游》中作者对充满了力、充满了危险和破坏的痕迹,也充满了忍耐和坚强的伊犁河的描述则表现了一种粗犷、伟大的阳刚之美。

在作者的笔下,伊犁河作为一种象征,是以其浩大的气势展现在我们的眼前的:

"大水滔滔,不舍昼夜,篝火腾腾,无分天地,阳光普照,金光万点,混浊的水流,漂浮着枯枝败叶,雪白的、倏忽生生灭灭的浪花,河中央杂生着丛丛野灌木的岛屿,和仍然时不时传来的河岸塌方的轰轰声,还有天上盘桓的鹰,水面上展开黄褐色的双翅的野鸭,岸上的油绿而又茁劲的草,以及从对岸察布查尔境内依稀传来的人声畜吼……这一切给了我这样强大的冲击,粗犷而又温柔,幸福而又悲哀,如醉如痴,思吟思歌,化雷化电,问地问天,也难唱出这祖国的歌,大地母亲的歌,边疆的歌,带有原始的野性而又与我们的人民无比亲密的伊犁河之歌于万一。"

(王蒙:《逍遥游》,《在伊犁——淡灰色的眼珠》,作家出版社1984年版,第177～178页)

这里,作者笔下的大自然已经不是纯粹的自然物,而是成为人化的自然,带有艺术家情感与思想的精雕细刻,是人的本质力量的一种感性显现,所以,在王蒙的笔下,哪怕是对一轮圆月的"最直观的描写,也无不多多少少地浸染了作者的主观色彩"[①]。感时花溅泪,恨别鸟惊心,作者所描写的一山一水,一草一木,一鸟一虫等等,一切皆情语。尽管它所表现的对象是普普通通的自然景物,"但在对这种自然景物的描写中,作家深藏的、独特的心境自然而然地流露了出来;而作家的心境,又是自然而然地、自觉或者不完全自觉地反映着他所看到、感到、经历着的,比他所描写的对象本身广阔得多,也有意义得多的生活"[②]。王蒙正是从这一角度巧妙地表达了人与自然的和谐关系,表现了对美好事物的无限热爱、执著追求和由衷赞美。

文学是人学。王蒙在其艺术作品中对世间美好事物的追求和肯定,不仅表现在对人与自然的关系之中,更主要地体现在王蒙笔下各种各样的具有鲜明个性的人物身上,体现在人与人之间的关系上。因为王蒙的小说并不仅仅是小说,在某种意义上它更"应该

[①] 王蒙:《倾听着生活的声息》,《文艺研究》1982年第1期。
[②] 王蒙:《〈雪〉联想》,《甘肃文艺》1979年第7期。

是一首首发自心灵的歌"①。这一首首心灵之歌,是王蒙借助对普通而又平凡的干部和群众的形象刻画来得以抒发的。

在干部系列形象中,王蒙以饱蘸赞美和钦佩的笔触,深刻挖掘了诸如《布礼》中的钟亦成、《光明》中的邵容朴、《最宝贵的》中的严一行、《说客盈门》中的丁一、《名医梁有志传奇》中的梁有志等党性强、经验丰富、信仰坚定、作风正派的人民公仆身上的高贵品质,这些人是党的精华、国家的栋梁,是民族的希望。作者由衷地热爱他们、信任他们、赞美和讴歌他们,从各种不同的角度,多方面挖掘和表现他们的美好品质。在王蒙的获奖作品《最宝贵的》中,王蒙对新任市委书记严一行的塑造,充分地体现了这一点。

参加完"文革"中被迫害致死的前市委书记陈书记的追悼会回来的严一行,得知陈书记被绑架致死是因为他的儿子蛋蛋透露了地址,而这时,恰好已经成了工厂工人的儿子跑来报告他要入党的喜讯,此时,严一行一方面作为儿子的亲生父亲渴望孩子能为革命事业、为人民作出贡献而加入到党的先进行列中去,另一方面,作为一个市的党委书记,他必须为党组织的纯洁和一切损害党、给党和革命事业带来损失和消极影响的一切人和事作最坚决的斗争以维护党的利益,完成党和人民赋予他的神圣的职责。作者震撼人心地表现了这场情与理、尊严与人格之间矛盾冲突的尖锐的对抗状态:

"我……"蛋蛋语塞了。

"我能负什么责任呢?承认我是叛徒、告密者?那我一辈子就完了。我一直安慰自己,说不定亡命徒从另外的渠道弄到了陈伯伯的住处。爸爸,为什么您不早不晚,偏在我入党的时候提出这个问题?在关系我一生前途的关键时刻!"

---

① 王蒙:《短篇小说杂议》,《新疆文学》1980年第3期。

蛋蛋的话使严一行的心揪在了一块儿。"难道除了你的前途、你的名声、称号之外,再没有值得考虑,值得你心疼的最宝贵的东西了么?"

"什么最宝贵的?"儿子茫然了。

"譬如说,我们的主义、道德和良心……"

蛋蛋听错了,他说"我没有什么别的主意,也没有什么旁人给我出过坏主意。"

"我说的是共产主义、马列主义!"严一行爆发了,他砰地拍响了桌子,茶水溅到了手背上,"连这都不懂,你入个什么党!"他大喝道。

25年了,蛋蛋还没见过父亲发这么大脾气,他吓呆了。

(王蒙:《最宝贵的》,《作品》1978年第7期)

在这场情与理、尊严与虚伪、正义与奴颜婢膝的矛盾冲突中,在严一行的心中,对于那些蛇蝎用欺骗和讹诈的手段玩弄并摧毁少年的信念与真诚,对于"就像外国故事里的巫鬼,他们劫窃人们的鲜红的心,换上一块黑色的石头"[1],表示了无比的憎恨。蛋蛋之所以造成了不可挽回的损失,也正是由于这块黑色的石头的作祟,因为,"在这块石头上,没有革命的理想,没有原则,没有对真理的追求和献身,没有勇气、忠实、虔敬和忠贞,没有热也没有光;只有利己的冷酷,只有虚伪、权谋、轻薄、亵渎,只有暗淡的动物式的甲壳、触角和保护色"[2]。而严一行之所以能这样做,不仅仅是由于在他的胸中有着火热的心,而且也是受这样一种神圣使命的驱使:要帮助人们"找回那颗火热的、跳动的心,并且把它铸炼得成熟、坚强,使它经得起12级风和9级浪"[3]。用自己的大公无私的行动来保证党的肌体的纯洁和健全,充分表现了一个共产党人的

---

[1][2][3] 王蒙:《最宝贵的》,《作品》1978年第7期。

高风亮节。

此外,在王蒙作品塑造的人物群像中,更是通过刻画默默无闻地工作在祖国各行各业的工作岗位上、心灵美好的普通人的艺术形象表现了人性的至真至纯至美至善,显示真、善、美对于假、丑、恶的征服和战胜,歌颂了中华民族的优良美好的品德,叙述了一个又一个的"好的故事"。

《温暖》描写了"文化大革命"年代发生在一个边远小镇上人们排队买茶叶时发生的一件小事。在这个故事中,王蒙通过对主人公赵荣国的感受,歌颂了人与人之间关系中应当被提倡的相互客客气气、和善和宽容。V镇茶叶短缺,按人按月定量也有半年没有供应了。现在又到了一年的最后一天,不买,票券就要因过期而作废。于是,人们半夜里就起来排队,队伍中争吵不休。然而,就是在那个冰冷的年代和那个同样冰冷的小风阵阵、雪花时飘时停的灰色的日子,与此形成鲜明对照的,却只有人心的温暖在祖国的各个地方无声地洋溢着:一位站在最前面、长着黄胡子、一只眼睛有点毛病、说话又结结巴巴的人,宁愿放弃自己买茶叶的权利,却把位置让给了有点驼背的低矮老太太。这当然不是什么惊天动地的壮举,但却比那个时代"大人物们"的文治武功更亲切感人,因而更闪动着人性美的长久的光辉。这个人的行为,唤醒了人们心中被冰结、被沉埋了多年的东西,有人因此而自惭形秽,有人因此而良心向善。队伍中争吵平息了,吵得最凶的"长颈鹿"低下了头;"狐皮领子"的眼光也转向了别处;赵荣国没买到茶叶,一个不知姓名的小姑娘让了他一斤……这种感人至深的场景,这种鼓舞、激动人心的善良,美好的理想和愿望,是王蒙一系列作品的共有基调,如《眼睛》、《光明》、《春之声》、《深的湖》、《风筝飘带》、《歌神》、《在伊犁》系列以及《歌声好像明媚的春光》等等,无不如此。这些艺术创作都集中地表达了王蒙内心这样一种美好的创作愿望:"我希望能表现出那最宝贵的东西来,那就是温暖,那就是光明,那就是没有忘怀严冬,但毕竟早跨越了冬天的春之声。"①

上述作品,就现实意义而言,《温暖》在人与人的关系上所提倡的友爱、互助、和善和宽容等道德匡正意识,虽然自古以来就曾在不同时代被不同阶层的人们所反复提出,但却是有着不同的历史内涵的。王蒙在其艺术作品里面对此进行尤为突出的强调,一方面固然是他个人从人世冷暖中产生的一种强烈的对纯朴人性的希冀,他要以此来温暖自己和他人的心,另一方面,也是对已经过去的"阶级斗争扩大化"所造成的冷酷现实从另一个角度的深思和探索。对于包括王蒙在内的中国人来说,这是付出了无法估量的沉重代价才换取的。所以,王蒙希望他的创作能够对此有所裨益,也是不言而喻的了。

在《风筝飘带》中,男主人公佳原因救助被别人骑车撞倒在地的老太太反而遭到诬陷、讹诈。但尽管如此,他仍然真诚地表示,即使自己被讹去 700 块钱也还是要扶起受了伤的老太太。这样的言行,使得一个闪耀着崇高的道德光辉的艺术形象栩栩如生、生动感人、亲切可爱,表现出一种坚持真理而绝不屈服于恶劣现实的理想主义精神。可以说,人世间一切美好的事物都是在这种精神性格的催化下产生、成长、壮大的。在这个意义上,体现了王蒙对于"人"和"人与人之间的关系"的深刻认识。

此外,《悠悠寸草心》中的理发员吕师傅,纯朴、善良、无私,他与周围其他人对待党的干部的态度不同。他是怀着对党的深情厚爱来对待"官"——党的干部的。他既反对迫害"官",又反对利用"官",也不赞成顺着"官"和敌视"官",而是主张信任"官"和帮助"官"。他觉得,我们好不容易才打倒了国民党的"官",又打倒了"四人帮"的"官",好不容易我们自己的同志又当了"官",如果谁都不去接近他们,不去向他们说心里话,我们这个国家、我们亲爱的

---

① 王蒙:《倾听着生活的声息》,《文艺研究》1982 年第 1 期。

党可怎么办呢,表达了普通老百姓胸中情深义重的悠悠寸草心。

《难忘难记》中的赵有常,作为文化局里的一个行政秘书,一向不为人所重视,除了知道他的眼镜腿常断,而断了就用橡皮膏粘上之外,局长到任6年,从来没有注意过他,但就是这样一个极普通的人,当局长在"文革"中遭受危难的时候,他给了局长物质上和精神上的无私而真诚的帮助。

疾风知劲草,烈火见真金,患难识人心。在显示着一段人生的历史、一束心绪、一片深情、一串思索的结晶,一种对美丽故乡的怀念、一种生活的陶醉与安慰、一种创造的才华同时又是提供给读者和批评家研究的对象的《在伊犁》系列小说中,作品正是在生活被扭曲、人性遭践踏的灰暗阴霾中放射出缕缕美好人性的艺术光芒。由于人生永远是坎坷不完美的,因而表现这条苍凉悲壮的人生之河所泛起的几朵浪花的《在伊犁》,全部作品也没有去描写那种尽善尽美的理想世界,因为作家深知蒙娜丽莎因其微笑而倾倒世人,维纳斯因其断臂才愈加显得完美、可信。《在伊犁》的众多人物中,如穆罕默德·阿迈德、依斯麻尔、阿依穆罕,甚至就连作者最推崇而怀有敬意的穆敏老爹,也都带有一定的局限性而不是十全十美的完人。然而,作者在描写这些人生形态及性格底蕴中的局限、不定、缺憾与形形色色的不健全、不完美因素的时候,是怀着一颗赤子之心,一种亲人般的爱恋,一种深切而沉重的情谊,是真正从生活的底层挖掘的无比充实的人生理解与人性写照,是用自己的双手掬起的海水,既带有腥味与杂质,也渗透着对大海的诚挚与一往情深。因此,生活本身所蕴藏的动力,那种体现了人类信念、并永远高扬着向上的旋律,使人们领悟到了生活的信念与美好的光彩,特别是对维吾尔女性阿丽娅、爱莉曼、爱弥拉、阿依穆罕、琪曼诺丽、古丽娜尔、莱依拉等人物的塑造,不仅呈献了作者的厚爱与同情,更展现了人生世界中的至真、至善和至美。

总之,王蒙挥舞手中的生花妙笔,抒写出了形形色色的社会性人情，开掘出一种人性的意念与底蕴，传达出一种人生的希望与力量。在他所写的那么多美好善良的人物身上，都生动有力地表明：人，就是一个最美的词。人应该是世界的主人，职业的主人，知识的主人，甚至连最亲密的爱情关系，既不是对物质、金钱的爱，也不是对职业、门第、权势、地位的爱，而是一种对精神美、灵魂美的爱。因为人就是人，而人同世界的关系只能是一种人与人的关系。所以，人与人之间"只能用爱来交换爱，只能用信任来交换信任"[①]。同时通过了并且为了人而对人的本质的全面占有成为真正意义上的主人。正是像王蒙笔下那些富于理想、脚踏实地、具有高尚情操、追求美好与光明的平凡而伟大的人物，构成支撑我们事业不断前进的基础的力量，成为中华民族屹立于世界民族之林的坚强的脊梁。

总观王蒙的作品，他写的每一篇作品都蕴涵着强烈而深沉的爱，而且，王蒙不论是对爱的抒写，还是对真、善、美的歌颂，都不是单纯的、孤立的，而总是把真与假、善与恶、美与丑、爱与憎、光明与黑暗集中起来，使它们处于矛盾的统一体中形成强烈、鲜明的对比和形象反差，让美的更美丽，让丑的显得更丑恶，通过对真、善、美的强烈肯定，达到对假、丑、恶的义正辞严的无情痛击，也正是二者的完美结合，组成了王蒙艺术内涵的信仰意识的充实内容。

三、丑恶生活的揭示批判

无论是在现实生活里还是艺术作品中，美与丑，善与恶、真与假都是一个复杂的存在，是和人的诸种品质交杂在一起的，它不是一种静止与凝固，而是一种不断发展和变化。在王蒙的作品中，也并非只有歌颂光明，不触及黑暗，只向往真、善、美，而没有对假、

[①] 《马克思恩格斯全集》第42卷，人民出版社1979年版，第655页。

丑、恶的揭露和批判。事实上,正如一柄锐利的宝剑具有双刃的锋芒一样,王蒙在艺术作品中讴歌真、善、美的同时,也深刻而无情地批判着假、丑、恶。这是蕴藏于王蒙艺术创作中的信仰意识的深刻性所在。

黑格尔曾经说:"人们以为,当他们说出人本性是善的这句话时,他们就说出了一种很伟大的思想;但是他们忘记了,当人们说人本性是恶的这句话时,是说出了一种更伟大得多的思想。"①这一受到恩格斯赞许的思想,不仅对于历史学是重要的,而且对于以人为研究和表现对象的文学也同样是重要的。如果说,黑格尔推崇的性恶论对于历史学来说,实质上暗含着"恶是历史发展的动力借以表现出来的形式"、"人的恶劣的情欲——贪欲和权势成了历史发展的杠杆"②的极深刻的思想的话,那么,这种性恶论对于文学来说,实质上就暗含着恶是对人的真实理解和真实表现所无法回避的人性表现形式之一。正是人各种各样恶劣的无为、情欲,以及人对于存在于我与非我之间的种种丑恶的思索和搏斗,构成了文学世界中信仰意识的一个重要基石和艺术创作的力量源泉。对丑恶事物的批判和揭露,对人性恶的锋利的淋漓刻画,反映着王蒙对人和艺术的复杂性的深刻理解和准确把握,是他在几十年的人生历程中积累的丰富经验和感受的升华与结晶,是王蒙作为一个作家是否成熟和完善的一个重要的标志。王蒙自己说得很明白:

"光明不是从天上掉下来的,也不是靠歌颂来保持和发展的。光明需要的是向往、追求、传播、斗争。文学是光明的,然而单单歌

---

① 恩格斯:《路德维希·费尔巴哈和德国古典哲学的终结》,《马克思恩格斯选集》第4卷,人民出版社1972年版,第233页。
② 恩格斯:《路德维希·费尔巴哈和德国古典哲学的终结》,《马克思恩格斯选集》第4卷,人民出版社1972年版,第233页。

颂光明是远远不够的,而且打着歌颂光明的大旗的人本身未必一定光明。我们要向往光明,追求光明,传播光明,歌颂光明,我们更要为光明而与黑暗斗争。"

(王蒙:《生活、倾向、辩证法和文学》,《十月》1980年第1期)

考察王蒙的作品,从20世纪50年代的《小豆儿》、《青春万岁》、《组织部来了个年轻人》到新时期的一系列作品,王蒙在深情而执著地歌颂真善美、歌颂光明的同时,也切中要害地揭示着生活中的黑暗与邪恶。《组织部来了个年轻人》中对刘世吾式的冷漠、官僚主义的弊端,对于生活的干预,对于社会中种种不合理现象的揭露和批判,自不必说,单是在新时期的一系列作品中,王蒙仍然以年轻的布尔什维克的责任感以艺术形象不断向读者奉献着思考的对象,体现了王蒙现实主义的艺术创作中执著的信仰意识导引的不息的潜流,体现了王蒙对于恶,对于导致丑恶的根源的"人的异化",对于人的"异化"的扬弃与克服的艺术哲理思考。正是在对这些思考的艺术性回答中,充分体现了王蒙对于真、善、美的肯定与歌颂,对于假、丑、恶的否定与鞭挞。

这里需要解释的是"异化"这一概念。它首先是当代国内外许多哲学家正在研究和思考的一个重要哲学问题。马克思在著名的《1844年经济学——哲学手稿》中曾指出,在人类几千年来的私有制历史上,一方面,人类创造了许多珍贵而美好的东西,但另一方面,人类又创造了许多不美好,不珍贵的东西(如暴政、金钱、贪欲等),并且人类反过来受到自己这些创造物的奴役。马克思说:"劳动为富人生产了珍品,却为劳动者创造赤贫。劳动创造了宫殿,却为劳动者创造了贫民窟。劳动创造了美,却使劳动者成为畸形。……劳动生产了智慧,却注定了劳动者的愚钝、痴呆。"[1]马克思把

---

[1] 马克思:《1844年经济学——哲学手稿》,人民出版社1979年版,第46页。

这种现象称为"人类本质的异化",他指出,这种异化现象导致了人类在精神、道德面貌上的许多畸形和变态。"异化"这个范畴是马克思针对丑恶的西方资本主义制度提出的。在中国,由于几千年封建思想的影响,建国后尤其是林彪、"四人帮"所造成的"十年浩劫",给我们社会中的人在精神、心理、感情、道德、社会风尚等方面,留下了沉重的创伤,在社会的各个领域产生了一系列异化现象:无产阶级的革命斗争本应成为劳动者摆脱异化规律的束缚和支配、获得自我解放的革命手段,但由于错误的路线和政策,使之转化为某种政治势力用来捉弄和作贱人民的异己力量。"革命"本应该带来真善美,但却时时夹杂着假、丑、恶;"革命"本应给人们应该带来幸福和欢乐,却也有时带来痛苦和灾难;"革命"本应给人们解除束缚带来自由,却有时异常冷酷无情地捉弄着人的命运。在"反右"、"文革"这场空前的灾难面前,正如马克思所说的那样,人"不是肯定自己,而是否定自己,不是感到幸福,而是感到不幸,不是自由地发挥自己的体力和劳动,而是使自己的肉体受到折磨、精神遭到摧残"①。

王蒙在艺术创造中对这种异化现象的扬弃与克服首先在带有"异化"倾向的干部形象身上得到了深刻的揭示。

和那些党性纯,与人民群众保持密切关系的钟亦成、丁一、严一行等党的优秀干部相比,这一类型的干部和《组织部来了个年轻人》中的刘世吾、《悠悠寸草心》中的唐久远、《蝴蝶》中的张思远、《光明》中的李仲言、《难忘难记》中的李局长、《名医梁有志传奇》中的梁有德等等,他们原本应成为人民的公仆,然而在他们身上,由于封建思想的残余影响和外来环境的侵蚀,他们都程度不同地脱离了群众,有的甚至把权位看得比工作、比人还重要。作者对他们的过去有肯定,而对他们的现在,却有所批判,而批判的目的,是为

---

① 《马克思恩格斯全集》第42卷,第93页。

了让他们去掉尘垢,更坚定地全心全意为人服务,像张思远那样在同人民群众的同甘共苦中,重新找到自己的灵魂。因此,如果说王蒙在展示由于"异化"而在干部队伍里产生的不美好现象还带有鲁迅所说的"引起疗救的注意"的目的话,那么,对于存在于社会众生相中形形色色的丑恶的人、事、心理等,王蒙则进行了无情的揭露、解剖和讽刺,进行了彻底的艺术批判,这在《风筝飘带》等一系列作品中有着深刻的揭示。

《风筝飘带》是王蒙作品中争议较大,意见分歧比较多的一部作品。其矛盾焦点不在于"它具有一种奇异的格调,一种属于未来的色彩。它既是一篇故事,又是一首诗。既是一则寓言,又是一种'咏叹调'的文学特性"[①],也不在于它是否表现了什么"幻灭者的微末的悲凉"[②],而在于隐含在作品中的深刻的精神内蕴,王蒙通过年轻主人公素素和佳原的成功塑造,深刻揭示了普遍存在于当代人中间由于"异化"而产生的一系列丑恶现象。

小说中的男主人公佳原是一个非常憨厚、正直、朴素而又平凡的待业青年。一个冬天的早晨,他路遇一位被自行车撞倒在地的老妇人,肇事者早已逃之夭夭,佳原就好心好意地把老妇人送回家。然而,出人意料的是,好心未得好报。在老太太的住处,佳原不但没有受到应有的感谢和尊重,反而受到了自以为洞明一切的人的围攻与污辱。人们认为一定是佳原撞了老太太,更可叹的是就连老太太本人也一半糊涂、一半装糊涂地随势反咬了佳原一口,而隐藏了事情的真相原委。"当他(指佳原,引者注)说明一切,说明自己只是一个助人者的时候,有一些嗓音尖厉的妇人大喊:'这

---

① 何新:《他们象征着未来——试析王蒙短篇近作〈风筝飘带〉》,《北京文艺》1980年第7期,第78页。
② 计永佑:《幻灭者的微末的悲凉——评〈风筝飘带〉》,《北京日报》1980年8月7日第3版。

么说,你不成了雷锋么?'全场哄然,笑出了眼泪。"最后,以佳原被讹掉7元钱、2斤粮票而告终。这种做好事不得好报反而受处罚可笑而又可悲的事情之所以能够堂而皇之地发生在光天化日之下,众目睽睽场合,就是因为现实中人们遵循着"世人绝不会真有舍己的人——人都是自私的"这样单线逻辑思维着,因此,顺理成章,既然你介入了此事,此事就必定与你有关,老太婆的糊涂,不知名妇女的提问,十分典型地反映了这种看似荒唐,实际却已被许多人视为天经地义、不可更改的逻辑。通过这个小小的事例,王蒙揭示了"浩劫时代"人们的精神面貌和道德风尚因异化而显示的丑恶现象。而女主人公素素在佳原的鼓励下勤奋学习阿拉伯语的行动,也受到了世俗人的强烈不满,"引起周围许多人的不安",人们开始怀疑她,苛刻地要求她应该安心端盘子,应该注意影响,甚至出现了这样严重的威胁:"你有没有海外关系,如果再搞清队、查三怪——怪人、怪事、怪现象,就要为你设立专案。"这反映了一种安于习惯的阴暗、冷酷心理,不求进取被认为是安分守己的美德,而有所抱负、胸怀大志则被看作大逆不道。

这种丑恶现象不仅表现在一人一事上,而且普遍地深藏在人的心灵深处,男女主人公的一次约会,发现到处找不到合适的地方,公园里有许多繁琐的规定,郊野上有坏人,饭馆里人太多,小胡同有顽童起哄,在一幢楼里又遭到了意想不到的遭遇,受到怀有"一种视生人为仇人的丑恶心理"的人们的严厉盘查——"什么人!干什么的!找谁!为什么在这个角落里偷偷摸摸!鬼鬼祟祟!搂搂抱抱!简直是不要脸!简直是流氓!现在的青年人简直没有办法!中国就要毁到你们的手里!快滚,要不就捆起来扭送!"人与人之间的敌视,感情与心灵上的严重隔绝,人与人之间的多种关系,只剩下惟一的阶级关系,即斗争关系。"不是你压倒我,就是我压倒你。""不是你吃掉我,就是我吃掉你。"正如主人公所说:"人真的变成了狼。"社会上把一切人分成两类——已经被认为是狼的人

和潜在是狼的人。人人在准备挨打,人人又在准备打人或真的天天打人。作家对此不无动情而充满激情地真诚呼唤:

"我们的辽阔广大的天空和土地啊,我们的宏伟的三度空间,让年轻人在你的哪个角落里谈情、拥抱和接吻呢?我们只要一片很小、很小的地方。而你,你容得下那么多顶天立地的英雄,翻天覆地的起义者,欺天毁地的害虫和昏天黑地的废物,你容得下那么多战场、爆破场、广场、会场、刑场……却容不下身高1米6、体重48公斤和身高1米7弱、体重54公斤的素素和佳原的热恋吗?"

(王蒙:《风筝飘带》,《北京文艺》1980年第5期)

由此,王蒙对人性的丑恶进行了无情的鞭笞,对美好、光明的未来,发出了真诚的呼唤,这使得王蒙把艺术的解剖刀伸向了丑恶灵魂的最深处。

值得注意的是,王蒙在其作品中刻画了并不多见的"贵妇人形象",这就使其批判与揭露的锋芒更加锐利,所提出的问题也更带有普遍性因而起到了振聋发聩的警省作用。这就是王蒙对《蝴蝶》中张思远的第二任夫人美兰、《悠悠寸草心》中唐久远的老伴、《难忘难记》中的陈玉珊、《相见时难》中的杜艳等一系列形象的生动传神的刻画。

美兰、唐久远的老伴是这类高级干部夫人的丑恶形象的典型代表,完全可以和《人到中年》中的"马列主义老太太"秦波相媲美,她们都是以特殊身份给党的事业造成损失和消极影响的不可轻视的人物。这些人成事不足,败事有余,对革命事业有百害而无一益,给领导者帮倒忙是她们惟一的绝技,惟利是图、损公肥私是她们的惟一目的,王蒙对这些特殊女性的刻画可谓入木三分,淋漓尽致。如果说美兰、唐久远的老伴是以自己对地位、权势的特殊利用达到自己的物质私欲而显示其丑恶的嘴脸的话,那么,《难忘难记》

中的陈玉珊则是王蒙对不惜一切代价和手段渴望向上爬以满足自己权势欲的小丑行径的绝妙写照。

陈玉珊式的人物最大本事就是擅长阿谀奉承,投其所好,这在现实社会里也是带有一定的普遍性而在艺术作品中却是很少见的。就像作者在作品里面所描写的那样:"云从龙,风从虎,陈玉珊跟着李局长,到处敲锣又打鼓。学习会上局长一发言,陈玉珊说:'一听心里就亮堂了。'组织生活会上局长一发言,陈玉珊说:'叫人心里热乎乎的。'碰头会上局长一发火,陈玉珊马上说:'这是警钟,是鞭策,也是春风化雨,培养爱护。'总结会上局长一表扬谁,陈玉珊马上就说:'还不是李局长手把手教的。'而当局长请病假时,陈玉姗就说是'因劳成疾'。"局长看电影时,陈玉姗解释说:"局长哪有心看电影,身在电影院心里无时无刻都是为了咱们局和所属单位上万口子操心呀……"锣音鼓点,恰到好处。而当局长倒霉时,她首先落井下石,毋用多言,一副拍马屁、见风使舵的墙头草的嘴脸跃然纸上,力透纸背。类似陈玉珊式的趋炎附势的丑恶行径,在《相见时难》中的杜艳和《海鸥》中侯向阳身上得到了更加淋漓尽致的表现与尖锐的批判,深刻地表明了王蒙对现实丑恶进行批判的强烈力度,也是王蒙艺术作品内涵中信仰意识所显示的历史内容。

这两个形象都是王蒙奉献给新时期文坛的不可多得的艺术典型。

《相见时难》刘绍棠说它"主要人物形象,具有鲜明个性,有血有肉,活泼,真实,闻其声如见其人"①。这其中写得成功的人物就是杜艳。

这是一个刻画得相当成功的,能称得上是黑格尔所讲的"这一个"的艺术形象。杜艳的性格特点,主要是那种让人作呕、令人难以卒睹的粗俗性格。这种粗俗性格是一种极端自私的、追求动物般物质享受的欲念的外在表现。在追逐自己的目标上,杜艳有着

---

① 刘绍棠:《我看王蒙的小说》,《文学评论》1982年第3期。

工于算计的小市民才有的精明。在她的内心思想的屏幕上,王蒙一方面揭示出这种精明在具体应用中的内在图像与活动轨迹,另一方面也让读者能够清楚地感受到人物对自己这种精明的几乎漫画一样夸张的自恃。对于自己婚姻史上的曲折,她不仅毫无忌讳,反而在友人中公开推广经验:"任何事情都不是一次能办好的,为什么结婚只结一次呢?我以为有这么三几次,才能成功!"当她听说蓝佩玉是从美国来的,立刻,她的肾上腺激素倒流,脉搏舒缓了,舵位改变了,甚至于她的脸上出现了非常人情味的表情,忧戚、怀念、温情。小说第15节对杜艳内心活动的剖析,特别是"五大问题"的逻辑推理,可谓刻画这种丑恶的精明的神来之笔,借着作者的笔触,读者能一下子透视到人物灵魂的最深的鄙丑处。

杜艳的目的是要抓紧蓝佩玉,从她身上轧出,或借助于她来实现自己的"眼前利益"、"中程利益"以及"远程利益"。正是在这种思想急速推进画面上,露出了她的鼠目寸光,奴颜婢膝,寡廉鲜耻和低级下作的本性。杜艳身上的粗俗性格,是一种畸形。这种畸形性格的出现,是现实生活中许多消极因素沉淀的必然结果。从她的主动和蓝立文结婚到后来的动手打他,乃至"文革"中逼夫自杀,原本不过是风流少妇的杜艳性格中,越来越多了些冷酷和凶暴。而这又与歧视知识、知识分子的"左"倾政策的推行和阶级斗争扩大化的进程相一致。在蓝佩玉返美前夕,杜艳又挖空心思,搅乱翁式含原定计划,把蓝佩玉硬拉到自己家中宴请。酒席上,她使出全身解数,用她特有的方式和语言恭维、讨好甚至恫吓翁式含:"你看,她多漂亮,多年轻,只像30多岁,不,只像20多岁!其实她比我还大1个月呢!人比人,气死人,你不服行吗?谁说我不服了?你能不承认美国的月亮更圆吗?""我不过了,我豁出去了,我拼了老命了,我倾家荡产了,我把褥子卖了……为了招待客人,为了招待亲人,我什么都不要了。我这个人就是这样,我要跟你好,恨不得把腰花掏出来炒着喂着你吃!要是别人的话,窝头还是没有呢!"她自称"女光棍",甚至拿自己和江青比,这些都显示了她灵魂中造反派的遗传因子。在杜艳的心中,美国是天堂,西方是极乐世界,那里有遍地黄金,有享不尽的荣华富贵。那里的人,包括中国血统的洋人,在杜艳的眼里,统统都是腰缠万贯的财主。资本主义腐朽,而杜艳梦寐以求的就是"想腐朽一下",这样才"不枉人生一世"。这真是一种典型的崇洋媚外心理。然而它又是在国门长期禁锢之后,骤然实行开放政策时必然会产生的现象,是一种历史的沉渣泛起,它带有在半封建半殖民地的旧中国曾经普遍存在过的那种旧的崇洋媚外、洋奴哲学思想的遗传因素。杜艳关于"眼前利益"、"中程利益"、"远程利益"和关于政治、婚姻、处世哲学等一系列人生课题的空前绝后的论调,把自己的卑俗情操揭示得淋漓尽致,体无完肤,暴露无遗,她那种"真诚得厚颜,真诚得做作,真诚得过分,真诚得虚伪"的矛盾性格,那种"把一切面纱、头巾乃至裤衩都撕下来了"的认钱不认人、要钱不要脸的女光棍作风,那种将最时髦的政治术语和最俗气的市井俚语揉为一体的语言风格,鲜活地体现了中国20世纪80年代崇洋自私者的丑恶嘴脸,散发着浓厚的时代和历史气息。

在《新大陆人》系列小说之一的《海鸥》中,主人公侯向阳,原名侯晓云。"文革"前是一个被"帮助"得失去锐气、只剩下谦恭和恐慌的大学毕业生,孤僻、害怕交际,甚至连对象都找不上,只能像老鼠一样地躲在阴暗的角落里。"文革"中,他却像孙猴子去掉了头上的紧箍帽,变成了激烈狂躁的"活动家",演出了"反戈一击"11次的政治杂技,杜撰出了中、英文起草的类似拙劣的推理小说的"反革命集团"纲领,入狱9年,直到1980年才得获释。"复出"后,他又鹊飞别枝,就任旅游局接待处副处长,变得潇洒、自信、含蓄、有教养、有贵族派头和洋气,大有"春风得意马蹄疾,一日看尽长安花"的气势。在改革开放的浪潮下,他又与所谓美国发展战略专家查理斯风云际会,瞬间又虎变龙飞,天马行空,成了世界名人,实现

"海欧·乔纳森"的黄梁美梦,堂而皇之地出国访美,风靡新大陆,最后又突然宣布与美国黑人小姐琳达结婚,申请留居美国并致书组织表示"崇高"的"毋忘祖国"之志,活串了一出由鼠而猴而虎而龙的富有中国特色的轻喜剧。

对此,王蒙曾经含蓄地指出:"人者何也?何者人也?处境云云,敢不察哉!"①作品中的侯晓云也曾对他在"文革"中的处境作了一个形象的比喻,他说:

"您把一条百里驴关在一米见方的小栏圈里,一会儿这儿挥鞭,一会儿那儿吹哨,一会儿这边拽,一会那边推,一会儿是战鼓擂,军号吹,一会儿是红旗飘,呐喊脆……而我想的只是奔跑……最后,我没跑出一米去,我左冲右突,我踢倒了木栏踢伤了蹄子,撞破了鼻子、眼、嘴……人们还非把我送上汤锅,一刀要我的小命!"

(王蒙:《海鸥》,《加拿大的月亮》,作家出版社,1987年版,第261页)

时代所提供的狭小环境与荒唐,使想借环境有所发展的侯晓云陷入了荒唐境地,而对新时期的开放政策所造成的机会纷呈的环境,侯晓云又作出了市侩式的狡黠的估计:

"像中国这样一个大国古国,长期自动或被迫封闭,一旦开放,任何一股清风新风都会引起片片涟漪,层层波浪,种种奇观,次次冲击波,千般风光,万般景致。"

(王蒙:《海鸥》,《加拿大的月亮》,作家出版社1987年版,第279页)

正是顺此大势而趋之,侯晓云的私欲逐渐膨胀并逐渐得到满足。这只颇懂"物候"的"海鸥"终于悠然刮进了"查理斯发展战略"

---

① 王蒙:《海鸥》,《加拿大的月亮》,作家出版社1987年版。

第三章 王蒙艺术信仰论

的新风里,并且扶摇直上。

与这种趋时投机的自私的丑恶行径相关联,王蒙更深刻地以艺术手段提示了我们至今仍然大有市场的"瞒"与"骗"的虚伪和无耻,正是在这一点上,蕴藏在王蒙艺术内涵中的信仰意识与"五四"以来的现代文学精神相一致起来。

早在20世纪初期,鲁迅先生就曾指出,"瞒"和"骗"是中国国民性中的两个劣根性。对此,鲁迅先生的态度是:"必须敢于正视,这才可望敢想,敢说,敢做,敢当。……然而,不幸这一种勇气,是我们中国人最所缺乏的。"[①]出于各种自私自利的目的,"瞒"和"骗"成了一切市侩的手段、虚伪者的招牌、利欲熏心者的伪装。在新时期的作家中,王蒙可以说是最典型地继承了鲁迅批判现实的传统,对存在于当代国人心中与行为上的"瞒"与"骗"的国民劣根性的丑恶面目及其危害进行了深入而全面的挖掘和精密的剖析,这在《莫须有事件》、《温柔》、《冬天的话题》(又名《加拿大的月亮》)中得到了充分的揭示。

《莫须有事件》中的王大壮,可谓是一个货真价实的骗子,他本身所具有的多侧面的性格,使他足以跻身于文学名著所刻画的诸如答丢夫[②]、赫列斯塔柯夫[③]、阿尔连采夫、[④]栗晚成[⑤]和李小张[⑥]等等古今中外的骗子所组成的行列。

就是这个王大壮,投机钻营,惟利是图,却有本领让上司左右都相信他献身科学普及教育事业的一片赤诚;他浅薄无能,连自己也承认不学无术,却又能成功地在生活中扮演一个不可或缺、不可

[①] 鲁迅:《论睁了眼看》,《鲁迅全集》第1卷,人民文学出版社1981年版,第237页。
[②] 莫里哀:《伪君子》。
[③] 果戈理:《钦差大臣》。
[④] 柯切托夫:《叶尔绍夫兄弟》。
[⑤] 老舍:《西望长安》。
[⑥] 沙叶新:《假如我是真的》。

战胜的角色,在各种风浪旋涡中稳坐诺亚方舟,不仅一次次化险为夷,转危为安,而且一步步青云直上。在《莫须有事件——荒唐的游戏》中,王大壮的一系列丑行主要是通过一系列的荒唐事来展现的。他先是假冒《人民保健》杂志的名义去采访小有名气的周丽珠,继而又假借受周丽珠之托的名义把写得糟糕透顶的采访转寄往《人民保健》。于是,经过一系列的为虎作伥而看起来又很合情合理、合时合法的办起所谓"脚癣牙病治疗研究培训联合团",买空卖空,广纳学员,一下子骗取了7000多元学费。

王大壮之所以招摇撞骗,正是王大壮抓准时机不择手段地利用了对方爱慕虚荣和自私的心理,略施小计,使对方在不知不觉中就范,从而坐收渔翁之利,如王大壮首次拜访周丽珠便以居高临下的姿态对待周丽珠,使她"气得真想立时把他轰出去"。尽管她对王大壮那一套看不惯,但听到王大壮说的一连串桂冠、头衔以及"每去一次30元零5分的报酬"时,虽然那些"突然而来的荣誉曾使她惶惑",但是,"在她的潜意识里,这种荣誉和高级社会活动仍然使她很舒服"。正是这种虚伪的自私得以使王大壮的阴谋得逞。

与王大壮的急功逐利、上窜下跳的诈骗行动不同,也与侯晓云的善于抓住时机不惜一切手段、锋芒毕露的趋时投机方式不同,《新大陆人》系列之一《温柔》中的薛玉凤却是个藏锋隐角、不显山水、淡泊自守的角色。她的行径更具有欺骗性和隐蔽性及普遍的深刻性。在作品中,薛玉凤丈夫周至坚的满口马列,拉开了与一般人的距离;而她的妇道与孝名,却博得了一般人的好感。在她的家里,丈夫对马列的坚持劲儿,幺幺对《三字经》、俚语、谚语等陈芝麻烂谷子的絮叨劲儿,织成了一种特殊的文化气氛,她在这氛围中如鱼得水。然而,经过有步骤的发牢骚、放空气之后,她于1984年赴美探亲,成了一位新大陆人,说"向处长致敬"就"向处长致敬",说端尿盆就端尿盆,说赴美做团结工作,就做"团结工作",在这个人物身上《红楼梦》中薛宝钗身上的虚伪、圆滑、工于心计的阴暗心理与王熙凤身上刁钻、阴毒、不择手段的处事行径交融在一起,在所谓革命文化的伪装下,深掩着中国封建文化心态中"瞒"与"骗"的成分。这就是马克思在鸦片战争之后就曾正确指出过的古老的中华帝国所患有的欺骗症在几代中国人灵魂深处与行动中的形象表现。马克思说:

"半野蛮人维护道德原则,而文明人却以发财的原则来对抗。一个人口几乎占人类三分之一的幅员广大的帝国,不顾时势,仍然安于现状,由于被强力排斥于世界联系的体系之外而孤立无依,因此竭力以天朝尽善尽美的幻想来欺骗自己,这样一个帝国终于要在这样一场殊死的决斗中死去,在这场决斗中,陈腐世界的代表是激于道义原则,而最现代的社会的代表却是为了获得贱买贵卖的特权——这的确是一种悲剧,甚至诗人的幻想也永远不敢创造出这种离奇的悲剧题材。"

(《马克思恩格斯选集》第2卷,人民出版社1972年版,第26页)

在《冬天的话题》中,围绕"沐浴学"问题所引起的满城风雨的纷争,王蒙以犀利的艺术手法批判了社会生活中类似"沐浴学"风波之类富有典型意义的消极现象,以调侃幽默辛辣嘲弄而又漫不经心的笔调表现了连"诗人的幻想"也永远不敢创造却真实活跃于现实生活中的这种"离奇的悲剧题材",无情而淋漓尽致,入木三分地鞭笞了生活中种种以自尊掩盖自私、以认真掩盖无聊、以豁达掩盖褊狭、以宽容掩盖嫉妒的"瞒"和"骗"的丑恶社会心理和行为方式。因此,王蒙在《冬天的话题》中曾激动地写道:"中国的小说家与其写爱情、写生死、写探险、写侦破、写哲理、写性格、写意识流、写人情美,写伤痕,写典型,还不如去写人事关系,写人与人而且多数情况好人与坏人之间的勾心斗角。"王蒙的《说客盈门》、《不如酸辣汤及其他》、《失恋的乌鸦及其他》、《扯皮处的解散》、《莫须有事件》、《风息浪止》、《名医梁有志传奇》、《活动变人形》、《球星奇遇记》等都透过现象直露本质,洞察和思考来自历史的积弊,来自传统的陋习,并深刻触及了民族文化精神中的某些弱点。

总之,王蒙在着重描写、歌颂真、善、美的事物及其在斗争中的诞生和发展壮大时,也写伤痕,写美的事物、善良的人们、朴素的真理在颠倒和动乱中被扭曲伤害、变形,揭露了假、丑、恶的种种面目和危害,以期达到警策人心的作用。正如王蒙自己所说:"我们既要揭示伤痕,更要了解伤痕,促进伤口更快地愈合,我们要暴露黑暗,更要剖析黑暗以增加战胜黑暗的力量和信心以达到驱散黑暗的目的。"①王蒙通过自己的实践表明了深藏于作家心中和充溢于艺术作品中的坚定的信仰意识,正是在驱散黑暗、追求光明的奋斗过程中,人生的价值得到了实现,人的潜能得到了充分的发挥,人的尊严得到了有力的维护,而这一切,恰恰又是凝聚于人的焦躁动荡的生命流程中。

---

① 王蒙:《生活·倾向·辩证法和文学》,《十月》1980年第1期。

第四章 王蒙作品思想论

从十年浩劫的阴霾中艰难跋涉出来的中国当代文学,以火山爆发式的激情和能量掀起了新时期文学的造山运动。在拨乱反正、思想解放、观念变革的时代思潮冲荡中,许多文学艺术家既肩负着反思过去、启示未来的双重使命,又执著追求使文学创作重新回归文学本体,他们以大胆的反叛精神和创新勇气,踏过了许多被禁闭、尘封的一个又一个艺术的"雷区"。作为新时期文坛独领风骚的王蒙,他的艺术创作也与新时期文学的整体发展趋势相一致,并充分显示出富有自己创作个性的独特的艺术魅力。

然而,一个穿越过蔽天松林的行旅不会忘记脚下路边缀着露珠的小草,一个经历过惊涛骇浪、雨疏风狂的水手不会遗忘生与死、灵与肉的艰难搏斗。重新拿起神圣的文学之笔的王蒙,如果说他早在开始文学笔耕之始,就已经敏锐地感觉到经历了"革命的风暴、黑暗到光明的巨变,使他们早熟了而且充满着革命的理想"的同一代青年人"是难以重复地再现了的"[①]话,那么,更为不幸的是,中国历史航船的颠簸使得王蒙及其一大批同时代有作为、有才华的人付出了一去不复返的宝贵的年华。他们的黄金岁月本应得到应有的闪现与升华,却反而被动荡的岁月无情地撕扯、吞噬和淹没。因此,在他"梅开二度"之际,自然而然地在反思历史的同时,

---

[①] 王蒙:《〈倾听着生活的声息〉代序》,《王蒙选集》第1卷,百花文艺出版社1984年版,第2页。下引此卷者,出版社、出版时间从略。

更敏锐地观照自身的所为,在放眼未来、极目楚天的同时,时时回眸历史与人生的舞台上发生的一幕幕悲喜剧,而且,随着历史前进的步履,身受着一系列价值观念思维变革等中外当代文化思潮的浸染,时光流逝中历史的理性逻辑与自身的感情逻辑的交汇冲撞又使得他必然从社会学、历史学、哲学、美学、文化学等层面对历史、现实和人生进行不懈的探索,从而在其具有深厚历史容量和时代气息的艺术创作中对形形色色的人生、复杂多变的生命历程进行全面的艺术价值判断。这里,历史是过去的现实,现实又将是未来的历史,而人生则是游荡其始终的不安的魂灵。所有这一切,表现在具有纪念碑式的艺术作品中,则需要作家既要具有丰厚的生活与人生阅历,又要具有艺术创造者必备的内在素质和深厚的艺术功力,而这又为经历了故国八千里与风云三十年的王蒙所独具。正如鲁迅先生在《〈苦闷的象征〉引言》中指出的那样,在"中国现在的精神""何其萎靡锢弊"的今日,"非有天马行空似的大精神即无大艺术的产生"[①]。他认为厨川白村之所以"很有独创力"[②],他对于文艺之所以"多有独到的见地和深切的会心"[③],就是因为"作者据伯格森一流的哲学,以进行不息的生命力为人类生活的根本,又从费罗特一流的科学,寻出生命力的根柢来"[④]。这种以"天马行空似的大精神"表现人类"生命力的根柢"既是对艺术家进行艺术创作的要求,而且广义而言,又是对全社会人的要求,而艺术作品所以能"以进行不息的生命力为人类生活的根本",正是因为人不仅是自然的人,而且又是社会的人、文化的人,他既是有确定内涵的"一个特殊的个体"[⑤]一个现实的"单个的社会存在物"而且"同

[①][②][③][④] 鲁迅:《〈苦闷的象征〉引言》,《鲁迅全集》第13卷,人民文学出版社1973年版,第19页、第18页、第19页、第18页。
[⑤] 马克思:《1844年经济学—哲学手稿》,《马克思恩格斯全集》第42卷,人民出版社1979年版,第123页。

样地他也是总体、观念的总体、被思考和被感知的社会的主体的自为存在，正如他在现实中既作为社会存在的直观和现实享受而存在，又作为人的生命表现的总体而存在一样"①。因此，文学内涵不仅要表现出宽广的社会历史，而且要通过形象塑造来凸现作家自我，表达其精深博大的美学理想，也就是说，读者经由作品及其人物形象所认知的不单是文学世界的五彩缤纷，更主要的在于透视作家及生活中人的活生生的血肉魂魄。同时，作品的生命力也只有建立在它所蕴涵的人生态度、人生价值和当今时代的社会意识相契合的基础之上，并且努力融合历史、民族传统、民族文化的深厚精神内容，体现出当代性与历史感交融的人生哲理，才会使作品焕发出绚烂夺目的瑰丽光彩。

正是在这个意义上，王蒙的艺术作品展现了丰富的人生道路的曲折与多变，从中看到了人生的辙印与人生的价值，看到了生活中的真实、美好、勇敢、诚恳、坚韧、自重与自尊，无穷的活力，不尽的恋念，不断克服的艰辛，流水般的人生岁月，永恒的幻想和追求以及这种立足于祖国大地、人民群众之中的踏实，在平稳的充满杂色的人生中展示出一个民族生生不息的生活流变。这就是在"积极的痛苦"中迸出的爱情的讴歌和青春的礼赞。

一、壮丽青春的激情礼赞

纵观新时期文坛，文学和审美是在真诚的青春中复苏、诞生的。无论是以"重放的鲜花"的姿态再次崛起于新时期文坛的王蒙、高晓声、陆文夫、张贤亮、茹志鹃等中年作家，还是刘心武、张承志、梁晓声、王安忆、孔捷生、张辛欣、路遥、史铁生等青年作家，他

---

① 马克思：《1844年经济学—哲学手稿》，《马克思恩格斯全集》第42卷，人民出版社1979年版，第123页。

们都刚刚从那混沌的年代走来,从艰难的生活底层走出,他们的身上都程度不同地带有历史的伤痕,心灵里有一角时代的阴霾。这既是历史老人恩赐给他们的物质包袱,也是他们得天独厚的巨大的精神财富,更是他们重新思考、观察和寻找一切的坚实起点。在他们的艺术世界中,都无一例外地借助于交替展现的现实与历史的折光闪现各自的青春光彩。对王蒙来说,青春的激情、热度和力度并不逊于那些血气方刚的年轻人。填充和熔铸于王蒙"二度青春"的是几十年的人生历程。这里,有醉人的欢乐,有难忘的痛苦,有悲剧,有喜剧,有那么多的留恋,也有许多不解和困惑,有艰难的寻觅,更有执著的追求。因此,和其他作家不同,经过肉体和精神上的艰难炼狱,青春在王蒙这里,已不再是决定于一己的悲欢离合,而是有了对人生的感悟和希望。在历史新生代重新崛起之际,几十个春秋追求、理想、信任、单纯、真诚苦难、悲剧及各种各样的烦恼忧虑和不公正,犹如生命本身所必需的营养元素,孕育了一个崭新的王蒙。所以,表现在艺术创作与艺术作品中,仍然对已逝的青春眷恋不已,一往情深,执著不变,这却是王蒙以外的作家所不及的,而且以自身的感受对青春与理想所作的反思与甄别及其对人生的慨叹和顿悟,更为王蒙自己所独具。

无数的文学事实充分说明,作家的创作,离不开他毕生的经历、体验和记忆,离不开他所经历的历史和他自身生活其中的现实。这中间,黄金般的青春岁月成为中外文学艺术永恒的主题之一。欲上青天揽明月的李白因"弃我去者,昨日之日不可留;乱我心者,今日之日多烦忧",对韶光渐逝发出了"举杯消愁愁更愁,抽刀断水水更流"[1]的无限感慨;几"欲乘风归去"的苏轼因"早生华发"而自惭多情表现出封建士大夫的无可奈何心理[2];精忠报国的

---

[1] 李白:《宣州谢朓楼饯校书叔云》,中国社会科学院文学研究所编《唐诗选》上册,人民文学出版社1978年版,第175页。
[2] 见苏轼:《水调歌头·明月几时有》和《念奴娇·赤壁怀古》,唐圭璋选编《全宋词简编》,上海古籍出版社1986年版,第88页、第97页。

岳飞因亲身经历了"三十功名尘与土,八千里路云和月"的金戈铁马的生涯而发出了"莫等闲,白了少年头,空悲切"①的壮怀激烈、仰天长啸的壮语;在伟大的无产阶级革命家身上则表现出一种"一万年太久,只争朝夕"②的革命英雄主义气概。这一切在王蒙看来,都是进行艺术创作的艺术家必备的"一个重要的心理体验"③。这种心理体验是作家在"写作过程中对于生活的留恋、消化、创作与生活的充分交融",因而它又是作家进行"创作的最大快乐","如果没有这种体验,如果感觉不到这种快乐,如果不能成为如此珍贵的,一去不复返的生活的永久的纪念,如果不能在哪怕最小的程度上再现生活的芬芳和五光十色",王蒙认为他同时也就"丧失了创作的冲动"④。难能可贵的是王蒙炼就了一种百炼成钢、柔以绕指、"人书俱老"而心不老的内刚外柔、刚柔相济的诗人的宝贵品质,并贯穿于充满诗情画意的青春赞美之中:

"30岁的人觉得40岁的人太老了
40岁的人觉得50岁的人很老呵
50岁的人觉得60岁的人在老着
…… ……
谁又能不老呢
我的女儿明天过17岁的生日
她说:我都老啦
已经失去了16、15、14
留下了一串串跳皮筋、戴红领巾的日子

---

① 岳飞:《满江红·怒发冲冠》,唐圭璋选释《唐宋词简释》,上海古籍出版社1981年版,第158页。
② 毛泽东:《满江红·和郭沫若同志》。
③④ 见王蒙:《〈倾听着生活的声息〉代序》,《王蒙选集》第1卷,第3页。

······
所有的古人都羡慕我们年轻
地球和月亮都觉得我们幼小
人类,本来就年轻
留下那青春鲜活的记忆
追求
奔跑"

如果说王蒙1986年发表的这首题为"不老"的诗篇直接抒发了诗人自我对于青春流逝和年岁更替的情愫,表达出一种辩证的人生哲理的话,那么,对已逝的青春的深深怀恋和热情的礼赞,在王蒙的艺术作品的主人公身上则得到了更加鲜明形象的抒写。假如我们注目于王蒙小说中带有作者自身传奇色彩的一连串主人公的名字:田林(《青春万岁》)、钟亦成(《布礼》)、张思远(《蝴蝶》)、曹千里(《杂色》)、杨恩府(《深的湖》)、李振中(《湖光》)、翁式含(《相见时难》)、周克(《如歌的行板》)、缪可言(《海的梦》)、王民(在伊犁)、钱文(《恋爱的季节》)等等,就不难发现,他们对自己和他人的年岁总是异常的敏感,对自己过往的火热青春总是那样地充满深情、充满怀恋、充满赞叹。

《湖光》中67岁的李振中不止一次地赞叹19岁的迷人、30岁时的欢蹦乱跳和52岁时的自以为永远不老;《海的梦》里置身于波翻浪涌的大海怀抱中的缪可言,在其若有所失地感到"天太大。海太阔。人太老。游泳的姿式和动作太单一。胆子和力气太小。舌苔太厚。词汇太贫乏。胆固醇太多。梦太长。床太软。空气太潮湿。牢骚太盛。书太厚"[①]的同时,在产生因为"找到了梦所以失去了梦的痛苦"的同时,不无动情地喟叹"那无法变成25的52个

---

① 王蒙:《海的梦》,《王蒙选集》第3卷,第225~226页。

逝去的年"①;《相见时难》中的翁式含在送别分离了33年之久的昔日恋人蓝佩玉返美的时候,在"相见时难别亦难"的复杂情绪中,翁式含借助于李商隐"伤流逝、悲迟暮"②的《谒山》七绝诗储蓄而深沉地了对逝去的黄金般的青春韶光的无限婉恋:"从来系日乏长绳,水去云回恨不胜。欲就麻姑买沧海,一杯春露冷如冰。"③而之所以能有这么多的眷恋与慨叹,是因为王蒙及其作品主人公作为新中国的公民,当他们"站在新的历史埋藏的门槛上"④时,曾有过异常美丽的青春梦幻,正如他们所爱唱的歌词那样:

> "我们的青春像火焰般地鲜红,
> 燃烧在充满荆棘的原野,
> 我们的青春像海燕般地英勇,
> 飞翔在暴风雨的天空……"
>
> (王蒙:《青春万岁》,《王蒙选集》第1卷,第24页)

因此,如此宝贵辉煌的青春,在《如歌的行板》中化为了风华正茂的周克对迷人的19岁的赞美:

> "这是一个发现自己的年岁!这是一个在迅速飞跑当中忽而向世界投去热情的一瞥的年岁!这是一个一下子把所有的爱,所有的情,所有的诗,所有的歌,所有的花朵、流水、绿树、雄鹰、鲸鱼、白帆、神话和眼泪都集中到自己的心里、脑里、每一粒细胞里的年岁!
> 我宁可不要所有的光荣、幸福、财富,我要19岁!"
>
> (王蒙:《如歌的行板》,《王蒙选集》第2卷,第223页)

---

① 王蒙:《海的梦》,《王蒙选集》第3卷,第224页。
② 刘学锴、余恕诚选注《李商隐诗选》,人民文学出版社1989年第2版,第319页。
③ 王蒙:《相见时难》,《王蒙选集》第2卷,第426页。
④ 王蒙:《青春万岁》,《王蒙选集》第1卷,第25页。

而在经历了一系列时代风雨的吹打和动荡岁月的洗礼之后，尽管周克对于历史和自身的感觉只是"除去皱纹和白发以外,50岁和15岁的差别并不像原来的那样巨大。在1946年想像1981年,会觉得不可思议;在1981年想像1946年会觉得不过如此"①。然而,他一想到闪光的青春时代,一回忆起那火热的青春岁月,他仍然对19岁、19岁的青春激情满怀。在他永远年轻的炽热的胸膛里,永远回旋、高扬的是青春的旋律:

"多咪咪多发咪,米拉梭米多梭……

……………

19岁! 19岁! 青春! 青春! 青春!"

"充实中有虚无飘渺,飞驰中有暂停,挥汗如雨中有漫游者的潇洒,酣战中有向着花朵的微笑,地覆天翻中有万古长青、兼收并蓄的生活、青春、19岁,多咪咪多发咪……"

(王蒙:《如歌的行板》,《王蒙选集》第2卷,第226～227页)

这种跳荡的诗情,只有拥有火热的青春时代,经历了几十年岁月磨砺又不失年轻人赤诚的心灵的人,才会有这样的感受,才会有高度体现人强烈追求自己的对象的本质力量的生命激情。这些作品所表达的无疑是作者自身一段重要的人生情绪体验。在人的生命史上,如果说童年是一场梦,少年是一幅画,青年是一首诗的话,那么壮年便是一部小说,中年成为一篇散文,老年则是一套哲学。人生各个阶段所独具的意境,构成了总体人生的色彩多姿的生命流程。而总体的人生对个体生命而言,又是表现为具体的具有一定的时间长度的生命周期。因此,个体的生命总是受时间限制的。正是由于个体生命有一定时间的限制,"巨大的,永恒的天空和渺

---

① 王蒙:《如歌的行板》,《王蒙选集》第2卷,第275页。

小的,有限的生命""过去了就永不再来"①。所以人总是极为珍视自身生命在有限的时间内得到最大限度的丰富和充实,使作为有一定时间长度的物质意义上的有限生命获得精神意义上生命的无限。同时,虽然人类承认自己作为个体无能在生命的量上进行无限的延长,但是,人类却相信自己完全有可能在质上提高生命的价值,从而积极地显示自我生命的存在,并于生命延伸、发展、扩张所产生的愉悦中实现生命本体不断自我超越的欲望。

对于王蒙来说,他曾经拥有过辉煌的青春,在他19岁时就写下了长篇小说《青春万岁》,把自己那颗赤子红心奉献给了那火红的年代。然而,无情岁月增中减,世路干戈惜暂分。新时期的王蒙及其同龄人毕竟已经不再是年轻人。虽然青山依旧在,却已是几度夕阳红。时事沧桑的雨雪风霜,不免使他们在回顾历史的同时,清醒地正视现实,在继续迈向未来的同时,潜隐于他们心中的躁动不安的灵魂则又在历史和现实的世界里漫游往复,贯穿于个体焦躁动荡的生命流程的始终。因此,王蒙笔端对青春的礼赞,一方面表现为上述作品主人公对自身青春年华的顾盼与留恋,另一方面又表现在作品人物之间对于人生价值、观念的种种理性思索和情感判断上,从而使青春的礼赞在浓郁的诗情背后,隐含着大量丰富、深邃的具有历史性现实性的人生内容,强烈地表现出一种积极的生命扩张意识并与新时期文学精神的总体发展趋势相一致。

从新时期文学的发展来看,在对极"左"政治有力批判和对历史与自我痛苦反思的大量文学作品中,蕴涵着丰富的人生回忆内容。冯骥才的《铺花的歧路》,礼平的《晚霞消逝的时候》,张辛欣的《我们这个年纪的梦》,叶辛的《蹉跎岁月》,王安忆的《本次列车终点》,史铁生的《我的遥远的清平湾》,梁晓声的《今夜有暴风雪》、《这是一片神奇的土地》、《雪城》,阿城的《棋王》、《孩子王》等等一

---

① 王蒙:《海的梦》,《王蒙选集》第3卷,第223页。

系列作品,和当时流行一时,表现真诚被欺骗、热情被愚弄而出现的精神空虚与心灰意冷心境,不仅包含着历史否定,而且也包含着对那一段自我人生价值的否定的文艺作品有所不同。这些作品随着中国当代历史否定性转变的完成和时间的推移,构成他们创作的大量文学艺术作品内涵的人生回忆内容中的某种感伤情绪超越了早期感伤对自我人生奋斗历程与人生价值的否定,进一步转变为感情上对自我经历和自我价值的寻求和肯定。正是在这种总体的时代环境和文化氛围中,王蒙作品在否定过去荒唐的人和事的同时,更多地表现为对自我青春的肯定和赞美,成为新时期小说创作中极为普遍的现象。

这种现象在王蒙的小说作品中,是通过把已逝的青春与充满希望的未来,也就是把历史及历史的延续——现实具化为人——年龄不同的"两代人"来生动地表现出来的。《湖光》中的李振中与那对旅途邂逅的热恋中的年轻人的关系贯穿始终;《海的梦》里,正当缪可言痛感自己失去了青春时代的海的梦而准备离开大海的时候,他又在一个海滨月夜中看到了一对热恋中的年轻情侣,从他们的身上重又激起了青春的激情,尽管他们失去了的东西找不到了,却在新的一代身上有了欣喜的发现;在温馨荡漾的《春夜》里,李敬心夫妇"在秋以后是冬,21以后是22,冬以后是春,22以后是23,许多个春夏秋冬,许多个年头把他们的青春尘封起来"[1]以后的春夜,终于从芳芳她们这些年轻人身上,"依稀找到了他们自己,他们自己的20岁和21岁"[2],而且由此感到无比的"清新而又深沉,温柔而悠远,质朴平实,天长地外"[3]。这里否定的是历史发展必然性的客观,这里肯定的是人生情感自由性的主观,其本身又是新时期文学发展中历史的否定逻辑与情感的肯定逻辑矛盾对抗的形象表现。具体而言,在历史的新时期,随着对十年浩劫的彻底否定等

---

[1][2][3] 王蒙:《春夜》,《王蒙选集》第3卷,第334页、第334页、第335页。

历史否定性的转变,不仅带来人们从意识形态上对历史的理性思考和把握,而且使参与那段历史活动的人们无法回避地面临着对那段自我人生的价值判断。这种价值判断体现出历史的否定逻辑与人生价值的感情肯定逻辑的不一致性,或表现为某一方面的侧重(如早期的"伤痕文学")或表现为二者的尖锐冲突(如新时期知青题材的大部分作品),但其矛盾的普遍性则表现在情与理的不和谐的关系之中。虽然人们在理智上与反思历史的历史否定逻辑相一致,领悟了历史规律以及历史发展的必然趋势,彻底否定了极"左"政治,否定了自我当时那种天真的理想主义和单纯热情中隐患着的盲从、迷信和狂热崇拜,但是,回顾人生历史并观照自我,在感情上却难以否定那种热情与理想的真诚,无法否定那种同样充满了历史必然性的人生选择和为之付出的所有代价,从而对逝去的人生的宝贵的青春在感情上表现出强烈的恋恋不舍和难以忘怀。

在新时期的文学作品中,王安忆的《本次列车终点》中的主人公一离开他落户的地方就模糊地感觉到似乎丢失了什么宝贵的东西;张承志的《绿夜》中的主人公干脆去寻找他的小奥云娜——他永远失去了青春的梦幻;孔捷生的《南方的岸》的主人公经过反复思索之后,终于又重新回到了海南胶林,因为那里有他的青春、理想和血汗,更重要的是他无法舍弃那里铸就于他灵魂中的那种人生价值观:在海南的胶林,众多的知青已经留下了足够的血汗,埋葬了学生时代那些没有人间烟火味的圣洁信条,而所有这一切,毕竟是他及其同代人的共同经历,况且参与其中的那么多,年月又如此长,那凝固的血液中怎能不闪耀的青春的光辉。此外,《我的遥远的清平湾》、《达紫香悄悄地开了》、《远方的树》、《抹不掉的声音》、《桑那高地的太阳》、《桑树坪纪事》等作品,无不充满斗转星移、物是人非、青山依旧、绿水东流与沧海桑田变化所引起的对过去那段生活经历的回忆,对历史无情嬗变的感慨,对难再的青春的神往。荒谬的时代嘲弄了他们的真诚而蚀去了他们永远难以再返的青春年华。这一历史悲剧和人生悲剧作用于人的精神世界所产生的情感波澜只能借艺术创作进行一番抚慰。梁晓声的《这是一片神奇的土地》、《今夜有暴风雪》等作品,竭力发掘出那代人那段历史活动中至今令人心热的英雄主义情愫,表现出新时期文学从感伤到激情的过渡。这些作者及其作品中的主人公们之所以"对他们的青春,对他们当年的热情,对他们付出的汗水和劳动,对他们已经永远逝去一段最可贵的生命,怀着由衷的留恋之情",是因为他们始终认为自己"是有功绩的,虽然,这功绩不见得会被书写在历史上,但它是会被历史所公正地承认的"[①]。在阿城的《棋王》中,尽管棋王一生面对一个逝去的时代,以智者的幽默掩饰起心的沉重,但在作者对人物于昨天的淡得近乎超凡脱俗的描写中,叙写的仍然是这样一种人生情绪,即他们"以理性的精神,难以不对乡土社会的生存持批判的态度,而以情感的方式,又难以忘怀的那曾被创痛平复的情感慰藉"[②]。这正如王蒙在《相见时难》中所写的那样:"人的存在是需要证明的,人生需要见证。无法被证明的人生和存在,其真实性是可疑的,其价值是可疑的。"[③]因此,王蒙的小说创作映衬上述其他作家作品,对于自身及其同代人所拥有的"像春天的雏燕,像折了翅膀的小鹰,像被大风吹来吹去的蒲公英,像刚刚浇过粪稀的萝卜缨,像奔腾写下的瀑布,像在乱石里转弯的流水,像凌晨四点钟顶着鲜红的肉冠子打鸣的雄鸡,像正在脱毛的光秃秃的小鸡,像天空爆响的二踢脚,像又冒烟又滋拉地响的湿柴上的火苗子,像含苞待放的鲜花,像被虫子咬得缺了瓣儿的花

---

① 梁晓声:《今夜有暴风雪》,《青春》(青年文学丛刊创刊号)1983年第1期,第51页。
② 季红真:《历史的命题与时代抉择中的艺术嬗变》,《当代作家评论》1989年第1期,第22页。
③ 王蒙:《相见时难》,《王蒙选集》第2卷,第370页。

朵一样的青春"①,从感情与革命理想、政治信仰的高度作了最积极的肯定。这从钟亦成和周克的身上得到了充分的展现。

《布礼》中的钟亦成有过辉煌灿烂的青春,有着磐石般的坚定的革命信仰和大海一样的生命激情,然而,却受到了历史不公正的待遇,浪费掉了宝贵的青春时光。在得到平反昭雪之后,已经到了中年的钟亦成虽然能够在理智上承认"我们的忠诚里边也还有盲目,我们的信任过于天真,我们的追求不切实际,我们的热情里带有虚妄,我们的崇敬里埋下了被愚弄的种子"②,但仍然充满热忱地肯定了那种时代理想主义的纯洁、热情和真诚,即使是在被改造的痛苦磨难中也热情和虔诚地自虐,为了拯救自己的灵魂也为了无愧于宝贵的青春,即令自己脱胎换骨仍然有着虽九死亦犹未悔的坚定与执著。《如歌的行板》中的周克,以一个不老的布尔什维克的激情和深刻的感受,对自己经历的一切作出了不容否定的判断:

"是的,一个时代有一个时代的光荣,一个时代有一个时代的错误。"

"在50年代,我真诚而且正直,我用不着为我的真诚正直而忏悔。"

"我从来没有后悔。即使生活可以重新开始,只要是同样的条件,我只能做出同样的选择。选择革命的道路是不容易的,不仅因为革命有形形色色的、凶恶和狡猾的敌人;还因为革命是太激动人心的事情,革命是威严至猛的狂风暴雨,电闪雷鸣,革命在一年之内所要变革的,超过了历史发展平常时期几十年,几百年甚至上千年。太激动、太威严又太迅速的变革之中,人们不可能不出错。"

(王蒙:《如歌的行板》,《王蒙选集》第2卷,第270~271页)

---

① 王蒙:《深的湖》,《王蒙选集》第3卷,第256页。
② 王蒙:《布礼》,《王蒙选集》第2卷,第35页。

这种蕴涵着历史必然性的人生选择与价值肯定代表着王蒙及其同代人的生命历程生命价值和生命意义。此外,在王蒙写的《木箱深处的紫绸花服》、《惶惑》、《高原的风》、《在伊犁》、《活动变人形》、《坚硬的稀粥》、《新大陆人》、"季节"系列作品中,或借象征,或借寓言,或借人物之间彼此的心灵观照,透视对于历史变迁、历史嬗变与人生命运的深刻、辩证的认识。就像《海的梦》中缪可言唱着"从前在我少年时……朝思暮想去航海,但海风使我忧,波浪使我愁……"①"我的歌声飞过海洋……不怕狂风,不怕巨浪,因为我们船上有着年轻勇敢的船长……"②的歌曲渴望投身大海的怀抱,而当真的寻到了大海看到了大海的真面貌而感到因为找到了梦所以失去了梦的痛苦一样,为了在艰难的生命历程中获得生命的坚实,人必须勇敢地对抗现实挑战,对于世俗进行大胆的反叛。在尊重客观环境的同时,巧妙地保留自己的个性。在《如歌的行板》中,王蒙以含蓄、象征性的手法点明了对于青春赞美不止的理性精神的澎湃的生命激情所在:

"如果说生活是无始无终、滔滔不绝、时聚时分的一条河流,我们每一个人就像河上的一叶扁舟。肉体是我们的船身,意志是我们的马达,而判断,那就是舵了。命运呢?那时而驯顺温柔,时而狂暴凶恶,时而庄重肯定,时而荒唐无稽的命运呢,不正是那时而湍急,时而平稳,时而一泻千里,时而盘旋无路的河水本身吗?

在这变化多端的河流上驶船是不容易的,许多人在经过几个小小的回合以后便不再努力,他们把小船交给了河道,交给了流体力学的确定的法则和地形的莫测的变化。但是我的性格并不是这样,我蔑视河水,我不但要驾船,而且要治水!我当然是我自己的船长,我要亲自掌舵。虽然,我可能急躁以至轻率,因为我不是一

---

①② 王蒙:《海的梦》,《王蒙选集》第3卷,第216页、第217页。

个经验丰富的、历经风浪礁石的水手,当我接到这只船的时候,我好比只是一个光着屁股的孩子,和任何人一样,我不可能在学通了水性、定向、地理和造船以后再开航启碇。所以,我可能屡犯错误乃至触礁沉船,但我决不优柔寡断,决不患得患失,不三不四,也决不吃后悔药,自怨自艾,自叹自怜。该讲的时候讲,该撤的时候撤,该拐弯的时候拐弯。"

(王蒙:《如歌的行板》,《王蒙选集》第2卷,第224页)

这里,王蒙已不单单是对青春充满激情的单纯赞美和怀念,而是一种具有深刻哲理意味的对自我人生和情绪体验的真实显现。它既是王蒙对生命历程的某一阶段的传神写照和绝妙的自我审视与评价,又是王蒙的机智所在,也是对人生真谛的某种程度上的透彻感悟,更是青春礼赞画面的和谐画外音。其实质是王蒙对未能实现的理想、遭到破坏的生活和被摧残的命运的某种内心补偿在外在的艺术创作中的感性显示,是王蒙艺术作品信仰意识的补充和完善,是其艺术创作流向中生命意识的有力表现。

总之,王蒙小说大量人生和回忆内容凝聚的真诚的对于青春的礼赞,它的出现绝非偶然,它的社会根源是历史的否定性转变和现实生活的发展提供了反思历史和回首人生契机与动因。反思历史使人们在理智上与历史的否定逻辑相一致;但回顾人生,对投身于那段历史活动的人来说,则无法割舍那凝聚着血汗和青春的生活、经历,无法否定为那段历史付出的感情和生命价值的意义。因而,借助于艺术的创作和表现进行最大限度的肯定以满足心理上的不平衡又是王蒙对人生美学理想的崇高要求,这不仅是王蒙个人,也是新时期大多数作家的共同创作倾向。所以,就此意义而言,它无疑地成为王蒙艺术作品的坚实的一个层面。同时,与这种对青春的礼赞所表达的对自我人生价值的肯定逻辑相一致,也由于作家心灵的情理结构在艺术创作中形象表现,王蒙在礼赞了黄金般的青春之后,自然而然地又谱写了人生盛宴中一曲爱的诗篇。

二、美好爱情的讴歌咏叹

古往今来,爱情一直是一切艺术家表现和讴歌的对象之一。王蒙作为一个优秀的小说家,在他身上有着丰富的生活阅历,有着细腻委婉多情善感的诗人气质和以职业革命家作为自己奋斗不息的政治理想追求的清醒理性。这一切都是和谐地交织于他的言行和艺术创造之中,即使是在"爱情"这一火热的题材面前,王蒙的小说作品也别具一格地显示出自己的思想和艺术个性。与其他描写爱情题材的作家在表现爱情生活时或者一味地追求爱的疯狂或者抒写爱的缠绵或者表达爱的激动人心的充满戏剧性的爱情故事不同,王蒙在他创作的有关爱情题材的小说中,一般没有什么惊天地、泣鬼神、令人神往、让人心醉、使人感到惊心动魄而拍案称绝的爱情传奇,有的只是平凡而又极普通的人的感情历程的描画。然而,正是在对这种淡而有味的普通人的爱情生活的艺术表现中,充分展现了王蒙非凡的思想和艺术才华。王蒙笔下的爱情主人公们,正如他在评论作家张弦的爱情题材作品时所作的评价一样:"他们命运有起有伏,他们的结局有悲有喜,他们的故事经历了许多乃至几十年时间,他们的活动场景大部分比较单纯,多数人的悲欢离合是表现在爱情、婚姻和家庭里的。然而与一般的甜腻腻的恋爱或者想入非非、虚无缥缈的感情不同,她们的爱情是发生、变化在、回响在中国的现实的土地上,与政治、与经济、与历史、与地理、与社会心理这样深、密的纠结在一起的,是食人间烟火者的爱情。"[①]"他写的是爱情,但更是写了社会、历史、人间烟火。"[②] 因此,在王蒙的爱情题材作品中,一方面展现着爱情主人公的情感和

[①②] 见王蒙:《善良者的命运》,《王蒙选集》第4卷,第357页。着重号为引者所加。

第四章　王蒙作品思想论

命运,另一方面又显示了作者独特的诗人激情和冷静的理性,二者的有机统一与和谐交融,首先在王蒙小说世界中对爱情讴歌的第一章迸发出一串串情与理的动人火花。

在《青春万岁》这部奉献给时代和同龄人的交响乐中,关于田林和郑波之间的爱情小插曲,是令人难忘、回味悠长的。

田林作为郑波的老同学,经过一段共同的工作和学习,爱的萌芽在他的心扉悄然而生,在他去探访郑波,来到郑波的宿舍,在郑波的同学们让他猜哪个是郑波的床铺时,王蒙准确地把田林坠入爱河却无由接近对方的痛苦心理微妙传神地表现出来。王蒙写道:

"端详着女同学们朴素干净的床铺,和铺头小木板上放着一排排书,田林微微有些心痛。也许是因为回忆起自己再也不会有的中学时代,也许是因为那么多同学能够和郑波亲密地、如同家人地度过每一天和每一夜,而自己却那么不了解她的生活——不知道睡在哪个床上。"

(王蒙:《青春万岁》,《王蒙选集》第1卷,192~193页。着重号为引者所加)

这是爱情一方的情浓所致,当作为旁观者的吴长福看见田林和郑波"他们出校门的时候好像手拉手"因此而猜想出"田林绝对和郑波……"的时候①;当杨蔷云听了吴长福说的话而把自己的全部思想集中到田林身上,"想起他的微笑的深思的面孔。想起他颇为老练又有些害羞的神情。想起他的破裤子与新皮鞋。想起他说话时那种意味深长的样子"以及"他和郑波那样亲热"而嗔怪自己是个毛丫头的时候,作为爱情天平的另一方的郑波,却只是有一种"爱怜感觉"②。因此,田林在郑波的眼里则完全是另一种样子:

---

①② 王蒙:《青春万岁》,《王蒙选集》第1卷,第199页、第200页。

"他跑得这样笨拙,他长得这样不美,他这样的不会穿衣服,这一切都唤起郑波一种情不自禁的爱怜感觉,使她几乎落下了泪。"

(王蒙:《青春万岁》,《王蒙选集》第1卷,第195页。着重号为引者所加)

这种爱怜的感觉,远不是异性在自己心中唤起的神秘的战栗情流,充其量不过是少女潜意识中母性温情的自然流露,甚至谈不上初恋心理,只不过是朦朦胧胧地意识到了其中些许而已。作为一个女中学生,作为一个团干部,作为一个共产党员,郑波自我感觉还没有到谈情说爱的时候,内心也没有产生强烈的要冲破理性约束的情感冲动,她是在接下来和黄丽程的一次关于爱情的讨论中,是不自觉地偶涉爱河便即刻停止了对它继续探索的。郑波不想和田林的感情继续发展下去的惟一理由是:"如果都作对了,那么还有难受吗?如果互相都为了别人好,那怎样还会伤害别人?"①这是稚嫩的女孩子凭着她的敏感提出来的一个含有非常成熟的内容的爱情哲学问题。爱情的双方常常因无意中相互伤害而陷入忧郁、烦恼和痛苦之中,构成了一种事与愿违的爱情生活中独特的情感矛盾现象。因为爱既是大自然对人的生存的一种赐予,同时也是大自然对人的生存的精神炼狱。人无论是作为自然的人还是社会与文化的人,在其生命发展过程中无论采取什么方式都必须经过爱情这一重要的生命环节甚至直到生命的最终。对于郑波陈述的理由,黄丽程以过来人的口吻劝慰(注意:这只是冷静的劝慰而没有极力怂恿或疯狂反对)郑波和异性交往:"如果有快乐,就接受下来吧,它使你幸福。如果有难受,就去忍耐和克服吧,它使你坚强。然后,我们就成长了,长大了,变成大人了……"②而黄丽程之所以说这番话,也是受她的爱情观支配的,那就是"只有合

---

①② 王蒙:《青春万岁》,《王蒙选集》第1卷,第281页、第282页。

乎理性的幸福,才是真正和巩固的"①。在这样的理性导引下,郑波在潜意识中也直觉到与田林的感情关系发展下去,是既不会幸福也不会长久的。这样,在郑波身上,爱情的火花还没有点燃,便又被"生活有宽大强壮的翅膀,它永远不会使我们寒冷,永远温暖着你我"②这样貌似火热的词句冰冷了田林的渴望燃烧和爱情圣火:

"田林一动不动地看着郑波,郑波换了一件工服裤,裤腿短了,露出细瘦的脚踝。郑波的年纪显得更小了,田林爱慕地看着穿工作裤的小郑波,努力把这印象深深刻在心里。他知道,以后也许没有很多时候和郑波在一块儿。他不敢看下去,因为泪水已经在眼里打转。"

(王蒙:《青春万岁》,《王蒙选集》第 1 卷,第 294 页。)

这是郑波与田林最后一次见面时的情景,恰似电影无声的画面,只有真正地爱但又无望的男人,才会对自己心爱的人儿有这样的克制而痛苦的凝视。面对着这特写式的深沉镜头,人们不能不感到田林的凝视,面对着这特写式的深沉镜头,人们不能不感到田林内心的波翻浪涌的巨大痛苦。在和郑波握手告别的时候,"他的全部抑制的眼泪,像泉涌一样地流出来了。他回到房间,抓住自己的头发,伏在桌子上,一动也不动"③。"男儿有泪不轻弹",这只有爱而弥深、爱而不得、爱不欲生的深沉男性中才能显示出震撼人心的力量,读者的内心从中产生一种融化了的烛泪一样的灼热感。

如果说田林和郑波的爱情,由于理性樊篱禁锢而窒息爱情火苗的话,那么,在《组织部来了个年轻人》里,在赵慧文对林震的感情上,则闪烁了这纯洁而美好的情感火焰。

---

①②③ 王蒙:《青春万岁》,《王蒙选集》第 1 卷,第 283 页、第 293 页、第 295 页。

赵慧文这个人物作为王蒙笔下不可多得的女性形象之一,给人的印象是深刻的。她从自己不如意的婚姻煎熬的痛苦体验中,和新婚燕尔的黄丽程对爱情的看法不同,她认为"或者是崇高的爱情,或者什么都没有"[①]。这种唯情至上带有浓厚现代意识的爱情观,有着20世纪50年代特有的反庸俗市侩的理性色彩,绚丽烂漫,却遇到了刘世吾式的冷淡,许多人也不理解她。然而,参加过军事干部学校、在朝鲜给志愿军唱过歌的赵慧文,则凭着自己纯洁的党性坚定地站在林震一边,想方设法给林震以帮助,这却遭到了刘世吾等人背后的议论,林震也因受到刘世吾的影响从心理上感到某些惶惑。作为主要对象的赵慧文,刚开始的反应的是用友谊来为自己的行为做出辩护:"生活是应该有互相支援和友谊的温暖,我从来就害怕冷淡。"[②]对作为一个长期在组织部门出色地工作却受到无辜排挤而自身的婚姻生活又充满不幸的女性而言,"害怕冷淡"而需求"友谊的温暖",不仅仅是寻求对工作与事业的理解和支持,也是情感发展的自然需要。当林震对刘世吾的言行感到迷惑不解时,赵慧文认为刘世吾的"警告也许不是完全没有必要"[③],勇敢地承认了内心深处存在着的爱上林震的可能,大胆地显示了自己的真情实感,从而具有坚定的反叛性。在赵慧文请林震到家谈心,在夜色中送别林震时,王蒙描绘了赵慧文因袒露自己的隐秘情感、自我感觉和林震"志同道合"而产生的愉悦心情:

"今天的夜色非常好,你同意吗?你嗅见槐花的香气了没有?平凡的小白花,它比牡丹清雅、比桃李浓馥,你嗅不见?真是?再见,明天一早就见面了,我们各自投身伟大而麻烦的工作里边。然后晚上来找我吧,我们听美丽的意大利随想曲。听完歌,我给你煮荸荠,然后我们把荸荠扔得满地都是……"

[①][②][③] 见王蒙:《组织部来了个年轻人》,《王蒙选集》第1卷,第426页。

（王蒙：《组织部来了个年轻人》，《王蒙选集》第1卷，第427页。着重号为引者所加）

与田林和郑波在爱情的天平上，一方是如怨如慕的激情，一方是清醒健全的理智或是无动于衷而显得情与理不和谐的爱情现象相近似，已经饱尝了不幸婚姻苦果的赵慧文和不知爱情为何滋味、在爱情方面同样也是个"年轻人"的林震，二者毕竟不是属于同一水平线上的人。面对着赵慧文的爱情热浪冲击，林震的感觉只是"难忘"的、"淡淡"的"某种情绪的波流"①。也难怪作者说他还是个毛头小伙子，他什么也没经历过，什么都不懂。在理智上，赵慧文决心要约束自己，以免天真的林震不幸地卷入感情的涡流做无谓的牺牲品，然而在感情上，她有着自我压抑之后渴望宣泄的意念，与郑波和田林断绝正常交往的幼稚做法不同，赵慧文渴望冲破理性的樊篱，渴望理想中的爱情火焰熊熊燃烧，达到"把荸荠扔得满地都是"②这样淋漓的高潮。

然而，不幸的是，这只能是一厢情愿的单相思而已。如果我们仔细考察一下田林与郑波、赵慧文与林震之间荡漾着的爱河涟漪，就不难发现如火如荼的怨慕激情与道德良知的清醒理智之间的矛盾现象，是由于情与理的交迸撞击所致。

它既是20世纪50年代青年人对人生、对真理、对爱情追求中特有的明朗而单纯的生活信仰对王蒙的爱情理解与描写的影响，也是王蒙对爱情发展阶段上的一种反映。历史是不断地日夜流淌。如果说王蒙最初在爱情小夜曲的抒写中会有情与理的不和谐然而却是发自内心的真诚的序曲的话，那么，也就必然有情与理交融齐奏的和谐乐章，王蒙正是在这灿烂辉煌的爱情乐章中抒发诗人般的对神圣爱情的讴歌。

---

①② 王蒙：《组织部来了个年轻人》，《王蒙选集》第1卷，第426页、第427页。

爱情,作为艺术作品的永恒主题之一,古往今来,在人类情感世界里诞生了无数可歌可泣的艺术形象。这些散布于艺术苍穹之上、闪烁于暗夜求索者的眼睛之中的璀璨明星,不断地导引着人类情感升华的步履,成为人类生命之河的重要源泉。从古希腊的《荷马诗史》到文艺复兴时期的《罗密欧与朱丽叶》,到现代的《爱情的故事》,爱情之花一直盛开不败;在中国,《诗经》开篇便唱出伟大的爱情之歌:"关关雎鸠,在河之洲,窈窕淑女,君子好逑。"①从此,不论人事几度沧桑,世道如何轮回变幻,从"袅袅兮秋风,洞庭波兮木叶下"②的屈子行吟,到"凤兮凤兮归故乡,游遨四海求其凰"③的浪漫咏唱;从"上穷碧落下黄泉,两处茫茫皆不见"④的爱情寻觅,到"十年生死两茫茫,不思量,自难忘,千里孤坟,无处话凄凉"⑤、"山盟虽在、锦书难托"⑥的爱情郁苦,从"待月西厢下"⑦、血溅"桃花扇"⑧一直到魂归"红楼梦"⑨;无论是孟姜女和范杞良、梁山伯与祝英台、董永与七仙女之间的生死恋等民间爱情故事,还是血雨腥风中陈铁军和周文雍旷绝千古的刑场上的婚礼,在人类生命史上无不谱写了一曲曲歌颂爱情的美好乐章。

---

① 《诗经·周南·关雎》,见蓝菊孙译《诗经国风今译》,四川人民出版社1982年版,第63页。
② 屈原:《湘夫人》,引自张愚山译《楚辞译注》,山东教育出版社1986年版,第60页。
③ 司马迁:《史记》,第117卷《司马相如列传第五十七》,裴骃集解引。
④ 白居易:《长恨歌》,见中国社会科学院文学研究所编《唐诗选》(下册),人民出版社1987年版,第149页。
⑤ 苏轼:《江城子·十年生死两茫茫》,见唐圭璋选释《唐宋词选释》,上海古籍出版社1981年版,第95页。
⑥ 陆游:《钗头凤》,见疾风选注《陆放翁诗词选》,浙江人民出版社1982年版,第314页。
⑦ 《集评校注西厢记》(元)王实甫著、王季思校注、张人和集评,上海古籍出版社1987年版,第112页。
⑧ 孔尚任:《桃花扇》,见《中国十大古典悲剧集》(下),上海古籍出版社1988年版,第863页。
⑨ 曹雪芹:《红楼梦》(三家评本),上海古籍出版社1988年版。

第四章 王蒙作品思想论

然而,在中国当代文学史上,虽曾有过宗璞的《红豆》、邓友梅的《在悬崖上》、萧也牧的《我们夫妇之间》等等爱情梦幻曲产生,但由于极"左"思潮的禁锢与灭绝人性,这些作品被作为宣扬"小资产阶级情调"的毒草而遭到不应有的批判,爱情这根多情的琴弦不情愿地被深深地埋藏在人的心灵深处。新时期以来,伴随着历史前进的步伐,爱情描写与表现上的清规戒律被冲破,在一大批文学作品中重新绽开了爱情的鲜花。在王蒙新时期的艺术创作中,对爱情的礼赞与讴歌是伴随着对历史的反思而出现的,这种讴歌和礼赞集中表现在《光明》和《布礼》之中。

和《青春万岁》、《组织部来了个年轻人》等爱情描写中情与理不和谐的现象相反,《光明》、《布礼》中的爱情主人公的爱情之花都是产生在志同道合、相互理解、相互信任、相互支持、互视对方为自己的生命这样丰厚肥沃的土壤上的,它经历了狂风暴雨的洗礼而傲然独放,因而显得更加弥足珍贵。

在《光明》里,王蒙为主人公汪青草和建筑师崔岩的婚姻真诚地唱出了一首爱情的光明曲。

女主人公汪青草,本来是个抹灰工,是在技术夜校与崔岩相识并结合的。在两人"20年如1日"的爱情生活中,汪青草总"用她的如痴如愚的爱情保护着他(指崔岩,引者注)"①。诚然,爱情亦如花朵,温室里的鲜花虽然不乏它本身固有的色泽与芬芳,但是,毕竟显得娇嫩、脆弱、缺乏生机,只有不惧风霜雨雪仍然仙姿绰约、浓香馥郁、傲然独放的爱情之花,才会更加令人喜爱和赞赏。汪青草与崔岩的爱情显然属于后一种。在动乱的岁月里,崔岩被无辜地牵连到一个所谓"反革命集团"案里,遭到残酷的迫害,"感染了肺炎被断定不治,送进了太平间"②。在当时一片父子反目、夫妻

---

① 见王蒙:《光明》,《王蒙选集》第3卷,第39页。
② 见王蒙:《光明》,《王蒙选集》第3卷,第39页。

相斗、彻底划清界限、势不两立的时代狂潮之中,汪青草以一个普通女性对于爱情的理解和伟大母性的胸怀,没有抛弃自己心爱的爱人。在"一个严冷的夏日,青草来了。……带来了衬衣、补好的袜子、新织的开士米背心;还带来了酥饼、辣酱和泡菜"①。面对着生命奄奄一息的爱人,"她不顾自己属于对立面的一派而且背着反革命家属的恶名,不顾'武卫'的石块和流弹,终于在医院党支部的帮助下把崔岩从黑洞洞的那边抱回光明的彼岸"②。这场面并不亚于枪林弹雨、硝烟弥漫、炮火纷飞的两军对垒的战场,在王蒙那饱蘸感情的笔端,"手大脚大,壮实丰满"、"脸上带着镇定从容的微笑"③的汪青草,如一座浮雕,印刻在人们的心田,而"从她的乌黑的、质朴的眼睛里,你看到了蓝天和大海的闪光,从她絮絮话语里你听到了亲切而昂扬的角号"④。"她的身体和心灵都是那样的温热,可以消融冰雪",而只有在她起身走远以后,"你才依稀看到她步履的凌乱……她把愁苦吞到肚子里而照耀你以笑容的璀璨"⑤。这种牺牲自己、奉献别人的诚挚、朴实的爱情使充满诗情的王蒙发出了"那不是青草,而是苍松翠柏"⑥的由衷赞叹。正是这种"青草式"的苍松翠柏精神给了崔岩以生命的信心和勇气,使身处逆境的崔岩虽然觉得自己"好像一条正在畅游的鱼儿,突然被抛到了沙滩之上,有些家伙就是想用这种'晾干'的办法来消灭他。但是,他的生命的汁液没有枯竭,他没有变成一块僵硬的鱼干。因为他的妻子濡之以沫,更因为即使在沙石之中他始终依恋着、追求着大海、雨露和每天清晨从万顷碧波之中跃动而出的金红色的太阳……"⑦这种真挚的爱情,对人、对生活充满了温暖的感觉和坚定的信念。

在带有浓厚自叙传色彩的《布礼》中,王蒙同样怀着感激和自

---

①②③④⑤⑥ 见王蒙:《光明》,《王蒙选集》第3卷,第39页。
⑦ 王蒙:《光明》,《王蒙选集》第3卷,第42页。

豪之情,描写了钟亦成和凌雪从初次相识到生活上的友爱,从事业上的帮助到道义上的支持,直至危难之秋相亲相爱、相濡以沫、忠贞不渝的爱情。

作为作者热情讴歌、赞美的女性,凌雪既是善良的,也是倔强的。"凌雪是私立静贞女中初二的学生,圆脸,窄额头,短发,长着一双目光非常沉稳和善的眼睛,一个端正、秀美、光泽和神气的鼻子,一张总是带着笑意的、却又常常是闭得紧紧的嘴。"①然而就是这样一个端庄、善良的女中学生,却作为一个"俨然是训练有素的女兵队伍"②的带队,参加了P城砸碎旧世界、迎接新时代的游行,并致以钟亦成一个庄严的布礼。在P城刚刚解放的第一次党员大会上,凌雪以自己女性特有的细腻,没有忘记分发食品兴奋到了极点的钟亦成自己该吃的那一份,在钟亦成被饥饿搅得头昏眼花、狼狈不堪的时候,凌雪真诚地把自己"手里托着的夹着金黄色的油条的烧饼"③送到了钟亦成的面前,就这样,为共产主义事业奋斗的共同目标,革命斗争生活中结下的深厚友谊,使"他们的爱情建筑在互致布礼和互相提意见上"④,因而显得是那么的庄严、那么的神圣、那么的纯真。当钟亦成因自己的小诗《冬小麦自述》遭受到批判时,他自己感到欺骗了凌雪的爱情和布礼,并要凌雪和他划清界限,绝望地认为"一切已经不属于他,一切已经完结,基础已经挖掉,釜底已经抽薪,互致布礼已经不可能,同志式地提意见也无从说起",从而要做出"毫不犹豫地结束他们的来往,坚决彻底,刻不容缓"⑤的决定。从这里,我们看到的却是钟亦成内心对凌雪的博大深沉的男性之爱:"他必须做得十分决绝,非这样不足以使凌雪同意,任何伤感都只能使凌雪恋恋不舍、使凌雪痛苦,藕断丝连,

---

①②③④ 王蒙:《布礼》,《王蒙选集》第2卷,第35页、第14页、第26页、第39页。
⑤ 王蒙:《布礼》,《王蒙选集》第2卷,第40页、第41页、第49页、第66页、第44页、第45页。

结果使自己的恶名、自己的丑形玷污和亵渎那样纯正无暇的凌雪,那将是极大的、不容饶恕的罪行。"①

面对钟亦成的不幸遭遇,凌雪对钟亦成的爱情仍一如既往,是坚定而又温柔的。"她硬是与钟亦成划不清界限",在钟亦成受到不公正待遇的时候,"她竟在一个月内五次打报告要与钟亦成结婚"。在支部因此错误地作出把凌雪开除出党的决定进行表决时,"她不举手"、"不接受这个处分",在签署本人意见时毫不含糊地写上了"不"字,而且两个小时以后,她坐上汽车自己把自己"嫁"②出去了。对此,她并不认为这仅仅是对他们爱情结合的一个打击、寂寞和悲凉。相反这却增加了他们爱情的意义。这不是一时的情感冲动,而是崇高的理性指引下的正确抉择,是对革命和理想坚定信仰的产物,是逆境和苦难酿出的爱情琼浆。因而,即使在钟亦成劳动改造的难忍岁月,凌雪仍不忘鼓励钟亦成"不要气馁,不要悲伤,哪怕一切从零做起"也要写诗,因为钟亦成对凌雪来说,"我相信你"③是始终坚定不移的。钟亦成正是从这里再次得到新的启发,重新产生了自信和尊严。这种对极"左"路线带有反叛性的"爱使光明更加光明,光明使爱成为更深、更强的爱"④。这种爱情之所以被珍惜、被讴歌,正是因为它具有使人们、使生活变得更加美好、更加完美的强大的力量——从心底升起的追求光明、奔向光明的原动力 "为了让世界美好,首先得让人们自身变得更美好些。为了让自己能够爱和值得被爱,首先要让自己变得更可爱些。"⑤这既是王蒙对凌雪和钟亦成之间被威胁、被屈辱然而仍然是无瑕的、饱满的爱情的讴歌,又是他艺术作品中历史反思内容的一部分,是他镶嵌在人性爱情角落里的一粒珍珠,更是爱情之花在人的生命之树上结出的一串丰硕的果实。

---

①②③④⑤ 王蒙:《布礼》,《王蒙选集》第2卷,第40页、第41页、第49页、第66页、第44页、第45页。

第四章 王蒙作品思想论

然而,现实毕竟是艰辛的,有时甚至是残酷无情的,爱情生活中情感和理智有和谐交融的美妙时刻,但毕竟是短暂的,更多的则是这种矛盾现象的种种畸形、嬗变的持久与不断。作为清醒理性主义者的王蒙,在他讴歌美满爱情的同时,如果不是故意避讳的话,也就不难发现,人们之所以竭力讴歌和谐、美满和幸福的爱情婚姻,恰恰是因为自身在实际爱情生活中品尝的大部分是浸着血和泪的不幸的爱情苦果。王蒙小说中的爱情描写正是在这层意义上唱出了最凄婉动人,又深沉、雄浑的爱情变奏曲,这就是爱的歧路与痛苦。

"幸福的家庭家家相似,不幸的家庭各各不同。"[①]托尔斯泰老人的这句至理名言,可谓道出了各种不幸的爱情婚姻的悲剧表象。不必说安娜和渥伦斯基的情真意切、与卡列宁的虚与敷衍的爱情纠葛,《爱情的故事》中的主人公一见钟情、两情欢洽、生死不渝的爱情故事,也不必说罗密欧与朱丽叶、梁山伯与祝英台、子君和涓生(鲁迅:《伤逝》)、苏冠兰和叶玉涵(张扬:《第二次握手》)、高加林和刘巧珍(路遥:《人生》)之间触目惊心、催人泪下的爱情悲剧,古今中外,无论是在艺术的王国还是在现实生活的瀚海,单是由于年龄的、思想的、性格的、经济的和社会环境的诸多不平衡的因素所造成的爱情悲剧,无一不是显示出撼人心弦的崇高悲剧力量,无一不给人以振聋发聩的深思,无一不折射出人类自身的生命和理性的光辉。

和新中国同时发育、成熟起来,对现实始终有着清醒的认识和特有的敏锐的王蒙,面对着共和国几十年来广阔时空上发生的一幕幕爱情悲喜剧,不能不引起他的关注、思考和艺术表现,从而打上特定的时代和历史烙印。在王蒙笔下的爱情悲剧的主人公们,

---

① [俄]列夫·托尔斯泰著,草婴译《安娜·卡列尼娜》上册,上海译文出版社 1982 年版,第 3 页。

正如王蒙在评论张弦作品时所指出的那样:"他们大多是一些女性,她们有秀美的外表和心灵,她们有过天真而又美好的青春,但是,当有形的而在更多的情况下是无形的俗恶势力扑向她们的时候,她们是不会设防的,也许可以干脆说这是一些善良的弱者。对于斗争,她们都那么缺乏准备、经验、艺术和勇气,她们是太娇嫩了,似乎不该生活在这个荆棘丛生、战云密布、难逢开口笑的世界上。"①在王蒙的小说世界中,这些善良人的爱情悲剧,首先表现在对爱情的执著追求与这种追求不可能实现的对象之间。

在《歌神》中,"有着健壮的身躯,秀美的仪表,深邃的智慧,广阔的心灵和火一样的爱"②的歌神艾克兰穆,爱上了"像月光一样洁白"③、纯真和善良的阿依达娜柯姑娘。他们两人在牧民眼里可谓是天造地设的一对。然而,他们之间的爱情却遭到了阿依达娜柯姑娘的赌棍兼酒鬼的异母哥哥的无情而又无理的阻挠,他们精心培育的爱情之花还未曾开放,便遭到了摧残。在这个赌棍兼酒鬼公然提出的买卖婚姻的"价钱"面前,精神富有而物质贫乏的艾克兰穆尽管愤怒万分,然而却又无能为力;阿依达娜柯虽然内心深深地爱着她的歌神,"但是阿依达娜柯不敢、不愿与她的哥哥决裂"④。更不幸的是在艾克兰穆不在阿依达娜柯身边时,发生了新疆数万边民外逃的事件,阿依达娜柯寻不见艾克兰穆而无可奈何地被她的异母哥哥裹胁到异域。此时的艾克兰穆虽然痛不欲生,也只能绝望地看着"他心爱的人,他生命的光,就这样地、不可思议地失去了"⑤。尽管后来阿依达娜柯历尽千辛万苦又回到了祖国,而此时的艾克兰穆却因不能忍受自己的歌喉被无情地扼抑而逃往他乡,杳无音信。阿依达娜柯在充满希望的绝望中死去。这场爱

---

① 王蒙:《善良者的命运》,《王蒙选集》第4卷,第356页。
②③④ 王蒙:《歌神》,《王蒙选集》第4卷,第104~105页,第100页、104页。
⑤ 王蒙:《歌神》,《王蒙选集》第4卷,第104页。

情悲剧,表面上看是由于爱情双方天时、地利、人和等因素的阴错阳差的不谐调所致,然而,封建残余思想的顽固、无情,动荡的社会环境对人们生活的冲击,阴霾的岁月对人性的粗暴压抑和践踏,则是导致这场爱情悲剧的本质根源所在,王蒙寄予在这爱情追求的不幸者身上的同情,是与历史的反思和对恶势力的批判交织在一起的,是其历史反思人性思想内容的一部分。

如果说在艾克兰穆和阿依达娜柯之间的爱情过程是由于外部邪恶势力的过于强大而导致悲剧结局的话,那么在王蒙的小说世界中对爱的歧路与痛苦的描写,更多地表现在由于男女双方爱情力量与方向的不平衡所造成的不幸婚姻之中。

《蝴蝶》中张思远与海云的结合,便是这样的一个在过于成熟的男人和一个过于稚嫩的女人之间发生的婚姻悲剧。在新中国刚刚诞生的火热岁月里,"比一切年轻人都更年轻"、"比一切老年人都更有经验"、自信前程无量的"老"革命家张思远[1],当时虽然只有29岁,却已经是一个中等规模的城市的军管会副主任,在他的眼睛里,作为一个教会学校的16岁女学生,"海云还是一个未经事的,没有得到足够的改造和锻炼的小资产阶级知识分子"[2]。海云对张思远说"我愿意天天听您讲话"[3]实际上是把党等同于张思远个人,把对党的敬慕、崇拜和服从,误认为就是对张思远个人的爱慕、崇拜和盲从。张思远之所以不顾上级和同事的劝告,而在不到一年的短暂时间里和海云闪电般地结婚,只是由于张思远面对海云"那样虔诚、热烈而庄严的目光"[4]"他实在控制不住自己"[5]的情感冲动,"突然把海云搂到自己怀里,吻了她"[6]。对此,海云竟"没有一点儿抵抗,没有一点对自己的保护,没有一点疑虑"[7]。从

---

[1][2][3] 王蒙:《蝴蝶》,《王蒙选集》第2卷,第90页、第95页、第91页。
[4][5][6][7] 王蒙:《蝴蝶》,《王蒙选集》第2卷,第94页、第94页、第94页、第96页、第96页、第97页、第95页。

此便种下了他们结合的短命爱情的致命悲剧潜因。海云对张思远带有布尔乔亚味儿的革命激情是不能等同于男欢女爱的性爱的激情的,需要长时间培植、养育和保护方能成熟的爱情之花是不能在短暂的时间里结出成熟的果实的。因此,在他们婚后生活中,随着他们爱情结晶——第一个孩子的死去,张思远把自己变成为"一架辉煌巨大机器的一部分"①,海云则迷恋于自己最喜爱的外国文学专业。而"他(指张思远——引者注)对于法国文学就像海云对于党委领导工作一样无知"②,他们由亲密火热而"互相变得陌生"③。于是,发生了海云和一个男同学的婚外恋,张思远1957年初遭到了命运无情的打击,导致了他们之间婚变的最后结局,是以海云的死去而结束。这与托尔斯泰笔下《安娜·卡列尼娜》中安娜的爱情悲剧何其相似,所不同的只不过是这幕悲剧发生在20世纪五六十年代的中国而已,而在精神实质上则是相通的。

和《蝴蝶》中张思远与海云的爱情婚姻悲剧构成相反,在《相见时难》中,杜艳和蓝立文之间14年不幸的爱情婚姻,则发生在一个过于强悍的女人和一个过于"疲软"的男人之间。

作为女性,通常是给人以温柔、和气、端庄、纤弱的美好印象。然而,在蓝佩玉的眼睛里,杜艳则是一个"黑瘦而又结实的高个儿女人,大而厚的嘴唇显示着一种男性的勇敢和充沛"④;在翁式含的眼中,"上唇有着浓重的汗毛"⑤的杜艳,颇像他印象中的外国"一个雄化了的运动员"⑥,在她还不满18岁的时候,就嫁了个比木头墩子多两只眼睛的人;在20世纪50年代,24岁的杜艳又凭着自己认为美丽的大腿,以一个刚刚离婚、在一个招待所当服务员

---

①②③　王蒙:《蝴蝶》,《王蒙选集》第2卷,第94页、第94页、第94页、第96页、第96页、第97页、第95页。

④⑤　王蒙:《相见时难》,《王蒙选集》第2卷,第340页、第354页。

⑥　王蒙:《相见时难》,《王蒙选集》第2卷,第316页、第353页、第353页、第327~328页、第363页。

的身份和地位,把丧妻多年但有名誉、有地位的 48 岁的糟老头子蓝立文教授抓到了自己手里。因为那时的蓝立文还处于金钱、地位和名誉高涨的时期。年龄、志趣、教养和性格方面的悬殊差异,居然鬼使神差地使他们结合到一起,尽管"那时杜艳给人的印象并不坏,大胆、质朴、麻利,颇有几分劳动人民的气质"①。但是,在时代浊流与物质私欲的冲击下,杜艳身上曾被遏抑的虚伪、自私与鄙俗的丑陋因子得以膨胀和畸形发育,她对蓝立文的爱情也发生了根本性的蜕变。随着 1957 年以后知识分子地位及待遇的降低、恶化,知识分子变成了臭老九,蓝立文教授其人其事业在杜艳的眼睛里"更被目为废物、寄生虫!吃闲饭的"②。直至"文革"爆发,原本应成为患难与共、同舟共济的恩爱夫妻,却成了陌生的路人、相互仇视的敌人,蓝立文因事业上遭到批判、生活上得不到应有的照顾,自尊心受到极大的损伤而失去了对生活的信心和勇气,以一个知识分子的消极、软弱,默默地忍耐、逆来顺受地容忍了杜艳的漫骂、毒打和虐待,走上了自杀身亡的绝路。而杜艳则没有丝毫的同情、怜悯和忏悔,旋即嫁给了一个"官儿不大,可是有实权;钱不多,可是有方便;个儿不高,可有的是精、气、神;文化不深,可大批判发起言来……也是一套一套",并能把女人比作"愈烈愈香,愈呛嗓子愈可口"的"二锅头酒"的陈金才,而且开始了一场"你克夫,我克妻。……看谁克得过谁"③的寡廉鲜耻的爱情竞赛。

同样,在爱情波涛中"善于迷失方位"④的美国式的佩玉·蓝(即蓝佩玉),尽管受不住留着小胡子、镶着金牙、活泼得像马戏团里的小丑似的"泰勒身上那种浅薄而又眼花缭乱地诱人的魅力"、"摆脱不了泰勒的男性的刺激,他胸口上那一撮黑毛……"⑤但是,

---

①②③④　王蒙:《相见时难》,《王蒙选集》第 2 卷,第 316 页、第 353 页、第 353 页、第 327~328 页、第 363 页。
⑤王蒙:《相见时难》,《王蒙选集》第 2 卷,第 343 页、第 386 页、第 336 页。

如同"一个失去了一生中仅有一次的爱情的人,并不会忘记爱情"①一样,在蓝佩玉的情感深处,尽管"她不会为胸前的一撮黑毛而满足,更不会将对于失去的爱情的眷恋寄托于纽约百老汇 42 街红灯区出卖的模拟生殖器"②,却也时刻思念着分别 33 年、远隔千山万水的初恋情人翁式含。

这种建筑在物质享受、情欲宣泄之上而置道德信仰和情感基础于不顾的爱情悲剧,根源正在于像恩格斯所指出的那样,是无爱的婚姻所必然产生的悲剧。

此外,在另一类型的爱情悲剧中,这种爱的歧路与痛苦则表现为由于爱情的盲目而酿出的人生苦果。

在《轮下》中,16 岁的初中女学生 J 在男主人公拥吻她以后便像一只待屠的羔羊一样无言无望地跟随于他,而男主人公竟移情别恋,致使 J 遭到了被无情抛弃的命运。

在《深渊》里,H 镇 16 岁的女中学生高桂琴不顾父母的反对和舆论的压力,痴情地爱上了受"胡风事件"牵连、后来又被划成右派的花花公子型的剧作家梅轻舟,并把他作为自己爱的偶像,不惜牺牲自己的一切,如痴如狂地爱着他。为了使梅轻舟愉快地生活,她不嫉妒梅轻舟的用情不专、不吝惜荒废自己的学业,甚至为了能使梅轻舟身体健康,她不惜以自己的病弱的身体一次次地卖血换钱来给梅轻舟买营养食品,使梅轻舟得以在这种高贵、无私的爱情奉献与温暖抚慰下走出漫长的政治逆境。然而,不幸而言中,"痴情女子负心汉",在梅轻舟否极泰来之时,也就成了高桂琴爱情的美梦跌进无情的深渊之日,天真的爱的奉献者遭受到了被欺骗、被抛弃、被侮辱的悲惨命运,悲哀地品尝了盲目的爱结出的苦涩之果。

总之,王蒙在他的爱情变奏曲中,展现了爱的歧路与痛苦,敲响了原本应是最和谐最美妙的爱情交响曲中最不和谐的颤音,艺

---

①② 王蒙:《相见时难》,《王蒙选集》第 2 卷,第 343 页、第 386 页、第 336 页。

术地表现了对爱情求而不得、无爱的结合与爱的盲目奉献所产生的爱情悲剧,强调并深刻地显示了感情在爱情婚姻生活中的重要性,鞭笞了在爱旗掩盖下的丑恶行径,成为王蒙探索人性丑恶内涵的重要内容。同时,也借爱情的火花映照了时代与社会的丑恶黑暗角落,反思了当代中国历史,显示了王蒙的理性精神特征。而在长篇小说《活动变人形》中,王蒙借倪吾诚和静宜更具典型性的爱情婚姻悲剧、静珍的"宁志",深刻地反思了整个中国社会和民族的悲剧根源。这些作品里不幸的主人公的个体生命在灵与肉的矛盾冲突、尖锐对抗中获得了生命的力度。尽管这些善良的人的命运是不幸的,甚至也许是悲观的,但人类总体在精神上则是充满乐观的向上力量。因为人类自信可以扼住命运的咽喉,竭力使生命对命运作不屈不挠的斗争,即使毁灭也在所不辞,正是在这层意义上,人类的生命才充分显示出它的美丽和伟大。因此,王蒙上述作品中主人公的不幸命运"比起那些行高和寡、语出惊人的先知先觉者更易于激起读者的巨大同情心"[①]。而王蒙真实地再现这种不幸的爱情婚姻悲剧的目的正是为了防止这种悲剧重演。这些爱情悲剧的主人公阿依达娜柯、海云、蓝立文、J、高桂琴、倪吾诚等最终走向死亡的悲惨结局,在人物自身生活长河中溅起的巨大浪花,只不过是王蒙艺术作品中人物生命流程的"积极的痛苦"奏鸣曲中一连串不和谐的音符,王蒙以艺术家的天才以此为根音构筑了他小说世界中人物全部生命流程的"积极的痛苦"的颤音。

三、与生俱来的"积极的痛苦"

文学创作是一种丰富的精神活动,对于高质而多产的作家来说,必须具有丰富的生活积累、艺术创造的才华和深邃的艺术哲

---

① 王蒙:《善良者的命运》,《王蒙选集》第 4 卷,第 359 页。

思想。正如别林斯基所曾说的,任何诗人之所以伟大,是因为他的痛苦和幸福深深植根于社会和历史的土壤里。对此,富有诗人气质的王蒙从自己的生活经历和创作实践出发,深有感触地说:"作家的积累,除去生活的积累之外,还有情绪的积累。"①这情绪就是快乐、辛酸、甜蜜、忧虑、愤慨、感叹、幸福、伤感、沉思和回忆、过去与现在、历史与现实在生命本体中的百感交集。因此,有的评论家曾指出阅读王蒙的小说"是一次又一次地对人生哲理的涉足和对人生情绪的体验,而不是通常那样只不过是接受一个现成的故事,接受一次启蒙或接受一条训诫"②。

这种对"人生哲理的涉足和对人生情绪的体验"是与作家对"文学是人学"这一命题的深刻理性认识和艺术的感性表现紧密相关的。

对于高尔基提出的"文学是人学"的命题,王蒙从"什么是人,是社会的人、文化的人,是有生命有生有死的人"的理解出发,认为"文学像生命本身一样,具有孕育、出生、饥渴、消受、蓄积、活力、生长、发挥、兴奋、抑制、欢欣、痛苦、衰老、死亡的种种因子、种种特性、种种体验。这当中最核心的、占有支配地位的"是一种被王蒙"称之为'积极的痛苦'的东西"。这种痛苦既不是人生理上的自然缺陷所造成的痛苦,也不是杨白劳、喜儿或者是《天云山传奇》里的宋薇或者罗群身上由于"社会造成或个人思想不开展所造成的痛苦,而是指与生命俱来的一种积极的痛苦",而且,这种"积极的痛苦"是具有多种多样的形式和不同层次的。"生是痛苦的,死也是痛苦的,饥饿是痛苦的。爱情也常常是痛苦的,觉得自己还幼小,还不如别人是痛苦的,觉得自己付出了许多的时间许多的生命许多的代价终于成熟起来终于有所作为也是一种难言的痛苦。希冀

---

① 冯骥才:《话说王蒙》,《文汇月刊》1982年第7期,第9页。
② 吴亮:《王蒙小说思想漫评》,《文艺理论研究》1983年第1期,第78页。

的、要求的做不到达不到得不到是痛苦的。做到了达到了得到了又会立刻为已逝的时光与下一个目标而痛苦。能量与愿望的积蓄是痛苦的,些许的发挥发泄与满足也绝不可能使生命真正地长期地平静下来。"就其内涵的本质而言,这种"积极的痛苦""便是生命的内在的及与外界对象的矛盾冲突的表现。它不是消极的,因为它不因痛苦而遁入空白、而惧怕生活,它恰恰因痛苦而追寻而探求而行动而激扬而积极运转,而这种积极的运转也便是生命的最大的欢乐,最大的成功"。因而,"对于忌讳'痛苦'字眼的好人们,我们就说积极的痛苦便是积极的欢乐也可以。二者是一个东西,本源却是痛苦。欢乐是因痛苦而奋斗的结果"。因此,王蒙认为"文学是这种积极的痛苦的表现,是升华,是发挥,也是一种虚拟的实现,是调节,是补偿和慰安。社会可以愈来愈进步愈来愈合理愈来愈完善,直至世界大同共产主义,但生命的躁动不安的积极的痛苦却永远与生命同在。"所以,从审美角度来说,"在文学作品中,这种积极的痛苦得到表现、激发、共鸣、理解、疏导、安慰,得到仅仅是从现实生活中不可能全部得到的满足。"①

这里,王蒙以其艺术家的非凡胆识与博大精深的思想见地,从美学、哲学、文化学等多角度地透视了"积极的痛苦"这一人类永恒的精神主题。痛苦是生命存在的不可缺少的因素。痛苦与生俱来并一直伴随生命走向终点。人存在一日,就痛苦一日,没有痛苦,生命也就显得毫无生气。没有痛苦的幸福,是微不足道的幸福。伟大的幸福和欢乐来自于与痛苦勇敢较量所激发出的生命火光。人的生命意识的扩张,只有在承认痛苦、接受痛苦并与痛苦作不懈的斗争中才能得以实现。真正热爱生活、珍视生命的人,正是那些勇于将生活苦酒如酡玉露琼浆般一饮而尽的人。痛苦的程度越大,对生命享受的程度和生命价值也就越高。只有能够敢于最大

---

① 王蒙:《文学三元》,《文学评论》1987年第1期,第9页。着重号为引者所加。

限度地享受生命,才能"永远沉浸于生命的飞扬的极致的大欢喜之中"①,也只有这样的人才能具备最健全的人格。

在王蒙的一系列小说作品中,就这种痛苦的艺术表现而言,首先是作为具有生命的人的死亡而引起的痛苦表现出来的。

在《青春万岁》中,郑波的母亲虽然迎来了新中国的诞生,但由于在旧社会的贫病交加和过度劳作,终因病情严重而死去,郑波和她的同学们由此而感到一阵悲伤和难过;小毛头则作为外国教会在中国办的孤儿院中生活的儿童,是作为资本主义虚伪、残酷、吃人的罪证而用很少的笔墨来表现的,意在使同样从孤儿院中长大的女学生呼玛丽从中认清新旧社会的根本区别,是促使呼玛丽思想认识转变的一个重要生活契机。因此,尽管郑波的母亲、小毛头是最早出现在王蒙作品中给人们情感带来痛苦的死亡人物,但其意义和对这种痛苦的艺术表现,在当时,却是为作家本人所重视不够和无意追求的。

经过动荡岁月的洗礼、耳闻目睹了人生舞台上一幕幕真实的悲欢离合的活剧,也由于作家本人的特殊的生活经历,使得王蒙对人、对人生、对人生的生与死、欢乐与痛苦都有了独特的情感体验和深刻的理性认识,思想、艺术等方面都愈加成熟。因而,人生种种的痛苦在王蒙的艺术创作中得以表现,显示出了超出艺术形象本身的价值和思想。

尽管王蒙不喜欢写悲剧,但是,《光明》中的竹梅和陈书记的被迫害致死,《蝴蝶》中的海云像一朵小白花一样被命运的车轮辗碎,《布礼》中的宋明、《相见时难》中的蓝立文不堪忍受非人境遇的自杀,《歌神》中的阿依达娜柯在对爱情充满希望的绝望中痛苦地离开人间,以及《黄杨树根之死》中带有哲理色彩的"黄杨树根之死"等等的人或物,或是因无情的政治迫害而含冤去世,或是因自尊心

---

① 鲁迅:《野草·复仇》,《鲁迅全集》第1卷,人民文学出版社1973年版,第477页。

受到伤害,对生活失去了坚定信仰而自己走上生命的绝路,或因不幸的爱情婚姻所伤害,或是作为历史思索的某种象征,都因有价值的东西遭到毁灭而给人以一种或心理情感或审美情感的崇高痛苦感。这种痛苦感,由于其表现对象的直接损害和惨不忍睹,因而从审美欣赏的角度来讲只能产生一种消极的痛苦快感。因此,在王蒙的艺术作品中表现这一部分的内容所占比例很小,而在王蒙的绝大部分艺术作品中表现的是被王蒙称之为"生命的内在及与外界对象的矛盾冲突"所造成的"积极的痛苦"所显示出来的人生情绪。

在《买买提处长轶事》里,在主人公买买提打不掉、摧不垮的乐观主义精神中,我们看到的是买买提身上智慧的幽默火花点燃的生命火种。王蒙在对买买提和赛买提的对比性描写中,为人物精心谱写了一曲曲充满欢乐与痛苦的生命之歌。正如老舍对具有幽默感的人所作的评价那样,在王蒙对买买提对于艰难的生活态度的描写里,"他既不呼号叫骂,看别人都不是东西,也不顾影自怜,看自己如一活宝贝。他是由世事中看出可笑之点,而技巧的写出来。他自己看出人间的缺欠,也愿使别人看到,不仅仅是看到,他还承认人类的缺欠;于是人人有可笑之处,他自己也非例外,再往大处一想,人寿百年,而企图无限,根本矛盾可笑。于是笑里带着同情,而幽默通于深奥"①。在充满幽默感的买买提身上,为了他堂妹的婚礼能按传统风俗方式进行,他忍辱负重,为了保护别人,他宁愿忍受造谣破坏的罪名。面对现实和未来,他举杯高吟,显示了人生命积极运转的最大的欢乐,显示了主人公健全的人格。

"莫要哭泣吧,眼泪令男儿厌恶。

说什么悲剧?有些悲剧太做作!

---

① 老舍:《谈幽默》,《老舍全集》第5卷,四川文艺出版社1986年版,第354页。

让我们一起笑起来吧,
笑的力量便是生命的力量!
会笑,才是会生活!
敢笑,才是敢生活!
爱笑,才是爱生活!"

(王蒙:《买买提处长轶事》,《王蒙选集》第3卷,第132页)

同样,在《风筝飘带》中,王蒙在描写佳原和素素处处碰壁之后,仍然毫不悲观气馁,仍在互相勉励,"我们还得用功,我们要一个又一个地考上研究生"①,显示了青年人旺盛而不屈的生命力,尽管他们内心也有痛苦,但绝不是什么"幻灭者的微末的悲凉"②。

如果说在"生命的内在的及与外界对象的矛盾冲突"中产生的"积极的痛苦"在上述作品中直接表现为人与人之间、人与社会之间外在的矛盾冲撞的话,那么,在《木箱深处的紫绸花服》、《海的梦》、《杂色》中,这种"积极的的痛苦"则是借自然景物作为陪衬和烘托,并以富有生命力的江河湖海作为主人公的顽强生命力中内在的焦躁动荡的因子而产生的痛苦与欢乐的象征加以表现出来的。

在《木箱深处的紫绸花服》中的紫绸花服,以充满象征的意味,渴望自己的生命价值得到实现,渴望挣脱那束缚它的沉重的樟木箱,走到世界中,以自己的美丽和价值创造显示自己的存在。它不能看作是一篇寓言,而是别有深刻的意义的作品。这也可能正是王蒙把它作为自己作品集的名称的主要原因。

《海的梦》则描述了一个从处于逆境的漫长的岁月深处走过来,到海滨去作短暂休养的翻译家缪可言的一段精神经历。缪可

---

① 王蒙:《风筝飘带》,《王蒙选集》第3卷,第202页。
② 计永佑:《幻灭者的微末的悲凉》,《北京晚报》1980年8月7日第3版。

言从小就渴望见到大海,投身大海的怀抱,然而当他终于畅游大海之时,却感到了一种因为找到了梦所以失去了梦的痛苦。但他并没有因此而心灰意冷,在他感到这种痛苦的同时,在大海的温存、流盼、微笑与抚慰中,从年轻一代的身上,仍然感到"爱情、青春、自由的波涛,一代又一代地流动着,翻腾着,永远不会老,永远不会淡漠,更永远不会中断"的满足与欣慰,感到"它们永远和海,和月,和风,和天空在一起"①的欢乐,这里体现了人物生命高扬过程中觉得自己付出了许多的时间许多的生命的代价终于成熟起来、终于有作为希冀的要求的做不到达不到得不到和做到了达到了得到了又会立刻为已逝的时光与下一个目标的追求而产生的"积极的痛苦"。

《杂色》中的曹千里,在骑马过一条奔腾喧闹的河时,尽管他"不是第一次骑马过这河,但他仍然像第一次过这河一样不解地思考着同一个问题,这条河究竟在这里奔流了多少年了呢?有多少气势,多少力量,多少波涛,多少浪头就这样白白地消逝在干枯的石头里呢?既没有灌溉的益处,更谈不上提供舟楫的便利,这原始的,仍然处在荒漠的襁褓里的河!你什么时候发挥你的作用,唱出一首新的歌呢?这随着季节而变化的,脾气暴躁却永不衰老,永不停顿的河!你的耐性又能保持多久呢?"②这里河流作为曹千里内心世界的写照,显示出的是一种斑驳的生命杂色,是一股生命躁动的激情,是"能量与愿望的积蓄"所造成的"积极的痛苦"对自然的移情,更是主人公志在千里的生命理想的呼喊。

因此,从某种意义上说,大自然在这里是作为人和社会的一种力量的化身而加以表现出来的,它是一种哲学的抽象和艺术的象征。作为一个实实在在有血有肉有思想有精神的人,为了他自身

---

① 王蒙:《海的梦》,《王蒙选集》第 3 卷,第 228 页。
② 王蒙:《杂色》,《王蒙选集》第 2 卷,第 171 页。

存在和发展,不仅要同外界相搏斗,更要同自己、自己生命体中躁动的内心世界相抗争,以寻求自我的新的平衡。而人内心"积极的痛苦"作为平衡这种矛盾的力量,并非总是使人因其感受到这种痛苦"而追寻而探求而行动而激扬而积极运转",而是常常或迫于无奈或不自觉地发展为它的逆向,使人的内心与行动呈现出半死不活的状态,表达出一种精神世界里尤为深沉的"积极的痛苦"。

在《布礼》中,王蒙写了被下放到农村去劳动改造的知识分子式的干部钟亦成,由于受到农民的生活方式和思维方式影响所产生的"苟全性命于乱世,不求闻达于诸侯"①的生命消极存在方式:

"铁锹,镰刀,窝头,咸菜……他的头脑已经为这些东西所充实,农民就这样,他们委实与知识分子不同,他们倾其全力,首先还是为了维持生活,他们的思想围绕着'怎样才能活下去''怎样才能活得稍好一点',稍一懈怠就有饥寒之危,而知识分子的境遇再不济,往往还是维持生活的水平线之上,所以他们要考虑一些稀奇古怪的问题:'活着干什么?''我将如何活得更有意义?'所以要这样自寻烦恼其主要原因是,还是吃得太饱,简单归结起来,两个字,撑的。

他这样想着,就再什么也不想了。"

(王蒙:《布礼》,《王蒙选集》第2卷,第69～70页。着重号为引者所加)

在《杂色》中,王蒙描写了曹千里在当地人的生活哲学影响下产生的消极生活观:

"毋庸置疑,他走到他的老搭档——灰色杂马的身旁,为它搔着痒痒,觉得倒也是知足者常乐。混吧,凑合吧,怎么还混不到天

---

① 诸葛亮:《前出师表》,《诸葛亮集》,中华书局1974年版,第5页。

黑？干什么还不是挣钱养家？骑什么马还不是迈一步再迈一步？比上不足比下有余，这也是命，**好死不如赖活着**，赖马也比人走得快……近年来，有那么一些本地人爱说的这些话已经愈听愈久，愈记愈多了。……他自以为，他已经像接受奶茶和馕，接受当地的少数民族的语言一样，接受了这种**与世无争**、心平气和、谦逊克制的生活哲学了。他自以为真诚地时时这样疏导着自己，安慰着自己，平衡着自己ર。"

（王蒙：《杂色》，《王蒙选集》第2卷，第162～163页。着重号为引者所加）

在《蝴蝶》中，有着和阿Q"人生天地间，大约本来有时也未免要杀头"①的理论相似观点的拴福大哥的生活哲学，同样对张思远的人生观有着潜移默化的影响：

"也好，老张头与人平等，与众人一样并无更多的责任，因而也并无急迫感。拴福大哥讲过一个理论：人总是要死的，急急忙忙地做事情，也就等于急急忙忙地去死。真是高论。老张头虽然轻松而又自由，率直而又天真，然而却又可能在历史的长河中**随波逐流，无所事事**。有一得必有一失，这失去的代价未免太大。"

（王蒙：《蝴蝶》，《王蒙选集》第2卷，第136页。着重号为引者所加）

这里值得我们注意的是，无论是钟亦成的"什么也不想"、曹千里的"好死不如赖活着"和"与世无争"，还是张思远的"随波逐流、无所事事"；无论是轻松地对待生，还是潇洒地打量死，都是在强大的异己环境的挤压下，主人公生命内在的及与外界对象的矛盾冲突的较量使原本躁动不安的生命本体都无一例外地带有庄子式的

---

① 鲁迅：《呐喊·阿Q正传》，《鲁迅全集》第1卷，人民文学出版社1993年版，第413页。

泰然、超脱、无为、认命的色彩。正是从此意义上，王蒙以积极的入世态度，借助于艺术形象，从反面深刻地批判了庄子消极遁世的悲观生命论调。

尽管如此，如果说上述作品的主人公，由于渴望追求生命理想的实现却因现实环境的挤压和异己力量的强大使原本激进、躁动的灵魂转向消极颓废并与仍然有着旺盛的生命力、还想一天天继续活动下去的肉体相矛盾而呈现出半醒半眠、半死不活的平静的"积极的痛苦"的话，那么，在《活动变人形》里有着"狂躁的、不安宁的灵魂"①的倪吾诚身上，无论是与他有直接矛盾冲突的姜赵氏、静宜、静珍、倪萍等外界对象对他的诅咒，还是他自身生命内在的矛盾要求，都一致地要他结束生命以调和这场冲突，他本人也更是如此。在他被逼迫得走投无路，只得靠翻译文章维持生命以度光阴时，"他常常疲劳，常常译着译着就伏到了破烂摇晃的案头。当时不但希望睡，而且希望死，只有长眠不醒才能给他以休息，解脱和安慰。于是不得不睡，沾枕头便着。大概顶多睡上一个钟头，也许是半个钟头，他就吓醒了。吓什么？不知道。醒了就再也睡不着，却并不想什么。无喜、无悲、无虑、无感、无痛、无倦……一切都是无，倪吾诚自己也是无"②。这同鲁迅先生笔下感到梦醒了却觉得无路可走，并与"绝望之为虚妄，正与希望相同"③的人们有着异曲同工之妙。作者正是从倪吾诚这个古老的中国养育出来的20世纪40年代知识分子的典型代表身上，透视了一个文明古国之所以逐渐落后于世界先进民族和国家的深刻的内在历史根源。

和曹千里、张思远、倪吾诚等过去的人物身上"生命的内在的及与外界对象的矛盾冲突"所造成的"积极的痛苦"所体现出的生命精神状态和生命归宿不同，在"时乎？史乎？戏乎？命乎？或可

---

①② 王蒙：《活动变人形》，人民文学出版社，1987年3月版，第185页、第270页。
③ 鲁迅：《野草·希望》，《鲁迅全集》第1卷，人民文学出版社，1973年版，第483页。

一思一叹也"①的《新大陆人》系列作品里的人物命运中,则充分体现了当代人焦躁动荡的生命激扬历程。尽管其命运结局不尽如人意,却充分体现了生命本体由于"积极运转"而得到的"最大的欢乐"和"最大的痛苦"。

作为作家老友的《轮下》中的主人公,心高气傲,始终想做生活的强者,有事业心和竞争欲望,因此颇能折腾,有一股不服输的精神。在清明、美好、向上的时代,他那颗容易沉醉的心里一片光明,即使是1957年的不幸厄运,也只是使他带着专注的沉醉的目光,他个人身上的消极因素受到了控制。然而,在只有少数志高行洁且已稳定成熟的出类拔萃者才能做到举世皆浊我独清、众人皆醉我独醒的混乱污浊的年代,由于政治的、文化的、民族的、意识形态的与生活方式的分裂与错位,使他生命本体中沉睡的丑恶魔灵得以疯狂和张扬,自私、自负的生命内在因素在婚外恋的两难处境中畸形畸速地得到了发展。贯穿于他生活中心的是在爱情婚姻生活中的波折,这正是他的自信、自负,甚至有点残酷的男性本位利己主义的阴暗心理的外在显现。然而"机关算尽太聪明,反算了卿卿性命"②。为了达到与J离婚、与Z结合的目的,他在驾车去波士顿相会以后返回费城的路上终因开快车出事而送掉了自己的性命,落了个惨不忍睹的死亡结局。这是一个在矛盾时代产生,并在矛盾时代中毁灭的充满"生命内在的及与外界对象的矛盾冲突"的人的必然归宿。此外,在《海鸥》、《卡普琴诺》、《画家"沙特"诗话》、《温柔》等作品所表现的一批这样的新到新大陆的中国大陆人的坎坷命运以及《十字架上》、《球星奇遇记》和长篇"季节"系列小说中的主人公们的生活遭际里,尽管他们的面貌、性格、人生足迹与追求不尽相同,但他们都是在特定的社会生态环境中被压抑而渴望

---

① 王蒙:《轮下》,《人民文学》1986年第4期,第4页。
② 《红楼梦》(三家评本)(上册),上海古籍出版社出版,第83页。

生命高扬的个性,是失去了自己的生命的自主性与无法正常实现自己的生命激情和生命冲动的人物,他们身上无一不投下历史的"影"与"响","浓缩着中国矛盾纷呈的社会生活的烙印"①,显示出过去、现在以至未来的"新大陆人"的焦躁动荡的生活和命运历程以及他们身上存在的种种希望和痛苦。

缪可言在渴望生命高扬的追求中产生了因为找到了梦所以失去了梦的痛苦;钟亦成、张思远、曹千里被这"积极的痛苦"折磨得死去活来,半死不活;倪吾诚及其与他有矛盾冲突的另一方也都被这"积极的痛苦"逼迫得呈现出死相。这一切,究其实质,正如鲁迅先生所说的:"暴君的专制使人们变成冷嘲,愚民的专制使人们变成死相。"②王蒙上述作品中的人物,由充满乐观的生到无所事事的活直至绝望地想去死,这种永远与生命同在的"躁动不安的积极的痛苦"在倪吾诚的生命流程中得到了最彻底的典型的表现。

王蒙笔下的倪吾诚,是继鲁迅《孤独者》中的魏连殳、郁达夫《沉沦》中的主人公、冰心《去国》中的英士、巴金《爱情三部曲》中的周如水、钱钟书《围城》中的方鸿渐之后因躁动不安的灵魂而成为悲剧主人公的知识分子形象。

如同魏连殳作为"五四"时期接受西方文化熏陶而欲在中国社会政治中有所作为结果却被反动的社会政治所击败,方鸿渐作为20世纪30年代留学归国的衰颓知识分子的代表只想在文化教育圈子里占有一席之地,却终究被文化界的陈旧势力所击溃一样,《活动变人形》中的倪吾诚,作为20世纪40年代受西方文化影响的知识分子,他的一生努力,始终没有跨出家庭的范围而败于几个

---

① 曾镇南:《苦涩的画卷——评王蒙的〈新大陆人〉系列小说》,《上海文学》1987年第4期,第82页。
② 鲁迅:《华盖集·忽然想到之五》,《鲁迅全集》第3卷,人民文学出版社1973年版,第48~49页。

女人手下。在他们的生命流程中,魏连殳以死对旧道德进行了一次辛辣的嘲笑,方鸿渐以妥协求得苟存,倪吾诚则求生不能求死不得、不死不活中最终又只能走向死亡。在倪吾诚的生命基因中,伴随其生命流程始终的"积极的痛苦"是带有遗传性的:倪吾诚的曾祖因"公车上书"失败而自杀身亡;倪吾诚的伯父最终因疯狂而毁灭;倪吾诚的父亲在鸦片的麻醉下,成为精神的残废者;倪吾诚自己则"在争取了一辈子幸福,得到了一辈子痛苦"也"无可奈何地死去了,就像当年无可奈何地生下来一样"①。在他多灾多难、一事无成的一生中,他感受最深、影响最大的"积极的痛苦"是他的三次死亡经历,这可以说是他整体生命流程的形象概括。

第一次,由于少年的倪吾诚有一点正直的倔强,他的母亲觉得这是"邪气",感到要"大难临头",因此,竟亲手安排了鸦片和手淫这两个死神,给倪吾诚肉体上和精神上套上了死亡的环节。从此,长时间精神上的麻醉和肉体上的戕害,使倪吾诚在他 16 岁(又是 16 岁,《轮下》中的女中学生 J、《深渊》中的高桂琴都是在 16 岁开始了痛苦的悲剧命运)时就"接受了死神的庄重的亲吻"②。躺了一个月之后,他起了炕,忽然发现身材高大的自己变成了罗圈腿。此后一生,"他的高大的身躯、俊美的面容始终与他的细而弯的麻秆式的腿不协调地长在一起。特别是他的踝骨,是那样的细脆,使他常常觉得不安全,觉得说不定下一分钟他连一跤就会跌断小腿"③。这一次死神的亲吻,没有促使倪吾诚从家庭的束缚中摆脱出来。因为对于倪吾诚来说,"不但有爱的枷锁规范着他,也有一种近似先验的边沿和界限的不可逾越性"④。倪吾诚渴欲生命激扬而遭到命运的捉弄,以死亡的代价换取的只是一个妥协的结局:

---

①② 王蒙:《活动变人形》,人民文学出版社 1987 年版,第 185 页、第 270 页。
③④ 王蒙:《活动变人形》,人民文学出版社 1987 年版,第 55 页、第 55 页、第 55 页、第 56 页、第 57 页、第 268 页、第 268 页、第 268 页。

由他不同意结婚到自以为苛刻地提出女方"不但要有四书五经诸子百家汉赋唐诗的学问,还要能懂东洋或西洋的洋文"①。这是一个混合着挣扎与屈服、激昂与消沉的无可奈何的"积极的痛苦",是封建迷信思想对人的生命的无情毒窒。

　　事实上,倪吾诚虽然经历了第一次死亡,但他并没有深切地感到这种"积极的痛苦",相反,在他从欧洲留学归来以后,他的生命的激情似乎还得到了某种程度上的高扬。"他想起欧洲,欧洲的孩子、青年、女人……即使战争席卷了那里,法西斯主义正在吞噬一切,然而那里毕竟有热烈的活人。"②这"热烈的活人",有着鲜活的生命力,正是这种强健的生命力量成为人类进步的根本动力,倪吾诚"生命内在的矛盾冲突"充满了对这种鲜活生命力的渴望。然而,同样是他自己,他在欧洲留学时候学的精神分析学说,虽然使他"二十余年的精神大厦轰然坍落,一个赤条条的我从废墟上站立而起!"③"人的生命的另一种饥渴,另一种渴求、痛苦、热烈和疯狂,更是如火如荼。"④但是,当他回到故土,他的灵魂、他的生命又遭到了"被宰割被凌迟被上刑"⑤的命运,在他的生命史上,"他不但没有得到过爱,也没有得到过一次快活……仅有的几次放荡的经验只不过使他落入黑暗的深渊之中"⑥。

　　促成倪吾诚第二次的死亡的直接原因,是由于他的妻子姜静宜的逼迫所致。

　　在倪吾诚生命流程的婚姻史上,贯穿他们夫妻全部生活的每年三百六十五天的每一个黑夜和白天的冲突,是倪吾诚的现代文明理论与姜静宜的知书达礼的传统家庭观念之间矛盾。倪吾诚真诚地、充满理想地希望文明的爱情生活,包括女人要挺胸,见生人要微笑,要跳舞要讲密斯和密斯脱;而姜静宜则根本不理倪吾诚开

---

①②③④⑤⑥　王蒙:《活动变人形》,人民文学出版社1987年版,第55页、第55页、第55页、第56页、第57页、第268页、第268页、第268页。

口欧洲、闭口欧洲的洋屁。她只承认八抬大轿,明媒正娶,只承认一日夫妻百日恩、糟糠之妻不下堂,在一连串"钱!钱!钱!"的逼迫下,彻底粉碎了倪吾诚的理想梦。在经历了"图章事件"又发现丈夫有外遇以后,姜静宜充分发挥了自己的聪明才智,设下了连静珍也佩服不已的"鸿门宴"猝不及防地给倪吾诚以突然一击。如果说"五四"时的子君和涓生虽志同道合,终因抵不住经济的胁迫而使婚姻爱情破产的话,那么,造成这场婚姻破裂危机的,除倪吾诚和姜静宜之间理想、教养等的严重对立和贫困的物质生活等因素外,一个重要的原因是由于倪吾诚渴望自己的生命激情得到充分的高扬,渴望获得理想幸福、美满的爱情婚姻的躁动的生命要求与残酷的现实之间的矛盾冲突所致。因此他提出了想和姜静宜离婚的方案。但是,这方案并没有得到姜静宜的理解和接受。倪吾诚得到的只是几个耳光,于是,他就像"癞皮狗一样地倒在地上起不来了"[①]。在这场"生命内在的及与外界对象的矛盾冲突"中,倪吾诚像走投无路的阿Q最后天真地走上"革命"的道路一样,为了"不再有呼吸,不再有激动的、快感的、愤怒的、挣扎的、堵塞的气喘吁吁。不再有雨后松林的清新。不再有情人或者仇人身上的汗气。不再有酒足饭饱后的打嗝儿。不再有对于得不到肉骨头的狗的同情。不再有暴怒和饥渴,不再有温存的眼泪和叹息。不再有野性的发泄,不再有流血的鼻孔和牙齿。不再有身上的恶臭,不再有香皂、香水、香粉、香花这种种徒劳的消耗。不再有阴谋、欺骗、负义、抢劫、强奸、侵略、杀戮、伪政权。不再有种种关于真理、逻辑、文明、进化的空谈。不再有徒劳的各种语言、纸张、圣贤、自大狂的伟人,不再为天冷而抖擞,不再留恋任何人和被任何人留恋。不再徒劳地想说服谁、感化谁,不再徒劳地盼望得到人们的理解。不再盼望生,盼望快乐、幸福,盼望温柔和情爱,不再等待任何人的

---

① 王蒙:《活动变人形》,人民文学出版社1987年版,第271页。

到来。不再望穿双眼,不再流泪,不再显出焦急、傻气和恐惧。不再怕死,怕腐烂和消亡,不再怕尸体被皮靴踢过来翻过去,不再为自己的罗圈腿、口臭、贫穷、无权势、英文发音太糟糕而自卑。不再躲避讨账者、岳母、前来抓奸的妻子、宪兵队的密探。也不再羡慕那些吃得好,坐汽车,出洋,有权有势有饭店的软床有沙发有时髦美丽风骚体贴的妻子情妇的天之骄子"①,一句话,"就是说,不、再、痛、苦!"②倪吾诚为了"企盼与寻求这样一种精神的与肉体的满足","他终于自己成了自己的主人"③,第一次使自己的生命本体得到了"积极的运转"——企图在老槐树上上吊自杀从而在死亡中得到"积极的欢乐"。然而,不幸的是,死神又一次戏弄了他一回。现代文明观念熏陶的生命躯体,被时刻惦念着钱的"解放脚"的女人打得落花流水、一败涂地。对倪吾诚生命的扼杀,犹如其母还在他少年时所教唆的吸鸦片和手淫,倪吾诚生命内在的激情得到外界对象从精神到肉体两方面的合力绞杀,终于使他成为一个不能选择,不能发展,缺乏自信、自立与自决能力的畸形人物,使得作品的内在艺术力量上升到对与生命俱来的"积极的痛苦"的观照和对个性生命流程导引的高度。

然而,倪吾诚仍然是属于具有顽强生命力的人,在经历了一系列的折腾和因之而带来的苦难之后,虽然有时难免一时想不开通,但他"不因痛苦而遁入空白,而惧怕生活",而是仍然"因痛苦而追寻而探求而行动而激扬而积极运转",甚至在他第三次,也是真正的临死前,他仍然还是始终相信自己的黄金时代还没有开始,还要一切从头做起。但这毕竟是他临死前的回光返照了。这种"积极的痛苦"既有倪吾诚上述生命内在矛盾冲突的原因,而且后者是更直接更重要的原因,这就是倪萍和倪藻对倪吾诚晚年生命精神的

---

①②③ 王蒙:《活动变人形》,人民文学出版社1987年版,第269页、第304页、第304页。

折磨。特别是倪吾诚觉得女儿倪萍对他的态度,使倪吾诚感到简直是"对他的虐待,是故意的冷淡,是折磨,是不流血的谋杀"①。他曾不见容于母亲、妻子、岳母、妻姐,在他垂暮之年,又得不到女儿的宽容,即使他援引恩格斯《自然辩证法》中的论述也不能摆脱自己的痛苦,万般无奈,他只有求助于死亡,他才能脱离亲眷们对他的厌恶;也只有他的死去,才能使别人活得更轻松、愉快、单纯和容易一些。倪吾诚一生追求光荣,追求幸福,追求爱情,但只给自己和别人带来过耻辱、痛苦和怨毒。

倪吾诚三次死亡的生命流程,让人不忍卒睹,令人"不愿意再去观赏王蒙对这些精神囚犯热到发冷的拷问。这些被拷问的灵魂,痛苦地呻吟着,挣扎着,惨叫着,不仅令人战栗,而且让观赏他们的人也不知不觉地和他们一起受到审判"②。只有敢于直面杂色的人生的作者和欣赏者,才能艺术地表现这种"积极的痛苦"而同时对自己的灵魂也从中受到"积极的欢乐"的启示和鞭策。

在中国造成倪吾诚及其他人身上的这种与世俱来的"积极的痛苦",是有其深厚的政治、经济、历史、文化、时代和社会等多方面的原因的。

从本质上说,人作为社会关系的总和,是在一定的时空环境中诞生、成长、发育和死亡的,如果与世隔绝,生存在桃花源中则无所谓"积极的痛苦"和"积极的欢乐"。

在中国这个古老的国度里,人的"积极的痛苦"是与以自给自足的小农经济为主体的政治、经济结构相适应的,是由于封建文化意识还深深地潜藏于人的生命基因之中并与现代的生命意识相矛盾的结果。中国社会生产力和生产方式的落后,使历史发展对精神的需要排斥具有超前性的现代精神,甚至历史之所以如此发展

---

① 王蒙:《活动变人形》,人民文学出版社,1987年版,第327页。
② 刘再复:《挚爱到冷峻的精神审判》,《文艺报》1986年7月26日第2版。

正是生产力水平及其相应的社会传统意识所致。然而，人类历史的进程客观上又迫使中国历史的发展程度与之同步，因此，必然产生中国历史上始终存在着的西方工业文明与中国民族传统的农业文明的对逆现象，更由于中西方社会生产力的差距和文明的普遍性差距，这一对逆过程对中华民族整体来说是一个痛苦的和悲剧性的再生过程。因此，现代意义上的人的解放、民主启蒙与中国社会真正跨入现代文明的同向必然性，又因中国具体历史的、经济的、文化的基础而注定了人在中国现代化进程中实现自身生命价值与高扬生命激情的艰难性、痛苦性甚至悲剧性。与历史相对同步发展的人的生命流程与历史的必然性激起他生命内在的能量的涌现，而现实的可能性又每每导致他的毁灭。正是这种历史的必然性和现实的可能性的矛盾运动造成了与个体生命流程相伴始终的与生俱来的"积极的痛苦"。因此，由人的内在的生命躁动及与外界对象之间的矛盾冲突所造成的"积极的痛苦"是人类精神发展的必然结果和表现，与焦躁动荡的生命流程相始终的人的"积极的痛苦"，既是对人的生命存在意义和生命本性的专注，又标志着从本体意义上审视人和社会的历史、现实和未来的运动轨迹。躁动的生命存在的"积极的痛苦"是生命内在浪漫精神渴望冲决僵死的规范与时代的启示和现实变革需要的呼吸，因而在新时期的文学创作中成为一种普遍的现象，并由于作家对具体的人生体验的深刻悟知而有着深刻的历史和现实意义。

这种"积极的痛苦"首先表现为人对生命本体属性的认识和发现。在新时期的文学创作中，张辛欣的《在同一地平线上》较早地体现了时代变化中对人自身生命内在的及与外界对象的矛盾冲突所产生的"积极的痛苦"的认识，反映了在竞争日趋复杂激烈的现实面前，男女主人公对自我生存发展的理解已不像新时期许多作品那样从政治和道德出发，而是从个体生存本能出发：睁开眼要想的，就是怎么为活下去奔波。人，如果陷在仅仅为了生存为了活着而活着的无限反复中,和大自然的动物没有什么区别。整个社会跟大自然跟生物界一样,都被安排在生存竞争和谐之中。把人与动物等视,把社会和自然生物界等视,暗示着历史蜕变的根本内在动力是人的"积极的痛苦"、"积极的欢乐"的产物。其他如《男人的一半是女人》、《绿化树》、《五个女人和一条绳子》等无不是这种"积极的痛苦"的产物。

与此相对应,人"积极的痛苦"也转化为对大自然的崇拜上面,表现为在对大自然的征服中"生命内在的及与外界对象矛盾冲突"所显示的人类的伟大精神。张承志笔下的牧马人与大草原、精神漫游者与北方的河;邓刚笔下迷人的海与倔强、不屈的新老两代海碰子;梁晓声笔下的拓荒者们与那片布满鬼沼的神奇的大荒原;乌热尔图眼中的猎人与大森林;郑义周围的掘井人与那干涸的黄土高原,都在表现着人对大自然的征服过程,表现着人在矛盾重重的大自然里接受着难以想像的磨炼与启蒙。正如缪可言在大海的律动中、曹千里在骑马进山的过程中、张思远在田野畅快地劳动中一样,人的生命在与自然的搏动中,充满着艰辛和苦难,也充满着欢乐和幸福,人的内在的生命躁动的激情从中得到了激扬和平静。

其次,作为生命本体内躁动因子的动力源泉的人的"积极的痛苦",在文学逐渐回归自身并进而"寻根"的过程中,进一步发展为渴望冲突、运动,追求怪异、神秘、焦躁、放纵、绝望与虚无。陈建功的《迷乱的星空》,刘索拉的《你别无选择》,徐星的《无主题变奏》,贾平凹的《浮躁》等均是其具体表现,而这种"积极的痛苦"作为一种人生情绪体验更偏激、更普遍地存在于残雪、陈村、马原、韩少功、苏童、王安忆、周梅森的作品中,而到了张承志、莫言、王朔、王小波、尤凤伟等作家作品中这种与生俱来的"积极的痛苦"最终又以对生命的强烈崇拜直接表现出来而且更具有深刻的当代性。

张承志的全部作品所表达的就是一个充满焦虑、躁动、追求的当代人永远不得安宁的"生命内在的与外界对象矛盾冲突"的生命流程。如果说《绿夜》、《老桥》、《黑骏马》等早期作品中主人公生命躁动的激情还存在着因时代剧变有些伤时感世的惆怅的话,那么,在《北方的河》、《黄泥小屋》、《黑山羊谣》等作品中主人公生命的躁动则主要表现为对中国北方的河,对于中华民族的历史,对当代中国人的历史责任及对人的生命本质的悟达,而到了《金牧场》中,主人公生命躁动的"积极的痛苦"得到了最充分的表现与宣泄,它纵横驰骋于更广阔的历史时间和地理空间,在更高、更深的认识层次上体现了当代中国人的生命躁动及其历史蜕变的时代根源,那就是:为了不使大陆僵死衰落,就要在绝大多数人在心安理得准备再忍受它几十辈子时,主体自觉地陷入躁动和狂热之中,对成熟得腐朽的文明发动大规模反叛。因为对于主人公来说,只有这种责任才真正能够说是神圣的。为了这种神圣的责任,主人公一次又一次踏上自由长旅,虽痛苦得不能自拔,但仍然以真正的异端为骄傲,其渴望人生"积极的痛苦"、"积极的欢乐"的勇气和力量就在大陆之子的生命血脉之中,因为生命就是希望,主人公崇拜的也只有生命。这与王蒙的《新大陆人》系列作品的思想有着多么深刻的精神上的默契。而在莫言的作品中,人的"积极的痛苦"、"积极的欢乐"奠定了主人公生命流程的出发点和归宿点。在这里,人为了生命本体的高扬和"积极运转",已跨越了善恶美丑俗见,撕去了虚伪的道德外衣,一扫忸怩作态的娇情,登堂入室直窥人的"生命内在的及与外界对象之间冲突"所造成的"积极的痛苦"的奥秘。如果说《红高粱》系列中的烈女好汉蔑视着人间的道德和堂皇说教,表现着人的力量和人的自由,生的伟大与爱的光荣,而以人"因痛苦而激扬而积极运转"的生命的电光石火焚烧着文明道德的虚伪和腐朽从而激扬人神圣的生命能量释放的话,那么《欢乐》、《红蝗》则主要是痛切人的生命躁动的灵魂被腐朽文明锈蚀,而在无情地鞭笞挞伐扼杀人的生命的异己力量中激扬起生命的真性,充分体现了时代现实对"积极的痛苦"的渴望以及人对这种渴望的克服与满足的生命感悟在灵与肉之间的回应。其精神实质是与王蒙小说世界的神髓相一致的。

因此,这些作品都毫无例外地反对回避矛盾,反对无视生命艰难的单纯、肤浅和盲目的乐观主义,而要直面人生,正视人类自身的困境和生命的悲剧性,以作品所显示的艺术力量警告现实生活中被理智主义的光环所迷惑而失去冷静、盲目乐观的人类:人类的发展是艰难异常的,他脚下几乎就没有路,倘要开路前行,就必须依靠自己的双脚从浩瀚沙漠、丛丛荆棘与莽莽沼泽中跋涉踏出。人生旅程是短暂而又漫长的,严峻而又冷酷的,人类自身的发展才不过是刚刚起步,与生命俱来的人的"积极的痛苦"只不过是初具雏形,人类在他面前的巨大试卷上仅仅作了有限的一部分答案。人类不可能忘乎所以,因为他具有永无休止的与生俱来的"积极的痛苦"。这种"积极的痛苦"非但不会使人类消沉和绝望,相反,却成为催促和逼迫人类不断奋进与升华的强大精神动力源泉,这同时又是人类生命意义的真正所在。

总之,从根本上说,无论是对青春的礼赞、对爱情的讴歌,还是"积极的痛苦",作为人生的情绪体验,伴随着人的生命流程的各个阶段,是属于人类的精神现象范畴。它不仅存在于现实世界里,也显现于艺术王国中,但最终呈现的仍然是社会、历史以及人自身发展历程的缩影。正是在这个意义,个体的焦躁动荡的生命流程与人类社会历史发展的进程相同步,文学因此成为人类精神发展的描述史。王蒙及其小说创作正是以此为坚实的立足点,展示了他的艺术作品对人类生命灵魂的执著、深刻而全面的探索。

第五章 人性形象探索论

歌德曾经说过:"凡是值得思考的事情,没有不是被人思考过的;我们必须做的只是重新思考而已。"①这无论是对王蒙的艺术创作自身而言,还是对研究王蒙的艺术创作的批评主体来说,都是非常恰当的。作为"重放的鲜花"再度崛起于新时期文坛的王蒙,是以深刻的思索见长的。思考作为王蒙"作品的重要特色"②是有着深厚、丰富的历史和艺术营养源的。不管是现实生活中的作家本人,还是活动于艺术作品中的主人公们,在他们身上,都烙印着"故国八千里,风云三十年"流动的历史时间和大跨度的空间印象,蕴藏着作者对当代政治历史,对一代人的社会人生理想,对变动着的时代生活,对人生外部与内部问题的各种思考和探索。表现在他的艺术作品中,这种思考和探索十分鲜明地、集中地体现在作者对人的精神世界的探索上。而这一切就艺术创造而言,又是以王蒙对包括小说在内的整个的文学艺术的特征、功能的独到而深刻的认识和理解为根据的。

王蒙既是一位具有浓厚诗人气质的作家,又是一位具有清醒理性的理论家,这同样表现在他对人的精神世界的不懈探索之中。他认为:"一个作家愈有了强烈的公民责任感,热爱祖国,热爱人民,站在时代的前列,深深地扎根于人民之中,才能够理解人、描写人、打动人。""正是人的灵魂、人的性格以及人的命运才能够吸引

---

① 《歌德的格言和感想集》,中国社会科学出版社1982年版,第1页。
② 石箫:《忠于生活、思考生活》,《钟山》1982年第1期。

读者的心,震撼读者的灵魂。""文学的功能,文学的特长是在于它自发于作家的心灵深处,它关心着、感受着、理解着和表现着许许多多的人的命运和灵魂,从而打动着、潜移默化着千千万万读者的心,化为读者的内在的精神力量。"①因此,他主张"对于作家来说,就要探索人的精神世界"。要"靠文学,特别是靠小说来追踪、记录人的精神活动"②。王蒙在创作中表现的对于惶惑灵魂的理性探索,正是这种认识在艺术创作中的积极实践。

在新时期的王蒙艺术创作中,他一方面描摹着人物思绪流动的轨迹,淋漓尽致地抒写、挖掘人物的精神世界,另一方面,他又努力把人物灵魂深处的真诚、善良、美好、酷爱和平、自由、积极进取或与其相反的品质以及心灵的搏斗展示出来,在同艺术与社会现实的观照对比中,使人们充分认识在美与丑互搏,善与恶、真与假错乱的现实与艺术世界中人的精神作用,从而唤起人们对社会历史和人生道路的深沉思索,唤起人灵魂高扬的生命激情。因此,在他用艺术手段表现人的内心真实,探索人的精神世界而遭到非议时,他非常明确地回答,自己进行这样的探索,"不是为了发神经,不是为了发泄世纪末的悲哀,而是为了塑造一种更深沉、更美丽、更丰富也更有文明的灵魂……不是叫人逃避现实走向内心……而是一种叫人面向客观世界也面向主观世界、既爱生活也爱人的灵魂的健康而又充满的自我感觉"③。在充满精神探索的王蒙的艺术世界里,人的精神世界,作为"王蒙探求人生和艺术时的主要侧重点和落墨点","记录着他自己,一个探寻者的心踪",表现着自己的灵魂搏斗与倾吐,同时由于这个"我自己"是和祖国人民社会时代血肉相连、休戚相关的,因此,在他回首往事、展望未来、正视现

---

① 王蒙:《漫谈文学的对象与功能》,《延河》1980年第4期。
② 王蒙:《漫话小说创作》,《钟山》1982年第2期。
③ 王蒙:《关于意识流的通信》,《鸭绿江》1980年第2期。

实的同时,又从历史与现实、直觉与理性、文化与人生等多层次、全方位的深刻思索中,表现着普通的人生命运,令人"惊奇地揭示出现代人变幻多姿、云谲波诡的心灵运动"[①]和精神历程。这又与新时期文学发展过程中历史——文学、哲学——文学、文化——文学的三个发展阶段相吻合,在更深邃的意义上显示出:"文学史,就其最深刻的意义来说,是一种心理学,研究人类的灵魂,是灵魂的历史。"因为"一个国家的文学作品,不管是小说、戏剧还是历史作品,都是许多人物的描绘,表现了种种感情和思想。……清楚地向我们揭示出来某一特定国家在某一特定时期人们内心的真实情况"[②]。这同时也是王蒙对惶惑灵魂进行探索的主旨所在。

一、惶惑灵魂的精神求索

就王蒙个人生活历程来说,他是有意栽花于"职业革命家"的理想天空而无意插柳于文学艺术的广袤原野的。虽然"历史常常和人开玩笑,你原来想进这个房间,却进入到那个房间去了"[③]。但是,历史是不以人的意志为转移的,历史是最无情的,阳错阴差与偶然巧合充斥于历史的发展过程之中,王蒙因钟情于文学这个天真烂漫、美好纯洁的少女而过早地被迫离开了"组织部"也不再是年轻人。历史又体现着客观的必然性,历史也是最有情的,在经历了20多年经风雨、见世面的生聚和教训之后,革命和文学复归于统一,灵魂和人格复归于统一。不幸的历史已成为过去,美好的未来正从现在开始。徘徊于新的人生十字路口的王蒙,在交集着壮心不已与麻木的隔世感的同时,仍然保持着自己特有的敏锐和

[①] 何西来:《探寻者的心踪——评王蒙近年来的创作》,《钟山》1983年第1期。
[②] 勃兰兑斯:《十九世纪文学主流》第1分册,人民文学出版社1980版,第2页。
[③] 王蒙:《访苏心潮》,《十月》1984年第6期,第119页。

执著的追求,"对于青春,对于爱情,对于生活的信念,革命的原则与理想"①仍然忠贞不渝。但是,在新旧交替的历史新时期,社会像万花筒一样,瞬息万变,回首往事,直面杂色的人生,透视人生与历史舞台上连演不辍的悲喜剧,正如王蒙在《轮下》中对女主人公的遭际所作的表述那样:"我感到震惊,我不相信革命、青春、爱情能够与中途背叛连在一起。……这使我怀疑了善的力量,忠诚的力量。"②固有的精神理论受到冲击,新的价值观念尚在朦胧襁褓之中,这一切使王蒙感觉到自身"正面临着一个艰巨的任务:寻找我自己。在茫茫的生活海洋中,时间和空间的海洋,文学与艺术的海洋中,寻找我的位置,我的支撑点,我的主题,我的题材,我的形式和风格"③。"寻找我自己",既是对故我的怀恋,又是对铸造新我的渴望,它只能在一定的参照系中完成,在对"城市和乡村,50年代和80年代,内地和边疆,汉族和少数民族,中国和外国,知识分子、干部和工人农民,上一代人和下一代人"④的观照、比较中进行。不比不知道,一比吓一跳。正是在这现实与历史对比形成的巨大反差中,王蒙及其作品的主人公的灵魂在受到震动,感到惶惑、迷茫中开始了不懈的精神探索。

这种因现实的巨大反差所引起的灵魂惶惑,并进而开始不懈的精神探索,早在《组织部来了个年轻人》这部 50 年代的作品中就明显地露出端倪。

在火热的年代有一颗年轻人火热的心而渴望在社会主义建设高潮中为祖国和人民贡献出自己的光和热的林震,对工作,对生活充满了坚定的信念和美好的理想,他不满意于自己的青春年华在

---

①③ 王蒙:《〈王蒙小说报告文学选〉自序》,《王蒙小说报告文学选》,北京出版社 1981 年版,第 17 页、第 6 页。
② 王蒙:《轮下》,《人民文学》1986 年第 4 期。
④ 王蒙:《倾听着生活的声息》,《王蒙选集》第 1 卷,第 12 页

平庸、单调中度过,看不惯区委会党的组织工作拖拉、松懈和官僚主义、形式主义弊端,他要以自己的青春活力革除这些陋习,冲击在朝气蓬勃的新生活掩盖下的那一角深潭、死水。然而,他却遭到了对什么新鲜事物都已淡漠,"看透一切,以为一切就那么回事"①的刘世吾式的冷淡和韩常新式的人物的嘲笑。在这样的情形下,"林震有一种奇怪的感觉:和刘世吾说话似乎可以消食化气,而他自己的那些肯定的判断,明确的意见,却变得模糊不清了。他更加惶惑了"②。对于这种惶惑,尽管王蒙认为是由于林震"对生活,对社会的看法,是相当简单化的。有些地方甚至是一厢情愿的、自以为是的推断"③,但是不容否认,这种惶惑的灵魂是不合理的生活现象与理想的矛盾冲突所引起的疑问和冲击而造成的,它标志着50年代一大批和林震相似的年轻人走向生活、走向社会、走向机关工作以后的心灵的变化,他们的幻想、追求、真诚、失望、苦恼和自责乃至灵魂的惶惑是一种具有社会普遍性的典型精神现象。小说结尾处,林震勇敢地从惶惑、迷惘中走出,毅然决然地、坚决地、迫不及待地敲响了区委书记办公室的门,显示了林震不可磨灭的冲击一切陈腐现象的锐力,从侧面显示了王蒙在艺术王国里对精神世界探索的历程和步履,小说也因而具有了广泛的艺术审美作用和社会影响。不幸的是,这种稚弱的探索刚刚举步,就遭到了历史无情的遏阻,迫于各种因素的压力,作家不甘心地被迫停止了这种探索。

然而,非常幸运的是,尽管王蒙抱憾自己"无法重新做儿童"④,但是,他终于迎来了他生命史上的"二度青春"。此刻,生活

---

①② 王蒙:《组织部来了个年轻人》,《王蒙选集》第 1 卷,第 412 页、第 406 页。
③ 王蒙:《〈香草集〉序》,王蒙著《漫话小说创作》,上海文艺出版社 1983 年版,第 165 页
④ 王蒙:《〈王蒙小说报告文学选〉自序》,《王蒙小说报告文学选》,北京出版社 1981 年版,第 6 页。

和文学对于王蒙来说,"已经是一个庄严、干练而又慈祥的母亲。她额头的皱纹,述说着她怎样在风暴中挺立,在烈火中再生,也述说着她曾经怎样遭受娼妓和巫婆的欺凌;她宽广而又温暖的胸膛,却仍然是那样圣洁、温柔、充满着生命的乳汁,充溢着博大而又深远的爱"①。正是为了文学和生活这位母亲,王蒙重新拿起了神圣的文学之笔,重新开始了中止20年之久的对于惶惑灵魂的精神探索。

如果说《组织部来了个年轻人》里林震的惶惑是由理想对不合理的社会现象的怀疑、思考和冲击所造成的话,那么,在《表姐》中,表姐灵魂的惶惑,则是这种不合理的社会现象的繁衍与扩变在人们精神上留下的严重创伤的悸惧所致。表姐非常关心别人,甚至使"关心往往成为担心,以不祥的预言的形式表现出来",买自行车她怕"被贼偷去","住进新房子担心房屋倒塌,吃了西瓜担心得痢疾",因而,在现实生活中,"她总是在担忧"。对于已是有影响的年轻诗人的表弟,在当时都是一片赞扬的声音和羡慕的目光中,只有表姐不止一次地说过:"少年得志,必定招祸。文章憎命达,诗人多半横死夭折……"不能否认的是,在事实上,"往往许多事情被她言中"②。就是这样一位"本来可以成为蔡文姬或者李清照、乔治桑或者夏绿蒂、勃朗特"③的表姐,在表弟平反昭雪重新拿起笔进行诗歌创作而且重又引起不大不小的影响陆续收到了上千封热情洋溢的读者来信的时候,她仍然劝表弟妹们"要好好想一想,下一次再别写这样的诗了吧,我告诉你们:早晚要收的……"④这种惶惑的灵魂状态颇类似于古华《芙蓉镇》中所刻画的王秋赦的精神状态。这种时刻总是在担忧"早晚要收的"人物灵魂深处的惶惑,既

---

① 王蒙:《〈王蒙小说报告文学选〉自序》,《王蒙小说报告文学选》,北京出版社1981年版,第6~7页。
②③④ 王蒙:《表姐》,《王蒙选集》第3卷,第125页、第131页、第131页。

是对那种刚过去不久的浩劫在人们心灵上造成的伤痕时稳时发的余悸,也是一种对新的现实生活不能深刻理解所带来的精神上的危机,既是对过去的历史的反思,也是对未来的迷惘。而在《夜的眼》、《春之声》中,则表现了人们对新的现实生活,对于城市与乡村的不同现实所呈现的差异而产生的惶惑,以及从惶惑中触悟的生活的转机。

在《夜的眼》里,王蒙描写了在边陲生活了30余年的作家陈杲由于对大都市之夜的凝视而产生的惶惑:有着迷宫一样的城市建筑物与足球比赛、观众鼓掌、锤子敲门、剁菜的声响、孩子们的吵闹声和大人威胁的语言等等密集的生活与在边陲的小镇晚间最多听到的狗叫的声音;遥远的贝尔格莱德、东京、香港和新加坡与现实生活密切相关的民主、法制、羊腿、道德的海阔天空的讨论;自以为凭借边远地区首长的老关系去为公家走后门而对方指给他要走后门靠东西和招摇撞骗两条路而且何去何从凭他自由选择的尴尬等等,矛盾纷呈的事物铺天盖地充斥于陈杲的所见所闻所思所感之中,同一时空中不同的现实对象如沙漠行旅骤见钱塘江大潮一样,使得陈杲眼花缭乱,头绪纷繁,惊诧万分,他对此觉得"有点陌生,不大习惯,甚至有点可笑"而且"似乎有点后悔"①,这使"一向不算不善于谈话的陈杲好像被人偷去了嘴巴,他说得结结巴巴,前言不搭后语,有些词用得不伦不类"②。一副惴惴不安,诚惶诚恐的惶惑灵魂裸露于读者的眼前。就像刚刚从漫长的暗夜中摸索出来的人骤然走进洒满金色阳光的光明世界中会感到头晕目眩不能适应一样,陈杲身上的这种惶惑正是飞速变化的社会现实与旧有的生活习惯、思维方式、价值观念的冲突碰撞所致。

《春之声》尽管全部情节浓缩于80年代第一个春节前夕的闷罐车厢里,但是,在岳之峰的精神世界里,尽管有苦辣酸甜咸各种

---

①② 王蒙:《夜的眼》,《王蒙选集》第3卷,第150页、第154页。

滋味的辨识,有车轮铿锵、汽笛长鸣、德语发音、李谷一的《泉水叮咚响》和约翰·施特劳斯的《春之声圆舞曲》等各种音响在他心灵上的感应,但是,这一切"春天的旋律,生活的密码"①都是开始于岳之峰对他父亲摘掉地主帽子而触发的往事回忆,产生于"难道人生一世就是为了作检讨?难道他生在中华,就是为了作一辈子检讨的吗?"这一"够人们学习一百年"的历史定势在他灵魂中所引起的"惶惑"与疑问。②正是这种带有疑问的惶惑,作者通过岳之峰的灵魂屏幕折射出他的精神世界对现实每个角落的生活都是在出现转机的发现。

如果说《夜的眼》、《春之声》是由于人与现实的巨大反差而使人的灵魂感到惶惑的话,那么,《深的湖》则探索了人与过去的现实——历史的巨大反差而造成的人的惶惑灵魂。

《深的湖》这部作品,是王蒙以"不懈地探求生活和艺术的秘密,生活和艺术的湖"③这种严肃的责任感来创作的,其目的是要"把生活的脉搏传递给读者,努力做到有利于社会、人民、年轻人的心灵"④。因为"生活是一个谜,艺术也是一个谜,人们在追求、在接近,却永远也不可能穷尽它的谜底。生活是深的湖,艺术也是深的湖,人们生于斯、长于斯、游于斯,却谁也不可能贯通它的所有的层次"⑤。在作品中,作为儿子的杨小龙在一次参观一幅名为"湖畔"的油画后,看到作者署名是杨恩府(也就是他父亲的名字),但他又不相信这样的事实,因为作为父亲的杨恩府在儿子杨小龙的心目中只是这样一个形象:"一个渺小的和慈祥的爸爸,一个从来没有在我(指杨小龙——作者注)面前显示出任何才气和灵感的,除了画宝像以外只会给样板戏电影画广告画的爸爸,一个为了买1斤羊肉甘愿排2个小时的队的爸爸,难道是他在24年以前画出

---

①② 王蒙:《夜的眼》,《王蒙选集》第 3 卷,第 215 页、第 205 页。
③④⑤ 王蒙:《〈深的湖〉自序》,《王蒙选集》第 4 卷,第 327 页、第 372 页、第 371 页。

了那样明丽和温柔的图画？难道他的心里曾经有过青春、新绿、湖光、追寻和幻想？"①因而杨小龙推断"那位《湖畔》的作者杨恩府，不过是与爸爸同名同姓罢了"②。然而，此后不久，杨小龙从父亲给他的赠诗中，在"充满了生机和希望"的父亲的石雕新作猫头鹰的眼睛——"那简直是两个湖，两个海！那可以装下整个的历史，整个的世界"③里，刚刚步入社会，思索人生和历史的杨小龙陷入了深深的惶惑之中："我完成着一个普通的——不是最好的，也不是最坏的——大学生应该完成的一切。然而内心里却好像有一种疑惑，而对于我的疑惑本身，又是一个疑惑。"④这种灵魂的惶惑是下一代人对上一代人，人与历史和现实的反差造成的，既是对历史的理解，也是对现实的清醒，是一种双重的惶惑，这在《高原的风》中则以上一代人对下一代人，人与现实与未来的反差所造成的灵魂惶惑形式表现出来的。

《高原的风》中的主人公宋朝义，在荒芜了宝贵的黄金岁月以后，在新时期重新焕发出"二度青春"，以别人包括自己都未曾料及的速度恢复了自己以往的一切优势，事事如意，生活富足，事业进入化境，一切都无懈可击，人生旅途可谓已臻登峰造极的境界。然而，是固步自封、满足于眼前既得的一切，还是摆脱功成名就、坐吃老本的陈规陋习和继续"烧包"的内心矛盾，同时，在儿子龙龙和他选择的女友小李身上，在宋朝义自己认为的轻浮和自私的年轻人的现状中，这一切仍深深地煎熬着宋朝义，使他感到前所未有的"青春、生命和灵魂的真正巨大的痛苦"⑤，因此，这种两难的现实环境，使宋朝义感到一种空前未有的惶惑，为了摆脱无所追求、随遇而安的陋习而继续"烧包"，宋朝义终于从儿子、儿子的女朋友以

---

① ② ③ ④ 王蒙：《深的湖》，《王蒙选集》第3卷，第241页、第241页、第253页、第250页。
⑤ 王蒙：《高原的风》，《人民文学》1985年第1期。

及年轻女教师的发奋精神中,在灵魂深处重新涌起了澎湃的波涛:

"他毕竟还能感受到那不安的忧患重重的灵魂的痛苦,那与生命俱来的火烧火燎一样的焦灼。他毕竟从来没想过死可瞑目。他还能烧包,还能做点傻事。他还能感到那呼唤儿子和未来儿媳的高原上的风,正在他心里吹得野。"
(王蒙:《高原的风》,《人民文学》1985年第1期)

这种灵魂的惶惑极其痛苦,促使宋朝义继续向生命与事业的更高峰攀登。他这种惶惑的灵魂探索历程颇类似于王蒙在《海的梦》中所讲的那个著名的斯堪地纳维亚故事:

"北欧一个作家描写过这样一个神奇的小岛,它有着无与伦比的美丽,它吸引着几个少年人的心,当这几个少年人,等到天寒地冻,费尽千辛万苦,用整整一天的时间滑雪前去造访了这个小岛之后,他们才发现,小岛上除了干枯暗淡的石头以外,什么都没有。"
(王蒙:《海的梦》,《王蒙选集》第3卷,第221页)

这个故事可以说是渴望大海而终于得到大海的拥抱与抚慰的主人公缪可言一生的精神历程的象征和概括。然而,与这个故事不同的是,缪可言却并未感到满足,而是"若有所失",他疑惑:"他究竟少了什么呢?这里究竟缺少什么呢?那些非正常死亡的战友的亡灵永远召唤不回来了,自己的一番雄心壮志也永远召唤不回来了。"[1]因而在他的灵魂深处产生了"因为找到了梦所以失去了梦的痛苦"的惶惑和短暂的迷茫,但夜与月互相包融的大海重又使"他感到震惊"[2],月夜下相依相偎,劈波斩浪的恋人也使"他非常

---

[1][2] 王蒙:《海的梦》,《王蒙选集》第3卷,第225页、第226页。

懊悔,却又觉得很高兴,很满意"①。这一切又是那样令"缪可言觉得有点眼花,这流动的、摇摆的、破碎的和粘连的银光真叫人眼花缭乱"②,于是在他惶惑的灵魂深处重又激起了一种十分隐秘的激情。这里不难看出,隐藏于宋朝义和缪可言灵魂中的惶惑,是植根于历史和现实丰饶沃土的精灵,是从年轻一代蓬勃昂扬的青春旋律中,重新张开生命之帆进行再次远航的准备过程中所具有的精神紧张。

这种惶惑灵魂的精神探索,无论是从《深的湖》中流露的人与历史对视中下一代人对上一代的灵魂惶惑,还是《高原的风》、《海的梦》所显示的人与现实,上一代人对下一代人对视中产生的灵魂惶惑都集中而典型地表现于《惶惑》所揭示的人与历史、与现实相互对视而产生的惶惑之中。因为,人是从历史走来在现实中生存并走向未来的人,历史是过去的现实,现实也将成为未来的历史,从哲学意义上讲是三位一体、不可分割而且互为表现的。

在《惶惑》这部耐人咀嚼和回味的作品中,主人公刘俊峰在工业大学上学期间,在1951年12月31日夜晚他们班与附中毕业班的除夕联欢中,当时一位女同学——后来从师大中文系毕业后一直在T城某中学工作的母老师,得到了有刘俊峰题词和签名作为礼物的笔记本,并且一直为她所珍藏,之后在刘俊峰的记忆中"他第一次到T城来是28年以前的事,比四分之一个世纪还长三年。那时候他23岁,大学才毕业,体重只有一百零一市斤,穿身柞绸中山服,自以为是高级衣料了,神神气气地进行他的第一次出差,而且走到哪里也不忘记戴一顶短帽沿的灰布帽子"③。这就是作品主人公的历史。如今,51岁,作为刚刚提拔为环境保护机构的主任的刘俊峰,是"为数不多的年富力强、又红又专、既被上级了解赏

---

①② 王蒙:《海的梦》,《王蒙选集》第3卷,第227页、第228页。
③ 王蒙:《惶惑》,《王蒙选集》第3卷,第306页。

第五章 人性形象探索论

识、又被群众信赖拥戴,官而不僚、专而不僻,走红运而不被嫉妒的前途无量的人才之一。三中全会以来他的体重增加到了141斤,近日又开始注意了采取一点点防止继续发胖的措施。他经常穿一身洗得发白的华达呢棉布陆军服……同时他有好几套毛料服装,遇到国庆大典、外事活动时再穿。他从来不戴帽子,而且上衣的第一个纽扣从来不扣"①。正是在这次重新回T城的出差中,他竟意外的遇见了早已被他忘记名和姓的母老师。母老师几次请他到她所在的学校作报告,到她家里去吃饭,再一次给她珍藏的笔记本题词和签名,但是事与愿违,或由于刘俊峰以工作忙为借口所推脱,或因助手的偏见而遭到挡驾,母老师这一小小的然而又是弥足宝贵的心愿竟未能得到满足和实现。对此,作者对刘俊峰描写道:"T城远去了,往日的T城已经面貌全非,他这次出差并没有挖掘出多少淹没了的记忆和记忆的见证。他自己也已经面貌全新了,匆忙、紧迫、自信。"②然而,刘俊峰又感觉到奇怪:

"尽管这次到T城出差比28年前那次更值得眷恋和珍重,更令他神往,然而那是不可能的。1954年和那一年的他……已经不会再回来,时光不会倒转,80年代有80年代的挑战,而他在80年代担起了超重的担子,他大概不如1954年,当然也不如1951年给素不相识的朋友题词时那样可爱了,他好像有那么一点冷酷……"

(王蒙:《惶惑》,《王蒙选集》第3卷,第321页)

因此,在刘俊峰的内心深处,他总是"无法驱除掉母老师给他留下的印象。直到回北京以后很久了,他仍然时不时地想起她来,而且,每当想起她的时候,他感到一种淡淡的,却又是持久的惶

---

①② 王蒙:《惶惑》,《王蒙选集》第3卷,第306~307页、第320页。

惑"①。

　　这就是在人与历史和现实的相互对视中产生于当代人心中的一种灵魂惶惑，它既是历史和现实在人物心理活动屏幕上的投影，也是这种投影在人的精神世界上的折光，更是作者内在的情理矛盾在艺术创作上的体现。正如王蒙自己所指出的那样："从某种意义上说，阅读和分析作品，是对作家灵魂的探索。"②对此有的评论家指出，这种灵魂惶惑是由于王蒙在创作中受理智与感情、过去与现在这两个不同方面的力量牵引所致，即王蒙"在理智上倾向面对现在"，要求自己谛听并且及时记录生活不断前进的脚步声，"而在感情上，他却仍不能忘情于过去，不能忘情于那个豪情满怀、生气蓬勃的青少年时代"③。对此，王蒙本人曾委婉地批评了某种渴望"做创新状"的形式主义的读者心理，认为评论家对于他及作品"在分析的似乎只是半个鄙人，也许是多半个"④。因为在要求隐蔽性的文艺作品中由于作者也许不那么愿意直言托出内在的意图。因而这惶惑的灵魂所表现的"内在意图"，既是王蒙文艺作品的重要内涵，也是王蒙内心世界的精神写照，是他人生旅程中焦躁动荡的灵魂的重要组成部分，既是王蒙借杂色老马写渴望成为一匹神骏和龙种所发出的"让我跑一次吧！"⑤的呐喊心音，也是现实生活中王蒙借"青春万岁"的火把在"夜雨"中吟唱"如歌的行板"雄心勃勃地要创造出更加雄浑、有力、丰富、深沉的新乐章前的精神状态，因此，在这种淡淡的惶惑中浓缩着现代人的苦恼，在这持久的惶惑中涵蕴着对未来命运的启示。

---

① 王蒙：《惶惑》，《王蒙选集》第3卷，第321页。着重号为引者所加。
② 王蒙：《永远做生活与艺术的开拓者——序小说集〈迷乱的星空〉》，《王蒙选集》第4卷，第339页。
③④ 李子云、王蒙：《关于创作的通信》，《王蒙谈创作》，中国文艺联合出版公司1983年版，第220页、第204页。
⑤ 王蒙：《杂色》，《王蒙选集》第2卷，第183页。

此外,在《逍遥游》中,维吾尔人身上特有的幽默、乐观、积极向上的精神品质与在渺小而却又很卑鄙的人和事面前,竟一筹莫展,既缺乏力量,也缺乏勇气,只是苟活,只是在等待,在1957年被指责为渺小和卑鄙以后,沉溺于喝酒、打麻将、聊天之中,而在20年以后回到这段生活与真感到自己是渺小和卑鄙了的王民的精神世界的反差;在《小事》之一的《失态》里,在自恃为恩宠和优待象征的两杯牛奶缺而复现的偶然性生活插曲中,祖孙二人身上命定色彩和舒适感安排下因不能掌握自己灵魂所感受的失态的惶惑;在《莫须有事件》中,周丽珠在朝思暮想而偶然俱至的金钱、地位、名誉面前始而惶惑继而心安终而自省的灵魂躁动,都表现了作者对于人、事、时、史之间的反差所造成的惶惑灵魂进行的不懈探索。正是在对存在于人与时、人与史、人与事、人与人之间的反差所造成的惶惑灵魂的精神探索的基础上,王蒙又进一步转化为对自身惶惑灵魂的精神探索,从自我迷失中寻找自己。

二、自我迷失的艰难寻找

王蒙在他的中篇小说《莫须有事件》的结尾,曾经留有意味深长的一笔。他说:

"人生活在地球上,地球上有办不完的事,但人们有时候想问一问天上的星星之间的事;虽然你并不是天文学家,但你某些时候可能有接近天文学家的研究星星的兴趣。

星星的位置是确定的,有规律的,是非界限也是分明的,如果你真想弄清星星的位置与是非的界线,其实,并不难,一点都不难,但一定要出以公心,去掉私心杂念,而且要召唤斗争的勇气。"

(王蒙:《莫须有事件》,《王蒙选集》第2卷,第486页)

这里，王蒙隐含着一个古老的认识论上的命题，那就是刻在古希腊帕台农神庙石柱上那句至今还闪耀着哲理光芒的名言："认识你自己。"而人的认识就其过程来说，是从直觉的感性认识上升到逻辑的理性认识，循环往复，以至无穷的，人的认识由此而更加全面、深刻和广泛，并且，从对外界对象的不断认识过程中，逐渐回归到对人自身的认识。这种认识，包含着偶然性与必然性、直觉与理性的彼此交合。因为世界是万象纷呈的，历史也自有它的发展规律。人们总是竭力从理性上把握世界和历史，但人类的认识能力是有限的，它永远穷尽不了世界，正如人类对宇宙的探索一样；历史尽管有它的演变发展规律，但历史的发展总是呈现为大大小小的偶然事件，就像人们对于星体的观测，因而阶段性的认识只能是偶然性汪洋中的沧海一粟：所以，从理性偏执自己对必然性的把握，有时反而是一种褊狭的狂妄，相反，尊重偶然与直觉在人的精神世界中的地位，则不失为一种理智的态度。作为大千世界的主体，"人是能够胜任许多角色的，并非完全决定于机缘。又常常表现为机缘。偶然是历史的灵感，泰然是人的灵感。……庸俗像是飞蝇，叮住了生活的骏马，于是它飞速前进了"①。对于王蒙来说，尽管他"始终没有忘情于概念的运用和迷人的逻辑推理"，"反对神秘主义、无思想性和非理性主义"，但是，他更"推崇艺术直觉"，"坚信艺术的直觉、艺术的感觉在文学创作中的重要作用"②。在他看来，艺术直觉是作家"对于世界、对于生活、对于对象的第一瞬间的反映"，"都或多或少、或深或浅地反映着感觉者的思想、观点、倾向、教养、趣味、性格、人品"，尤其是"第一瞬间"的直觉，常常能反映出一个人心灵深处未经修饰和掩饰的、因而也是最真实、最生动

---

① 王蒙：《梁有志他》，《小说选刊》1989年第5期。
② 王蒙：《倾听着生活的声息》，《王蒙选集》第1卷，第6~7页。

的那一部分,在洞察一个人的灵魂中这种"直感"①具有特殊的价值。因此,在艺术创作中,敏锐而深刻的直觉作为作家的重要品质,"这是现实和经验之间的一座桥梁,又是现实和理想之间的一座桥梁,这是现实和艺术、直观的与幻觉的美相联结的一座桥梁。又是现实和理性、和思考、和民族的与人类的悠久深厚博大的文化传统相联结的一座桥梁"②。这同时也是王蒙在进行艺术创作时对自我迷失的惶惑灵魂进行精神探索的内在根据,而在客观上,这种对自我迷失的惶惑灵魂所进行的精神探索也是与一定的社会历史、人生及其作家自身的心灵历程有密切关系的。

在我国相当长的一段时期内,不合理的政治运动使人们的精神受到沉重的创伤,人们的灵魂也因此而变形、扭曲、遭到冲击和遏抑,现实生活中的种种矛盾与冲突、苦闷与不安、病态与畸形、颠倒与混淆、迷狂与痴呆、幻想与梦呓等等怪现象充斥于人们的精神世界,人们不甘心屈服于这种内外的矛盾困境,由此而产生了新的思想和觉醒。这些复活了的躁动的精神因子,它们彼此冲撞,纵横交错而又相互裹带,人们多年来积聚的对合理的或不合理的生活观念和体验、情绪、感受等因而变得异常丰富和深刻,大到整个社会、小至每个人的灵魂深处都蕴藏着一部复杂的社会精神现象学。面对纷繁多变的大千世界以及自身的生活环境、生活方式、价值观念等等社会现象,人们感到迷惑不解,就像王蒙在《相见时难》中对蓝佩玉所描写的那样:"她常常有一种迷失感,不知道方位,不知道道路的选择,不知道时间,不知道蓝佩玉或者佩玉·蓝究竟是谁和究竟要去何方和正走向何处。"③这种"我是谁?我从哪里来?我到哪里去?"式的疑惑,成为一个躁动的幽灵骚扰着人们的灵魂,人

---

① 王蒙:《倾听着生活的声息》,《王蒙选集》第1卷,第6~7页。
② 王蒙:《谈触发》,《王蒙谈创作》,中国文艺联合出版公司1983年版,第67页。
③ 王蒙:《相见时难》,《王蒙选集》第2卷,第363页。着重号为引者所加。

们尽管想牢牢扼住命运的咽喉但终究难以把握自己的命运,自我从此感到迷失,灵魂为此而愈加惶惑不宁。正是现实生活中这些具有特定的时代感的精神现象构成王蒙在艺术创作中对惶惑灵魂进行精神探索的重要生活根据。因此,王蒙对于作品主人公的惶惑灵魂所进行的精神探索是建筑在作者冷静的观察和严肃的思索基础之上,并且洋溢着炽烈的主观激情。这尤其表现在对钟亦成、曹千里、张思远、王民等含有王蒙自己影子的一系列主人公惶惑灵魂的描写上,体现于对因自我迷失而产生的惶惑灵魂进行深入的精神求索所显示的自我观照之中。

在《布礼》中,具有坚定赤诚信仰的钟亦成和党"本来是血管连着血管,神经连着神经,骨连着骨,肉连着肉的,钟亦成和革命同志,和青年,和人民群众,本来也是这种血肉相连的。钟亦成本来就是党身上的一块肉"①。然而就是这个躯体,由于发表了一首《冬小麦自述》的诗歌,被一些自以为医术高明的外科医生"用随着气候而胀胀缩缩的仪表所进行的检验,被鉴定为发生了癌化恶变。于是,人们拿起外科手术刀,细心地、精致地、认真地把它割除、抛掉"②。这是执著的理想与不幸的政治现实之间尖锐的矛盾冲突,而痛苦的自身也要加入这些外科医生的行列,"也要亲手拿起手术刀来一道挖"③自己那颗"鲜红的心"④,于是,"当这个手术完成以后,当钟亦成从镜子里看到一个失去了心的人的苍白的时候"⑤,"他脱了形,变了样"⑥,甚至"用不着别人,就是钟亦成本人也不能不感到厌恶、恶心,再不愿用正眼多看他一眼"⑦。这颇类似于一觉醒来由人变成一只大甲壳虫的葛里高尔的遭遇与心态,更不幸的是钟亦成由此而产生的自卑、自虐的惶惑灵魂:

---

①②③④⑤⑥⑦ 见王蒙:《布礼》,《王蒙选集》第2卷,第30~32页。

第五章 人性形象探索论

"天昏昏地黄黄！我是坏分子！我是敌人！我是叛徒！我是罪犯！我是丑类！我是豺狼！我是恶鬼！我是黄世仁的兄弟、穆仁智的老表，我是杜鲁门、杜勒斯、蒋介石和陈立夫的别动队。不，我实际上起着美蒋特务所起不了的恶劣作用。我就是中国的小纳吉，我应该枪毙，应该乱棍打死，死了也是不齿于人类的狗屎，成了一口粘痰，一撮结核菌……"

(王蒙:《布礼》,《王蒙选集》第2卷,第31页)

面对无法想像的现实，钟亦成的灵魂感到震惊，感到惶惑，感到不可思议，发出了悲天悯地的灵魂呼号："毛主席啊，这究竟是怎么回事？究竟怎么了？这都是真的吗？真的？"[①]这是无情的现实对钟亦成本人及其信仰的最残暴的野蛮摧折，这是备遭蹂躏与践踏的灵魂发出痛苦的呻吟，这是具有赤子之心的年轻布尔什维克在凄风苦雨的政治环境中的精神呼号，这是作者对自身及其同代人的执著而痛苦的精神探索。如果说钟亦成是由于对信仰的"热爱、拥护、信任、尊敬和服从"[②]与残酷的政治现实之间尖锐的矛盾而感到灵魂惶惑、自我迷失，并且因此显示了作者对自身及其同代人的灵魂进行执著而艰辛的精神探索的话，那么，在《蝴蝶》和《杂色》中，王蒙则对这种自我迷失的惶惑灵魂进行了更为深入的剖析和精神探索。

在《蝴蝶》中，作为把自己比作革命这个巨大机器的一部分的主人公张思远，小时候，母亲叫他小石头，后来参加革命，成为八路军干部，解放后曾被晋升为市委书记，"文革"中挨批斗、蹲监狱、插队，1975年复职，1977年调任省委书记，1979年到北京担任某部的一个副部长。然而，就这样一个人，当他管理一个城市的时候，

[①][②] 王蒙:《布礼》,见《王蒙选集》第2卷,第31页、第32页。

他觉得"他就是城市,他就是市委,他就是头脑、心脏、决策"①。威重令行,而当他被下放到山村插队的时候,他从权重一时的显赫高官变成了一个普普通通、自食其力的老百姓,大家叫他"老张头"。地位和境遇的骤然巨变,对一贯自以为是的张思远来说是预料不到的,困惑之中产生了"一个有趣的、听来却有点悲凉的想像"②:

"庄生梦见自己变成了蝴蝶,轻盈地飞来飞去。醒来以后,倒弄不清自身为何物。庄生是醒,蝴蝶是梦吗?抑或蝴蝶是醒,庄生是梦?他是庄生,梦中化作一只蝴蝶吗?还是他干脆就是一只蝴蝶,只是由于做梦才把自己认作一个人,一个庄生呢?"

(王蒙:《蝴蝶》,《王蒙选集》第2卷,第112页)

张思远的这个简单而美妙的蝴蝶梦,取自"庄生梦蝶"的故事,典出《庄子·齐物论第二》:"昔者庄周梦为蝴蝶,栩栩然蝴蝶也。自喻适志与!不知周也。俄然觉,则蘧蘧然周也。不知周之梦为蝴蝶与?蝴蝶之梦为周与?周与蝴蝶则必有分矣。此之谓物化。"③庄子写的这个故事包含着浓重的人生如梦的虚无主义色彩并且为后代文人引用和发挥。然而,王蒙的《蝴蝶》表现的则是对现实世界中自我迷失的惶惑灵魂的精神探索,他取"蝴蝶"其名,形象地说明主人公张思远此时的灵魂就像轻悠自在无牵无挂的蝴蝶进入了对于历史和人生的艰难探索。但是,无论是回首历史还是面对现实、张思远的惶惑灵魂始终不能得到平静:

"风和风打架。水和水冲突。人和人矛盾,自己也跟自己过不去。这个充满矛盾的世界和人生!月亮缺了,还会复圆。你果真

---

①② 王蒙:《蝴蝶》,《王蒙选集》第2卷,第96页、第112页。
③ 曹础基:《庄子浅注》,中华书局1982年版,第41页。

能断定,这复圆了的月亮,便是当初那缺了、窄了、暗淡了的月亮吗?蚕蛾僵了,又出现了许许多多赶忙吃桑叶的蚕宝宝,你当然知道,这蚕已经不是那蚕。江河流水,一个浪头跟着一个浪头,后浪和前浪,它们之间的区别,它们之间的联系,又在哪里呢?"

(王蒙:《蝴蝶》,《王蒙选集》第2卷,第97页)

变化了的历史和现实迫使张思远去痛苦地探索:"处境和人,这二者的关系是怎样的呢?"①去自觉地寻找小石头、老张头、张书记以及张部长和张思远之间的差异和联系:"那个坐在吉姆牌轿车,穿过街灯明亮、两旁都是高楼大厦的市中心的大街的张思远副部长,和那个背着一篓子羊粪、屈背弓腰,咬着牙行走在山间崎岖小路上的'老张头',是一个人吗?他是'老张头',却突然变成了张副部长吗?他是张副部长,却突然地变成了'老张头'吗?这真是一个有趣的问题。"②于是,在被下放到山区农村参加劳动改造的过程中,张思远重新发现了自己,登山时候,发现了自己的腿;扬场的时候,发现了自己的双臂;挑水的时候,发现了肩;背篓子的时候发现了自己的腰和背甚至在和那些结过婚的女社员、那些壮年妇女为什么那样喜欢和他开玩笑、说粗话的乡村生活中发现了自己仍然是一个不坏的、有点魅力的男人,而且,正是在这里,他发现了自己的智慧、自己的觉悟和自己的威望。他终于感悟到:

"在昨天,今天和朋友之间,在父与子与孙之间,在山村二郎神担过的巨石与十七层的部长楼之间,在海云的在天之灵与拴福大嫂新买的瓷碗之间,在李谷一的'洁白的羽毛'和民国十八年的咸菜汤之间,在肮脏、混乱而又辛苦经营的交通食堂和外商(彩)印的飞行时刻表之间,在秋文的目光、在冬冬的执拗、在1946年的腰

---

①② 王蒙:《蝴蝶》,《王蒙选集》第2卷,第101页、第85页。

鼓、1976年的游行,在小石头、张指导员、张书记、老张头和张副部长之间,分明有一种联系,有一座充满光荣和陷阱的桥。这桥是存在的,这桥是生死攸关的。见证便是他的心,便是张思远自己。"

(王蒙:《蝴蝶》,《王蒙选集》第2卷,第154页)

在这以前的17年中,人们对他的尊敬,不是对张思远本人,而是对张思远的头衔、职位和权力,而只有在与普通群众的休戚与共的生活中,张思远或"老张头"赢得的才是真正的他自己。小说就是这样在主人公经历了相当复杂艰难的政治历程后,在小石头——张思远——老张头——张副部长的自我迷失与曲折变异的过程中,映射出主人公痛苦、自责、迷失、反省、追求等相当复杂的惶惑的精神状态,相当深刻地探索了张思远、张书记、老张头和张副部长之间的灵魂搏斗,真实地反映了人们在建国以来几十年风云变幻的社会生活中的精神面貌。

同样在《杂色》中,"曾经热情而又单纯,聪明而又自信,任性,漫不经心,却又像个乐观的孩子"[①]似的主人公曹千里在"全都乱了,全都忘了,全都顾不上了,除了权和钱,钱和权,夺,反夺,反反夺,反反反夺和最最最最最以外"[②],别的什么也顾不上的时代环境中,对于一心向往的革命也产生了迷惑不解:"复杂啊,怎么愈来愈复杂,愈来愈不着头脑了呢? 开始的时候不是很好吗?"[③]由于单纯的政治激情和幼稚的幻想,在复杂的革命征途中,就像渴望拥抱大海的弄潮儿骤然被狂风巨浪打晕了头脑一样,自我由此而感到困惑、痛苦和迷失,面对现实无法作出抉择,人格尊严也受到贬损,"骑着比老鼠还要渺小的一匹马"而且"像蚂蚁一样渺小的曹千里",灵魂深处所存有的"千真万确"的惟一感觉,就是"一切伟人与

[①][②][③] 王蒙:《杂色》,《王蒙选集》第2卷,第169~170页、第163页、第189页。

骏马都必须吃饭（草）……"①面对冷酷的现实，曹千里从灵魂的惶惑中进行痛苦的思索："圆圆的天和圆圆的地，一条季节河，一匹马和一个人，这究竟是什么年代？这究竟是地球的哪个角落？文明和堕落，繁荣和萎靡，革命和动乱，正义和阴谋，标语和口号，交响乐和奏鸣曲，所有的这一切都在哪里？在这个从洪流时代就是这样的地方，你又将怎样思想人生和社会上的这些麻烦和乐趣呢？"②这是在严酷的现实生活环境挤压下的精神变形，也是自我迷失的惶惑，灵魂既不甘心又无可奈何的痛苦挣扎，是自我在复杂的现实面前不能随波逐流而游离其外的孤独、愤懑情绪在旧有激情中的迷失。

就像鲁迅先生在如火如荼的"五四"时代面对"吃人"的社会发出慷慨激越的呐喊，自信青年胜于老年而事实上却是未必如此而使其生物进化论信念遭到轰毁，由此而感到徬徨，但最终又毅然勇敢地举起了手中的投枪一样，王蒙上述作品的主人公，都是在革命高涨的时候，勇敢地投入了改天换地的洪流，他们所从事的事业都被他们自己涂上了一层耀眼的神圣光圈，但是，由于他们的幼稚与单纯，由于缺乏必要的思想和精神上的准备，而对革命的艰巨性、复杂性估计不足，使自我的生命帆船因被时代与政治的风浪颠簸而和历史的前进巨轮暂时偏离了航向，经过在命运旋涡中的几圈痛苦的旋转最后终于冲出现实的暗流与礁谷，重新跃上人生的坦途，钟亦成在同"灰色影子"的灵魂搏斗中依然赤诚如故，张思远在几次蝴蝶幻变中重又找到了命运的灵魂，曹千里骑着杂色老马终于"四蹄腾空，如风如电"，"像一支火箭在发光的天空运行"，"飞快地向前"③。因此王蒙对自我迷失的惶惑灵魂所进行的艰辛的精神探索，既是现实生活中自身精神历程的艺术折光，也是对当代革命进程的理性思考。这正如马克思曾经讲过的那样，无产阶级革

---

①②③　王蒙：《杂色》，《王蒙选集》第2卷，第197页、第171页、第210页。

命与资产阶级革命有着极本质的不同,它"经常自己批判自己,往往在前进中停下脚步,返回到仿佛已经完成的事情上去,以便重新开始把这些事情再做一遍;它们十分无情地嘲笑自己的初次企图的不彻底性、弱点和不适当的地方;它们把敌人打倒在地上,好像只是为了要让敌人从土地里吸取新的力量并且更加强壮地在它们面前挺立起来一样"①。中国革命的发展与它的封建主义宿敌之间关系也有类似的情形,甚至比这更为复杂。对于像王蒙这样一代从迎接着新中国的诞生开始走上革命道路的战士来说,当他们在共和国的黎明欢呼着青春万岁的时候,是不可能意识到封建旧意识的残余思想会像毒蛇怪蟒一样,死而不僵,一遇合适的气候和土壤便会重新复活,甚至依附到纯洁的革命者自身的肌体之上,更猛烈地噬咬这些革命的赤子。事实上,也正是如此,"旧世界老是附在新世界身上而再生"②。因此,他们愕然、惶惑、默默地舐着伤口,在忏悔自己的同时注视着愈演愈烈的革命荒唐剧,直到浩劫的灾难发生,隐埋在革命中的病毒,因肌体的重新罹疾而无法掩盖,历史的旧痕因现实的无情冲刷而更加鲜明地难愈,神秘的"咒符既被揭破,烂透的西瓜又始发青春"③。执著的理想追求与现实的目标大相径庭,自我因而有知所往,无所适从而有所迷失,但内心深处的灵魂又因此而愈加躁动不安。就像倪藻从"活动变人形"中所认识到的那样:

"人是由五颜六色的三部分组成的:戴帽子或者不戴帽子或者戴与不戴头巾之类的玩艺的脑袋,穿着衣服的身子,第三就是穿裤

---

① 马克思:《路易·波拿巴的雾月18日》,《马克思恩格斯选集》第1卷,人民出版社1972年版,第606~607页。
②③ [美]R·特里尔著,刘路新、高庆国等译,胡力雄校《毛泽东传》(增订本),河北人民出版社1989年版,第37页、第49页。

子或穿裙子的以及穿靴子或者鞋或者木屐的腿脚。而这三部分是活动可变的。……这样,同一个脑袋可以变成许多人。同一个身子也具有好多样脑袋和好多样腿。原来人的千变万化多种多样就是这样发生的。只是有的三样放在一起很和谐,有的三样放在一起有点生硬,有点不合模子,甚至有的三样放在一起让人觉得可笑或者可厌,甚至叫人觉得可怕罢了。"

(王蒙:《活动变人形》,人民文学出版社1987年版,第200页)

正是由于人所具有的类似"活动变人形"那样的多重属性,所以,王蒙及其同时代的革命者的理想就像倪藻在读了金丝鸟和活命水的故事所立下的宏志那样:"一次又一次地体验着那老年的痛苦,青年的志气,希望的遥远,诱惑的险恶。""他要去解救这些灵魂,他要去帮助这些灵魂,他要让他们听到金丝雀的仙乐一样的歌声!即使他不但没能够复活石头而且自己最后也变成了一块冰冷坚硬沉重的石头,但是只要不放弃寻求活命水的努力,不是总会有一天找到这活命水,总会有一天解放包括他和他的亲人们在内的石头的么?"[①]信念何等坚定,理想何等宏远,然而,这不过是美好的主观想像而已,许多年以后,成熟起来的革命者倪藻终于明白了:"革命并不是神话中的活命水,它并不能立即改变一切,并不能立即重新排列人形活动。不是因为革命不够伟大,而是因为革命的路是那样实在、曲折、漫长,即使可以批评革命没能够那么理想,像有些人希望,有些人所应承的那样,又难道可以不革命么?"[②]因此,无论是钟亦成悲天悯地的呼号,还是张思远的人蝶幻变,抑或是曹千里"让我跑一次吧"的执著理念,倪吾诚的变形和倪藻的清醒,他们都从理想观念与现实矛盾冲突而产生的自我迷失的惶惑的灵魂深处发出了费希特式的自述和质问:"由于我的生活的最美

[①][②] 王蒙:《活动变人形》,人民文学出版社1987年版,第204页、第333页。

好、最勇敢的决断,我竟然落入这步田地!什么力量能把我从这一境地拯救出来呢?什么力量能把我自身拯救出来呢?"①理想和现实的巨大矛盾,使他们的灵魂受到意想不到的冲击,从而对自身所做的一切感到怀疑,对现实和未来无法选择和不能选择,因而焦躁灵魂的渴望安宁和平衡导致了生命主体的迷失自我。然而,从血管流出来的总是血,因此,"即使是在这时,他也不背叛自己,他仅仅是离开了一下,却没有忘怀于它,没有把它冷漠,没有和它斩断牵线"②。在充满永恒的运动变化的浩浩历史与悠悠天地之中,人的理想追求被历史变化所嘲弄和丢弃并不是它的必然性所在,王蒙对因自我迷失而造成的惶惑灵魂所进行的精神探索,在自我迷失中重新"寻找我自己",其目的"是为了赞美新的斗争,而不是为了勉强模仿旧的斗争,是为了提高想像中的某一任务的意义,而不是为了回避在现实中解决这个任务;是为了再度找到革命的精神,而不是为了革命的幽灵重新游荡起来"③。因此,正是这种因自我迷失而导致主体灵魂惶惑进行不懈的探索,成为新时期文坛创作上的一个普遍的现象。

和王蒙的《蝴蝶》极为类似的李国文的《月食》也积极表现了这一主题,而在新时期幻化万端,观念林立,各种现象、观念、新思维不断涌现的复杂现实面前,人正"感到自己在这个陌生的世界里迷失,乃至消失……"④"人生像沉沦的音符永远不知道它的底细与音值。"⑤在现实面前,人们因无法选择,不可能选择也不要选择的多重矛盾面前灵魂感到多重的惶惑,从各个层面生命个体感到迷

---

① 费希特:《论学者的使命和人的使命》,第94页。
② 《别林斯基选集》第1卷,第149页。
③ 马克思:《路易·波拿巴的雾月18日》,《马克思恩格斯选集》第1卷,人民出版社1972年版,第605页。
④ 韩少功:《好作品主义》,《小说选刊》1986年第9期。
⑤ 刘索拉:《你别无选择》,《人民文学》1985年3月号。

失,而为了"寻找我自己",探索惶惑的灵魂的精神世界,"寻根文学"由此而生,《女女女》、《爸爸爸》就是"关于人生存状态的思考","关于人类社会历史的思考"①。此外,这种对惶惑灵魂的精神探索,不仅表现在王蒙、李国文等中年作家身上,而且在刘索拉、徐星、韩少功、矫健、王安忆、残雪、马原、莫言、陈村、扎西达娃、洪峰、黄蓓佳等的作品中都有明显的表现,所不同的是,这些作家更专注于惶惑灵魂的人本身,把他们的灵魂惶惑强化到灵魂崩溃的程度,而王蒙作品对惶惑灵魂的自我迷失的重新探寻以发展变化的态度,对于现实和历史和人和精神世界则更具历史和人生的内容,从而具有更深、更浓的普遍性的哲学意义。

三、战栗人生的悲剧探源

在王蒙一系列具有灵魂探索性质的艺术作品中,无论是对由于历史与现实的巨大反差而产生的惶惑灵魂进行的艰辛探索,还是对因为自我迷失而造成惶惑灵魂所进行的深刻剖析,总体来说,都是王蒙对现实的一种直觉的感悟和对艺术创作的一种理性把握及其二者在形式与内容方面的和谐统一,都是王蒙对整体人生在某一发展阶段上呈现的精神现象所作的散点透视,它既具有深邃的历史内涵,又涵盖着悠久的人世沧桑。然而,正如潘多拉的盒子被好奇心打开、伊甸园的金苹果被采摘吞食一样,理想中萦绕的五彩光环被狰狞的丑相淹盖,平静心潮泛起的愉悦欢欣被无情的灾难和惩罚惊得目瞪口呆。这里,涉及一个美学评价和历史评价的态度,因此,正视人生亦如正视历史,要能战栗,能不战栗。王蒙对惶惑灵魂所进行的顽强的精神探索,正是这种态度的综合。

---

① 韩少功:《好作品主义》,《小说选刊》1986年第9期。

在《相见时难》中，王蒙曾描写了翁家对门楣上放着"邪光"的镜子所感到的战栗：

"……那里院的四间正房的门框上悬挂着一个圆镜子，高高在上，放出邪光，通过里院的垂花门，照到翁家住的下房的窗子上。翁家父母相当认真地研究过不止一次，是不是这道镜子的邪光破坏了他们的家运？他们无缘无故地在门楣上方悬挂一面镜子干什么？照妖，妖在哪里？这样一照又会把妖赶到哪里去？避邪，邪在哪里？这样一避又会把邪送到哪里去？为什么翁家的日子愈过愈艰难？贫病交加？为什么老三老是长鸡眼而老四老是烂嘴角？为什么父亲好不容易买来一条鱼被猫儿叼去了？为什么煤球炉子突然散了架？恐怕都与那面镜子有关系。翁家的亲友也完全赞成这样的结论，显然，这块别有用心的镜子破坏了翁家的风水。"

（王蒙：《相见时难》，《王蒙选集》第 2 卷，第 320～321 页）

一块发光的小镜子竟使得翁家全体为此惶惑不安，而且认为这是翁家所有灾难的总根源，这里，无疑是封建迷信、愚昧落后的古老文化传统的糟粕在作怪，而认识不到翁家贫病交加的境遇是由于苦难的不合理的社会制度所致。因此，当这面镜子终于被翁式含用石块打碎后，他"感到了一阵狂喜"，而"翁家的人很担惊"。然而，这一切并非如所期望的那样，翁家不幸的灾难命运并未从此结束，相反却愈加严重：

"蓝家门楣上的镜子的破碎并没有使翁家的运道发生什么新的转机。他们每况愈下了，比式含只大一岁的，大排行称之为四姐的秀玲就在这一年冬天突然因得红热而死去。式含全家眼睁睁看着他的最亲爱的姐姐生病，病重，病危，死去，硬是没有钱送她进医院。这之后，他们搬走了，他们住进了一个更寒伧，但房价也相对便宜一点的地方。"

(王蒙:《相见时难》,《王蒙选集》第 2 卷,第 321～322 页)

翁式含的"革命"行动与阿 Q 因为渴望解决生计问题、而不自觉地走上"革命"道路,结果却因不知道"革命"的对象而到尼姑庵去耀武扬威的豪举颇多类似。如果说王蒙在这里以无意的插笔,通过描述古老、落后、封建的民众身上的迷信灵魂与惨不忍睹的生活现状而使人感到战栗,那面放着邪光的小镜子作为苦难和不幸的象征而遭到必然毁灭的话,那么,与此相反,在《活动变人形》中使倪家几代人灵魂躁动、惶惑的生命力则被视为"邪气"、"邪祟"而遭到了无情的绞杀,不仅使作品的主人公对生存环境感到恐惧,也使欣赏者的灵魂产生战栗的感觉。

在《活动变人形》中,"身高马大,仪态端庄,精明强悍,自尊要强,是倪家最有威望的一个人物"的倪吾诚的母亲,"她来到倪家以后,隐隐感到了倪家特有的'邪',那是一种灵气,一种热情,一种躁动,一种痛苦,那是一种诱惑,一种折磨,一种毁灭一切也毁灭自身的毒火。所以有了公公的变法维新和自缢身死。所以有了大伯子的癫狂。她害怕这种邪祟会毁掉倪家全家"[1]。和翁式含彻底砸碎放着"邪光"的小镜子的"革命"做法相反,倪吾诚的母亲则对这股生命力从灵魂深处感到"毛骨悚然"[2],她从梦见死去的大伯子的神秘声音中,"发生了顿悟",感到"祖宗有灵了苍天有眼,倪家命不该绝。鸦片原来是救命的烟"[3]。于是在这种惶惑灵魂的驱使下,为了使丈夫倪维德免得演他祖上的悲剧,过一辈子"安宁"、"安分"而又"安然"的日子,"倪吾诚的母亲从此殷勤地侍候丈夫吸大烟"[4]。经过不懈的努力,在事实上,她也果真达到了这种目的,"果然,鸦片拴住了倪维德的心,保护了倪维德不受邪祟的侵袭。

---

[1][2][3][4] 见王蒙:《活动变人形》,人民文学出版社 1987 年版,第 50～51 页。

他唯唯诺诺,随遇而安,胆小怕事,有大烟抽就行"①。但是,与此同时,倪维德在鸦片的毒害下,身体也愈来愈虚弱,最后终于一命归阴。这是不自觉的愚昧软刀子对精神的钝割,是落后的封建思想对新鲜的生命激情的扼杀。如果说愚昧落后的倪吾诚的母亲对充荡于倪家生命活力感到战栗而灵魂惶惑的话,那么,欣赏者则从倪吾诚的母亲对倪维德的慢性绞杀而双方都不觉的悲剧中同样感受到一种人生的战栗,灵魂深处也不能不由此感到惶惑。同样,对于倪吾诚4岁时学会了写自己的名字,5岁上私塾,9岁上洋学堂,10岁时就无师自通地慷慨陈词,声泪俱下地控诉缠足的愚昧和野蛮,反对迷信等等行动,倪吾诚的母亲又从儿子身上"看到倪家的邪祟的应验","从此倪吾诚的母亲胆战心惊","觉得大难临头"②,惶惑的灵魂战栗不已,她"直觉至倪吾诚身上的似乎没头没尾地有些个要'革命'的种子。这种革命,比起鸦片烟来,当然要凶险一千倍。吸食鸦片烟而死,不过是个人身亡,是个人的身家性命的丧失。而'革命'是祖宗家业庙堂宗室的覆灭,是天塌地陷,是万劫不复的弥天罪愆"③。为了稳定自己的惶惑灵魂,消灭掉这躁动的精灵,倪吾诚的母亲不仅拿出了对付丈夫的手段——吸食鸦片来对付儿子,而且在"无论什么英雄好汉还是妖魔鬼怪,一杆烟枪再加一个媳妇,准保能拢住他的心,收住他的神"④的思想指导下,精心安排倪吾诚染上了手淫的自戕恶习,终于使自己的亲生儿子在16岁时就接受了死神庄重的亲吻,使倪吾诚遗留下惊忧终生的病根。

这里,倪吾诚的母亲因对生命活力感到战栗而造成灵魂惶惑并成为道德与精神上的杀手,从根源上来说,是落后的愚昧的封建思想、封建文化积淀与躁动的热情的新思想萌芽之间,旧与新的矛盾冲突在其精神与行动上的具体影响所致,而挣脱死神的拥吻并

---

① 见王蒙:《活动变人形》,人民文学出版社1987年版,第50～51页。
②③④ 见王蒙:《活动变人形》,人民文学出版社1987年版,第53～54页。

且后来从欧洲留学归来的倪吾诚,伴随他一生的惶惑灵魂则是文明与愚昧、先进与落后、精神与物质、内部世界与外部世界、东西方文化之间交汇碰撞的巨大冲击所造成。

在《活动变人形》中,王蒙借倪吾诚之口含蓄地表达了这种观点,他说:

"每个人可以说都是由三部分组成的,他的心灵,他的欲望和愿望,他的幻想、理想、追求,这些是他的头。他的知识,他的本领,他的资本,他的成就,他的行为、行动,做人行事,这些是他的身。他的环境,他的地位,他站在一块什么样的地面上,这些是他的腿。这三者能和谐,能大致调和,哪怕只是能彼此相容,你就能活,也许还能活得不错,不然,就只有烦恼,只有痛苦。"

(王蒙:《活动变人形》,人民文学出版社1987年版,第289~290页)

倪吾诚烦恼、痛苦、惶惑的灵魂,从根本上说,就是这三部分的严重错位,彼此互不相容乃至相互矛盾不可调和所致。

受过中西文化熏陶的倪吾诚,一生所向往和追求的是文明、科学和进步。他主张女人走路要挺胸,见生人要微笑,要会跳舞,儿童要有足够的玩具、时间、健康,甚至要让儿童当总统;认为人要经常洗澡;劝孩子,不要呱唧嘴,应该懂营养学,应该日光浴,应该学一种乐器,为了尊重科学,他甚至不惜饿肚子也要买上一个温度计。然而,对孩子理想主义的现代文明教育,除了变成投向孩子们的一根又一根的捆人的绳索使孩子们讨厌得发狂外,始终是一无所获。这使他的营养理论等美好的想像也在妻子静宜一连串"钱!钱!钱!"的催逼声中像肥皂泡一样遭到了破灭;尽管他爱自己的孩子,甚至为了孩子们的幸福和快乐而宁愿下地狱也甘心情愿,然而,换来的却是女儿倪萍的诅咒和儿子倪藻的不理解,这是倪吾诚的"头"内成分的不和谐,是"天才"与"废物"的统一体的畸形分裂。

这一切,使倪吾诚的惶惑灵魂难免带有一种空想主义的成分。在现实生活中,他找不到自己应该做的事,从而就迷失了自我,他既不敢也不能抗日,又不敢也不愿依附日伪;既不敢也不能与静宜离婚,又不甘心如静宜所愿过安分守己的生活;既不能离开中国,不能摆脱陶村人固有的劣习,又不能心甘情愿地做一地地道道的中国人;既羡慕医生赵尚同的才学品德,而又不能随心所欲从从容容地搞点翻译因而妒心时隐时伏。只有当他谈起与现实生活不太相关的问题时才兴高采烈,口若悬河,神采飞扬,如鱼得水,倜傥洒脱,而只要谈到一点实际的问题、实际的事情,他就觉得垂头丧气、焦头烂额,这是他"身"内要素的功能紊乱。而他支撑自己的身躯,有着严重的后遗症的双腿所立足的地面,更是令倪吾诚惶惑的灵魂不得片刻宁静。倪吾诚从小因为显出"革命"的种子而不被容于自己的亲生母亲,而立之后,他仍然在妻子、儿子、女儿、岳母、妻姐的合力"围剿"中惶惑不可终日,他自信可以成为中国的康德、尼采、笛卡儿,然而红薯稀粥和大葱大酱使他在工作中总是感到疲劳,而且非常希望去死。这一灵魂的悲剧,小而言之,这是因为家庭内部矛盾冲突所致,大而言之,则是历史的必然要求与这种要求实际上不可能实现之间的矛盾所造成的,而这恰恰又是现实环境的种种矛盾所逼迫的。倪吾诚作为经过"五四"洗礼以及二三十年代动荡的社会历程后出现的 40 年代的知识分子的代表,内忧外患,国灾家难统统在这一时刻得到全面积聚和多重的爆发,就像李大钊所指出的那样:"中国人今日的生活全是矛盾生活,中国今日的现象全是矛盾现象。……中国今日生活现象矛盾的原因,全在新旧的性质相差太远,活动又相邻太近。换句话说,就是新旧之间,纵的距离太远,横的距离太近;时间性质差得太多,空间的接触逼得太紧。同时、同地不容并有的人物、事实、思想、议论,走来走去,竟不能走在一条路来碰头,呈出两两配映、两两对立的奇观。"①对这种社会现实,鲁迅有着更为形象的描述。他说:"中国社会上的状态,简直是将几十世纪缩在一时,自松片以至电灯,自独轮车以至飞机,自镖枪以至机关枪,自不许'妄谈法理'以至护法,自'食肉寝皮'的吃人思想以至人道主义,自迎尸拜蛇以至美育代宗教,都摩肩换背地存在……此外如既许信仰自由,又特别尊孔;既自命'圣朝遗老',却又在民国拿钱;既说是应该革新,却又主张复古:四面八方几乎都是二三重以至多重的事物,每每又各各自相矛盾。"②正是在这种矛盾的现实环境中,《活动变人形》中的人们,人人视他人为自己的地狱,人人诅咒别人,而自身又受着灵魂的煎熬。"一方面是旧的文化观念在吞食着人的心灵、人的欲望;另一方面则是未被消化的新文化观念和旧文化观念的冲突,厮杀和拼搏,又使人彷徨、困惑,感到醒来了无路可走,不如糊糊涂涂地沉睡更好。"③倪吾诚在像堂吉诃德一样进行了一路冲杀之后,时时对比着、加强着、凸现着他的这种感觉:

"他的生活是何等贫困、愚昧、野蛮和无望啊!他为什么要生在中国,生在孟官屯呢?他活一辈子的目的,就是为了承受国家的、乡村的历史的、一个没落的地主之家的全部罪孽吗?为什么偏偏他又懂得了世界,懂得了文明,懂得了人生的幸福的追求呢?如果他干脆像他亲爱的母亲……所希望的那样,干脆变成一个大烟鬼,浑浑噩噩,麻木不仁,或恣睢麻木,或流离麻木,或麻木而死,不是事情反而好一些,不是自己既少痛苦,也少给人带来痛苦的吗?"

(王蒙:《活动变人形》,人民文学出版社1987年版,第267页)

---

① 李大钊:《新的!旧的!》。
② 鲁迅:《热风·随感录54》,《鲁迅全集》第1卷,人民文学出版社1956年版,第416～417页。
③ 刘再复:《挚爱到冷峻的精神审判——评王蒙的〈活动变人形〉》,《文艺报》1986年7月26日第2版。

理想和现实的矛盾冲突,内部世界与外部世界的尖锐对立,使得倪吾诚惶惑的灵魂不能从切合实际的行动中得到解决,而只能在理想与现实、文明与愚昧、精神与物质之间不可调和的巨大矛盾中加剧自己灵魂的不安与惶惑。因为"人们自己创造自己的历史,但是他们并不是随心所欲地创造,并不是在他们自己的选定的条件下创造,而是在直接碰到的、既定的、从过去承继下来的条件下创造"①。倪吾诚的所想所作所为既不能与现实实际相协调,又不能深知民族的心理对其设法引导、改进,只是一厢情愿地高文宏义,异想天开,因而,一经与实际相触撞,便一败涂地,万般无奈之中只得躲进中国传统文化的陈旧积淀之中,以求得难得糊涂。倪吾诚"觉得这种糊涂哲学有理、有用、妙,能安稳人。一次又一次地诵读和体味,他确实有一种心平气和万事无可无不可的平静感"。然而,他又不能彻底脱俗超凡,而是自怨自艾,不甘心沉溺于糊涂,"好一个难得糊涂! 糊里糊涂地生,糊里糊涂地死,糊里糊涂地结婚,糊里糊涂地生子,糊里糊涂地爱,糊里糊涂地恨,糊里糊涂地害人,糊里糊涂地被害……这叫什么人生,什么哲学,什么文化,什么历史! 为什么我要这样糊里糊涂地来,糊里糊涂地走这一遭"②。正是在这个意义上,倪吾诚惶惑躁动的灵魂成为20世纪中国知识分子心灵历程的缩影,显示了王蒙艺术作品对灵魂探索的深刻性。倪吾诚身上这种因对人生感到战栗而使灵魂惶惑既沉溺于糊涂又不甘于糊涂的两难的矛盾心理,又成为20世纪70年代中国知识界普遍存在的精神现象,这又具体体现在其《杂色》中的主人公曹千里身上。

在曹千里的身上也带有和倪吾诚相似的正直热情与躁动不安的灵魂基因,只不过是时空条件有所改变而已。曹千里有过辉煌、

---

① 马克思:《路易·波拿巴的雾月18日》,《马克思恩格斯选集》第1卷,第603页。
② 王蒙:《活动变人形》,人民文学出版社1987年版,第123页。

火热的青春,渴望把自己的满腔热血和宝贵的生命无私地奉献给祖国、奉献给人民和伟大的党。然而,由于他的出身和他的过于敏感的神经,在黑白颠倒、是非混淆的年代,在充满杂色的世界,尽管"他的梦寐以求那伟大的崭新的乐章的已经开始,谁知道,他竟然是不属于这个乐章的,他是不被这个乐队所喜欢的。……他是一把旧了的、断了好几根弦的提琴?他是一面破了洞漏了气,煞风景、讨人嫌的鼓?抑或他只是落到清洁整齐的乐谱上的一滴墨、一滴污水?"[①]如果说倪吾诚是因为自己的抱负不见容于家庭而对人生感到战栗使灵魂惶惑不安的话,那么,曹千里则是因为遭到时代和社会的无辜抛弃而对自我感到迷失使灵魂惶惑以至歇斯底里或如槁如木。在被下放到遥远的边疆大草原的日子里,"曹千里觉得自己变成了一只被追逐、被包围、被赶得走投无路的猎物,在位于天涯海角、宇宙的边缘的这样一个丘陵草原,他找不到一个同伴,一间房子,一棵大树和哪怕是一个山洞地穴,他无处躲藏,无法逃避,简直像是被胡大抛到了这个莽莽苍苍的地方"[②]。在这渺无人烟的地方,曹千里一度成了只会吃喝行走的活僵尸,对于过去曾经激励过的一切美好的事物感到绝望:"去它的吧,音乐!滚它的蛋吧,贝多芬和柴可夫斯基!贝多芬有什么了不起,他会唱样板戏吗?还有那个姓柴的,他是红五类?"[③]无情的现实使他的躯壳与灵魂残酷地扭曲、变形。和脱离现实的倪吾诚万般无奈只得在"难得糊涂"里寻找自我寄托和安慰以求摆脱惶惑灵魂相仿佛,曹千里则为了摆脱因自我迷失而造成的灵魂战栗与惶惑,不是面对现实社会进行积极的行动,而是转向对自身的自卑、自嘲、自讽、自虐等自我折磨,就像阿Q用精神胜利法以达到自我的心理平衡、赵微士把自己比作一粒微不足道的"渺小的尘土"[④]而感到心安理得一

[①][②][③] 王蒙:《杂色》,《王蒙选集》第2卷,第178页、第192页、第178~179页。
[④] 王蒙:《活动变人形》,人民文学出版社1987年版,第18页。

样。他觉得自己是一个渺小的老鼠、一个渺小的蜘蛛、一个渺小的蚂蚁,而"当曹千里拼命地贬低自己,把自己想得、说得既渺小又卑贱的时候,他的脸上会不由自主地发出一种闪光的笑容,虽然闹不清这笑容是由于自满自足还是自嘲自讽。他甚至于有一点快活了,挖苦自己——如果挖苦得俏皮的话,——不是比挖苦别人更多乐趣而更少风险吗?"①这里流露的正是阿Q那种状元第一、骂老子也是第一的幽灵再现。正因为能够自卑、自嘲和自谑,所以必定是高于自己,因而就是胜利者,而胜利者是可以逸视一切的,这样,曹千里也就获得了胜利者所具有的那种自我满足,如同阿Q在解决了"生计问题"喝了两碗黄酒后高唱"手执钢鞭将你打"而自鸣得意一样,曹千里也在吃了"半块钢铁般硬的奶疙瘩"②喝了三大碗马奶后,自觉"他是一个人,一个堂堂正正的中国人!"③曹千里这种国民劣根性的自卑、自嘲、自谑以至自满自尊的实质,正是他力图摆脱在人生旅途中由于不幸的灾难现实造成他自我迷失而带来的灵魂惶惑在其精神世界的形象显现。

如果说王蒙通过对倪吾诚、曹千里的惶惑灵魂所进行的精神探索从侧面显示了从20世纪初到20世纪六七十年代的知识分子的生活心态的话,那么,《铃的闪》与《来劲》则显示了当代人在更为复杂的现实中的多重惶惑灵魂。

在《铃的闪》里,王蒙在电话铃时断时续的焦躁气氛中,描写了主人公"诗人"因惶惑而发作起来的诗兴:"我豁出去了,您。我写新诗篇,我写当代,我写矿工和宇航员,黄帝大战蚩尤,自学成才考状元,合资经营太极拳,白天鹅宫殿打败古巴女排,养鱼专业户获得皇家学位之后感到疏离……我号召生活。"④这在正常人看来简直莫名其妙,不可思议,然而正是在这种非理性的胡言乱语背后,

---

① ② ③ 王蒙:《杂色》,《王蒙选集》第2卷,第164页、第203页、第209页。
④ 王蒙:《铃的闪》,《北京文学》1986年第2期。

表现的是一个对事物复杂性缺乏思想认识和精神准备的人,他的理想(安装电话)和这种理想实现以后所产生的复杂的多向的效应同他单纯的愿望相冲突而带来的反常的灵魂惶惑,作家对这一惶惑灵魂所进行的精神探索显示的正是当代社会现实的复杂世态和人物精神状态。而《来劲》则对此作了更为深刻、全面的探索。

小说通过主人公 Xiang ming 对出差、旅游、外调、推销、探求、参观、学习、取经、、笔会、展销、领奖、避暑、冬休、横向联系、观摩、比赛、访古、怀古、私访、逃避追捕、住人防工事等一系列日常生活,对众人无休无止的吹嘘捧场、投机者费尽心机的奉迎讨好,对倒霉者的墙倒众人推,长于玄谈的清谈之风,对现代艺术不辨蜜糖与毒鸩的盲目崇拜、健康与营养问题、文凭与素质问题、言谈效果,出国择偶、所有制形态优劣、人类进化、文学艺术、爱情与感情、民族传统的意识、劳动工资、美与科学等一系列社会生活,对中国封建社会超稳定形态下产生的繁文缛礼、庶民百姓对达官贵人的卑微心态、繁华都市与未经拓荒的穷乡僻壤的巨大差异、现代文明与古典文明的相反相成,中国文明与西方文明的相互杂陈与相互发明,新旧婚姻观念的碰撞等等一系列精神生活的极度夸张和变形,以荒诞的形式显示了现代人在万花缭乱的现实面前的典型的无所适从的人生战栗,是现实世界不可名状的痛苦与内心世界的惶惑灵魂的矛盾冲突的具体表现。这里,灵魂由于历史的巨变而受到无情的冲击,在变化了的一切要求人们改变旧有的价值观念和行为方式以适应时代发展的必然要求与处于时代旋涡中因循陈规陋习的僵化心理之间激烈矛盾冲突所造成的灵魂惶惑,在新时期文学中,具有非常普遍的现象。

正如张辛欣所述:"在经历了十年动乱期间的知识青年的那种普遍命运变迁之后,面对着我们这个正在变化的时代,面对着理想和实际生活更加具体的冲突,茫然、惶惑,在陷入,同时也在挣脱;在重新适应,重新寻找到自己在生活中所应当占据的位置……如果说我在一定程度上表现了年轻人心理和感情的失落感,那么,我的本意却正是为了提醒我的同辈朋友们,正视我们所处的外部世界和内部世界的真实现状。不断摆脱我们的茫然感,面对着前进的生活,重新寻找更加切合实际的、更加具有建设性的思想。这个重新建设过程是相当痛苦的,是艰难的,然而只要在生活着,这个痛苦的艰难的抉择其实总伴着我们。"[①]这种情绪在王安忆的《本次列车终点》、孔捷生的《南方的岸》、张辛欣的《我们这个年纪的梦》中得到了充分的体现。而且随着历史新时期的飞速发展,各种政治的、经济的、文化的、道德的价值观念与思维方式都发生了根本性的变化,探索惶惑灵魂的精神世界成为新时期文学创作的一个普遍趋势。《表姐》、《这不仅仅是留恋》、《陈奂生上城》、《鲁班的子孙》、《老井》、《河魂》、《浮躁》、《苍生》等等一系列作品,表现的正是人们在巨大物质世界面前各种矛盾现象对精神冲击所引起的灵魂惶惑,而且,现实发展与变化进一步使作家自身感到迷惑不解,并且自觉不自觉地渗透和表现在他们的创作对象之中,因而使对惶惑灵魂的精神探索显示出一种普遍的深刻性。吴若增的长篇小说《离异》不仅展示了在这个激变的时代中,各种习俗和观念都在彼此厮杀中流血的残酷现实,而且展示了主人公李勃因灵魂惶惑而痛苦至极最终走向自杀的死亡悲剧,此外,张洁的《她有什么病》,宗璞的《泥淖中的头颅》、《我是谁》,刘索拉的《你别无选择》,徐星的《无主题变奏》等一大批作品都流露出对外部世界与内部世界尖锐矛盾冲突而感到困惑不安的精神状态,而王蒙则在《夜的眼》、《春之声》、《蝴蝶》、《杂色》、《相见时难》、《高原的风》、《惶惑》、《活动变人形》、《铃的闪》、《来劲》、《名医梁有志传奇》、《选择的艰难》以及《恋爱的季节》、《失态的季节》、《踌躇的季节》、《狂欢的季节》等一系列作品中通过现象重叠、观念标立、价值冲突而使主人

---

① 张辛欣:《必要的回答》,《文艺报》1983 年第 6 期。

公陷入难以理解和选择的困境描写,在对由于历史变迁与观念冲突所引起的惶惑灵魂所进行的精神探索中,蕴涵着丰富的几十年人生浮沉的感慨。这使王蒙及其笔下具有惶惑灵魂的主人公们,面对飞速发展和变化的外部世界与内部世界的现状似有所悟:"他看到了现在,也看到了过去和未来,他看到的是永远不消失却永远不停顿的——永远",所有这些,"一切都凝聚在历史里,在历史面前接受审判和选择……"[①]这种对惶惑灵魂的精神探索所作的近乎相对主义的判断,实际表现的是更深刻的对于人生与历史的极度惶惑,正如绝顶聪明地理解了"难得糊涂"又无法不"糊涂"、并只能"糊涂"一样。

总之,王蒙正是通过对倪吾诚、曹千里、"诗人"、Xiang ming 等从20世纪初到20世纪六七十年代直至80年代的几代知识分子的惶惑灵魂的侧面透视,缩印了现代国人的精神历程踪影。在令人战栗的艺术创造中,显示的是作家对现实生活的执著与坚定,在看似冷酷的画面里所包容的是作家澎湃汹涌的青春激情和鲜活、炽烈的赤子之心,这正与鲁迅先生以自己"血荐轩辕"的壮志"寄意寒星"来躲避"风雨如磐"的"神矢"相类似。

---

① 王蒙:《湖光》,《当代》1981年第6期。

第六章 王蒙多维创作论

如果我们以宏观的眼光注目于急剧发展、变化的历史新时期，就不难发现这样一个事实，在打碎了保守、僵化、落后、愚昧等彼此交缠在一起的或左或右的束缚与限制之始，中国这位东方的醒狮仿佛大病初愈的巨人挺起他伟岸的身躯，从政治现状、经济发展以及意识形态等方面又重新焕发了他的生命活力。同时，随着改革开放政策的发展和深化，当代西方社会的各种思潮不断撞击、冲刷着旧有的经济、哲学、道德、艺术、文化、伦理等价值观念体系。现代科技成果的广泛应用，不但拓宽了人们的认识视野也开阔了思维和创造的领域，社会经济生活日趋稳定、进步和繁荣，社会结构也日益向民主、自由、竞争、创造的现代化进程推进、演绎。在这种坚厚的物质基础和健康的精神环境面前，人们不再浑浑噩噩地盲从于从未认真观察、思索的人和事，不再以墨守成规固步自封僵死不变麻木机械的态度对待身内世界与身外世界的矛盾、变化和需求，不再把自己认作是他人和社会的奴隶和工具，不再是消极的随波逐流亦或是远遁矛盾的涡流中心冷静地作壁上观，而是把自己当作自己的主人，当作社会的主人，积极地正视杂乱纷呈的事与人，要求充分发挥自己作为自己和社会的主人的主体能动作用，表现出一股强烈、积极的参与意识，从而实现自己的生命价值和社会价值。这种在新时期、新思维、新思潮观念冲击下形成的参与意识，在本来就以艺术创造、创新见长的作家身上，表现得尤为强烈、突出和引人注意。这些作家，他们以其特有的敏锐、深邃的艺术直觉和丰厚的人生阅历，不仅及时、准确地描摹出历史的风云变幻，记录下时代前进的艰辛步履,而且也在其创作中缩印、凝聚了自己的感受、判断和希冀。他们不再拘泥于既有的经验和成绩,而是勇敢地跳出自满自足孤芳自赏的偏见樊篱;他们不再抱残守缺规规矩矩约束自己压抑自己,而是渴望在充满好奇、探险的天地里重新地发展自己、完善自己、铸造自己;他们不沾沾自喜于对艺术王国一隅的占据,而是要在艺术创造的天空、陆地和海洋里使自己一栖、两栖甚至多栖,不仅改变自己的固有风貌,而且也使艺术整体的组合排列出现焕然一新的新格局。所有这一切,蕴涵于新时期文坛的内外表里,而在得风气之先,充满青春的活力、诗人的激情和艺术家品质的王蒙身上,更显示出王蒙才华横溢、风格别具与成就卓异。详而言之,这就是其艺术园地的全方位作业、潇洒自如的王蒙式批评及其独特的文体。

一、艺术园地的全方位作业

王蒙曾对自己评价说他是一个入世很深、具有强烈参与意识的人。这不仅表现在他曾以"职业革命家"式的理想主义激情满腔热忱地积极投身于变革现实、改造世界的伟大社会实践之中,而且更突出地表现在他以恋人般的痴情与多情忠贞不渝地奉献给文艺女神的浓郁芬芳的爱的花絮上,不仅显示了他对理想追求的坚定而执著,而且也显示了这种追求与表达方式的多彩多姿。

纵观王蒙的艺术创作,他无疑是属于批评家所曾经赞许过的有着鲜明特色和独特的风格的艺术家之列的。但王蒙毕竟是王蒙,他不愿也不能永远驻步于在不断探索道路上固定的阶梯,而要在不断的"翻与变"[①]中突破旧我、塑造崭新的自己。在不断的对

[①] 王蒙:《翻与变》,《王蒙选集》第4卷,第419页。

于生活和艺术原野的开拓中采摘"热情与痛苦的果实"①,就像王蒙对呈现于陈建功创作中的"多元现象"所评价的那样:"逐渐'定于一'是可能的,但'定于一'仍然是相对的,除非他停止艺术上的追求,除非他使自己的永无至美至善之日的风格凝固以至死亡,他是不可能永远'定于一'的。"②这实际上也是王蒙自己的心音。因此,他力赞陈建功在艺术创作的调色板上继续用"两把刷子"③刷下去。而他自己既有"在表现生活上,我要'全方位'"④的直言不讳的表达,也有努力"在今后的采矿作业中使用更加犀利的风钻乃至高功率、高效能的掘进机,进行更大规模的全方位、全天候总体作业"⑤的委婉宣言。因此,王蒙挥动手中的巨笔,纵横驰骋于新时期文苑,几乎在新时期文学的各个领域都刻下了自己的印迹。

然而,毋庸讳言,王蒙是以长篇小说、中篇小说、短篇小说等小说创作的高质多产见长的,这或许使许多王蒙的研究者产生了一种偏见,由此固执于对王蒙小说的研究,因而忽略了王蒙艺术创作的另一面,也是构成王蒙丰富多彩的艺术世界不可忽略的组成部分,那就是王蒙在小小说、散文、报告文学、诗歌、翻译、文学批评等几方面对于文学艺术的参与和实践。

由于众所周知的原因,王蒙在 20 世纪 60 年代后期和十年浩劫期间,迫于各种原因和压力,无可奈何地放下了自己手中的创造之笔。然而,他心中跳荡的神圣的文学火种并未因此熄灭,在与新疆维吾尔族群众的生产、生活交往中,聪明的王蒙学懂弄通了维吾尔语,架起了一座通向人的心灵的桥梁,这使他得以在饱吸新疆

---

① 王蒙:《翻与变》,《王蒙选集》第 4 卷,第 488 页。
② 王蒙:《永远做生活和艺术的开拓者》,《王蒙选集》第 4 卷,第 338 页。
③ 王蒙:《热情与痛苦的果实》,《王蒙选集》第 4 卷,第 341 页。
④ 冯骥才:《话说王蒙》,《文汇月刊》1982 年第 7 期。
⑤ 王蒙:《善良者的命运——谈张弦的小说创作》,《文学评论》1982 年第 5 期,第 39 页。

伊斯兰文化营养的同时,又在文艺阵地上不引人注意的后方、侧面悄悄地进行了对文艺的参与,就像鲁迅先生在"五四"高潮过后,醉心于《故事新编》的创作一样,王蒙则借助自己所具有的语言优势,开始了维语文学的翻译。1971年,王蒙据乌兹贝克文手抄本翻译了波斯11世纪诗人奥迈尔·阿亚姆的"桑巴依":"无事须寻欢,有事莫断肠,遣怀书共酒,何问寿与殇。"[1]1973年,王蒙又翻译了维吾尔族作家马合木提·买合买提的小说《奔腾在伊犁河上》,曲折地表达了作家的生活感受和思想经历,也为王蒙的艺术创造开辟了新的道路,这可以视为王蒙在没有条件而又创造条件的情况下对文学艺术的积极参与。

在历史的新时期,由于十年浩劫的阴霾被思想解放的浪潮所荡涤,往日郁郁苦闷的诗人感到了从未有过的激动与沉思,痛苦与欢喜,人世间酸甜苦辣与悲欢离合如笋如雨在人们的心头百感交集,对有着"故国八千里,风云三十年"的沧桑感慨、跋涉了方生未死的历史现实的王蒙来说,宏篇巨著的创造需待时间的充裕和艺术的凝聚,雄辩檄文的制作虽有理性的严密却逊色于情感的魅力。然而文学不是无情物,柳暗花明又一村。在文学大家族中,由于小说的姊妹散文具有"举凡国际国内的大事,社会家庭的变故,掀天之浪,一物之微,自己的一段经历,一丝感触,一撮悲欢,一星冥想,往日的凄惶,今朝的欢快,都可以移于纸上,贡献读者"[2]这样的优势,因而就使追求诗情词意的王蒙自然而然地青睐于散文这只文学牵中的轻骑,并随着早春的这抹新绿大踏步地进入了散文这个海阔天空的领域。仅就王蒙复出以后刚开始创作的1978年来看,在其发表的九篇作品中,便有一篇散文(一篇报告文学),此后,散

---

[1] 《王蒙选集》第4卷,插页4。
[2] 周立波:《散文特写选·序言》,转引自秦牧《〈中国当代散文精华〉序》,季涤尘、丛培香选编《中国当代散文精华》,人民文学出版社1989年版。

文创作亦如他的小说创作一样,一发不可收拾,并取得了可喜的成绩,先后发表了《敬礼,合金钢》、《火热的怀念》、《激动与沉思》、《隔山乱弹》、《故乡行——重访巴彦岱》、《苏州赋》、《橘黄色的梦》、《旅美花絮》等作品,出版了《德美两国纪行》、《橘黄色的梦》、《四月泥泞》、《王蒙散文》、《我的人生哲学》等多部散文集。这些作品与王蒙的小说创作相辉映,既有思想内容上的同一神韵,也体现着艺术创造上的创新精神。在内容方面,这些散文作品,既有对理想与信仰的追求和颂歌(如《激动与沉思》、《新的年代的新的梦》),也有对青春的怀念、对历史的思索(如《新年》、《国庆的礼花》),既描刻有人生旅途的踪迹(如《故乡行》、《两沙三代》、《旅美花絮》、《苏州赋》),也飘荡着灵魂搏斗的时代颤音(如《痛苦三章》、《清明的心弦》、《我愿多写点好的故事》),既有日常生活的五光十色以及对故人的绵绵思念(如《音乐与我》、《华老师,你在哪里》、《祭长者——邵荃麟同志》),也有对文化艺术的精彩见解或幽默调侃(如《论"费厄泼赖"应该实行》、《论"眼不见为净"》、《关于"自成一派"与"一鸣惊人"》)及文艺对话和学术演讲(如《王蒙讲稿》)等等,内容丰富,绚丽斑斓。无论是历史反思还是心灵透视,无论是游记随笔,还是札记杂感,都表现出作者对生活与艺术的深刻感悟,不失为当代散文界不可多得的珍品。在艺术上,不论是像《故乡行——重访巴彦岱》那样披肝沥胆的倾吐,或是《新的年代新的梦》那样曲尽缠绵的叙述;不论是《苏州赋》那样以优美的文字尽染人世忧患,还是《旅美花絮》那样绘画杂色世界于幽默笔端,都表现出娴熟技巧和自然的妙趣,情景交融,寓情于理,一方面将艺术视角面向社会世相,针砭时弊,谈论人生,畅舒己见,又将视角转向人的内心世界;宏观与微观结合,历史与现实交叉,哲理与抒情互补,显示出艺术手法的多元性,而且行文"大略如行云流水,初无定质,但常行于所当行,常止于不可不止,文理自然,姿态横生"①。笔随意走,言为心声,思想感情无拘无束,感知的灵哲和精神世界潇洒淋漓,因而在语言上,抒情跳荡,节奏感强,既富有音乐美又有意境美,深得古代散文神韵又兼采现代散文精华。

在小说创作中,王蒙不仅显示了对长、中、短篇小说创造的高超本领,而且在外来小说思潮的影响下以及新时期文学创作的多元格局中,王蒙又进行微型小说的创作。对于许多专注于藏之名山的宏篇巨制的作家而言,微型小说也许在他们眼里不屑一顾,但身经百战的真正将军从来都是和普通士兵关系密切的,对于艺术有着博大的宽容胸怀和积极创新、试验、参与精神的王蒙来说,同样没有忽视文艺家族中微型小说这个可爱的"拇指姑娘",而是像对待她的姊妹一样对待她,甚至表现出某种程度上的过分偏爱。他说:"尽管人们可以对'微型小说'这一名称提出不同的意见,微型小说的存在却是一个事实。它是一种机智,一种敏感,一种对生活中的某个场景、某个瞬间、某个侧面的忽然抓住,抓住了就表现出来的本领。因而,他是一种眼光,一种艺术神经,一种一眼望到底的穿透力,一种一针见血、一语中的的叙述能力。它是一种情绪。怅惘、惊叹、流连、幽默,只此一点。它是一种智慧。简练是才能的姐妹。微型小说应该是小说中的警句。含蓄还代表了一种风格,不想加于人,不想当教师爷,充分地信任读者。它是一种语言,举一反三,一以当十,字字千金重。它又是自成体系的一个世界,并不窘迫,并不寒伧,肝胆俱全。它是谦虚的,它自称微型,自称小小。它又是困难的,几百字,赤裸裸地摆在严明的读者面前,无法

---

① 苏轼:《与谢民师推官书》,《苏东坡集》(下),商务印书馆1958年4月重印第1版,第75页。

搭配,无法藏头露尾,无法搞障眼法。"①等等,其重视程度可见一斑。而在具体的创作实践上,王蒙先后发表了《不如酸辣汤及其他——微型小说11篇》、《扯皮处的解散》(外三篇)、《雄辩症》、《吃——访旧、迎宾、饼》以及集王蒙微型小说之大成的《玄思小说》等。这些作品,既有对社会现实的微缩,又有对精神世界的窥探,既有托物言志的寓言,又有直言不讳的幽默调侃,言简意赅,短小精悍,充分表现了作者对于生活和艺术的"一种机智,一种敏感、一种智慧",显示出"一以当十、字字千斤"、"肝胆俱全"的玲珑世界。

如果我们仔细考察一下王蒙对于文学艺术的积极参与态度,就不难发现,无论是对于散文的青睐,还是对微型小说的偏爱,抑或是对报告文学的涉猎,都是作者对于生活情愫的激情与感慨的流露,都是王蒙诗人气质的旁逸斜出,是"王蒙号列车"的"宽轨"②运行,因此,诗情便是这一切得以运行的心灵原动力。这又突出地表现在王蒙的诗歌创作上。

王蒙是具有强烈诗人气质的作家,这不仅表现在他胸中所拥有的不老的诗心,也不仅表现在他小说创作的字里行间流露出的画意诗情,而是直接表现在他立足于肥沃的生活土壤,以精湛的艺术见解和丰硕的创作实绩,用诗的具象形式表现他对于文艺的积极参与、美学追求和诗学见解上,并与王蒙其他的艺术创作神韵相协调,与新时期文坛的整体格局相一致。

和王蒙以对人物灵魂世界为探索目标来表现杂色人生与世界的小说创作一样,王蒙同样是以对"诗能拯救现代人的灵魂"③这种对诗的品格与功能的深刻认识为其诗歌创作灵魂的。这里,诗

---

① 王蒙:《微型小说是一种……》,王蒙著《文学的诱惑》,湖南文艺出版社1987年版,第226页。
② 徐怀中:《追随着时代前进的步伐——致王蒙同志信》,《文学评论》1982年第3期第63~64页。
③ 王蒙:《在接受蒙代罗国际文学奖时的讲话》。

人用诗的触角探测人的灵魂深处并在这个自由王国里徜徉,泛起百样情丝,千种柔情,探索万般奥秘,于不被功利羁绊的心灵里,展开恬淡而优美的联想,在历尽人世艰辛的沧海桑田之中,提炼出人生经验的智慧和结晶。"不,不能够没有鸟儿的翅膀/不能够没有勇敢的飞翔/不能够没有天空的召唤/不然,生活是多么荒凉。"①如果说这首作于1962年春的《鸟儿》诗抒发了王蒙对生活的渴望和希冀的话,那么,当这种渴望与希冀受到无端的压抑而经过时间的治愈又重新萌芽、积聚以后,诗对于王蒙仍如"点点暗红的宫灯/是夜的美丽的眼睛",二者之间仍然是一往情深地相互呼唤"顾盼我吧/我也注视着你"②,所以"当一切烟消云散的时候你仍然使我留下最初的泪水","那时我还要唱一遍即使声带已不能颤动你仍能听到我的心跳/遥远呵遥远在那弥漫着浓雾微风轻轻吹来掀起一片麦浪"③。在这绵长而跳荡的思绪里,既有对朝气蓬勃的岁月的回忆,又于今日的情愫跳荡着青春的火种、青春的旋律,庄重与轻松,严肃与幽默交织的心态变化中,既流露出对时事巨变的"影"与"响",又有着对尘世喧嚣的厌弃,在诗人的情感里,是无所不在的对于纯洁、优美、正义的执著信仰和追求。然而,生命攀登之路何等坎坷崎岖,成功的佳酿鲜花总是长伴着苦酒荆棘。在人类历史的滚滚长河中,人创造历史,历史又创造着人,人们既是自身历史的剧作者,又是自身历史的演员和编辑,人类永恒的悲喜剧只有在内部世界与外部世界交迸撞击的火花闪烁中演出和结束。"你垂下忧伤优美的头颅/永远也不得抬起来","你被崇拜又被出卖/不得复仇也不得感戴","你被绘画被雕刻被解释被误会/全部承认

---

①② 见《王蒙选集》第2卷,插页4。
③ 王蒙:《夏歌》之一《遥远呵遥远》。

全部接受下来",在这首"没有请求没有希望没有命运"①的命运交响曲里,"你发出一个呼号/得到许多回应/长短高低哀乐重叠/比原声还要动听悠扬",人世间凡此种种,谁解得"是丰收还是寂寞"②的个中三昧。在意境与情韵的牵魂动魄之中,杂并的是具象与意象的和谐交融,表达的是对人类意识的深邃思考,萃集的是人生的丰富内涵,闪烁的是人性的伟大的光辉。仿佛信笔挥洒的五百行长诗《西藏的遐思》,意象迭荡相拥而至,思绪排山倒海而来,梦境仙界与人境相交映,物象心象共历史现实一炉,真假胶合,虚实相辅,于朦胧的躁动之中生动地体现当代人内在的生命精灵,在似与不似之间创造出博大的审美空间和自由驰骋的想像天地,既显示诗人的个性心灵情性结构特征又贴合诗歌自身的创作规律。在"人生/伟大的梦/梦/醇厚的人生"、"接受酥油的/永远比/献出酥油的/更庄严"③中,超越本体而又在更高的层次上回归本体,愤懑不平而又显示出博大的宽容;在《巴勒莫风光》中,山海云霞奇异变幻的优美景致深深弹拨着诗人躁动的灵魂,在"是失却的失误/是永远的遥远/是不可能的痛哭无声"中完成"不知道诗与诗之间/是什么"④的探寻。折射出五彩缤纷的心之光,王蒙也因此真正地在灵魂深处"和博大的诗人的感得全人间世,而同时又领会天国之极乐和地狱之大苦恼的精神相通"⑤。这就如著名作家陆文夫对王蒙所评价的那样:"王蒙实际上是一个诗人。"⑥此语可谓一语中的。这是王蒙一切文学观念、文学实践和文学创作的灵魂所在。

---

① ② ④ 王蒙:《在翡冷翠即佛罗伦萨一个著名餐馆吃夜饭的经历》,中国华侨出版公司1989年版,第176~177页。

③ 王蒙:《西藏的遐思》。

⑤ 鲁迅:《集外集拾遗·诗歌之敌》,《鲁迅全集》第7卷,人民文学出版社1981年版,第239页。

⑥ 崔建飞:《〈旧宅玫瑰〉编后记》,王蒙著《旧宅玫瑰》,上海书店出版社1998年版,第141页。

如果说王蒙在小说创作中常常不自觉地涌动起诗情诗兴并感染读者的话,那么,《旋转的秋千》等新诗集的发表,则是佐王蒙为诗人的明证;2001年1月由上海古籍出版社出版的《绘图本王蒙旧体诗集》,既是对王蒙执著于"引进了西方的艺术手法食洋不化"①的反叛,也是王蒙多元文学观理念的具体创作实践和杂色风格的古典表现,更是显示王蒙诗人本质、诗人情怀、诗人才华、诗人精神和诗人风格的典范作品。

《绘图本王蒙旧体诗集》分24题,共161首。收录了王蒙从1944年10岁起所写的第1首七绝,到2000年金秋王蒙游瑞士时止等各个时期的旧体诗作,记录了王蒙在各个不同时期的文学活动和在不同生活场景中的思想、感悟和情思。时间上,除有11首诗作反映的是王蒙20世纪60年代的生活外,其余150首都是王蒙新时期以来的作品,并且大部分集中创作于20世纪90年代中后期。从国内到国际,从50年代到上世纪末,王蒙的旧体诗题材广泛,内容丰富,举凡题画、感遇、劳动、纪游、山水、田园、山居、杂咏、游戏、文事、时评、怀友、翻译多有涉猎;形式上五绝、七绝、五律、七律、四言诗、古体诗、五言长律、七言长律、词、对联、俳句、打油诗和译诗等各体兼备。这里有"只因伯乐无从觅,化作神龙上九霄"的诗人"处男作",也有诗人被打成"右派"后在北京郊区进行脱胎换骨劳动改造时"肩挑日月添神力,足踏山川闹自然"的写照;既描摹了诗人在新疆虚掩的小土院中所度的"犊牛傲客哞哞里,乳燕多情款款中"的逍遥游的时光,也抒写了诗人不能挥笔写作时身处边陲"苍凉一曲泪沾襟""化作伤心万里云"的苦闷与无奈;有对文海往事"激情如瀑思如泉"、"好梦如花苦技短"的壮怀激烈,也有对成败功过、恩仇敌友等诸事的"天道无常,人间沧桑"的心潮难平;既有"江净心犹净,石奇语又奇"的游山玩水的雅兴,也有"颠倒兰

---

① 洁泯主编:《当代中国作家百人传》,求实出版社1989年版,第3页。

亭"般的关于《锦瑟》的野狐禅;有"粥烂去瘟养肝脾,波斯猫亮夜的眼"式的自画像,也有"人间最妙爬格子,世上无双耍狗熊"般的自嘲打油;既有"今夏无诗兴,忧心逐抗洪"的赤子之心,更有"百年一世挥椽扛鼎笔酣墨饱之作能几何"的诗人豪情。在写过了小说、散文、报告文学、新诗以及政论文论之后,王蒙再遣诗情注笔端,重又"为文长短散论诗",这正如他自己在诗中所写的那样:"文犹酣畅兴初阑","笔走风雷胜未寒"。创作旧体诗歌,对于曾经沧海的王蒙来说,已不仅仅是诗歌亦或是文字音韵典故技巧的炫弄,旧体诗歌之于王蒙,应该是他的一种生活经验,一种生活的感知,一种生活的判断,一种生活的智慧,一种生活寓意的跨越,一种生活或人类或宇宙的情怀与记忆。王蒙的旧体诗作,既遨游于古典艺术王国的无垠碧空,又时时浸染着人们尘世的火色烟光,构成了独具风采的王蒙诗歌艺术世界:时而悲郁泣诉,时而蹙眉剑额,时而沉静地哲理思辨,时而俏皮地幽默调侃,时而热血沸腾引吭高歌,时而饱经沧桑回眸远眺。愈久弥醇,幻化万端,琳琅满目,珍馐杂陈,仿佛彩云出岫,又恰似惊涛拍岸。王蒙旧瓶装新酒,化腐朽为神奇,这本诗集中的作品掩映当代中国社会与文苑的繁花杂树、芳草落英,折射出王蒙及其诗歌艺术世界的丰富性、复杂性、深刻性和人文性、哲理性、体现出独特的思想内涵和艺术特色。

1. 青春的诗心

如果仔细阅读这部诗集,就会发现其中所收录的诗作,大部分创作于王蒙年逾花甲之期。有人曾将人生的少年、青年、中年和老年四个阶段比这之于文学中的诗歌、戏剧、小说和散文。一般常态下,诗应该是青年人的专利和世界。那么,是什么力量使得以写小说而闻名的王蒙重操宝刀,重又"老夫聊发少年狂",笔酣墨饱,一任胸中的诗情若江海潮涌,不但倾泻而出而且佳作纷呈呢?其实,

"王诗之可爱可诵可书可画可反复咀摩,要之,在其青春永在也。"①从《青春万岁》中的序诗到《春之声》的旋律,从《旋转的秋千》到《雨点集》,从《相见时难》的化意到李商隐研究,都充分体现出王蒙强烈的诗人气质。青春的诗心是王蒙一切文学创作的心灵原动力,因为"喜怒哀乐,酸甜苦辣,得失轻重,祸福险夷,人生固有写不完的文章"②。所以,王蒙不论是写小说还是写散文,总能旁逸斜出其诗人的气质与才华,总能用诗的触角观察与探索人的心灵与大千世界,他的诗作也因而泛起百样情丝,千般风情,于不被功利羁绊的诗心中,展开丰富的想像,在历尽人世艰辛的沧海桑田中,提炼出人生经验的智慧和结晶。这既是王蒙早年创作的"年轻人"的情态郁结,也是王蒙浪漫情怀的根源。

2. 浪漫的情怀

王蒙的旧体诗作,其题材多是从现实生活中来,是自然、社会、时事、文坛等的"影"与"响"的诗意表达,因而,他常常能于平凡处显示自己的机智,于嬉笑怒骂中透出自己的浪漫的爱的情怀。如《夏日杂咏五首》中,第一首五言律诗,其首联与颔联实写夏日炎热,骄阳如火,并用夸张的笔法绘出:"夏阳似猛虎,蝉噪如擂鼓。大块火炉红,苍茫海欲煮。"寓意当为文坛之现实。然而,面对如此严峻的环境,花甲之年的王蒙,笔锋陡然一转,直抒胸臆:"岁心甲戌盈,击浪八千里。我有长生丹,凌风抱日补。"其鲲鹏展翅,击水千里的意象不难读出王蒙凭虚御风的潇洒与浪漫。正是由于有了对美好事物的无限向往,对假丑恶的无情抨击,对人类命运的终极关怀,所以,王蒙的旧体诗无论是写游山玩水,还是状文坛往事,无论是写日常生活小景,还是刻画世态炎凉中的势利小人,王蒙都能

---

① 谢春彦:《〈绘图本王蒙旧体诗集〉序》,《绘图本王蒙旧体诗集》,上海古籍出版社2001年版,第3页。

② 王蒙:《绘图本王蒙旧体诗集》,上海古籍出版社2001年版,第78页。

化作一腔博大的善美胸襟,给予宽容、给予浪漫。这一切都和王蒙忧郁的童年、早期的革命生涯、火红的50年代工作以及后来的沧桑裂变和不悔的赤子之心密切相关。

3. 缤纷的诗象

王蒙是新时期意识流小说的滥觞者,运用于旧体诗作,则更是如鱼得水,天马行空。仿佛信笔挥洒的七言长律《秋兴》和五言古体诗《咏天柱山》和《咏黄山》及四言诗《访苏心潮》,其诗意象迭荡相拥而至,思绪如排山倒海而来,梦境与人境相交映,物象心象共历史现实与自然为一炉,真假胶合,虚实相辅,动静相谐,于朦胧的躁动之中生动地体现当代人内在的生命精灵,在似与不似之间创造出博大的审美空间和自由驰骋的想象天地,既显示了诗人的个性心灵性情结构特征又贴合诗歌自身的创作规律。

4. 深邃的诗境

王蒙的旧体诗作,亦如王蒙的小说和散文一样,都是其观察世界表象、感悟内心律动的智慧的结晶。诗人以心击物,以心穿境,吞吐山川万象,体合自然生命与社会脉搏,内外融契,心物合一,将经验之世界,转化为心灵的世界,因而其诗境深邃、博大,如诗如画,如泣如诉,如《听歌》《访苏心潮》《凤爪》《阳朔行十八首》中的《山水》《景名》《马象石》《经画山》和《咏蝉八首》等,莫不如此,而"指马遍山马,亲龟龙似龟";"登山不见山,划水安知水";"命意迷真意,扬名或伪名",语句的清雅素朴,意境的单纯平凡,却令人深得诗中之味,令人揣摩再三,其中的深意已至禅诗的境界。

5. 迷醉的诗语

王蒙是一个语言的英雄,其旧体诗作洋溢着具有王蒙鲜明个性特征的诗情,时而激情如潮,时而有泪如刀,这既有益于王蒙"男儿重文轻七尺,语不钻心不如死"的锤字炼句理念,更得益于王蒙激流滚滚若群马奔腾锐不可当的强烈的语言气势。这使得王蒙的旧体诗语言妙语联珠五光十色一气呵成,常常令人目不暇接,王蒙要把他对社会对世界的全部发现全部感受淋漓尽致滔滔不绝地向你倾诉,而这些发现这些感悟又反过来令读者常常热血沸腾或怆然泪下,后人评苏轼的诗词有说其以文字入诗词、以才情入诗,以议论入诗词的特点,移之于评王诗也非常恰当。因而王诗有古旧套子,但不陷入旧套中,使人读其有新鲜感、天然感和别样感,令人咀嚼之后倍感有滋有味。这方面的代表当推《锦瑟》重组三首,读之在羡叹王蒙语言功夫炉火纯青之余,又对王蒙的语言才情叹为观止,正是通过这样的解构与重构,才可增加我们对王诗的理解,使其诗语诗象更浓缩更概括更具有一种直接的独立的象征性抒情性和超越性,才能由此产生一种驱动力,使读者继续为之伤脑筋动感情。

6. 幽默的情结

纵观王蒙新时期以来的文学创作,幽默是一直贯穿其作品全部始终的生命灵魂,所以,王元化曾评价说"王蒙是个当代的调侃的祖师爷"[①]。与某些尖酸刻薄不同,王蒙的幽默调侃是一种智者的微笑,是无言与寓言,是一种曾经沧海后包容沧海的宽容,是泪喜而尽的回味和咏叹,是王蒙那颗不老的心、青春的诗心的有力跳荡。这方面的例子在诗集中可谓比比皆是,常常令人喷饭捧腹不已。如:"老汉扬场疾,巴郎催饭忙。不知风正好,晚吃又何妨?"之风趣;"和尚亦思家"之朴俗;"青蛙踞山脚,欲跳欲淹留。留去难知命,客将教我否?"之童真;"青丝甚密夸年少,醴酒微醺唱河清"之自嘲;"微笑且流意识稀""电脑打出爱恋诗"之随意;"没了作品有了理,逮了机会收拾了你"之打油;"先贤营字'虫'从文,自有蚊虫叮文人"之讽刺;"写得不好怨个人,过得不好怨爱人"之通俗;"佳人喜活鱼,鱼喜佳人否"之戏说,等等,凡此种种,尽显王蒙幽默调侃之码字绝活与才世双绝。

---

① 谢春彦:《〈旧宅玫瑰〉画后感》,王蒙著《旧宅玫瑰》,上海书店出版社1998年版。

7. 多样的风格

文如其人,诗如其性,在心为志,发言为诗,王蒙旧体诗作的风格,亦如他的小说创作一样,并不定于一,而是追求一种"杂色"的多样风格,这里既有杜诗"语不惊人死不休"之佳篇(如《五言古体二题》);也有李白"黄河之水天上来"之飘逸雄浑(如《秋兴》);有白乐天的抒情生活短章(如《伊犁》),也有陶渊明的田园牧歌情调(如《即景》);有鲁迅的风韵(如《感遇》),也有马致远的精粹(如所译之德日俳句)。从手法上看,王蒙善用比兴,常将鸟兽草木之表现性功能,由虚无缥缈的鬼神之乡,引向伦常日用之生命世界,或形成人与自然相通的生命共感,或形成人与自然物象之间观念性、人伦化的联想与沟通。多样的诗风正是与王蒙其他文学体裁的艺术创作在精神上高度一致的体现。

因此,王蒙的旧体诗创作,重意而轻语工,格力而显命意,气韵清高深渺,品格雅健雄豪。其在文风日渐西沉的当下意义,也正如诗人自己的夫子自道:"这是中华诗词的奇迹。这是人类的智力活动、情感运动的难以抗拒的魅力。这是一种感觉,一种遐思,一种精神的梦游。这又是一种钻牛角的苦行。这当然是不折不扣的野狐禅。"①有人或谓"王某已过时矣。"然《绘图本王蒙旧体诗集》的出版刊行,恰印证了王蒙当年"风云虎豹时"的豪气,也证明了一条朴素的艺术真谛:青山自有青松在,碧水常流碧浪情。

总之,在冲破了传统的美学规范和定于一尊的创作方法局限以后,在积极开拓与消极保守交进,繁荣丰富与芜杂单一并存的新时期文苑,许多作家在沉淀与思考中探索艺术的真谛。面对时代的选择和自我的选择,尽管有些人势所难免地被大浪淘沙,但"弄潮儿偏向涛头立,手把红旗旗不湿"方显出沧海横流的英雄本色。这其中,王蒙无疑是一位出类拔萃的弄潮高手,而环顾其左右前

---

① 王蒙:《绘图本王蒙旧体诗集》,上海古籍出版社 2001 年版,第 68 页。

后,则更是好手如林,雀跃争先。汪曾祺、宗璞、鲍昌、张洁、李国文、蒋子龙、冯骥才、刘心武、张承志、张抗抗、贾平凹等老、中、青年作家,在金戈铁马的小说创作倥偬,逍遥地换乘散文的骏马开始了另一番艺术厮杀;周克芹、高晓声、航鹰、冯骥才、蒋子龙、赵本夫、聂鑫森等在跋涉了艺术的高山大川、沼泽莽林之后又怡然自得地掬起了小小说的浪花;张辛欣、金河、祖慰、肖复兴、王兆军在紧紧拥抱着小说女神的同时又热恋着她的报告文学姊妹,骥图"铜雀春深锁二乔";王蒙、贾平凹、郑万隆等一大批铁骨铮铮的硬汉抗拒不了诗歌魅力的诱惑启锚解缆而欲"直挂云帆济沧海";梁晓声、叶君健、韩少功、高行健、霍达则在科普翻译、剧本改编、小说创作等艺术黄金竞争领域堂而皇之地进行"艺术走私"自陶自醉"自将磨洗认前朝"。这一切,经过严峻的时代与艺术的选择,在僵化教条偃旗息鼓之时又形成旗飞鼓响的创新创造阵势,使文学创作再度出现繁荣昌盛的新时期。而不管是处于山花烂漫的花丛,还是呼吸寒流滚滚的空气,王蒙又迈步进入了文艺批评的天地,开始了别具一番滋味的文学参与,这一切又显得是那样自然,那样的游刃有余。

二、潇洒自如的王蒙式批评

恩格斯曾经指出:"一个民族要想站在科学的最高峰,就一刻也不能没有理论思维。"[①]理论思维是科学进步和文化发展的基础。理论思维落后的民族是可悲的,因此,它对于一个民族的自立、自强和发展是至关重要的。而意识形态领域里的文学理论批评作为文学现象中理论思维的反映,它在整个文学大厦中的地位和作用也是其他门类所无法代替的。对于构成文学现象之一个因

---

① 恩格斯:《自然辩证法》,《马克思恩格斯选集》第3卷,第467页。

子的优秀的文学家,仅有艺术创造或缺少理论思维水准也是远远不够的。在新时期乃至当代文坛上,王蒙首先是以作家的姿态出现在文坛上的,相对来说,他的文学批评是晚于他的艺术创作的,但这并不能妨碍王蒙成为一个成熟的文学批评家的前进步履。因此,如果说王蒙以其小说、散文、报告文学、诗歌与翻译等多元试验,表现了一种对艺术创造积极参与的话,那么,王蒙在文学批评领域所进行的艰辛而富有成就的探索实践同样也是对文学的一种更为积极、更为重要的参与,并且显出了自己独有的特点。

由于生活经历、理论素养与审美风格等方面有着种种不同的差异,因此文学批评的主体也就显示出不同的层次和类型。有的人曾将当代评论家划分为六种类型并指出各自的优劣:其一是学者型的,这种"学者型的批评家喜欢古今中外地谈论文学与作家,上通下联地考察一个作家、作品学问性强,有时感受力差一些"①;其二是编辑型的,这种类型的评论家因自身各方面利益的关系写出的评论文章"往往比较敏锐、新鲜,但太近功利。"②;其三是作家型的,这种批评的好处"是感受性强,但有时自说自话,把自我感受强加其他作家身上"③,有时甚至"完全是感性的发挥,缺少理论的规范"④;其四是职业型的,这种评论家的特点"在于对当代文学发展的脉络比较清楚,但有时是为写评论而写评论","所以就不能很从容地研究作家作品作出公允的深刻的判断"⑤;其五是自由撰稿人式的,由于这种批评"往往来自阅读的过程,是非职业化的,文字一般比较活泼、流畅,但缺少理性的把握,也有些'自说自话'。"所以"这种文章的特点在于没有匠气,敏锐、新鲜,是文学批评队伍的轻骑兵",但这种评论家"由于没有从事批评的理性准备,也缺少与作家、与整个当代文学的联系,往往理论深度不够,也缺乏整体把

---

①②③④⑤ 见王蒙、王干:《十年来的文学批评》,《当代作家评论》1989年第2期,第6~7页。

握的力量"。最后,便是领导型的,或"奉领导之命写的评论",而且"中国长期以来,评论代表领导的观念源远流长",而其作用则是在很大程度上与"作家创作的努力发生分化"①。对于先以小说创作走上文坛,旋以作家身份发表创作杂谈,既有着多年的生活与知识的积聚,又有着大型刊物编辑的实践经历以及一度成为文艺领导的特殊境遇的王蒙来说,不仅具有"直接从生活、从心灵的搏斗中吸取形象、人物、故事、语词的本领",而且"他的学问、他的境界、他的见解,他对于文学语言与文学形象的敏感,他的把形象思维与逻辑思维相联系相贯通的能力才学,常常是远胜于一般创作家的"②。这使得王蒙的文学批评既区别于以往其他任何一位当代评论家,又杂糅上述前五种类型的优势,力求摒弃其不足。这一切和王蒙力主运用多元的艺术手法进行艺术创新的艺术实践一样,对于文学批评,王蒙同样表现出一种开放的批评观念和批评态度。

王蒙认为,"创作是作家对生活的感受",而评论"首先是评论家对作品的感受","而这种对于作品的感受,同样需要敏锐的知觉,丰富的情感,新鲜、强烈,大胆的想像,同样要借助于自己的生活经验与艺术经验的补充"③,"需要动情也需要冷静,需要棱角也需要公允,需要直言也需要探讨的分寸感,需要科学态度也需要灵活性,需要在与作家的关系中保持友谊感更保持方正感"④。提倡评论家要用全身心去感受、去体味甚至去拥抱当代的新作,打破那种句句是真理的套话和句句是套话的真理这种狭隘的艺术视野,摒弃根据政治风向、气候、温湿度为评论指南的趋同心理,要求砸破注经式的机械论、非此即彼的独断论以及 A、B 制的实用主义

---

① 王蒙、王干:《十年来的文学批评》,《当代作家评论》1989 年第 2 期,第 7 页。
② 王蒙:《读评论文章偶记》,《文学评论》1982 年第 4 期,第 4 页。
③ 王蒙:《把文艺评论的文体解放一下》,《王蒙选集》第 4 卷,第 311 页。
④ 王蒙:《对于当代新作的爱与知》,同上书,第 368 页。

的僵化批评模式,这既是王蒙广泛的真实性原则在其批评观上的一种反映所在,也是对过去那种长期禁锢文坛的"棍子式"、"赶任务"、"吹捧式"的以"瞒"和"骗"为主要货色、缺少真情实感的文学批评历史的深刻反思。这种批评观念鲜明地体现在王蒙对几位青年作者所写的序言或评论之中。由于王蒙对于别林斯基的文学批评就是要"作出判断"的命题的权威性表示怀疑,而"宁愿评论者和作者一道探讨生活"①。因此,不以老资格自居,而是以平等的态度与作者交换意见,对作者的思想观念、情感、心境、情绪等细致考察,分析入微,身体力行地实践了自己的批评主张。对于青年作家陈建功的创作,王蒙一方面充分肯定陈建功在艺术上是有追求、有潜力的,说明他所塑造的人物形象的社会意义,同时又真诚坦率地指出其不足之处。即使是对其《飘逝的花头巾》这样获奖的作品,王蒙也直言不讳地指出作者对这一题材还没有真正彻底地进行消化,还有些生硬,但又不是一棍子打死,而是指出努力的方向,认为作品的"灵魂还有待于开掘和发展",作家的"生活还有待于开掘和积累"②,热切地希望作者坚定开拓的理想,加强与人民群众血肉相连的关系,保持和发扬谦逊、扎实的作风。对于王安忆,王蒙一方面指出她作品里包含的暖人的东西及其艺术作品给人的慰藉以及责任感、使命感,又指出王安忆及其作品的弱点在于"她和她的主人公们需要一个扩大视野,开阔胸襟,并从而用新的经验、新的理论与实践来充实自己、提高自己的路程"③,并热忱期待她能比作品中的人物"站得高一些,有更高的境界"④,除了描写"小人物"之外,还应当去描写我们时代的强者,展示更加广阔的天地,而这也就是王安忆应当努力争取实现的目标。这里不难看到鲁迅先生

---

① 王蒙:《悲非罪》,《王蒙选集》第4卷,第312页。
② 王蒙:《永远做生活与艺术的开拓者》,同上书,第342页。
③④ 见王蒙:《王安忆的"这一站"和"下一站"》,同上书,第354页。

对萧军、萧红、叶紫以及"左联"作家的珍爱态度的遗风,王蒙可以说也正是向着这个方向发展自己的。这种批评态度,不仅显示对作家作品的批评之中,也体现在王蒙对于批评家本人的批评所进行的批评之中,如对郜元宝、李泽厚、曾镇南、刘晓波、王朔、王彬彬等人理论批评的评论,便是很好的例证。

在批评方法上,王蒙认为"创作是对于生活的探索",所以,评论"应是对于作品、对于作品所提供的形象的世界、情绪的波流、语言的舒卷的一种探索。也是对于作家的灵魂,他的生命激情、苦恼、矛盾、追求和愿望的探索。甚至于它还应该探讨读者的灵魂,读者的趣味、期待、时尚和不可能有的偏见"①。同时,他又认为"一部好的作品应该是立体的,应能经得起多种角度的研究,应该又可以从内容和形式的多方面进行探索。好的评论恰恰应该探索这种多样性。作家描写的生活是活生生的,作家本人也是活生生的人,评论应该从运动中、从多方面去探讨"。因此,他反对那些"以牺牲另一点或某一点作为代价"而只抓住某一点的褊狭的"用一个结论来概括一个作家或一部作品"②的评论模式。针对这种僵化的批评,王蒙主张文学批评要"用一种深刻的文化观点"③,对庞杂多变的文学现象"进行全方位的理论探讨"④。他说,文学批评既要考虑到文学作为一种社会现象、文化现象和生命现象及其"它们的相通相重叠相影响",又要"考虑到我国文学的源远流长的济世传统、'五四'新文学为人生的传统,考虑到我国社会政治体制改革与经济体制改革的迫切任务与纷繁丰富多变的现实生活……同时也应该注意文学的文化价值,理解作家的创作心理与读者的

---

① 王蒙:《把文艺评论的文体解放一下》,《王蒙选集》第4卷,第312页。
② 转引自陈孝英:《访王蒙——幽默·象征·杂色·两套神经》,《延河》1984年第1期,第31页。
③④ 王蒙:《文学三元》,《文学评论》1987年第1期,第8页、第10页。

阅读欣赏心理,理解各种不无偏颇的文学主张的出现根由,理解多种多样的文学作品的存在根据,理解文学作品的多层次、多侧面内涵;避免以褊狭对褊狭,避免并非十分具有客观必然性的文学主张的互不相容,少搞一点'你吃掉我或者我吃掉你'。"①这种深邃的文学批评方法观,体现于具体的评论对象和过程,使得王蒙的文学评论充分显示出一种情与理和谐交融、宏观把握与微观分析相统一的辩证色彩。

从王蒙的具体评论实践来考察,王蒙写于1962年的论文《〈雪〉的联想》可以说是王蒙文学评论的成功代表作。在此之前,王蒙已创作了《青春万岁》、《组织部来了个年轻人》、《小豆儿》等长篇、短篇小说和一些创作杂谈,积累了具体的创作体验,掌握了艺术创作的基本规律,因此,王蒙以一个艺术家所特有的艺术感受力和独特的艺术表现力,他不赞同在鲁迅研究中用"象征符号说"刻板地抬高作品的政治意义,把意蕴丰厚的优美散文教条地解释成粗浅的讽刺性寓言,而是从批评的客体——作品中的艺术形象和对批评主体——作者的具体艺术感受出发,展开敏锐活跃而又把握分寸的联想,合理地作出带有探讨性的艺术分析。他指出:"鲁迅在〈雪〉中塑造了两个形象:江南的雪和朔方的雪;使我们联想起两种性格:美艳又不免脆弱的童年和青春与坚强又不免孤独的战士和公民;敷染了两类美学色调:瑰丽的和斑驳的,亲切的和严峻的,鲜活的和深重的,怡悦的和粗犷的,温馨的和悲壮的……这二者像一个乐曲中的第一主题与第二主题,互相补充,互相渗透,互相争斗,组成了一个小小的,然而是非凡的篇章。"②如果说这篇被无情岁月淹没了15年才得见天日重新发表的文章不自觉地表现了王蒙独特的艺术感受力与表现力相统一的文学评论情感特征的

---

① 王蒙:《文学三元》,《文学评论》1987年第1期,第10页。
② 王蒙:《〈雪〉的联想》,《王蒙选集》第4卷,第229页。

基因的话,那么,此后王蒙个人的政治、艺术生命遭际和那个特定历史时期文坛批评的时代氛围与新时期的社会、政治、经济、文化的必然发展趋势则促使王蒙在情理交融、富有真情实感的批评方向上更进一步地向前发展和飞跃。在对陈建功其人其作的评价上,他盛赞"崭露头角的青年作家表现了相当的宽度、容量和开拓的追求与勇气"①,对陈建功"一上场就是两套家什、两套拳路、两把刷子"②的创作意向表示欣赏、理解和支持。条分缕析,循根溯源,把艺术审美的触角探向作家内心世界的最深处,独具慧眼、画龙点睛般地指出陈建功创作的特点不是"一条窄窄的小胡同……也不是浅浅的一洼水"③,而在于陈建功自己"这一个""丰富的灵魂"。④同样,他评张承志的《绿夜》,认为"这并不是一部浸在水里的书,而是一条反映着日月星辰、峰峦树木的河流"。⑤他认为陆文夫的《围墙》是一颗耐嚼的橄榄;他评张弦,说"他的作品是那些比较严肃、格调不低的作品中最好读的,又是那些比较好的作品中最严肃和最有容量的"⑥等等,充分表现了王蒙对当代新人新作的爱与知。王蒙的其他评论,如《热情与痛苦的果实》、《可喜的追求》、《悲非罪》、《伊岭岩的启示》等,不论是侧重于实践经验总结的,还是侧重于理论问题思考的;不论是对作家作品的分析评论,还是对批评者的评价与探讨,都表达了王蒙自己的声音,都是以真情实感来表达真知灼见,既成为疗治病患于腠理的机体的精神解剖刀,又赋以孤独迷惘的暗夜探索者以心灵的火把,从而极大地开阔了批评的艺术视野。而在具体的评论过程中,王蒙的文学批评又体现了一种把宏观的研究和微观的解剖相统一的、运动的、立体的整体

---

① ② ③ ④　王蒙:《永远做生活与艺术的开拓者》,《王蒙选集》第 4 卷,第 337 页、第 337~338 页、第 339 页、第 339~340 页。

⑤　王蒙:《读〈绿夜〉》,同上书,第 330 页。

⑥　王蒙:《善良者的命运》,同上书,第 357 页。

文学批评特征。

王蒙主张当代文学评论既要"考虑到民族的文化传统和世界的文学潮流",又要"考虑到科学的进步古文化的昌明",更要"考虑到中国的与世界的文学史上审美意识、艺术形式、社会时尚的嬗变的事实及其中存在的继承和发展的源流关系"①,因此,在具体的评论过程中,王蒙总是力求整体面向宏伟壮阔的文学现象,从时代和文学思潮的总体把握中,捕捉古老文化传统、审美心理与当代各种文艺信息、文学观念的契机、探索继承、借鉴和创新的道路。

例如,在《读评论文章偶记》一文中,王蒙高屋建瓴地透视新时期以来的评论界,对其中的青年评论家进行鞭辟入里、令人信服的评析。全文列举了南帆、吴亮、蔡翔、周政保、何志云、李子云、许子东、季红真、宋耀良、鲁枢元、杨文虎、殷国明、李庆西、黄子平、刘奇、郭小东、邹平、陈思和等18名青年评论家的35篇文章,并对创作论、技巧性、审美关系、主体特色、批评模式、观念方法等等相当一部分美学命题进行了多视角的探讨,既有中肯的赞许,又有真挚的批评,既有对新理论的探讨,又涉及具体评论者的风格,同时也提出了自己的看法和主张,即于"世界——人生——文学的本体"②中全方位地进行文学评论。

这种对文学的宏观研究,无疑是建筑在微观的精细剖析的基础上的。他为戴晴的悲剧性辩护,认为"悲非罪","作者命笔的目的也正在于结束这样的悲剧"③,但又指出:"但悲不是理想,不是目标,也不值得爱不释手"④;他热情赞扬王安忆,但也指出"她的作品好像缺少一点东西,缺少一种真正能够振聋发聩或使读者感

---

①② 王蒙:《读评论文章偶记》,《文学评论》1982年第4期,第9页、第10页。
③④ 王蒙:《悲非罪》,《王蒙选集》第4卷,第346页、第347页。

到如醍醐灌顶的精神力量"①;他觉得张承志虽然有这种力量,但又认为"有一得必有一失,过浓的主观色彩使张承志笔下的生活不那么平易可触,语言、感情和思考都显得用力太过"②;而对具有"复杂和痛苦"③的总体特征的张辛欣的小说,王蒙认为这是对于人们灵魂的有力冲击和挑战,"有与作者的年龄相比相当老辣的因而是触目惊心的构思与表述"④,而把笔力集中到一个聚光点上,以张辛欣描绘的某一城市女干部清晨买菜时的厌恶和空虚为例,设想具有不同生活态度和艺术格调的作家可能会对此作出不同的描绘,于是从此一点突破扩展开来,把张辛欣推向广阔的艺术天地,从创作心理的深层结构上进行非常深刻的比较:王安忆"是怀着'善'来写'恶'的,用善来照耀'恶'",而张辛欣"由于心气过高而产生过分的愤懑,过分的敏感……有时是带着'恶'意来写'恶'的"⑤。这种深刻的分析与综合同样也表现在他对张弦作品所表现的"怨而不怒,哀而不伤,平而不淡,深而不艰,情而不滥,思而不玄,秀而不艳,朴而不陋"⑥的多元风格及其局限性的评论之中。

总之,这种情理交融、宏观与微观,概括与分析相统一的王蒙式文学批评是借助于具体的文学批评形式表现出来的。

在文学批评的表现形式上,王蒙提倡"把文艺评论的文体解放一下",主张文学评论必须摆脱公文体、总结腔、表态式的结构模式,力求灵活、丰富、多样、以期达到文学评论的功能和目的。他认为"不要一写评论文章就摆出那么一副规模化的架势。评而论之,大而化之,褒之贬之,真实之倾向固然可以是评论,思而念之,悲而叹之,谐而谑之,联而想之,或借题发挥,小题大做,或独出心裁、别

---

① ② ③ ④ ⑤ 王蒙:《漫话几个作者和他们的作品》,《王蒙选集》第4卷,第401页、第402页、第404页、第407页、第408页。
⑥ 王蒙:《善良者的命运》,同上书,第358页。

有高见,又何尝不是评论"①。因而,呈现在王蒙笔下的评论也便成为一种多彩多姿多变的多元复合体。这其中既有感受式的(《当你拿起笔……》),有印象式的(《谈触发》);也有的类似于柏拉图文艺对话式的(如《十年来的文学批评》),有的是讲话记录的整理润色或为作品所作的序言(《漫话小说创作》、《〈深的湖〉自序》、《善良者的命运》);有的却又近似于散文(《读〈绿夜〉》、《伊岭岩的启示》),有的近似于杂文(《翻与变》);有偏重于政论性,(如《物质的丰富与精神的丰富》、《作家应有真知灼见和真情实感》),有的则以严谨的学术见长(如《〈雪〉的联想》、《文学三元》)等,从宽泛的意义上说,他的某些直接以作家生活为题材的小说(如《黄杨树根之死》、《深渊》、《风息浪止》、《相见时难》、《高原的风》、《活动变人形》),甚至连自撰的自传文字本身,都是形象与哲理的复合体,内中包含色彩相当浓重的文学批评因素和不乏精辟独到的箴言警语。因此,在文章结构上,既如鹰击长空、鱼翔浅底、百舸争流那样放得开,又如众星拱月、万川归海那样收得拢,深入浅出,意阔境幽;在行文及语言上,王蒙的文学批评不仅富有严密的逻辑性阐释,而又融挟气势磅礴、笔落惊风的雄辩论证,立体交叉地使用比喻、象征、联想、类比等方式方法,一扫迂腐刁酸的书卷气,偏爱于运用"黄河之水天上来"式的尽情渲染和"集束手榴弹"式的铺排对比,尤其是独具匠心,技高一筹的联珠妙语,使王蒙的文学批评也如他的文艺创作一样显示出自己独特的风格:"或气魄宏大、高瞻远瞩,或旁敲侧击、机智奇警,或广征博引、浮想联翩,或婉约深沉、寓理于情,或纠缠执著、穷究其里,或从容点化、含而不露,或淋漓尽致,或游刃有余。"②这些具有鲜明特色的文学批评风格,同时也是王蒙对当代文学批评风格的总体呼唤,更是王蒙"运用一切配器

---

①② 见王蒙:《把文艺评论的文体解放一下》,《王蒙选集》第4卷,第311页。

和声"①的小说等创作交响曲中不可或缺的伴唱,更是王蒙个性的有力表现。

总之,王蒙的文学批评是一个形式开放、灵活、多样,内容繁多、复杂、多向的复杂存在,并和其小说创作的"杂色"相一致。对此,很难用褊狭规范和单一的标准进行界定,因此偏颇与失误也是势所难免,这已有定论,此处从略。

三、别具一格的王蒙式文体

王蒙在《读评论文章偶记》一文里,在称赞当代文学评论界出现了许多新人、新思想、新观念和新思维方法的繁荣局面的同时,在看到文学评论正在逐步充实于民族的文化传统和世界的文学潮流、科学的进步与文化的昌明、中国的与世界的文学史上审美意识、艺术形式、社会时尚的嬗变的事实及其中存在的继承和发展的源流关系等稳固的根基的同时,王蒙又提醒评论者"更应该重视对文学的本体论的研究"②。这不仅是由于"当文体分析能够建立整个文学作品中普遍存在的统一原则和某一般的审美目的时,它就似乎对文学研究最有助益"③,而且更在于这样一个原因:"假如我们能够描述一部作品或一个作家的文体风格,我们也就无疑能描述一组作品和一个文学类别的文体风格……我们甚至还能进一步总括一个时代或一个文学运动的风格。"④因此,王蒙深刻地阐述到:"文学的本体是存在的,它就是文学所反映所追求所赖以发生的宇宙、自然、世界、人生、社会、生活、人类的精神世界,它就是古

---

① 王蒙:《〈王蒙小说报告文选〉自序》,《王蒙小说报告文学选》,北京出版社1981年版,第7页。
② 王蒙:《读评论文章偶记》,《文学评论》1982年第4期,第9页。
③④ [美]雷·韦勒克、奥·沃伦著,刘象愚、邢培明、陈圣生、李哲明译《文学理论》,生活·读书·新知三联书店1984年版,第196页,第199页。

往今来古今中外的文学作品、文学宝库本身。"①从评论的角度出发,王蒙认为"一种新的创作方法、研究方法、文学观念的产生不仅是历史发展的产物,更重要的,它是上述本体的产物"②。因此,王蒙强调指出:"探讨文学的观念与方法,就不能仅仅从观念和方法本身入手,哪怕是从观念方法的历史嬗变或文学观念方法与自然科学、社会科学的发展水平的联系上入手也仍然是根基不那么稳固和充分的,这一切都需要加强对文学本体的研究"③。这里,王蒙的批评观点无疑为王蒙的研究者提供了一种有益的启示,那就是,如果说对王蒙的艺术王国所反映所追求所赖以发生的宇宙、自然、世界、人生、社会、生活、人类的精神世界的研讨是侧重文学本体的内容的话,那么,作为文学批评研究的有机组成部分,对文学本体的形式研究也是具有同样的地位和作用的。对王蒙文学现象的本体研究而言,这就是支撑其艺术大厦的躯干——王蒙式文体。

"文体"这一概念,本身是具有多重涵义的。钟嵘《诗品》卷中论陶渊明诗曾说其"文体省静,殆无长语",又对沈约之文评价说:"观休文众制,五言最优,详其文体,察其余论,固知宪章鲍明远也",因而"文体"这里首先是指"文章的风格"④。就这层意义而言,王蒙的"文体"就突出地表现在他的艺术作品所显示的艺术风格,即"杂色"。而这又是源于王蒙的风格观念:他认为风格便是探求,在探求中不断地发展风格,作家的风格应是多元化的,并在多元化的追求中达到高度的统一、同一;而就具体的作家而言,"一个作家就是一种局限,同时又是一种探索,一种突破局限的势头,可以说,是局限与反局限的统一。一种风格也是这样,惟其有局限才有风格,惟其不断地努力突破局限才有新意、有创造、有生命、有发

---

①②③ 见王蒙:《读评论文章偶记》,《文学评论》1982年第4期,第9页。
④ 《辞海》(缩印本),上海辞书出版社1979年版,第1534页。

第六章 王蒙多维创作论

展,才不会僵死,不会令读者初而喜、继而倦、终而厌"①。因此,王蒙明确断言"固定风格便是风格的停滞乃至死亡"。②这些在本文第二章第三节已有论述,在此从略。这里所要探讨的也是为许多王蒙研究者所忽略亦或是研究不够全面、系统与深入的课题,即文体的另一重要内涵——"语体"——"为适应不同的交际需要而形成的语文体式"③。这种语体对于以文艺创作为基本圭旨的王蒙来说,就是指在艺术创造过程中为适应不同的艺术表达需要而在语言的选择和运用中形成的文艺文体。

正如众多的文艺理论家所论述的那样,"语言是文学艺术的材料。我们可以说每一件文学作品都只是一种特定语言中文字语汇的选择。正如一件雕塑是一块削去了某些部分的大理石一样"④。因而,小说、诗歌、散文、戏剧等文学作品毫无例外地都是"语言的艺术作品"⑤。和雕塑、绘画、音乐、舞蹈等艺术创造因受材料等因素的影响而显出各种不同的艺术风格一样,优秀的文学作品尽管也因众多的因素影响而表现出不同的艺术风格,但归根结底造成这种差异的最主要的原因还是由语言造成的。从古希腊的荷马史诗到文艺复兴时期的莎士比亚,从欧洲的歌德、托尔斯泰到东方的鲁迅、郭沫若、泰戈尔、川端康成,从海明威到詹姆斯、乔伊斯、艾略特、福克纳、马尔克斯、巴尔加斯·略萨等等,古今中外的文豪大家无一不是语言的巨匠、文体的大师。在中国现代文学史上,鲁迅先生以迥异于别人又不同于自己以往任何一篇创作的小说文体显示了文学革命的实绩,郭沫若以火山爆发般的豪放语言烧毁了旧诗

---

① 王蒙:《善良者的命运》,《文学评论》1982年第5期,第38页。
② 王蒙:《论风格》,《钟山》1980年第3期。
③ 《辞海》(缩印本),上海辞书出版社1979年版,第1534页。
④ [美]雷·韦勒克、奥·沃伦著,刘象愚、邢培明、陈圣生、李哲明译《文学理论》,生活·读书·新知三联书店1984年版,第186页。
⑤ [德]沃尔夫冈·凯塞尔:《语言的艺术作品》,上海译文出版社1984年版,第1页。

歌窠臼的巢垒；在西方，美国著名作家罗斯·帕索斯"使人眼花缭乱地运用了大量的修辞技巧"；①以明确的"冰山理论"进行小说创作的美国现代作家海明威之所以得到大洋两岸读者的崇拜，除了他的文学作品的主题所产生的魅力外，就在于他独特的文体，他打破了从狄更斯到他以前一个世纪的冗长的小说对话语言，力图用最经济的文字表达最丰富的内容，就像一个"手持板斧的人"，"斩伐了整座森林的冗言赘词，还原了基本枝干的清爽面目。"②高度的文体意识，使他的作品具有一种简练、结实的"电报式"的文体特点，体现了一种"压力下的优美"③的风格，而詹姆斯·乔伊斯则"把一种城市语言引进了文学，像马克·吐温采自边疆地区的语言那样泼辣生动。它基本上是一种男性的语言，工人阶级的语言，运动场和赌场用的语言，用字简略，直进直出，毫不遮掩；相形之下，连海明威的语言都显得文质彬彬了。"④可以说，这些作家能够在文艺领域内彪炳青史，很大程度上取决于他们所创造的文体，正是在这个意义上，"我们最强有力的诗人，从定义上说就是大胆的和独特的文体家"⑤。作家对文体的自觉，使其得以在文坛获得席位或霸主文坛成为可能。

在我国悠久的文化发展史上，从春秋战国百家争鸣的诸子崛起，到魏晋南北朝文学的真正自觉的时代，到"五四"新文化运动的文体革命，充分代表了中国文学文体意识自觉的辉煌时期，就像贝特森在《英诗与英语》一书中所述："真正的诗歌史是语言的变化史，诗歌正是从这种不断变化的语言中产生的。而语言的变化是社会和文化的各种倾向产生的压力造成的。"⑥在当代不幸的是，

---

① ③ ④ ⑤　丹尼尔·霍夫曼主编《美国当代文学》，中国文艺联合出版公司 1984 年版，第 115 页、第 126 页、第 120 页、第 629 页。

②　《海明威的文体风格》，见《海明威研究》，中国社会科学出版社 1985 年版，第 132 页。

⑥　[美]雷·韦勒克、奥·沃伦著，刘象愚、邢培明、陈圣生、李哲明译《文学理论》，生活·读书·新知三联书店 1984 年版，第 186 页。

第六章 王蒙多维创作论

由于历史的局限和不合理的文艺政策带给当代文学创作的弊端,思想、个性的种种桎梏,滞碍了作家对人生与艺术的深刻反思,束缚了艺术家革新与创造的手脚,不但不能够文从己出、畅所欲言,而且由于封闭的文化视野与艺术思维定势的交错纠缠,更是使艺术构思模式化、语言表现形式及手法亦显得单调雷同。因此,没有个性的自由,便没有文体的解放和诞生;带着锁链的舞蹈,尽管优美但毕竟痛苦万分;削足适履的壮举也只能是昙花一现。在历史的新时期,文艺创作终于在众多具有艺术创新和强烈文体意识的作家的艰辛努力下创造出一种崭新的局面。他们独辟蹊径地寻求富有个性的用以叙述和描写的语言系统,古代汉语与现代语言杂糅,方言土语与欧化句子并存,加之别具一格的积极的或消极的修辞方式的选择、运用和创新,造成了多种语言个性,出现了各种各样的文体。这其中,对于得文坛风气之先、锐意创新与翻变的王蒙来说,更是刻意追求独特文体的众多作家中的翘楚,并且突出表现在理论观念与艺术实践两个方面。

由于文学作品作为一套声音的系统,是与语言的各个方面相关联的,因此,文体的产生首先"是一种特定语言声音系统中的选择"[1]。王蒙也曾明确表示过,"那种纯粹的、富有色彩和旋律感、节奏感的语言,那种诗的、哲理的、言外有言的语言,总是能让我一见钟情,久久不忘"[2]。而富有个性的文体的确立又必须是建筑在"与表达效果之间的特别关系"的基础之上,因此它的"一个方法就是,表明某种修辞手段与其他修辞手段一起可以不断复现在带有某种意义情调的段落里,崇高的、喜剧的、典雅的、天真的"[3]。对

---

[1] [美]雷·韦勒克、奥·沃伦著,刘象愚、邢培明、陈圣生、李哲明译《文学理论》,生活·读书·新知三联书店1984年版,第288页。
[2] 王蒙:《倾听着生活的声息》,《王蒙选集》第1卷,第10页。
[3] [美]雷·韦勒克、奥·沃伦著,刘象愚、邢培明、陈圣生、李哲明译《文学理论》,生活·读书·新知三联书店1984年版,第288页、第192页。

此,王蒙在《探索断想》中曾明确表述过这样一系列的修辞主张:
"第一条是句号的增加,我写〈蝴蝶〉句号占压倒优势;第二条是引号减少,对话变为心理活动,可以不用引号;第三是比喻的概念也有很大变化,一般是用群众熟知的东西比喻群众不太熟知的东西,或不容易想到的东西,但比喻不都是这样,可以反喻;第四,〈春之声〉有一大段,只有名词,只有主语没有谓语;第五,一般排比句应用相近的词,但我常用相反的词义排比。"此外,便是在名词前后煞费苦心地大量使用准确的、具有细微的层次区别的、表现力极强的形容词和动词加以修饰。这里不妨摘引王蒙艺术作品中的两段来作为参考:

"你真是心狠手毒。好哇,你?量小非君子,无毒不丈夫!杀人不过头点地。苦苦哀求,就是不留!风急天高猿啸哀!无边落木萧萧下!最是生离死别时!我把你剁成肉泥!杀他个良莠不分,鸡犬不留!一不做,二不休,宁让我负天下人,不让天下人负我!君子报仇,十年不晚!我不下地狱,谁下地狱?死去原知万事空!我容易吗?也可谓书香门第,知书识理。忠厚传家久,诗书继世长。又是一年芳草绿,爆竹声中一岁除。恩爱夫妻万事空。饿死事小,失节事大。女子一生无非是贞节二字。好一个沉鱼落雁之容,闭月羞花之貌。罢、罢、罢。芍药开,牡丹放,花红一片。艳阳天,春光好,万鸟争喧。春心莫与花争发,一寸相思一寸灰。结草衔环,我来世把你报。良辰美景奈何天,赏心乐事谁家院?冤有头,债有主。只怕你凄风苦雨了却残生,孤独独赤条条来去无牵挂!"

(王蒙:《活动变人形》,人民文学出版社1987年版,第31~32页)

"你丧尽天良、衣冠禽兽,欺负我寡妇事业的!你心如蛇蝎、煎炒烹炸、五毒俱全,杀人不见血!你来,你过来!我叫你动手!我叫你占个相应!我叫你白刀子进,红刀子出!我叫你使出你祖宗八辈的狗杂碎!你不动手你是娘子养的!你个死养汉老婆,你个骑木驴游四街的娼妇,你个没有人味儿的臭货!你个不忠不孝不仁不义寡廉鲜耻没安好心的下三滥、臭流氓、匪类!我叫你乱箭钻身、大卸八块、出门汽车轧死、天打五雷轰、脖子上长疔、肚脐眼里流脓、吸干你的脑髓,叫你死无葬身之地!"

(王蒙:《活动变人形》,人民文学出版社1987年版,第32页。)

这里集中而典型地显示了王蒙艺术作品多层次的描写的文体特点,即"根据词汇与其要表达的事物间的关系,文体可以分成概念的、感觉的、简洁的、冗长的,或者简练的和夸大的、明确的、模糊的、沉静的和激昂的、低级的和高度的、纯朴的和修饰的之类;根据词汇之间的关系,文体则可以分成紧凑的、松散的、造型的、音乐性的、平滑的、粗糙的、素淡的和色彩斑斓的之类;根据词汇对整个语言系统的关系,文体则可以分作口语的、书面的、陈腐的、个性化的之类;根据词汇对作者的关系,文体则可以分成客观的和主观的"[①]。在上述所引的两段文字中,混乱的悲戚与狂躁的声音中回荡的是几千年的野蛮、残酷、愚蠢和污垢的积淀,在这种骂的亢奋骂的躁狂骂的恶毒与骂的淋漓尽致之中,表达的是经历种种不幸、摧残和压抑的中国女性从疯狂的、沉醉的、忘我的和完全非理性的发泄过程中借助骂人的智慧骂人的激情骂人的专注获得的一种野蛮丑陋的骂人的快感,是"背离正常的精神生活引起的精神激动必须有一种背离正常用法的语言来表达它"[②]的文体假定的艺术实

[①] [美]雷·韦勒克、奥·沃伦著,刘象愚、邢培明、陈圣生、李哲明译《文学理论》,生活·读书·新知三联书店1984年版,第195页。
[②] 施皮策:《由词的艺术品所作的语言解释》,转引自上书,第197页。

现。

在结构上,如果说王蒙复出以后的创作,在文体上还是一种传统的故事情节结构,而在一系列试验性作品中用人物故事为经、人物心理活动为纬的经纬交错而以人物意识为主以及散文化结构的小说创作显示了王蒙小说文体的某些特点的话,那么,王蒙反对传统小说模式、力主创新的小说文体则在《来劲》、《球星奇遇记》、《活动变人形》、《十字架上》、《夏之波》、《组接》中表现得尤为鲜明。《球星奇遇记》利用传奇式的故事来提供一种人生经验的框架,《活动变人形》则试图用作者的叙述来代替对故事的叙述使之产生隔离效应,《来劲》则消逝了人物、故事、情节等传统小说情节模式,在一种陌生化的效果中让读者重构这一故事,《十字架上》则用一种故事分解另一种故事,《组接》彻底消解了故事内部与外部的必然性联系,利用五个人生故事的无限组合取消小说的结构,艺术结构不在艺术作品本身而在于读者阅读过程中的再建构,《一嚏千娇》则以笔者的叙述既参与小说之内又游离其外,以一种解构主义的作法取消传统小说的圆满、精美、严谨的结构来构建小说,"季节"系列则以"狂欢体"的语言借助悲欢离合的人物命运叙写了共和国的历史。这种文体结构借助于上述非语法、非逻辑、非修辞及至反语法、反逻辑、反修辞的叙述语言,通过多种的修饰、连缀、并列、扩展、限制来取代描写语言,使王蒙熟练地掌握了叙述这一小说文体,并以之来面对世界和人生、艺术。这又是和王蒙不断进行艺术试验、艺术创新的精神紧密相通的。

因此,追求独特的文体意识在新时期其他力求创新的作家身上也有着相应的表现。他们不仅以自己的创作实践使人感到一种强烈的文体个性,甚至极明确地表述了自己的文体主张。汪曾祺在他的短篇小说集《晚饭花》的《自序》中,曾详细地阐述了自己对于文体的看法。他认为"短篇小说应该有一点散文诗的成分,散文诗和小说的分界处只有一道篱笆、并无墙壁",因而在他的艺术调色盘里"没有颜色,只有墨,从渴墨、焦墨到浅得象清水一样的淡墨",其中又"更有意识地"追求平淡。而"语言一般是流畅自然的,但时时会跳出一两个奇句、古句、拗句、甚至有点像外国作家写出来的带洋味儿的句子。……在叙述方法上有时简直有点像旧小说,但是有时忽然来一点现代派的手法,意象,比喻,都是从外国移来的"。他的《大淖记事》、《受戒》等便是这种文体的典型代表,而受其影响,何立伟、史铁生等青年作家也有向这种诗化小说发展的趋势。而在刘绍棠、高晓声、路遥、古华、何士光、邓友梅则以浓厚地方色彩的方言顽强地显示着自己的文体个性,陈建功则既有《迷乱的星空》、《飘逝的花头巾》等高雅语言系统的钥匙,又挥举着《辘轳把胡同九号》、《丹凤眼》、《找乐》等粗朴语言系统的刷子在新时期文坛上双手并用,前冲后杀,左右逢源;此外,高晓声的朴实,张贤亮的深邃,蒋子龙、柯云路的雄辩,阿城的沉静,张承志的优美,梁晓声的悲壮,铁凝的清纯,贾平凹的古朴,莫言的通感,舒婷的朦胧,马原的魔幻,刘索拉的黑色幽默王朔的调侃,王小波的诙谐,余华的朴实等等,典雅、深奥、简约、瑰丽、赤橙黄绿青蓝紫,七彩斑斓、争妍斗艳,各以他们的文体个性点缀着千姿百态的新时期文苑,而王蒙则是其中显示着自己浓郁芬芳与鲜艳色泽的奇葩异卉。

诚然,当我们"用一种宽阔得多的胸怀"评析文艺作品时,无论是对本体内容的研究还是对本体形式的剖析,"还是注意一下避免闭上眼睛瞎吹的好"①。这不仅是王蒙本人的一个重要的艺术批评原则,而且也应该是任何一位真正的评论家都必须遵守的规范。对王蒙而言,他的语言并不都是字字珠玑,他的艺术世界也绝非天衣无缝,他的理论观念也不可能至善至美,而是都有着或多或少的瑕疵、失误和或显或隐的缺陷,这也是不容忽视的客观事实。

就文体而言,尽管王蒙的语言有着上述众多的优点和特色,但

---

① 王蒙:《文学三元》,《文学评论》1987年第1期。

同样也有着不可弥补的遗憾,如语言的过分跳跃性而给读者的阅读造成了一种人为的困难,有些语言简直是玩的文字游戏。有时由于过分追求文体的新颖、别致,难免在力求创新翻变、标新立异的同时,落入另一种艺术陷阱而不自觉,因此刻意打破条条框框本身就有可能变成新的条条框框。刻意求新的新转眼间也有可能变成老套,而且"弄不好新的追求有可能变成新的作茧自缚"①。在王蒙的文艺作品中,大量相近、相似甚至完全相同的词汇、句子、句式、结构的重复迭用,在某一部作品里偶然乍看可能会给人一种新鲜、奇异的生机感,但当这种词汇、句子、句式、结构甚至意象不断出现在其他的艺术作品中时,尽管作者的主体意识的强度有所增强,但对欣赏者来说,则难免给人一种偷梁换柱的投机取巧感和老生常谈、缺乏活力的艺术惰性感,尽管有时王蒙对此恰恰沾沾自喜、自鸣得意。这已经被一些敏感的批评家所指出②。

推而论之,王蒙在进行文体创新、艺术创造、批评参与等文艺实践的各个环节上也同样有着相应的缺陷和局限,这里不妨略作评述,以使本文的评析较为全面、客观、公正和完善。

在文艺观念上,王蒙自觉"在强调发展的同时没有足够地强调一些意义重大的文艺学命题的必要性、重要性和基本有效性"③在思想方法与某些观念的解说和运用上,往往带着经验主义的色彩,从解释自己的具体创作实践出发,用没有作充分而且必要的理论界说的特殊性的"例外说",去批驳一般性的正确命题,或者用一般性的正确命题去批驳具体的谬误,不讲层次,有时也像用高射炮去打潜艇,虽然打得激烈,双方并不接火。有时无意地把小说中的人、人物、性格三者截然分开,难免有机械的生硬和以意为之的偏

---

① 王蒙:《〈深的湖〉自序》,《王蒙选集》第4卷,第372页。
② 桑地:《王蒙:"水鼓""失语"与"水泄"》,《博览群书》2000年第8期。
③ 王蒙:《关于塑造典型人物问题的一些探讨》,《王蒙选集》第4卷,第374页。

颇,而使读者甚至批评家"感到惊讶而不能接受"①。

在艺术创作过程中,由于作者有时过分推崇艺术直觉过分强调艺术感觉在文学创作中的地位和作用,有时在不知道"感受是什么,讲不太清楚,有点朦胧"②的情态下,力图表现瞬间获得的印象和偶然产生的感觉,也在一定程度上造成了感性与理性的分离,视觉形象与心理形象的错位,主观现实和客观现实的矛盾。而且,由于受生活、经历、思维品质、思维方式、情感特点与性格气质等因素的影响,也使王蒙以创新为目的的艺术创造带有某种行为定式。这种定式具体表现在艺术作品中王蒙对于人物的塑造和结构的建筑方面。总的来说,王蒙的小说人物类型比较单调,基本上只包括两代人,且一代人也只有一种类型,如上一代人绝大部分是知识分子或知识分子型的干部。因此,王蒙的作品读多了便令人感到人物似曾相识、似乎是某一个家族成员或这一家族成员的某些亲属在不同季节和地点的出现。而且大体上是这样:这篇作品中的这个人物,只稍稍"化妆"一下,改了姓名,便大大方方堂而皇之地进入另一篇作品。例如与王蒙年龄相仿、经历也大致相同的严一行、唐久远、钟亦成、张思远、周克,李振中、岳之峰、陈杲、缪可言、杨恩府、刘俊锋、宋朝义、梁有志、王民这组人物,其出身、遭遇、情绪,心理性格都给人一种"异性双胞胎"的感觉;凌雪、秋文、萧铃、秀梅、东菊她们;丽姗、婉贞、竹青她们;表姐、杜艳、美兰、薛玉凤之流,都给人同样单调的感觉,甚至不幸人物、幸福人物的不幸或幸福命运的开始时间也鲜无二致(如:不幸的16岁、幸福的19岁等)。在结构上又具化为统一的:"上一代中的一个与下一代中的一个"的对比结构上。在一组讽刺性的作品如《说客盈门》、《不如酸辣汤及其它》、《失恋的乌鸦及其它》、《扯皮处的解散》、《风息浪止》、《莫须有

---

① 王元化:《和新形式探索者的对话》,《文学沉思录》,上海文艺出版社1983年版。
② 王蒙:《在探索的道路上》,《王蒙选集》第4卷,第278页。

事件》、《冬天的话题》、《名医梁有志传奇》、《球星奇遇记》等作品，在人物上也有很大相似之处，尤其是后五篇作品，它们都有一个中心人物；都带有点无赖气息，俗不可耐、令人作呕却又在事件发展过程中推波助澜的人物——王大壮（《莫须有事件》）、陈志强（《风息浪止》）、余秋萍、粟厉厉（《冬天的话题》）、酒糖蜜（《球星奇遇记》）；在结构上这些作品都借助于某一个偶然事件的推动：小说家赵震宇的一篇反映周立珠的报告文学的发表（《莫须有事件》）、地委会议上增加一名代表的决定（《风息浪止》）、赵小强在晚报上发表的微涉沐浴的小文章（《冬天的话题》）、杜局长对中医学院院长入选的推想（《名医梁有志传奇》）、斯洲斯邦斯郡斯城对足球明星的渴望（《球星奇遇记》）等等，这些偶然的小事件一旦发生，各个复杂的关系网即刻飞速旋转不停，其中心人物也便成了一切人和事旋转的轴心，周丽珠（《莫须有事件》）、金秀梅（《风息浪止》）、朱慎独和赵小强（《冬天的话题》）、梁有志（《名医梁有志传奇》）、恩特（《球星奇遇记》）等中心人物在这个飞快旋转的关系网中，身不由己，无法自拔，整个事件就像滚雪球一样愈演愈烈，荒唐事件也因此层出不穷。虽然幽默滑稽，但不能不说是其创造上的缺陷和遗憾。而被评论家誉为具有史诗规模的规模的长篇系列小说《恋爱的季节》《失态的季节》、《踌躇的季节》、《狂欢的季节》就其人物、时代、事件等方面，多与此前的《青春万岁》、《布礼》、《蝴蝶》、《杂色》《在伊犁》等有多处重复，给人新宴吃冷饭、新瓶盛老酒的感觉，而被王蒙非常看重的数十篇微型小说集成的《笑而不答》又给人以德国漫画家布劳恩的漫画名著《父与子》在中国的汉语卡通翻版之嫌。

上述种种缺陷和遗憾，是王蒙艺术创作中的隐患。但王蒙某些艺术作品的局限，尤其是其中的原因，却绝非王蒙个人所独有，而是在新时期乃至当代作家创作中是一个典型的普遍的表现。那种只凭一时的心灵顿悟便异想天开的理论和观念，很容易走向偏激、极端,这在当代尤其是新时期文坛上已是人所共见;那种只凭一时的艺术灵感,便急功近利、恃才特书,造成了新时期的文艺创作在同一题材或同一领域内频繁的"撞车"灾难;有的作者对自己的生活和素材的积累并没有很好的咀嚼,把握和提炼,而是竭于趋时、追求新潮,急于抛售,因而艺术与思想的粗糙也就势所难免;更遗憾的是除了轰动一时之外,大多是烟消云散,很大的程度上经不起时间的积淀,有的作家、作品也只是昙花一现,只获得短暂艺术生涯中一个可悲的命运;这样的作家及其作品,虽然从数量上丰富了新时期的文学创作,然而就艺术质量而言,真正的富有里程碑、纪念碑意义和具有划时代影响的作品并不多见;而在文体风格上,有的作家风格一显雏形,便力求稳固和定于一尊,再不想变化和发展,无形之中给自己的创作套上精神的锁链,使其难以重新创造而囿于已有的家园;同时,中国文人历来相轻的帮派作风、唯我独尊的门户偏见,也使得有些作家以独具某种风格或隶属某一流派为荣,大树底下好乘凉,一劳永逸,坐吃山空,不能、不愿、也不敢跳出原来的"三界"樊篱而腾飞于"五行"之中,逆而行之,也多是物极必反,这既是"山药蛋派"、"荷花淀派"、西部文学、岭南文派、东北作家群等鲜有新生命出现,也是新时期乃至当代文学缺少"大家"只能逡巡于世界文学大门之外的一个重要原因。

然而,"有缺点的战士也终究是战士,完美的苍蝇终竟不过是苍蝇"[①]。这是对王蒙及其艺术作品的公正评价。王蒙的艺术生涯正处在黄金年华,更有着充满希望和收获的明天,因此,我们满怀信心地祈盼又一个崭新的王蒙及其艺术世界的七彩光环重现在21世纪中国乃至世界的文坛。

---

① 鲁迅:《战士和苍蝇》,《鲁迅全集》第3卷,人民文学出版社1981年版,第38页。

第七章 王蒙文学现象论

以王蒙及其艺术创作为核心,掩映其他艺术家及其艺术作品而衍化嬗变的王蒙现象,它出现在新时期乃至当代文坛并充分显示出具有一定意义的典型性,这本身并不是一个偶然和孤立的文学现象,而是一定阶段内丰富多彩的社会现实的物质生活作用于意识形态领域内的艺术世界而形成的一种具有深刻内涵的精神现象,是 20 世纪中国当代文学精神的集中表现。选取王蒙这只蝴蝶进行透视与分析,其目的是借王蒙之一斑而略知当代作家全貌,以当代乃至新时期作家风采尽传现代文学以至中国文学精神,在此基础上感知与阐释中国历史的种种作风、种种作者、种种所写的人和物和事状。这些在前面章节中已有论述,本章重点是对导致产生王蒙现象的历史现实因素、传统文化因素、外来文艺影响因素以及作家自身因素进行研究,以期破解王蒙现象之谜。

一、历史发展的必然抉择

从中外文学史上看,一种文学现象的产生,其原因总是十分复杂的。马克思对此曾指出过艺术生产的发展与物质生产的发展并非总是平衡的,"物质生活的生产方式决定着社会生活,政治生活和精神生活的过程"①。马克思主义的这一基本原理,仍然是我们

---

① 马克思:《〈政治经济学批判〉导言》,《马克思恩格斯选集》第 2 卷,人民出版社 1981 年版,第 82 页。

研究某一文学现象产生原因的一个不可忽视的重要理论前提。只有在物质生活得到基本保证和满足的情况下,人们才有充分的精力去从事精神生产。就当代中国的历史发展过程而言,连续不断的政治运动和阶级斗争,不仅使社会生产力的发展受到了不应有的滞碍,使国家的经济建设遭到了极大的破坏,而且使意识形态领域出现了高压和混乱,人们不仅物质生活得不到应有的满足和需要,人们的精神生活更感到了空前的单调和匮乏,在具有浓厚的"大一统"色彩的社会文化环境中,人们不能畅所欲言,因此也就很难进行富有多样性和创造性的精神产品的生产。在这种情况下,尽管有很多富有艺术创造气质的艺术家敢为人民"歌"与"呼",然而,却受到了历史不公正的待遇,像王蒙等一大批人,只是在历史的新时期才得以"重放的鲜花"的姿态,出现在新时期文苑。这不能不说是历史与时代、政治与艺术的双向抉择的必然产物。因此,除了在作家主体命运这一层次上能够产生王蒙现象之外,就积极意义而言,这种现象是不可能产生的。

然而,"没有哪一次巨大的历史灾难不是以历史的进步为补偿的"[①]。在历史的新时期,随着改革、开放等一系列政治、经济政策的实施和落实、执行,动乱的历史已成为过去,美好的明天正等待着人们张开双手去拥抱她,束缚人们创造的锁链被彻底砸碎,禁锢人们精神的桎梏被时代的春风所消融,人人感到从来没有过的心情舒畅,人人都产生了跃跃欲试,去拼搏,去竞争的渴望。在这种发展趋势下,一大批作家以拓荒者的姿态勤奋地开垦着新时期文学的处女地,播种着他们的痛苦、忧愁、喜悦和希望。这相同的土地、相同的气质、相同的阳光和种子,使他们自然而然地收获了同样丰硕的果实,这便是王蒙现象及其他文学轰动效应产生的国内

---

① 恩格斯:《致尼·弗·丹尼尔逊》(1893年10月17日),《马克思恩格斯全集》第39卷,第149页。

因素,同时,新时期的中国是在当今世界飞速发展的趋势下毅然开启封闭多年的国门的,因而,欧风美雨的骤然抛洒,令懦弱者为之胆战心惊,勇敢者为之兴高采烈,两种截然不同的态度,必然产生两种截然不同的效果,王蒙及其一大批勇于探索、创新的艺术家无疑是选择了后者,因而他们立足于脚下坚实的生活土壤,以同样开放的胸怀,容纳着艺术世界的寥阔穹天和深邃海洋,饱吸着世界艺术的丰富营养,从而使自己辛勤培植的艺术之树根深叶茂花繁果香。因此,中西碰撞与交流便成为王蒙现象产生的一个重要国际因素。正是在国内外广阔的文化因素的综合作用下,才使王蒙现象的产生成为可能。而中国传统文化的母体乳汁又为它的成长壮大提供了充分保障和依据,这便是传统艺术的积淀陶冶。

二、传统艺术的积淀陶冶

文艺作品作为一种精神产品,其价值主要体现于艺术家对艺术形象塑造这一创造过程中。对于艺术家来说,"他们并不是随心所欲地创造,并不是在他们自己选定的条件下创造,而是在直接碰到的、既定的、从过去承继下来的条件下创造"①。中外文学史都证明了这样一个事实,那些文学艺术大师们之所以能够创造出留芳青史的艺术佳品,除了他们自身所具有的观察力、想像力、记忆力、概括力、表现力、创造力等优秀素质以外,同时也与他们能够广收博取前人的艺术营养并不断地充实自己的艺术实践有着密切的关系,只有这样,才能使他们的艺术创造既富有稳固的艺术根基又具有强大的生命力。对于积极主张继承古今优秀文化遗产的王蒙来说,屈原、李白、李商隐、李贺、苏轼、吴敬梓、蒲松龄、曹雪芹、鲁迅、巴金等其人其作都为王蒙喜欢和迷恋。因此,可以说,王蒙现

---

① 马克思:《路易·波拿巴的雾月18日》,《马克思恩格斯选集》第1卷,第603页。

象得以产生的又一根源便是传统文化的陶冶。这具体来自中国古代文学遗产和中国现代文学传统两个方面。

对于中国古代优秀的文学遗产,王蒙历来主张以批判的态度进行积极的借鉴、吸收和创造发展。在他的一系列作品中,李白的诗句与行文,李商隐的意象和语言,蒲松龄的传神与简练几乎在他的每一部艺术作品中都经常时隐时现。这其中对王蒙影响较大的当属庄子和曹雪芹。

在王蒙的一系列艺术作品中,《蝴蝶》的意象,《逍遥游》的情趣、《杂色》中马的能言、紫绸花服的能听声音,现实与精神世界中的一连串梦幻等等,无一处不表明庄子的哲学思想和美学情趣对王蒙的深刻影响。就形式而言,这种影响直接表现在对语言行文的造句、运用上,有的可以说是直接脱胎于《庄子》原文,这种渊源关系从下面两段引文中,可见一斑:

"夫大块噫气,其名为风。是唯无作,作则万窍怒呺。而独不闻之翏翏乎?山林之畏佳,大木百围之窍穴,似鼻,似口,似耳,似枅,炼刘似圈,似臼,似洼者,似污者;激者,突者,叱者,吸者,叫者,譹者,宎者、咬者,前者唱于而随者唱喁。泠风则小和,飘风则大和,厉风济则众窍为虚。而独不见之调调、之刁刁乎?"

(《庄子·齐物论第二》)

"四周的山峰则如帽,如剑,如馒首,如拐杖,如佛手,如刀劈,如断裂,如堆积,各呈怪态。

我何曾预期能见到这样的美景,俯瞰如自飞机的舷窗下眺。山谷里布满大大小小奇形怪状的石头,如虎、如象、如猿、如鸟、如炮弹、如瓶、如鼓、又如虾、如立、如相扑、相倾、相亲,如相离、相疏、相躲避。那里来的这么多石头,莫非昨夜群星曾陨落如雨?"

(王蒙:《鹰谷》,《在伊犁——淡灰色的眼珠》,作家出版社1984年版,第285页)

  王蒙对《庄子》的借鉴与其影响,不仅表现在语言形式的形似之中,而且在文体风格上也有很大相近之处。对于庄子的文风,鲁迅对他的评价是:"著书十余万言,大抵寓言,人物土地,皆空言无事实,而其文则汪洋辟阖,仪态万方,晚周诸子之作,莫能先之。"①这种"汪洋辟阖,仪态万方"的文风,王蒙是深得个中三昧的,在其艺术作品中表现为或奇崛或优美或气势磅礴或意韵深永的风格。此外,王蒙艺术作品中的借喻、隐喻,象征等手法的运用也与庄子的寓言相仿。所有这一切,都自然是深深得力于飘逸潇洒、汪洋恣肆、意如飘风的庄子哲学,即:"庄子哲学并不以宗教经验为依归,而毋宁以某种审美态度为指向。就实质说,庄子哲学即美学。他要求对整体人生采取审美观照态度:不计利害、是非、功过、忘乎自我、主客、人己,从而让自我与整个宇宙合为一体。"②它使文学艺术从功利的纠缠中超脱出来,飞入高处,得以凝眸生生不息、欣欣向荣、"周行而不殆"的宇宙,而且,庄子哲学"由于对人生采取超脱的审美态度……由于重视直观、感受、亲身体悟等等,它们又常常使艺术大放光彩,使艺术家创作出或奇拙或优美或气势磅礴或意韵深永而名垂千古的作品。"③庄子的这种哲学思想无论是对现实生活中的王蒙还是对艺术作品中的主人公及其艺术创造本身都有着深刻的影响。我们通过对王蒙及其艺术作品的考察不难看到,当王蒙处于困厄之中时,当他忍着思想棱角被挫平磨圆并将失去

---

① 鲁迅:《汉文学史纲要·老庄》,《鲁迅全集》第9卷,人民文学出版社1981年版,第346页。

②③ 李泽厚:《中国古代思想史论》,人民文学出版社1985年版,第89页、第271页。

的钝痛时,当他由于现实的束缚而部分地接受朴拙的乡民们的乐天知命的生活哲学时,在带有自传色彩,显影着王蒙本人风貌的翁式含、曹千里、张思远、王民、钱文等人物形象身上,王蒙笔下主人公们又似傻呆、又似悲哀,又似苍老如偶犯疝气的痛苦表情,与庄子对自己外在形貌的描绘如坐忘、如松、如木、心如死灰等简直是同出一辙。因此,王蒙对庄子的借鉴或受其影响从中可见印痕之深。

而对于曹雪芹及其《红楼梦》,王蒙则多从艺术创作上有所借鉴。《相见时难》中的杜艳之于王熙凤,《温柔》中的薛玉凤之于薛宝钗,甚至王蒙笔下那些美好、善良的女性也有着《红楼梦》中善良女性的影子,在《活动变人形》中这种借鉴与吸收有着明显的对应关系。对此,有的研究者曾将此书和《红楼梦》进行一番有趣的比较:"贾雨村用神秘的'正邪两赋'解释宝玉精神内核的发生,王蒙也为'倪吾诚式的热情'探渊认祖,把它解释为一种先天所秉'邪祟',它足以引起倪姓一族的恐慌,乃至被认为有碍宗祧香火的延续,这本身就是一种意味深长的象征。更有趣的是,作为'正邪两赋'、'邪祟'的载体,贾宝玉和倪吾诚同时遭到了命运惊人相似的安排:他们都托身于行将衰败的封建大家,在外观上都有点痴顽呆傻,他们都似有所执但又没有十分明确的追求目标,他们美好理想都与伤心现实抵触太大,他们终日苦恼,没有片刻心灵的宁谧,若按一般的世议舆情来评价,他们都是一无所成的败家子、匪类、还有他们都跟至亲至爱发生了感情上难以弥合的裂缝,一个割断尘缘,遁入空门,一个一纸休书,抛别妻小,只身他寓……他们身上永远燃烧着和现实难以和谐的欲火,注定着自己终身孤独和不为人所理解。"①凡此种种,充分表现了王蒙对于艺术态度和文化遗产

---

① 郜元宝、宋炳辉:《文化的命运和人的命运——评王蒙〈活动变人形〉及其他》,《上海文论》1987年第1期,第26页。

的宽广胸怀。而王蒙的《在伊犁》系列小说也与纪昀的《阅微草堂笔记》、蒲松龄的《聊斋志异》更有着内在精神上的极大的相似性。

对于中国现代文学的优秀传统,无论是对五四现代文学精神、左联文学精神,还是对延安文学精神,王蒙都是积极地从精神上进行深刻的理解与把握,并将这些宝贵的精神融进自己的艺术创作之中,其中鲁迅先生的某些行文、语言、句式、意象都被王蒙所广泛借鉴、继承和发展。就主题意义上的继承和发扬而言,鲁迅、巴金作品中揭露寒夜社会的冷酷和黑暗,表现光明的旋律,都在王蒙的创作中有所体现,他的《活动变人形》既有《红楼梦》的影幻,也有《家》的气息,而把中西两种文化的比照以及个体在中西文化交融情势下的艰难选择提高到文学艺术世界进行思考,这又是继郁达夫、老舍、钱钟书之后,对于于质夫、文博士、方鸿渐等洋博士们的现代艺术解剖。因此,传统的陶冶,不仅使王蒙的艺术创作化腐朽为神奇,有着深厚的艺术根基,也显示着顽强的艺术活力。

此外,在新时期一大批作家中,注意于汲取传统文化的艺术营养,更是一个普遍的现象。阿城之于老庄道禅,李庆西之于志怪笔记,刘绍棠之于通俗文学,黎汝清之于传奇演义,陈建功、邓友梅之于老舍,汪曾祺、何立伟之于沈从立、铁凝之于孙犁、贾平凹之于秦文化领域,张承志之于穆斯林世界、二月河、唐浩明之于清史人物等等,他们或从古代优秀文化中直接继承或拜师于现当代名家门下,既有自己的特色,又相互组成一个创造的整体,因而,这也是繁荣的新时期文学的背景下王蒙现象产生的重要因素之一。

三、异域文化的合理采撷

任何一种文学的产生,除其自身的固有因素之外,一个不能忽略的因素便是外来因素的影响。就像马克思和恩格斯在《共产党宣言》中所论述的那样:"资产阶级,由于开拓了世界市场,使一切

第七章 王蒙文学现象论

国家的生产和消费都成为世界性的了。……旧的,靠本国产品来满足的需要,被新的、要靠极其遥远的国家和地带的产品来满足的需要所代替了。过去那种地方的和民族的自给自足和闭关自守状态,被各民族的各方面互相往来和各方面的互相依赖所代替了。物质的生产是如此,精神的生产也是如此。各民族的精神产品成了公共的财产。民族的片面性和局限性日益成为不可能,于是由许多民族的和地方的文学形成了一种世界的文学。"[1]在这种文学向着世界文学方向发展的历史趋势下,产生了当代乃至新时期文学的王蒙现象,在其以王蒙的艺术创作中的基本构成核心的形式和手法的不断翻变之中,也同样是不能拒绝外国文学艺术的积极影响并显示出自己的内在方式和自身规律的。对于外来艺术,鲁迅先生既有过"拿来主义"的明确主张,同时,又全面深刻的指出丰富、发展艺术创作的两条道路:"采用外国的良规,加以发挥,使我们的作品更加丰满是一条路;择取中国的遗产,融合新机,使将来的作品别开生面也是一条路。"[2]对于后者,前节已经论述,本节主要探讨前者。

这里需要说明的是,在通常意义上,人们一提到对外来的艺术的借鉴或受其影响,便马上想到这是指对除本国以外的其他地域艺术的借鉴和受其影响,这是不错的。然而,具体的问题必须具体地分析才能做出准确的判断。中国是一个幅员辽阔、民族众多的特殊的国度,民族文化有着悠久的历史和广泛的影响。对于有着"故国八千里,风云三十年"经历的王蒙来说,如果一说其艺术创作是对外来艺术的借鉴或受其影响便也马上想到是指对中国以外的其他地域艺术的借鉴或受影响的话,那么,这里显然是忽视了这样

---

[1] 马克思、恩格斯:《共产党宣言》,《马克思恩格斯选集》第1卷,第254~255页。
[2] 鲁迅:《且介亭杂文·〈木刻纪程〉小引》,《鲁迅全集》第6卷,人民文学出版社1958年版,第39页。

一个极其重要的事实：对汉民族出身的王蒙来说，在他从内地到边疆、从中国到外国的人生旅途和艺术创作生活中，对外来艺术的借鉴和受其影响，首先是指来自中国西部边陲的新疆伊斯兰文化的传统，其次才是来自外国文学艺术的丰富宝藏。这既是王蒙的生活与艺术的发展实际，也符合王蒙本人的观点。王蒙曾经直言不讳地表示："对于评论我的作品过分单纯地强调外来影响不无反感。"其理由"当然不是为了维护一种民族化的可靠形象"①，而是针对那种渴望作创新状的形式主义批评、不顾客观事实而只是凭想当然的机械评论模式和直线型理论思维定势的驳斥、修正和批判。对此，重返文坛后的王蒙在回忆难忘的新疆生活时，曾充满深情和哲理地写道，新疆这块多情而肥沃的土地不仅在他孤独时给他以温暖，迷茫时给他以依靠，苦恼时给他以希望，急躁时他以安慰，更给了他以"新的经验、新的乐趣、新的知识、新的更加朴素与更加健康的态度与观念"②。这不仅表现在他的艺术作品中对新疆自然风光、生产状况，风土民情、礼仪习俗、思维特征、情感表现方式以及时代思潮冲击所留下的各种各样的人和事的描述，都是坚实地立足于新疆维吾尔人的文化传统并且别具一格地显示出新疆的地方色彩和维吾尔民族性，而且更深地体现在从人生态度、审美情趣及艺术思维和艺术创作等方面对新疆伊斯兰优秀文化传统精髓的汲取及受其影响之中。这在第一章第二节已有论述，在此从略。

对于后者，尽管王蒙本人对评论他的作品过分单纯地强调外来影响表示极大的反感，但是，真正的批评家既不能因为评论对象的参与而盲目听从或裹足不前，也不能抛弃基本的艺术现实而一

---

① 王蒙：《谈评论文章偶记》，《文学评论》1982年第4期，第10页。
② 王蒙：《故乡行——重访巴彦岱》，《在伊犁——淡灰色的眼珠》，作家出版社1984年版，第1页。

味地阐释一管之见,而是要拨开纷纭复杂的表象迷雾而显艺术本质的青天,既要尊重作者艺术创作的实践,又要力求主观和客观相统一,从而作出清醒的评析和准确合理的判断。因此,就王蒙的艺术创作实践来说,对外来艺术的借鉴或受其影响,这也是有目共睹,毋庸讳言的。王蒙本人也曾多次表示在他的审美情趣中,不仅喜欢苍凉的河北梆子和清甜的京韵大鼓以及李谷一、朱逢博的演唱,也喜欢贝多芬的交响乐、柴可夫斯基《D大调弦乐四重奏》的第二乐章《如歌的行板》。在他的艺术偶像中,不仅喜欢中国的阿Q,也偏爱唐·吉诃德,不仅喜欢屈原、陶渊明、李白、李商隐、曹雪芹,也同样迷恋屠格涅夫、托尔斯泰、陀斯妥耶夫斯基、契诃夫、狄更斯、海明威、约翰·契佛,甚至松本清张及其推理小说也同样使他感到津津有味。① 正是这种毫无偏见的广泛艺术趣味和卓有成效的转益多师、兼采众长,才使王蒙不仅得以汲取祖国传统文化的丰富营养,而且也像蜜蜂一样辛勤地采摘外国文学各种风格流派的艺术精华,使自己艺术作品从形式到内容都形成了根植于现实生活沃土的独具一格的风貌。以王蒙的《活动变人形》来说,在世界文学史上,至少有过三部类似的作品,奥维德的《变形记》、阿普列尤斯的《变形记》和卡夫卡的《变形记》,前二部《变形记》主要描写古代人以超人的力量,用神的形象战胜他人而成为自身命运的主人,表现的是古代社会人与世界的关系;卡夫卡的《变形记》则是与此截然相反,主要表现的是社会的异己力量彻底征服了人,使人成了可怜而又渺小的甲壳虫,表达的是现代主义文学对人与世界关系的规律性评价。在中国文学历史上,虽然没有直接出现过同名的作品,但吴承恩的《西游记》、蒲松龄的《聊斋志异》都可以说是通过积极的夸张和变形表现了中华民族乐观上的精神,体现的是中国文化的基本精神,足以和奥维德、阿普尤斯的《变形记》相媲

---

① 参见王蒙《倾听着生活的声息》、《文学与我》等文。

美,但这是产生于不发达的闭塞的古代社会。在现代社会文学正走向世界文学、东西方文化交汇碰撞的形势下,王蒙的《活动变人形》可以说是继老舍的《猫城记》之后又一部现代知识分子的"变形记",但作品并没有套用西方当代的社会的哲学、文学、美学、心理学、社会学等观点来构筑自己的作品的主题、文体和风格,而是用生动具体的形象刻画来表现"20世纪中国知识分子心灵历程的缩影"①。这在王蒙对主人公倪吾诚的塑造,尤其是从倪吾诚死后他儿子倪藻对倪吾诚的类别归属的评判上可略见一斑:

"在父亲辞世几年以后,倪藻想起父亲谈起父亲的时候仍能感到那种莫名的震颤。一个堂堂的人,一个知识分子,一个既留过洋又去过解放区的人。倪藻无法判定父亲的类别归属。知识分子?骗子?疯子?傻子?好人?汉奸?老革命?唐·吉诃德?极左派?极右派?民主派?寄生虫?被埋没者?窝囊废?老天真?孔乙己?阿Q?假鬼子?罗亭?奥勃洛摩夫?低智商?超高智商?可怜虫?毒蛇?落伍者?超先锋派?享乐主义者?流氓?市侩?书呆子?理想主义者?这样想下去,倪藻急得一身又一身冷汗。"
(王蒙:《活动变人形》,人民文学出版社1987年版,第345页。)

在倪吾诚这个多种矛盾统一体身上,既有着孔乙己,阿Q这些土产"洋"愚民的血缘,也有着唐·诃德、罗亭、奥勃洛摩夫的精神,作为真实的生活描写与人物刻画,它就会像"死魂灵"一样留在文学史上。因此,如同不能明确断定倪吾诚的类别归属一样,王蒙对外国文学的借鉴或受其影响,很难明确指出是属于哪家哪店,它们只是王蒙艺术创造车间的原材料,至多是半成品。

在艺术作品的建构上,王蒙独辟蹊径地把艺术的笔触挥向人

---

① 刘再复:《挚爱到冷峻的精神审判》,《文艺报》1986年7月26日第2版。

的精神世界,着力描绘巨大的社会现实在人们灵魂上的投影,而这一切又得益于莎士比亚剧作中的对比性心理程序。这种对比性心理程序,雨果曾经有过精辟的论述,他说,"整体由对立面构成。莎士比亚倾其力于对偶之中"。在莎士比亚的剧作中,有"明暗交织的光辉","喜剧在眼泪中发光,呜咽从笑声里产生"。"莎士比亚的对称,是一种普遍的对称,无时不有,无处不有;这是一种普遍存在的对照,生与死,冷与热,公正与偏倚,天使与魔鬼,天与地,花与雷电、音乐与和声、灵与肉,伟大与渺小,大洋与狭隘,浪花与涎沫、风暴与口哨、自我与非我、客观与主观、怪事与奇迹,典型与怪物、灵魂与阴影。正是以这种现存的不明显的冲突,这种永无止境的反复,这种永远存在的正反,这种最为基本的对照,这种永恒而普遍的矛盾,伦勃朗构成他的明暗,比拉奈斯构成他的曲线。"①而王蒙也有着类似的主张,他说:"我特别有兴趣于把最不同的东西放在一起,加以参照,加以比较,并寻找他们的联系。城市和乡村,50年代和80年代,内地和边疆,汉族和少数民族,中国和外国,知识分子、干部和工人农民,上一代和下一代人,这都是我喜欢在一起写的。"②此外,真实与虚幻、现实与荒诞等也成为王蒙艺术结构的基本方式,王蒙对外国艺术的借鉴或受其影响,由此可见。

和王蒙既从传统中吸取精华,又融进外来艺术的新生机而有所革新、有所创造一样,这在新时期的其他作家的文学创作中同样是有广泛的普遍性。张贤亮称他的《灵与肉》的写作是用"中国式的意识流加中国式的拼贴画"③。茹志鹃创作了"拟意识流小说"《剪辑错了的故事》而从微笑走向沉思告别了《百合花》;宗璞用传

---

① 雨果:《莎士比亚论》,转引自余秋雨《戏剧审美心理学》,四川人民出版社1985年版,第315~316页。
② 王蒙:《倾听着生活的声息》,《王蒙选集》第1卷,第12页。
③ 张贤亮:《心灵与肉体的变化——关于短篇小说〈灵与肉〉的通讯》,《鸭绿江》1981年第4期。

统手法写出《弦上的梦》以后,又写出了《我是谁》、《蜗居》、《核桃树的悲剧》等借鉴西方现代派艺术手法的"超现实主义"作品;张承志的《黑骏马》既飘荡着艾特玛托夫的《白轮船》、《查米莉亚》、《一日长于百年》等作品中舒缓悠扬的旋律,又可感到从《凡高传》中得到某些启发,而其《金牧场》则无论是艺术思维还是作品结构与文体风格都颇类似于以《绿房子》和《潘达莱翁上慰和劳军女郎》而闻名的拉丁美洲现实主义作家巴尔加斯·略萨;张贤亮的《河的子孙》、《肖尔布拉克》在结构上分别借鉴了艾特玛托夫的《永别了,古里萨雷》和《我的包着红头巾的小白杨》;此外,邓刚的《迷人的海》与海明威的《老人与海》,王安忆的《小鲍庄》与加西亚·马尔克斯的《百年孤独》、《岗上的世界》与劳伦斯的《查特莱夫人的情人》,刘索拉的《你别无选择》与海勒的《第二十二条军规》,韩少功的《归去来》、史铁生的《命若琴弦》与贝克特的《等待戈多》,高晓声的《鱼钓》与荒诞派,朱苏进的《凝眸》与《第四十一个》等等,新时期的文艺创作从主题、手法、文体、情调等诸方面对外来艺术进行了广泛的借鉴和汲取,产生了一大批充满生机和活力,独具自己风格特色的作家和作品,使得新时期文苑出现了百花萌芽、千帆齐发、万类霜天竞自由的崭新局面,而所有这一切,无疑成为王蒙现象得以产生、繁衍的一个重要原因。

四、作家主体的自由自觉

处于当代世界文学大潮冲击下的新时期文学,它的一个重要的特色便是具有主体性地位的人和人的主体形象的深层心理结构日益成为艺术实践的具体指向。它一方面在探索自身走向世界文学的现代化前进道路,一方面在寻求文学的民族化之根以期立于世界民族文学之林,既真诚地呼唤全景文学的出现,又积极倡导具有乡土气息的地域文学的开发,同时要求把宏观地表现外在世界的声音和足迹与微观地探索奥妙无穷、变化万千的内在世界的精神和灵魂相统一。因此,对艺术创造来说,不论选择哪些题材,运用何种艺术手法,体现什么风格,都离不开具有高贵的理性和无穷的力量、被称为"宇宙的精华、万物的灵长"①的人,都离不开"作为思想的生产者和作为思维着的人"②的自觉与积极实践。在这种历史文化背景下,王蒙现象作为中国当代文学精神现象的典型代表,它的形成、生长以至壮大,除了国内、国际的经济、政治等基本社会因素以及对古今中外优秀文化遗产的批判、借鉴、继承和发展等基本文化因素外,还有一个重要的主观因素,这便是主体的自觉。

对于新时期作家八仙过海、各显神通进行艺术创造而呈现的文学多元现象,王蒙认为尽管这种现象表面纷繁复杂,但究其实质"每个人的写作方法都有自己的内在依据"③,不管是借鉴、求新赶浪潮亦或是心血来潮,也不管是方法与观念的更新等都离不开这种依据。对此,王蒙曾用反诘的语气肯定说:"一个起码成熟的作家能够通过接受影响……来发现或运用一种崭新的形式么?如果没有内在的要求的逐渐成熟,如果不用自己的耳朵倾听世界的声音、时代的声音、生活的声音与内心的声音、难道任何新的形式的探索是可能的么?",甚至断言"外来影响的启发也只有通过深刻的内省和感悟才能起作用"④。作家"自己的内在依据","内在的要求逐渐成熟"以及"深刻的内省和感悟",便是艺术创作的作家主体意识的觉醒和强化。由于"一切历史都是现代史"⑤。因此,在马克思主义看来,"历史什么事情也没有做……创造这一切,拥有这一切并为这一切而斗争的,不是'历史'而正是人,现实的、活生生

---

① 莎士比亚:《哈姆雷特》第2幕第2场。
② 马克思、恩格斯:《德意志意识形态》,《马克思恩格斯全集》第3卷,第52~53页。
③④ 见王蒙:《读评论文章偶记》,《文学评论》1982年第4期,第10页。
⑤ M·怀特:《分析的时代》,商务印书馆1986年版,第40页。

的人。'历史'并不是把人当做达到自己目的工具来利用的某种特殊人格,'历史'不过是追求自己目的的人的活动而已"[①]。这里,历史是被动的,而人才是积极主动并富有创造性的。主体意识,即人把自己作为关注的对象并把自己放在举足轻重的位置,它与漫长的历史相比,中国人的主体意识的广泛觉醒产生于改革开放以来的当代中外社会思潮的相激相荡的运动过程中。在此之前,人存在着(自在),但并没有意识到自己的存在(自为),人的全部目的是向外:别人及其周围的世界(客体)。从历史进程来看,社会主义制度的确立最本质的特征应该是人的解放,但是,由于历史的、文化的、政治的、经济的、个人的等等错综复杂的原因,结果与目的大相径庭。由于普遍的集体无意识,所以,作为个人的主体意识的觉醒,无论对于创作主体还是对创作对象来说,都是不可能的。在历史的新时期,由于内在的和外在的因素的合力作用,促使了中国人从沉睡中苏醒,文学率先成了时代的先锋。1980年7月在王蒙发出了"寻找我自己"的呼喊以后,《作家》1984年4月号又发表了韩少功的《文学的"根"》,《上海文学》1985年5月号又发表了郑万隆的《我的"根"》,《文艺报》改成报纸的创刊号上发表了阿城具有高屋建瓴气势的《文化制约着人类》等等理论文章,标志着一大批作家、艺术家从自我失落、自我迷失中强烈要求还自己本来真身的主体意识的萌芽和生长,因这种"寻根热"对新时期文坛的强力辐射,以及吴若增、汪增祺、阿城、韩少功、郑万隆、贾平凹、陈忠实等的异军突起,使得一大批作家、艺术家普遍感到浮躁,感到惶惑和不安。这种"寻根"并不仅仅意味着从艺术表现对象上对立化的寻根,而且是作家主体意识觉醒与强化的有力标志和表现。同时,伴随着新时期一系列政治的、经济的、哲学的、历史的、文化的以及伦理等价值观念、思维方式以及系统论、方法论、信息论的出现,作家的主

---

① 马克思、恩格斯:《神圣家族》,《马克思恩格斯全集》第2卷,第118页。

体参与意识也由悄然介入并积极地进行。中国文学史上以往任何时期的作家从来也没有像今天这样明确地认识到自己的作用、自己该做什么和该怎么做。无论是茹志鹃从微笑走向沉思、宗璞由现实进入了荒诞,还是王蒙带着从《组织部来了个年轻人》的框架中挣出显示的一种反判精神;无论是古华借用"寓政治风云于风俗民情的图画"从胸中真诚地"唱一曲严峻的乡村牧歌",[①]还是王兆军通过对农民的形象总结使其艺术创作具有一点科学价值的形象化的理性探索,还是郑义借《老井》对中国农村史的缩影;无论是柯云路的《夜与昼》、《新星》还是张贤亮的《绿化树》、《男人的一半是女人》,无论是孔捷生《大林莽》中哲学意识的显现,还是马原"反对文学包含哲学"[②]以及"三无"作品的出现,甚至被置于"西部文学"之列的贾平凹的商州系列作品,之所以成为作家创作的里程碑并带动起整个文坛的"文化寻根",一个主要原因,就在于作家作为创作的主体能够自觉地以商州为一个点,详细考察它、研究它,而得出中国农村的历史演讲和社会变迁以及这个大千世界里的人和生活、情绪、心理结构变化的轨迹"所有这一切,都有力地表明了作家主体的自觉与主体思维的拓展和深化,显示了主体参与意识的强化。而且随着作家主体思维观念在深度与广度上的拓展及其质量上的变化,艺术作品的风格也由单一趋向杂多并形成更高层次的统一,而且由于现实生活中人的主体意识的普遍觉醒,因此,在作为以人为表现中心和对象的文学作品中的主人公的主体意识也相应有所增强和展现,这又促进了文学批评主体意识的觉醒与增强,一大批具有新思想、新观念和新方法的评论家随之诞生,创作主体、批评主体以及作为艺术表现对象的人的主体意识的自觉及其相互作用,这也是王蒙现象得以产生的一个重要原因。

---

① 古华:《〈芙蓉镇〉自序》,人民文学出版社1981年版。
② 马原:《哲学以外》,《当代作家评论》1987年第3期。

总之,形成王蒙现象的原因是错综复杂的,它的出现也就更为文艺理论提供了新的研究对象和课题。就王蒙个人而言,"王蒙的创作,对于冲破旧的文学观念,开创中国文学的新局面,其功绩已经是毋庸置疑的。而且,他的创新,对于他自己也是一次解放。他找到了最适合自己的形式,这对于作家本人来说就是最大的成功"①。因此,王蒙现象本身也从理论研究、创作探讨、文化内涵以及美学风貌等种种层面显示了自身独特的意义和价值,对这一切虽有简单的阐述,但是更有待于进一步深入细致地研究和探索。

---

① 冯骥才:《王蒙找到了自己——记与英国人的一次对话》,《文学评论》1982年第3期。

第八章 余 论

王蒙在《蝴蝶为什么得意》的自撰小传中,曾经自拟为一只蝴蝶翩跹于新时期文苑,而"新时期文学现象若干,他则与几乎全部现象或多或少地发生联系"①。如同自然界存在着奇妙的氧化还原、数学王国里排演过魔方矩阵、音乐仙境中悬浮着"巴赫怪圈"一样,在新时期乃至当代文学以王蒙这只时代的蝴蝶为基因衍化嬗变了一个蔚然壮观的王蒙现象。这是作家对生活与艺术的深的湖中蕴载的漩涡暗流的冲击而在湖面上荡漾开的层层涟漪。这里有对理想的憧憬与反思,也有对现实和历史的理性把握;有政治家的高度责任感和历史使命感,也有艺术家自己自由自在的创造性表现;有理智对感情的批判,也有直觉对理性的怀疑和探寻;有自我迷失、自我寻找、自我发现,也有自我的超越和自我的蜕变,这里充满了这只色彩斑斓、正直而敏感、机智而灵活多变的"蝴蝶"对社会政治、对现实人生的不懈的感受和认识,表现着对艺术热忱而执著的追求。王蒙现象便是艺术家内心一颗永远鲜活跳荡的心之光对现实的强力辐射而显现于艺术天空的七彩光环。因此,王蒙现象所蕴涵的形式和内容是有着不同的层次和点、线、面、体的。这正如有的评论者所分析的那样:

"王蒙创造了一个世界、一个反省的、思索的世界。这个世界体现了一代人的激情、希望和迷误以及他们上下几代人的追求、痛

---

① 曹文轩:《中国 80 年代文学现象研究》,北京大学出版社 1988 年版,第 270 页。

苦、失望、醒悟和振奋。此外,就他的艺术表现而言,他又提供了两个世界:一个是呈现于外的世界——它喧喧嚷嚷、忙乱变动、光怪陆离、千演万化;另一个是收缩与隐藏其内的精神世界——它凝定着,有着规律、有着步奏,它恒在,它冥冥中支配和注视着人世的变化。王蒙的前一个世界是开放的,接纳所有的印象,他描写它们的时候几乎是毫无偏心,写得草率而又细致,粗野而又优雅;写得诙谐而又严谨、尖刻而又宽容。王蒙的后一个世界则又为自己的观念王国划了疆界,这条疆界使他的思想趋于稳定。他并不随风倒,无原则地接受所有新思潮。相反,他维护民族传统,强调人的和谐,相信进步,提倡谦让、宽容、勤勉和耐心;他厌恶空话而倡导做事,并在精神生活和感情需要的意义上增强我们频遭打击的自信心。"

(吴亮:《王蒙小说思想漫评》,《文艺理论研究》1988年第1期,第82页)

这里,评价与分析无疑是准确和中肯的。然而,对任何一种文学现象的剖析与评价、理解和把握,就研究方法而言,都只能是一种假设,能否落实到具体的研究之中并借以更准确地透视现象本质才是关键所在,这就要求必须与研究对象紧密结合,而这种结合一旦深入,则又很可能没有任何一种评价与分析能够全部涵盖整个文学,更何况这其中难免在进行开放性探索的同时又不自觉地产生新的人为的封闭,就像王蒙在《深的湖》自序之中所说的那样:"生活是一个谜,艺术也是一个谜,人们在追求、在接近,却永远也不可能穷尽它的的谜底。生活是深的湖,艺术也是深的湖,人们生于斯,长于斯、游于斯,却谁也不可能贯通它的所有的层次。"[①]同样,对王蒙现象各个层面的分析与评价也无不如此。况且,在新时期文苑许多作家、作品"无边落木萧萧下"之际,王蒙仍以自己的创

---

① 王蒙:《〈深的湖〉自序》,《王蒙选集》第4卷,第371页。

作显示着"不尽长江滚滚来"的气势。所以,选择王蒙及其艺术世界进行分析与评价本身就是一种极大的冒险。因为在一种未终结的文学现象的发展过程中,一切因素的意义都是极不确定的,而且我们正面临着一个纷繁复杂、急剧变化的时代,一些曾经给作家创作带来光华的因素在不久的将来可能成为其致命的病瘤,而一些今天看来是无关紧要或是阻碍多余的因素,也许可能使作家跃入一个更新更高的天地。对于曾发出"寻找我自己"的呼唤并一度"找到了自己"而仍然继续求索的王蒙而言,人们不禁会怀疑他是否真正地找到了自己,他是否真正获得了成功;对这只色彩斑斓,引人注目的蝴蝶,人们不禁会产生这样的疑问:"蝴蝶飞向何处?"也许,他还是在探索,在试验罢了,也许他真正要写的东西还在后面,也许他永远也找不到了,也许他恰恰完全与此相反,也许已经没有也许。对此,王蒙曾经有过十分严肃而幽默的回答:"不知道,既可以走得更远,也不妨回去转转,还可以另开别的路。"① 因此也有人认为王蒙"这只蝴蝶,有时栖息在张思远的帽子上,有时在张思远的周围沿着不规则的轨道盘旋"②。

无疑,上述种种猜测与推断,都自有他自己的理由和根据。但是,这里忽略了一个重要的本质问题,那就是,如果说王蒙现象是中国当代文学精神现象的典型的代表、而这种精神现象又只能产生在知识分子身上的话,那么,王蒙这只蝴蝶的飞行方向也就理所当然地代表着当代知识分子命运的发展趋势。也只有立足于这样的基点,才能对这一个问题进行深刻的解析和合理的推断。

就王蒙个人而论,王蒙本人是以一个知识分子式的干部身份走进文学领地的,而且在他的绝大部分带有作者自身色彩的主人

---

① 转引自冯骥才:《话说王蒙》,《文汇月刊》1982年第7期,第49页。
② [美]菲尔·威廉斯著,刘嘉珍译:《一只有光明尾巴的现实主义"蝴蝶"》,《当代文艺思潮》1983年第1期,第38页。

公身上也多为知识分子型的人物,无论是钟亦成、张思远,还是曹千里、梁有志、翁式含、祝正鸿、钱文,在他们的身上,尽管一生历尽坎坎磨难,但是,旁人对他的恭维,他并不当作精神食粮。旁人对他的诽谤,也不足以动摇他的见解。世间的荣华富贵,不足以夺去他对真理追求的热爱,世间对他的侮辱迫害,他知道这是人间难免的事。在他们身上,富贵不淫、贫贱不移、威武不屈、虽九死其犹未悔的传统士大夫精神始终坚定着他们对理想和信仰的追求,在这些人物身上,显现的也正是作者本人"对于理想及信念的虔诚、始终不渝的追求与为之献身的渴望"①。这恰恰是传统知识分子灵魂中信仰意识的使命感表现。正是由于它,孔子一生碰壁,屈原自沉汨罗,苏东坡徘徊囮两间,曹雪芹悲郁难诉,鲁迅彷徨而呐喊。孟子"天将降大任于斯人"的箴言一直作为一种神话的心理幻影活跃在中国历代知识分子的意识与无意识之中,让人永远"先苦其心志,劳其筋骨",永受欲之煎熬,苦待"大任"的来临,"大任"不至,于是"达则兼济天下"而不得,使命也无法完成,便退而求其次去"独善其身",就如庄子抛弃人际纲网在天地间作逍遥游,陶渊明不为斗米折腰于采菊东篱间悠然而见南山。于是讲宽容,讲恕道,讲无为而治,讲难得糊涂,讲"费厄泼赖",讲"躲避崇高"。这一切,"如果上升到一种生存哲学的意义上去的话,这种生存哲学是以多少牺牲人格和性格,牺牲所有人的个性物质以纳入一种社会的精神规范中去的话,成熟、宽容和世故便成为知识分子软弱和偷生的遁词。在后者意义上的生存,其价值也就很难体现作为一个人的自由存在。而这种自由存在,如果离开了我们每个个体的争取,也就永远不会从天而降。很大程度上50年代那个抨击时弊的王蒙作家群,之所以被打下地狱,而时弊党弊反而愈演愈烈,正是因为知识分子作为一个群体心照不宣地放弃了这种争取。那分难得可

---

① 王蒙、李子云:《关于创作的通信》,《王蒙选集》第4卷,第496页。

贵、少得可怜的单纯与血气,在中国知识分子身上总是成为瞬间辉煌,其缘由并不仅仅在于某种外在的压力,而首先在于包括王蒙在内的中国知识分子很少愿意忍受真正的冒险、死亡和痛苦的煎熬,以一种背负十字架的精神去迎接批判和因这种批判带来的一切。"①在这种文化心态下,就王蒙以往的历史而言,他的抱负,他的理想与追求,总是挫折多于实现,大到成为"职业革命家"以济世明道,小到自己的艺术创造与学术志向。他可能在精神上保持了独立,却难以在具体的生活中逃避不理想状态的限制。王蒙现象就其主体层次来说,似乎正表明他与现实之间亲密的痛苦关系:无法离而又有所离,要有所为而又难以大有所为。他的时而峰巅时而波谷的角色变幻,不得不使他承担起一种矛盾的双重命运:一方面是参与型的"行动人物",另一方面又是超越型的"观念人物",而归根到底又不得不是"行动人物"中的"观念人物";一方面是思想和认识的固有理路,另一方面是矛盾重重的社会现实问题的冲撞挤压;一方面是现代价值观念的吸引,另一方面又是非理想状态的"奉献",两难的冲突造成难以摆脱的心理焦躁、灵魂惶惑和岁月蹉跎感。"文变染乎世情,兴废系乎时序。"②从古代的屈原、孔子、李白、苏轼、纪昀、张之洞等封建士大夫、到近代、现代以至当代的知识分子,无论是严复、康有为、谭嗣同、梁启超、王国维,还是现当代的蔡元培、鲁迅、胡适、胡风、顾准包括王蒙,他们对新知识的灌输、新思想的介绍、新观念的启蒙、新制度的推行、风俗习惯的改革,都表现了罕有的热情和蓬勃的锐气,在近现代乃至当代中国历史舞台上,在推动中国现代化运动过程中和历史性的变动上,都曾有过新时代催生者的重要殊荣。然而,曾几何时,由于自觉或不自觉与

---

① 吴炫:《作为文化现象的王蒙》,《当代作家评论》1989年第2期,第31页。
② 刘勰:《文心雕龙·时序》,见郭绍虞主编《中国历代文论选》(一卷本),上海古籍出版社1981年版,第94页。

传统脱节、与社会乃至家庭脱节、与经济来源脱节、与现实统治建构及行动人物脱节,使得他们虽然曾是"冠盖满京华",却已经"斯人独憔悴"。于今,王蒙式的知识分子,一部分飘零海角天涯,一部分被穿上紧身皮夹克,一部分过着寒蹙淡漠的岁月,精神王国凉风乍起,木枯草黄,万花纷谢一时稀,抬望眼,只几片傲霜叶,高挂枝头,有如秋夜里的枣树孤零零地直刺惨白的月夜青天。值得注意的是,王蒙是以"横眉冷对千夫指,俯首甘为孺子牛"的胸襟重返新时期文坛的,经过时代的风化,这只蝴蝶已是在"大观园"的亭台楼阁和"水泊梁山"的幽径古道上盘旋,大含而细出,厚积而薄发,大巧若拙,大智若愚,颇有"躲进小楼成一统,不管冬夏与春秋"的神韵。近70年的人生风雨历程中,王蒙从旧时代的地下少年布尔什维克到新中国首都的团干部,从默默无闻的儿童文学作者到名震遐迩的小说大家,从忠贞不渝的爱国赤子到反党反社会主义的"右派",从舞文弄墨的文人到劈山担石的苦力,从繁华京城的知识分子到新疆边陲的普通农民,从偏僻乡村的生产队长到泱泱古国的文化部长,从一身京腔京韵京派的京官到吃羊腿喝羊奶说维语戴眼镜的巴彦岱,从被开除出党的异类到成为共产党的中央委员,从正统严肃的职业革命家到实验现代艺术的先锋领袖,从痴迷武侠作品的小学生、高中肄业的数学爱好者到著名大学的文学教授、红学专家,从崇尚逍遥、无为、不设防的智慧老者到掀起人文巨浪的弄潮儿,从折笔封刀的绝望写手到被4次提名的诺贝尔文学奖候选者,从虚掩的小土院里的寂寞隐士到周游世界的文化使者,王蒙身上这些角色的生成和转变,深刻着当代中国知识分子在政治、经济、文化、时代乃至家庭等方面的烙印,凸显着他们命运的流程,而这一切对王蒙来说,正如老舍在《村居杂咏》中所述:"半老无官诚快事,文章为命酒为魂。深情每祝花长好,浅醉唯知诗至尊。送雨风来吟柳岸,借书人去掩柴门。庄生蝴蝶原游戏,茅屋孤灯照梦痕。"①无独有偶,王蒙1971年曾翻译的波斯11世纪诗人奥迈尔·阿娅姆的"柔巴依"与此颇有异曲同工之妙,这不能不说是王蒙这只蝴蝶的一次人格蜕变。此诚可为智者道而难与俗人言。然而,只有敢于直面惨淡的人生,敢于正视淋漓的鲜血并积极投身其中才可称得上是真正的猛士,在风云际会的历史运动中造就的伟人们,"他们几乎全都处在时代运动中,在实际斗争中生活着和活动着,站在这一方面或那一方面进行斗争,一些人用舌和笔,一些人用剑,一些人则两者并用。因此,就有了使他们成为完人的那种性格上的完整和坚强。书斋里的学者是例外;他们不是第二流或第三流的人物,就是惟恐烧着自己手指的小心翼翼的庸人"②。恩格斯的这段话或许能使我们对王蒙现象的认识有一定的启示。

就王蒙现象的全体及其积极的发展意义而言,王蒙现象作为中国当代文学精神现象的典型代表,又是与一定的社会文化环境密切相关的,它的进一步发展都必须要求有相当程度的"心灵自由"和"言论自由"的社会文化氛围。所谓"心灵自由",在主体当能精骛八极,神游万仞,理智不为情感态度所束缚,思想不为政治伦理所拘禁,敢想而又擅想;在社会则当风云际会,百家争鸣,有各种思潮观念彼此撞击的火花闪烁,而无一鸟压林百雀噤声的态势。所谓"言论自由",在主体当能巧言善辩、滑稽乱同,能达其所欲达,能言其所欲言;在社会则当允许个人吐露、显示、发表自己的认识、想法。其时,"文字狱"未必没有,但比较而言,"文网"当较为稀疏;"长幼、尊卑"的政治秩序未必不存,但相对来说,权力和地位处于再分配之中,各种关系纠缠不清,"天坛式"的轴心型阶梯化结构松动,礼教意识淡化模糊,平等、公平、竞争观念普遍,凡此种种,对王蒙现象的昨天而言,一切都已成为历史,而处在不断波浪式前进与

---

① 吴组缃:《同老舍的一次唱和》,《光明日报》1990年10月30日第3版。
② 恩格斯:《自然辩证法》,《马克思恩格斯选集》第3卷,第446页。

螺旋式上升的历史运动中的人们,面对昔日的凋谢黄花与今日的高山仰止,只有一种方法可供我们选择,那就是别再崇拜他,而要用他于我们自身的拯救。

　　蝴蝶,一只蝴蝶,一只美丽的蝴蝶,因为美丽而被捕捉,被制成了栩栩如生的精致的标本,被展览给同样渴望美丽的世人,蝴蝶的美丽在瞬间因被凝固得到了永恒,人们看到它,总会产生各种各样奇妙的联想,在眼前,在笔端,在脑海,在梦里,在此岸,在彼岸,在现实,在历史,在文学,在哲学,在心灵深处;你注视着它,它更欣赏着你,它微笑,它沉思,它忧伤,它欢乐,它单纯,它复杂,它青春,它老年,它静止,它飞翔,它严肃,它浪漫,它中国,它世界,它的一切是蝴蝶,一切的它也是蝴蝶,蝴蝶依然是蝴蝶,蝴蝶不再是蝴蝶,蝴蝶是蝴蝶,蝴蝶不是蝴蝶,蝴蝶是王蒙,王蒙是蝴蝶,蝴蝶不是王蒙,王蒙不是蝴蝶,这就是王蒙。

2003 年 8 月于青岛

附录　王蒙研究索引(1956~2003)

一、王蒙研究专著索引

《中国当代文学研究资料:王蒙专集》
　　徐纪明　吴毅华　编　贵州人民出版社1984年版
《王蒙论》
　　曾镇南　著　中国社会科学出版社1987年版
《王蒙小说语言研究》
　　于根元　刘一玲　著　大连出版社1989年出版
《王蒙的生活和文学道路》
　　丁玉柱　著　黑龙江教育出版社1994年版
《王蒙——"放逐"新疆十六年》
　　方　蕤　著　东方出版社1995年版
《世纪之交的冲撞:王蒙现象争鸣录》
　　丁　东　孙　珉　选编　光明日报出版社1996年版
《用笔思想的作家——王蒙》
　　夏冠洲　著　新疆大学出版社1996年版
《王蒙与崔瑞芳》
　　王　安　著　陈幼民　绘　中国社会科学出版社1997年版
《我与王蒙》
　　方　蕤　著　广西教育出版社1998年版
《王蒙小说语言论》
　　汪　溟　著　花山文艺出版社1998年版

二、王蒙研究文章索引

关于《组织部新来的青年人》的讨论(编者按)
　　《文艺学习》1956年第12期
生活的激流在奔腾/林颖
　　《文艺学习》1956年第12期
一篇严重歪曲现实的小说/增辉
　　《文艺学习》1956年第12期
清规戒律何其多？/王践
　　《文艺学习》1956年第12期
林震值得同情吗？/王恩
　　《文艺学习》1956年第12期
生动地揭露了新式官僚主义的嘴脸/王冬青
　　《文艺学习》1956年第12期
真实呢？还是不真实？/李滨
　　《文艺学习》1956年第12期
林震是我们的榜样/唐定国
　　《文艺学习》1956年第12期
关于小说《组织部新来的青年人》的讨论
　　《北京日报》1956年12月8日
新的花朵《组织部新来的青年人》/谢云
　　《文艺报》1956年第20号
可喜的作品，同时也是有严重缺点的作品/长之
　　《文艺学习》1957年第1期
我对《组织部新来的青年人》的意见/彭慧
　　《文艺学习》1957年第1期
一个区委干部的意见/戴宏森
　　《文艺学习》1957年第1期
写真实——社会主义现实主义的生命核心/刘绍棠　从维熙

《文艺学习》1957年第1期
不健康的倾向/一良
　　《文艺学习》1957年第1期
伤了花瓣的花朵/赵坚
　　《文艺学习》1957年第1期
去病和苦口/邵燕祥
　　《文艺学习》1957年第1期
激情和艺术特色——1956年《短篇小说选》序言/侯金镜
　　《文艺报》1957年第1期（文中对《组织部新来的青年人》有简要分析）
作品中的真实问题/杜黎均
　　《文艺学习》1957年第2期
一篇有特色的小说/王培萱
　　《文艺学习》1957年第2期
要实事求是地分析作品/江国曾
　　《文艺学习》1957年第2期
林震究竟向娜斯佳学了些什么/艾克恩
　　《文艺学习》1957年第2期
准确地去表现我们时代的人物/马寒冰
　　《文艺学习》1957年第2期
林震及其他/邓啸林
　　《文艺学习》1957年第2期
我们感受到时代的精神——评《组织部新来的青年人》/王愚
　　《延河》1957年2月号
没有浪花的"激流"/辛毅
　　《延河》1957年2月号
评《组织部新来的青年人》/李希凡
　　《文汇报》1957年2月9日
读《青春万岁》/萧殷
　　《文汇报》1957年2月23日
什么是典型环境？——与李希凡同志商榷/唐挚
　　《文汇报》1957年2月25日

同文艺界代表的谈话(1957年3月8日)/毛泽东
  《毛泽东文集》第7卷,人民出版社1999年版,第255页
关于《组织部新来的青年人》的评论/
  《读书月报》1957年第3期
编者的话(关于"组织部新来的青年人"的讨论)/
  《文艺学习》1957年第3期
达到的和没有达到的/秦兆阳
  《文艺学习》1957年第3期
编者的话/
  《文艺学习》1957年第3期
谈刘世吾性格及其他/唐挚
  《文艺学习》1957年第3期
道是无情却有情/刘宾雁
  《文艺学习》1957年第3期
一篇充满矛盾的小说/康濯
  《文艺学习》1957年第3期
关于《组织部新来的青年人》的讨论/长之等
  《文艺学习》1957年第3期
读了《组织部新来的青年人》的感想/艾芜
  《文艺学习》1957年第3期
动机与效果为什么发生矛盾？——与一位青年朋友讨论《组织部新来的青年人》/萧殷
  《北京文艺》1957年第3期
关于《组织部新来的青年人》的讨论/徐凯
  《光明日报》1957年3月2日
"典型环境"质疑——与李希凡同志商榷/周培相 杨田村 张葆莘
  《光明日报》1957年3月9日
一篇引起争论的小说/林默涵
  《人民日报》1957年3月12日
林震、赵慧文及其他——复一个大学的青年读者/艾之
  《中国青年报》1957年3月14日

关于小说《组织部新来的青年人》的讨论/本刊记者
　　《新华半月刊》1957年第4期
严肃对待作家的创作劳动——《人民文学》编者修改小说《组织部新来的青年人》有错误/
　　《人民日报》1957年5月7日
《人民文学》编辑部对《组织部新来的青年人》的讨论/
　　《人民日报》1957年5月8日
《人民文学》编辑部对《组织部新来的青年人》原稿的修改情况/
　　《人民日报》1957年5月9日
从几篇作品谈艺术的真实性问题/敏泽
　　《文艺报》1957年第12期（文中对《组织部新来的青年人》有简要分析）
让我们感受到时代的精神——评《组织部新来的青年人》/王愚
　　《延河》1957年第11期
《文学上修正主义思潮和创作倾向》（节录）/姚文元
　　《人民文学》1957年第11期
所谓"干预生活"、"写真实"的实质是什么？/李希凡
　　《人民文学》1957年第11期
《应当老实些》/张光年
　　《文艺辩论复习》，作家出版社1958年版，第146页
熟悉而又陌生的人——谈王蒙小说的人物塑造/阎国忠
　　《新疆文艺》1978年10月号
王蒙自传/
　　《中国现代作家传略》（第2辑），徐州师范学院《中国现代作家传略》编辑组编，1979年1月版
王蒙的"处女作"——《青春万岁》/刘兴辉
　　《新文学论丛》（季刊）1979年第1期
一篇至今依然发光的作品——重读《组织部新来的青年人》/邢植朝 韩柏
　　《海南师专学报》1979年第1期
革命变革时期的文学——谈1978年的短篇小说创作/何西来 田中木
　　《文艺报》1979年第2期
开不败的花朵——从《重放的鲜花》谈反官僚主义文学的历史命运/杨志杰

彭韵倩
 《新文学论丛》(季刊)1979年第2期。文中对《组织部新来的青年人》有简要分析
学习与思索——谈25个得奖短篇札记/秦兆阳
 《文学评论》1979年第3期(文中对《最宝贵的》有简要分析)
教训与伤痕/高进贤
 《长春》1979年第3期
从《组织部新来的青年人》谈起/甘竞存
 《南京文艺》1979年第3期
"干预生活"的可贵尝试——谈《重放的鲜花》里的几个短篇/周晓扬 曹虹
 《书评》1979年第3期
"春光唱彻方无憾"——访作家王蒙/雷达
 《文艺报》1979年第4期,第34页
王蒙(传略)
 《中国文学家辞典》(现代第2分册 征求意见稿),北京语言学院《中国文学家辞典》编委会编,1979年5月版
文艺应肩负起"干预生活"的使命——重读《组织部新来的青年人》/王吉有
 《辽宁大学学报》1979年第5期
谈文艺作品的民族特色——谈王蒙的短篇小说/刘宾
 《新疆文艺》1979年5月号
掉一滴滚烫的眼泪——读王蒙同志的短篇小说《最宝贵的》/文定讴
 《新疆日报》1979年6月17日
简洁明快 广辟蹊径——读王蒙同志的《快乐的故事》/周鸿飞
 《新疆文艺》1979年6月号
真正的青春——评《青春万岁》/王鸿英
 《人民日报》1979年7月14日
访青年作家王蒙/新华社新闻稿
 1979年8月22日
植根于肥田沃土之中——访作家王蒙/王素心
 《文汇报》1979年10月29日
写在枫叶殷红的时候—— 访作家刘绍棠 王蒙 邓友梅散记/

《北京日报》1979年11月3日
对于文学创作的一个回顾和展望——兼谈革命作家的庄严职责/冯牧
　　《文艺报》1980年第1期。(文中对《悠悠寸草心》作了简要分析)
关于反映社会生活中新问题的探讨——记本刊召开的部分在京作家评论家座谈会/向川
　　《文艺报》1980年第1期。(文中对《悠悠寸草心》作了简要分析)
敏锐的观察　流动的思维/叶之桦　田力维
　　《福建日报》1980年1月15日
"创作总根于爱"——阅读琐记(评小说《悠悠寸草心》)/伊默
　　《人民日报》1980年1月30日
读读吧！为了"最宝贵的"！/许震锋
　　《牡丹》1980年第2期
含泪的讽劝——《悠悠寸草心》、《说客盈门》读后/丹晨
　　《工人日报》1980年2月14日。
就是要"来真格的！"——短篇小说《说客盈门》的思想意义/行人
　　《光明日报》1980年2月20日
也谈睁开眼睛看生活——与王蒙同志商榷/冯能保
　　《文艺理论研究》1980年第2期
布尔塞维克的敬礼——读王蒙的《布礼》/夏耘
　　《文艺报》1980年第2期
美,永远不会绝灭——记王蒙与文学青年的一次畅谈/李培禹　等
　　《青春》1980年2月号
读《青春万岁》致王蒙/刘思谦
　　《读书》1980年3月号
谈王蒙的近作/洁民
　　《光明日报》1980年3月5日
现代青年心灵的一隅——读《风筝飘带》/曾镇南
　　《新文学论丛》(季刊)1980年第3期
断丝碎缕录——学习1979年群众评选的全国优秀短篇小说札记/秦兆阳
　　《文学评论》1980年第3期。(文中对《悠悠寸草心》作了简要分析)
艺术王国里的歌神与勇士——王蒙创作初探/张学正

《天津市语文学会1980年年会论文选》1980年3月

王蒙小说中"意识流"手法的运用/张放

《文艺理论研究》1980年第3期

一个深刻的医生形象——评短篇小说《表姐》/白描

《延河》1980年第3期

心灵深处唱出的歌——读王蒙的小说《夜的眼》《春之声》《海的梦》/曾镇南

《新文学论丛》(季刊)1980年第4期

小说出现新写法——谈王蒙近作/阎纲

《北京师院学报》1980年第4期,第26~31页

为了塑造更丰富更美丽的灵魂——评王蒙近作的新探索/刘淮 郗瑢

《北京师院学报》1980年第4期,第32~40页

谈王蒙小说创作的创新/陆贵山

《北京师院学报》1980年第4期,第41~44页

生活的波流——读《布礼》与《蝴蝶》/刘思谦

《新文学论丛》(季刊)1980年第4期

勤奋的探索,勇敢的创新——王蒙创作讨论情况综述/杨续先 整理

《北京师院学报》1980年第4期

现实主义和"意识流"——从两篇小说运用的艺术手法谈起/李陀

《十月》1980年第4期

王蒙的创作和新时期文学发展的趋向/刘梦溪

《十月》1980年第5期,第212~224页

从《悠悠寸草心》想到的一些问题/魏拨

《福建文艺》1980年第5期

引人注目的探索——评王蒙的近作兼论创作方法的多样性/克非

《学习与探索》1980年第6期,第127~130页

关于创作的通信/晓立 王蒙

《文学评论》1980年第6期

路子宽一点好/光群

《鹿鸣》1980年第6期

他们象征着未来——试析王蒙短篇新作《风筝飘带》/何新

《北京文艺》1980年第7期,第77~80页

和人民的心灵息息相通——读短篇小说《悠悠寸草心》/李竑
　　《思想解放》1980年第7期。
"一切景语皆情语"——读王蒙的短篇小说《春之声》/周姬昌
　　《人民日报》1980年7月2日第5版
他在吃蜗牛/刘心武
　　《北京晚报》1980年7月8日
"复调小说"和"怪味小说"/刘心武
　　《北京晚报》1980年7月12日
我失望了——致王蒙/陈俊峰
　　《北京晚报》1980年7月17日第3版
给王蒙同志的信（附王蒙的回信）/严文井
　　《北京晚报》1980年7月21日
不是失望，是大有希望！/张维安
　　《北京晚报》1980年7月26日第3版
"失望"为时过早/袁良骏
　　《北京晚报》1980年7月30日
要创新——开始要脱离一部分群众/沈志明
　　《北京晚报》1980年8月1日
要创新，但别脱离群众/罗天平
　　《北京晚报》1980年8月2日
曲高和寡对谁谈——评王蒙的近作/王志宇
　　《北京晚报》1980年8月6日第3版
广阔天地任飞翔——王蒙《风筝飘带》读后/章仲鄂
　　《北京日报》1980年8月7日第3版
幻灭者的微末的悲凉——评《风筝飘带》/计永佑
　　《北京晚报》1980年8月7日第3版
王蒙的"魂儿"——读《蝴蝶》后想到的/钟惟
　　《北京晚报》1980年8月8日第3版
问号上的问号——谈"读者群"/李陀
　　《北京晚报》1980年8月18日
创造新的艺术世界——试论王蒙近年来的艺术探索/方顺景

《文艺报》1980年第8期，第33～37页
引人注目的探索——围绕王蒙同志小说创作开展的讨论/仲呈祥
　　《文汇报》1980年8月27日第3版
发掘人物的内心世界——王蒙新作《蝴蝶》读后/陈俊涛
　　《文汇报》1980年8月27日第3版
是"带头吃蜗牛"还是"曲高和寡"——王蒙新作引起不同凡响/李丹
　　《羊城晚报》1980年8月29日
"上纲"与"何不食肉糜"/章仲锷
　　《上海文学》1980年第9期
艺术创作和民族传统——河北部分作家、业余作者在座谈会发言/
　　《文艺报》1980年第9期
北京部分文艺单位讨论王蒙近作/胡树琨
　　《人民日报》1980年9月3日
重溢的喷泉——记邓友梅　从维熙　王蒙　刘绍棠/钟惟
　　《中国青年报》1980年9月6日
关于王蒙创作手法的讨论/
　　《北京晚报》1980年9月8日
需要有一点幽默感——也谈《风筝飘带》/曾镇南
　　《北京日报》1980年9月18日
王蒙的新探索——谈《蝴蝶》等六篇小说手法上的特点/张钟
　　《光明日报》1980年9月28日第4版
"敢笑，才是敢生活"——试评王蒙小说《买买提处长轶事》/大慧
　　《新疆文学》1980年10月号
独具匠心的佳作——评王蒙《夜的眼》/何新
　　《读书》1980年第10期，第34～38页
小说创作的新探索——关于王蒙近作的讨论/
　　《文学研究动态》，中国社会科学院文学研究所动态组编，内部刊物1980
　　年第22期
王蒙创作讨论会在京举行/
　　《语文学习》1980年第10期
作家的板斧/于勤

《四川日报》1980年11月5日
王蒙的新探索/于田
　　《南方周末》1980年11月26日
不要背离读者——兼和王蒙同志商榷/任骋
　　《文艺报》1980年第12期
论王蒙近三年的中短篇创作/周鉴铭
　　《南宁师院学报》1981年第1期
"意识流"小说在中国的两次崛起——从《狂人日记》到《春之声》/杨江柱
　　《武汉师院学报》1981年第1期
从林震到吕师傅——王蒙创作管窥/杨桂欣
　　《文艺理论研究》1981年第1期
评王蒙近作的艺术创新/尹贤恩
　　《江西师范学院井冈山分院院刊》1981年第1期
浅论作家揭露生活——从王蒙《说客盈门》谈起/张生筠
　　《牡丹江师范学院学报》1981年第1期
浅谈王蒙近作的创新/江冰
　　《江西大学学报》1981年第1期
王蒙近作一些值得注意的问题/蓝田玉
　　《海南师专学报》1981年第1期
不可小看道德的"异化"现象——读《风筝飘带》一得/谢琼桓
　　《长江日报》1981年1月22日第4版
漫谈王蒙的创作个性/刘长海
　　《新疆师范大学学报》1981年第1期，第63～69页
探索通向心灵的道路——评王蒙小说近作/张学正
　　《天津日报》1981年2月14日第4版
文学与革新——由王蒙近作讨论引起的思考/吴野
　　《北京文艺》1981年第2期
有浓度和热度的幽默感——谈王蒙的三篇小说近作/曾镇南
　　《新疆文学》1981年2月号
一束奇异的花——读《布礼》等小说后给王蒙的一封信/张炯
　　《芒种》1981年第2期

王蒙找到了什么?——评王蒙近期小说创作的得失/李从宗
　　《思想战线》1981年第2期
对生活的深刻思索——读王蒙近作札记/周刚
　　《沈阳师院学报》1981年第2期
浅谈王蒙小说的人物刻划/赖征海
　　《江西师院学报》1981年第2期
　　不拘一格,开阔题材——从《青春万岁》再版说起/包立民
《北京晚报》1981年3月12日
突破与追求——王蒙创新初探/闻步云
　　《宜春师专学报》1981年第3期
王蒙的《春之声》和现实主义流派/郑应杰
　　《哈尔滨文艺》1981年第3期
从舒婷的诗谈到王蒙的小说/陈俊涛
　　《福建文学》1981年第3期
向现实的深度开掘——评1980年若干短篇小说/洁民
　　《文学评论》1981年第3期。(文中对《春之声》作了简要分析)
关于王蒙近作的讨论/仲呈祥
　　《飞天》1981年3月号
王蒙的《海的梦》/木令耆
　　《读书》1981年第3期,第38～41页
艾青　王蒙在美国/林绍纲
　　《文学报》1981年4月6日
老干部的形象——大地的儿子/
　　《十月》(丛刊)1981年第4期
扎根在现实生活的泥土里——谈近年来中篇小说的人物塑造/蔡葵 西来
　　《文学评论》1981年第4期。(文中对《蝴蝶》作了简要分析)
本质・主流・光明及其他——与计永佑同志商榷《风筝飘带》/张孝评
　　《延河》1981年4月号
关于王蒙近作的讨论/梁东方
　　《光明日报》1981年5月1日
关于王蒙作品的评价问题/贺光鑫整理

《文学评论》1981年第5期

思考的文学——读王蒙新作《深的湖》/柴兆明

《社会科学》(上海编)1981年第5期

读《关于创作的通信》/赵洪峰

《文学评论》1981年第5期

初春(根据《青春万岁》改编)/张弦

《电影新作》1981年第5期

努力塑造朝气蓬勃的青年形象——从小说《青春万岁》到电影剧本《初春》/刘果生

《电影新作》1981年第6期

"别忘记我们"——读《蝴蝶》/王东明

《读书》1981年第6期,第22～26页

春华秋实——访作家王蒙/陈允豪 胡靖

《人物》1981年第6期,第50～63页

《组织部新来的青年人》分析/刘文田

《中国当代文学作品选讲》(续编),16所高等院校编,广西人民出版社1981年版

在对生活思考中探求——读两年的中篇小说/谢望新

《文艺报》1981年第7期(文中对《蝴蝶》作了简要分析)

有益的探索——关于"意识流"和王蒙新作的讨论/添丞

《作品与争鸣》1981年8月号

心灵的搏动与倾吐——论王蒙的创作/何西来

《文学评论丛刊·当代作家评论专号》第10辑,《文学评论》编辑部编,中国社会科学出版社1981年版

时代的聚光镜——中篇小说中的社会主义新人塑造/肖云儒

《文艺报》1981年第8期

两代人的青春之歌——读王蒙《深的湖》/曾镇南

《读书》1981年第9期,第21～27页

大地之子(根据《蝴蝶》改编)/齐兴家 王伯阳

《电影文学》1981年第9期

《蝴蝶》的巧思——王蒙作品札记/章子仲

见《〈夜的眼〉及其他》,王蒙等著,花城出版社1981年版
在生活矛盾中发现自己——王蒙近作漫评/洪子诚
《当代文学研究丛刊》(2),中国社会科学出版社1981年版
访问王蒙/张韧
《文学研究动态》,中国社会科学院文学研究所动态组编,内部刊物1981年11期
谈现实主义文学与典型化——兼与王蒙同志商榷/吕晴飞 俞长江
《北京文学》1981年第12期
从《蝴蝶》到《大地之子》/王成龙
《电影文学》1981年第12期
《大地之子》读后/王伟民
《电影文学》1981年第12期
浅谈《大地之子》的结构形式/非偶
《电影文学》1981年第12期
作家王蒙重返"故乡"/马文斌 周志卓
《新疆文学》1981年12月号
王蒙艺术追求初探/郑波光
《文学评论》1982年第1期
王蒙近作一些值得注意的问题/蓝田玉
《文学评论》1982年第1期
他的心依然年轻——访作家王蒙/盛丰 等
《广西日报》1982年1月20日
忠于生活,思考生活——评王蒙近作的艺术手法/石萧
《钟山》1982年第1期
勇敢的探索,新辟的蹊径——读王蒙近作札记/周刚
《沈阳师范学院学报》1982年第1期
评王蒙的新小说/赵午生
《浙江师院金华分校学报》1982年第1期
关于王蒙的小说创作/南棕
《1981年北京文艺年鉴》,北京市社会科学研究所,北京文艺年鉴编辑部编,工人出版社1982年版

在探索中前进——介绍王蒙及其作品/力抗
    《1981年北京文艺年鉴》,北京市社会科学研究所,北京文艺年鉴编辑部编,工人出版社1982年版
关于王蒙创作讨论中几个问题的意见/李幼苏
    《当代文艺思潮》1982年第2期
论王蒙的小说/张韧
    《新文学论丛》(季刊),1982年第2期,第77~87页
浅谈几部中篇小说的结构艺术/黄政枢
    《钟山》1982年第2期。(文中对《蝴蝶》的艺术结构作了分析)
湖光澄澈见深情——读王蒙中篇新作《湖光》有感/林帆
    《贵阳晚报》1982年2月18日
小说家写的评论/贺新钊
    《读书》1982年第2期
我看王蒙的小说/刘绍棠
    《文学评论》1982年第3期,第60~68页
追随着时代前进的步伐——致王蒙同志的信/徐怀中
    《文学评论》1982年第3期,第63~64页
王蒙找到了自己——记与英国人的一次对话/冯骥才
    《文学评论》1982年第3期,第65~68页
站在广阔的大地上——谈电影文学剧本《大地之子》/唐非
    《电影剧作》1982年第3期
合乎规律的探索——王蒙小说《海的梦》及其他/王振铎
    《中州学刊》1982年第3期
美是到处都有的——简评《青春万岁》/孙爱葆 江上陵
    《语文教学通讯》1982年第4期
王蒙近期小说的语言风格散论/曹布拉
    《浙江学刊》1982年第4期,第79~84页
让心灵发出闪光——读王蒙的小说《心的光》夏冠洲
    《新疆文学》1982年第4期
浅谈王蒙小说的艺术开拓——兼与郑波光同志商榷/皇甫积庆
    《青海社会科学》1982年第6期

《相见时难》的开拓——读王蒙作品札记之二/章子仲
    《武汉师范学院学报》1982年第6期
话说王蒙/冯骥才
    《文汇月刊》1982年第7期,第44~49页
王蒙论"人性"/采路
    《光明日报》1982年8月17日
王蒙创作不是"意识流"/韦摘
    《文摘报》1982年9月14日
扎根在现实的土壤上——读小说《相见时难》/程德培
    《文汇报》1982年9月24日
攀登精神文明的高峰——访新当选的十二届中央候补委员、作家王蒙/金涛
    《光明日报》1982年10月1日
读王蒙的《杂色》/高行健
    《读书》1982年第10期,第36~41页
关于创作的通信/李子云　王蒙
    《读书》1982年第12期,第72~87页
探寻者的心踪——王蒙近年来的创作/何西来
    《钟山》1983年第1期,第63~64页
试论《风筝飘带》的美学特征/林兴宅
    《厦门大学学报》1983年第1期,第78~84页
试论王蒙近作的结构艺术/吴连阁
    《齐齐哈尔师范学院学报》1983年第1期
向心灵深处开掘——谈王蒙的小说近作/田川流
    《山东师大学报》1983年第1期
一只有光明尾巴的现实主义的"蝴蝶"——评王蒙的中篇《蝴蝶》/[美]菲尔·威廉斯 著　刘嘉珍 译
    《当代文艺心潮》1983年第1期
评《相见时难》——兼谈王蒙艺术探索的得失/曾镇南
    《小说林》1983年第1期
王蒙,金钥匙在哪里?/宋耀良
    《华东师范大学学报》1983年第1期

海的梦/曾卓
　　《文汇月刊》1983年第1期
有限和无限/周介人
　　《小说界》1983年第1期
王蒙小说创新的特征/朱丹
　　《下关师专学报》1983年第1期
论王蒙小说的幽默风格/陈孝英
　　《文学评论》1983年第2期
广泛的真实性原则——论王蒙的艺术追求/畅广元
　　《陕西师大学报》1983年第2期
继承·借鉴·民族化——从王蒙的近作谈起/腾云
　　《十月》1983年第2期
王蒙小说思想漫评/吴亮
　　《文艺理论研究》1983年第2期
为了"更加成熟的文学"——谈王蒙1982年的小说创作/王东明 徐学清
　　《文学报》1983年3月3日第3版
作家与音乐——记王蒙谈音乐/薛雯
　　《音乐生活》1983年第3期
生活养育作家——访王蒙/韩少功 谭谈
　　《湖南日报》1983年4月6日第3版
"我们有笑的必要和权利"——访作家王蒙/林伟平
　　《新民晚报》1983年4月22日第2版
王蒙创新试验的性质和方法问题/金宏达
　　《芙蓉》1983年第4期
创造性追求的一个侧面——评王蒙反映兄弟民族生活的短篇小说/陈柏中
　　《当代文艺思潮》1983年第4期
也谈《杂色》/曾镇南
　　《作品与争鸣》1983年第5期
王蒙没有藏金钥匙——与宋耀良同志商榷/傅书华
　　《华东师范大学学报》1983年第5期
对小说《相见时难》的不同看法/春芳

《作品与争鸣》1983年第6期
再访王蒙/陈孝英
《长安》1983年第7期
突破创新与风格、流派、手法的多样化——从王蒙对意识流技巧的借鉴谈起/陈孝英
《延河》1983年第8期
荒谬的颠倒——评王蒙《莫须有事件——荒唐的游戏》/蔡翔
《读书》1983年第10期,第37～43页
又一曲青春之歌——推荐长篇小说《青春万岁》/晓帆
《浙江日报》1983年11月7日
访王蒙——幽默·象征·杂色·两套神经/陈孝英
《延河》1984第1期
"经""纬"交错的小说新结构——试论王蒙对小说结构的探索/陈孝英 李晶
《当代作家评论》1984年第1期,第55～63页
王蒙创作道路探索——兼评《深的湖》《海的梦》/李美溶
《温州师专学报》1984年第2期,第1～9页
在社会主义文学的道路上不断求索——论王蒙小说的创作思想和艺术特征/徐俊西
《当代作家评论》1984年第2期,第12～23页
心理信息的快速追踪:《风息浪止》赏析/赵宪章 安凡
《钟山》1984年第2期,第166～169页
王蒙传略/徐纪明 吴毅华
《王蒙专集》(中国当代文学研究资料),贵州人民出版社1984年版,第3～8页
简论王蒙的艺术风格/方位
《昆仑》1984年第3期,第252～256页
论王蒙小说结构艺术的创新/周峻
《国际政治学院学报》1984年第3期,第63～69页
富于创造性的文学探求——评王蒙的《漫话小说创作》及其他/陈俊涛
《文学评论》1984年第3期,第128～133页
杂色不杂 杂中有———评王蒙的《杂色》/殷国明

《文艺理论研究》1984年第4期
紫绸花服:意蕴丰富的艺术形象/张奥列
《花城》1984年第4期
致王蒙/何士光
《当代作家评论》1984年第4期,第28～29页
王蒙对文学创作的探究/[苏]C·A·托罗普采夫 著 应天士 译
《钟山》1984年第5期,第221～224页
格林给戴乃迭的信(摘要)——关于《蝴蝶及其他》/(英)菲利克思.格林
《钟山》1984年第5期
在广阔的现实主义道路上——读王蒙1983年小说散记/陈孝英　李晶
《当代作家评论》1984年第5期,第26～31页
再访王蒙/陈孝英
《长安》1984年第7期,第67～68页
王蒙中篇小说《杂色》的象征/郑波光
《当代文坛》1984年第10期,第27～30页
读《在伊犁》九篇致王蒙/陈达专
《新疆文学》1984年第10期
他以自己的方式写着严肃的人生——读王蒙的系列小说《在伊犁》/周政保
《文艺报》1984年第12期,第14～17页
《蝴蝶》与"东方意识流"/石天河
《当代文艺思潮》1985年第1期,第4～10页
王蒙:创作、探索和收获/[苏]C·A·托罗普采夫著　理然译
《当代文艺思潮》1985年第1期,第16～20页
费.詹姆逊论王蒙/本报资料室
《文摘报》1985年1月6日第5版
王蒙谈创作自由:作协招待会侧记/邓小惠
《华声报》1985年1月15日第1版
从《春之声》看王蒙小说创作中新的美学探索/高树榕
《芜湖师专学报》1985年第1期,第116～119页
他在当今中国文学中的位置——为你我都熟悉的一位作家剪影/陈孝英
《中国西部文学》1985年第1期

也谈社会进步与道德审美评价——兼与王蒙同志商榷/刘强
  《当代文艺思潮》1985年第2期
向外国朋友介绍王蒙——王蒙选集《相见时难》英文版序/李子云
  《女作家》1985年第2期
《春之声》语言艺术艺术/高树榕
  《芜湖师专教师论文汇编》1985年第2期,55~57页
简约美:王蒙小说语言修辞特色之一/楼友勤
  《新疆师范大学学报》1985年第2期,第7~80页
王蒙的探索轨迹与现实主义的发展/李惊涛
  《克山师专学报》1985年第2期,第42~46页
王蒙文学语言浅谈/马珍荣
  《运城师专学报》1985年第2期,第42~48页
论王蒙的小说观念/费振钟 王干
  《当代作家评论》1985年第3期,第4~9页
王蒙与庄子/张啸虎
  《当代作家评论》1985年第3期,第13~9页
王蒙文学评论的特色/黄书泉
  《当代作家评论》1985年第3期,第10~12页
《在伊犁》:王蒙的幽默与思情/周政保
  《小说评论》1985年第4期,第17~20页
人总是要前进的:《高原的风》读后/余心言
  《文艺报》1985年第4期,第18~19页
社会的义务——散记著名作家王蒙/刘贵贤
  《工人日报》1985年4月27日
伊犁:失去诗的诗人心中的诗——读王蒙《在伊犁》系列小说/曾镇南
  《小说评论》1985年第5期,第33~37页
敏感 诗情 哲理——从三篇作品看王蒙小说的艺术特色/李泱
  《电大语文》1985年第5期
意浓情茂的生活画卷:读王蒙的系列小说《在伊犁》一至六/孙豹隆 鱼乡
  《当代文艺思潮》1985年第6期,第81~84页
倾听心灵深层裂变的风暴——读《高原的风》/谢宏、于伟国

《作品与争鸣》1985年第6期
关于《冬天的话题》的通信——致王蒙/管蠡
《天津日报》1985年6月13日
王蒙的艺术探索:苏联文学家论王蒙小说的技巧/理然
《萌芽》1985第7期,第16~18页
试析王蒙小说中杂文手法的运用/曾润福
《当代文坛》1985年第7期,第56~58页
灵魂的新的痛苦与焦灼——读《高原的风》/曾镇南
《红旗》1985年第7期,第42页
于荒诞中见真理——读王蒙两部中篇近作的遐想/陈孝英 李晶
《中国西部文学》1985年第7期
让新的惶惑唤醒沉睡的责任感:读王蒙的新作《高原的风》/陈福民
《青年评论家》1985年8月10日第2版
关于时代精神——王蒙同志在大连市文学作者会上的讲话摘要
《大连日报》1985年8月29日第3版
试论《在伊犁》的艺术特色/许凌
《当代文坛》1985年第9期,第62~64页
小中见大,夸而不诬:读王蒙的《雄辩症》/崔新民
《文学知识》1985年第10期,第16~17页作家的眼泪——读王蒙的小说《冬天的话题》/谢泳
《文学报》1985年11月28日第3版
具有深层审美价值的笑——读《冬天的话题》/曾镇南
《小说选刊》1985年第11期
令人警醒的喜剧——读王蒙的小说《冬天的话题》/李书磊
《理论月刊》1985年第11期,第63~64页
探索者的足迹——评王蒙的小说/高玉琨 王葆生
见《探索者的足迹——北京作家作品评论选》,中国作家协会北京分会评论委员会 编,北京十月文艺出版社1985年版,第16~30页
积水不厚 浮舟无力——对王蒙创作的一些批评/溪清 杨智辉
见《探索者的足迹——北京作家作品评论选》,中国作家协会北京分会评论委员会 编,北京十月文艺出版社1985年版,第31~51页

王蒙小说语言的苦味幽默/刘一玲
    《中国科技报》1986年1月3日第4版
王蒙的《买买提处长轶事》和美国黑色幽默/武庆云
    《郑州大学学报》1986年第1期,第17~24页
王蒙小说设计的套话/于根元
    《语文研究》1986年第2期,第36~42页
语体的新手段:王蒙意识流小说的语言特色/刘云泉
    《杭州大学学报》1986年第2期,第81~88页
语体的翻新——王蒙小说里的艺术化公式/刘一玲
    《修辞学习》1986年第2期
王蒙论/徐俊西
    中国作家协会创作研究室编,《当代作家论》,作家出版社1986年版,第21~43页
王蒙研究述评/成理
    《当代文艺探索》1986年第3期,第21~26页
王蒙和他的探索小说/粟多桂
    《语文》1986年第4期,第36~38页
历史的报应与人的悲剧——谈《活动变人形》及其他/曾镇南
    《当代》1986年第4期,第259~268页
月色的诗篇——王蒙的《海边月色》与朱自清的《荷塘月色》/刘一玲
    《语文月刊》1986年第4期
他运用了十八般兵器/于根元　刘一玲
    《淮北煤炭师范学院学报》1986年第4期
王蒙小说的词语仿造/于根元　刘一玲
    《语文月刊》1986年第5期
外迫力与内驱力的交绥——谈王蒙艺术创新的思想契机/曾镇南
    《小说评论》1986年第5期,第49~55页
在"杂色"后面——对王蒙小说局限性的思考/吴方
    《文艺争鸣》1986年第5期,第50~54页
悲剧的性质,悲剧的人生——读王蒙长篇近作《活动变人形》/谢欣
    《小说评论》1986年第5期,第34~39页

对中国传统文化的深刻反思——长篇小说《活动变人形》座谈纪要/王小平
《当代》1986年第5期
谈王蒙幽默风格的现实思想基础/曾镇南
《江淮沦坛》1986年第5期,第55～62页
以幽默的方式掌握现实/曾镇南
《当代文坛》1986年第5期,第32～36页
多维视野中的全方位作业:试论王蒙文学评论的色调及其他/叶亚东
《江淮论丛》1986年第5期,第63～68页
透过人生看社会——评王蒙中篇小说《名医梁有志传奇》/杨振喜
《文论报》1986年5月11日
王蒙表示喜欢"双百",希望文艺批评正常化/韦黎明
《华声报》1986年5月6日
散漫的笔墨,撒泼着无限的悠思——《在伊犁》散论/陈孝英 李晶
《文学家》1986年第6期
《名医梁有志传奇》印象/于晴
《小说选刊》1986年第6期
当代长篇小说创作的一大丰收——人民文学出版社召开《活动变人形》讨论会/王小平
《文艺报》1986年6月7日
挚爱到冷峻的精神审判——评王蒙的《活动变人形》/刘再复
《文艺报》1986年7月26日第2版
天道有常,精进不已:读《名医梁有志传奇》/雷达
《红旗》1986年第14期
广阔的时空背景与多维的心理意向——读王蒙的《活动变人形》/季红真
《中国文化报》1986年7月30日第3版
王蒙的新探索/杜元明
《作品与争鸣》1986年第7期,第14～18页
李陀对文化部长王蒙作品的批评/
《深圳青年报》1986年8月29日第3版
对科学和文明的渴望与追求——读王蒙新著《活动变人形》/胡德培
《中国科技报》1986年9月12日第4版

审视历史与塑造典型——读《名医梁有志传奇》有感/敖忠
　　《重庆日报》1986年9月16日第4版
文学是对生活的发现——王蒙和他的小说创作/戴翊
　　《文科月刊》1986年第10期,第26~28页
爱情的受虐者与施虐者——从小说《轮下》看我国妇女爱情中的人格缺陷/何龙
　　《广州日报》1986年10月21日
文化的命运和人的命运——评王蒙的《活动变人形》及其他/郜元宝 宋炳辉
　　《上海文论》1987年第1期,第24~27,37页
结构方式与生活的律动——王蒙小说片论/曾镇南
　　《文艺理论与批评》1987年第1期,第49~58页
王蒙与《爱是不能忘记的》引起的争鸣/曾镇南
　　《文艺争鸣》1987年第1期
王蒙的"沉思"与"微笑"/张春林
　　《文艺评论》1987年第1期
"生活多美好"——王蒙小说美学思想探寻之一/汪淏
　　《当代作家评论》1987年第2期,10~15页
在中西文化碰撞夹缝中挣扎的畸形人物——论倪吾诚/曾镇南
　　《当代作家品论》1987年第2期,第16~23页
独拔于世的散文体小说——王蒙小说总体评价之一(上)/曾镇南
　　《当代文艺探索》1987年第2期,第33~38页
宽容背后的激情:王蒙小说创作的自我超越/宋炳辉
　　《当代作家评论》1987年第2期,第4~9页
关于"杂色"的杂谈/周政保
　　《当代作家评论》1987年第2期,第31~37页
指向新的性格思想和美学范畴——王蒙《在伊犁》简评/卢敦基
　　《当代作家评论》1987年第2期,第38~40页
知识分子灵魂的审视——评《活动变人形》/林焱
　　《当代作家评论》1987年第2期,第24~30页
《活动变人形》的理念化倾向/杨品　王君
　　《批评家》1987年第2期

王蒙小说中"未自我实现的冲突"/[苏]谢·阿·托罗普采夫著　王燎译
　　《当代文艺探索》1987年第3期,第58～60,27页
王蒙对五十年代爱情生活的探索和反思/曾镇南
　　《江淮论坛》1987年第3期,第44～54页
惶惑的精灵——王蒙小说片论/曾镇南
　　《文学评论》1987年第3期,第54～64页
王蒙谈文坛三现象/
　　《当代文坛报》1987年第3期,第58页
独拔于世的散文小说——王蒙小说总体评价之二(下)/曾镇南
　　《当代文艺探索》1987年第3期,第52～57页
通往深湖的死亡谷——论王蒙小说的死亡主题/曾镇南
　　《社会科学战线》1987年第4期
王蒙现实主义文学观初探/周庆基
　　《天津师范大学学报》1987年第4期
文学的三元性/
　　《当代文坛报》1987年第4期,第59页
当代小说新类别/
　　《当代文坛报》1987年第4期,第59～60页
《来劲》编后/《小说选刊》编者
　　《小说选刊》1987年第4期
读《来劲》的印象和思考/张之君
　　《小说选刊》1987年第4期
苦涩的画卷——评王蒙的《新大陆人》系列小说/曾镇南
　　《上海文学》1987年第4期,第82～87页
新时期文学中的现实主义嬗变/邹平
　　《当代文坛报》1987年第5期,第8～13页
王蒙笔下的"新大陆人"/吴秉杰
　　《北京文学》1987年第6期,第74～77页
王蒙与意识流文学东方化/李春林
　　《天津社会科学》1987年第6期,第71～77,39页
《相见时难》的开拓——读王蒙作品札记之二/章子仲

《武汉师范学院学报》1987年第6期
读诗有感——晏明致王蒙/晏明
　　《文学报》1987年9月24日
《来劲》确实来劲/王垩
　　《作品与争鸣》1987年第10期,第8页
读《来劲》的印象和思考/张玉君
　　《作品与争鸣》1987年第10期,第8～9页
我读《来劲》不来劲/苏志松
　　《作品与争鸣》1987年第10期,第9页
《来劲》评点/曾镇南
　　《北京文学》1987年第10期
"我赞美咱们的这股乱忽劲儿"——读王蒙的《铃的闪》、《致爱丽丝》、《来劲》/曾镇南
　　《作家》1987年第10期
评王蒙的意识流小说/[德]阿光曼
　　见黄伟宗的《一个新的领域正在冒出地平线——评外国学者对中国现当代文学的研究和评论》,载《当代文坛报》1987年第12期,51～53页（题目为编者所加）
王蒙小说的辩证施句/高万云
　　《张家口师专学报》1988年第1期,第53～58页
王蒙：一种风格,一种局限/谭庭浩
　　《中山大学学报》1988年第1期,第99～108页
一个富于时代感的心理难题的发现——《相见时难》别一解/曾镇南
　　《小说评论》1988年第1期
意识流与现实主义的比较及其分析——兼论王蒙的意识流/施大鹄
　　《江西教育学院学报》1988年第1期,第29～34页
"来劲"与"不来劲"随你——读王蒙的《来劲》/吴秉杰
　　《文学自由谈》1988年第1期,第85～89页
倪吾诚简论：读王蒙《活动变人形》/王春林
　　《吕梁学刊》1988年第1期,第46～53页
《新时期文学四大流派》(象征写意派)/

《当代文坛报》1988年第1期,第60页
王蒙笔下新传奇——读《庭院深深》一解/吴秉杰
　　《文论报》1988年2月5日第2版
现代孔乙己与批评精神——评王蒙《活动变人形》/宋耀良
　　《文学评论》1988年第2期期,第67～73页
仿《来劲》评《来劲》/邹童
　　《作品与争鸣》1988年第2期,第63～64页
两种不同的生命流程——王蒙和张贤亮文学创作比较/石明
　　《小说评论》1988年第2期,第20～27页
语言缝隙造就的"叙事"——《致爱丽丝》、《来劲》试析/孟悦
　　《当代作家评论》1988年第2期,第84～90页
王蒙小说语言漫议/甄春莲
　　《文学评论家》1988年第2期,第59～61页
王蒙的"来劲"并不来劲/王宗法
　　《百家》1988年第2期,第21～23页
倪吾诚论/叶橹
　　《广西师院学报》1988年第2期,第46～53页
为什么"常变出新"之后仍不来劲——读王蒙小说《来劲》/肖卒
　　《今日文坛》1988年第2期,第24～28,23页
不断探索的历程——王蒙小说语言的历时发展/刘一玲
　　《修辞学习》1988年第3期,第24～26页
他有待于写出更加成熟的作品——王蒙小说语言的不足之处/于根元
　　《修辞学习》1988年第3期,第41～43页
中国作家对苏维埃国家的印象:评王蒙《访苏心潮》/[苏]C·A·托罗普采夫
王燎译
　　《当代作家评论》1988年第3期,第85～87页
王蒙小说中的"意识流"/[苏]C·A·托罗普采夫 著 理然 译
　　《文学研究参考》1988年第3期
在《海的梦》的"达观"背后/李书磊
　　《文学自由谈》1988年第3期,第134～138页
说《来劲》/张毓书

《小说评论》1988年第3期,第28～30页

神工鬼斧,妙绝时人——王蒙《来劲》评析/王侃
《齐齐哈尔社会科学》1988年第3期,第14～24,27页

我所知道的王蒙/老马
《传记文学》1988年第3期

人生悲剧与惰性——论王蒙短篇近作《没有情况》/封秋昌
《文论报》1988年4月15日第2版

读《庭院深深》/孟悦
《文学自由谈》1988年第4期,第101～106页

不断变化中的王蒙小说/[苏]С·А·托罗普采夫 著 吴天 译
《批评家》1988年第4卷第4期,第77～79页

王蒙近期小说的句式特点/周健民
《武汉教育学院学报》1988年第4期,第54～62页

当今小说语言的三大派类/朱向前
《当代文坛报》1988年第4期,第60页

王蒙谈文化开放和通俗文化/敏摘
《当代文坛报》1988年第4期,第60页

我的一家之言/谢君
《作品与争鸣》1988年第4期

大胆的开拓/王思国
《作品与争鸣》1988年第4期

王蒙:少叨叨!/应悍
《文学自由谈》1988年第5期,第32～33页

《王蒙小说语言研究》序/刘再复
《语文建设》1988年第5期,第42～43页

在灵魂深处与世界对话——王蒙诗作散论/张同吾
《光明日报》1988年5月27日第3版

《来劲》和《仿〈来劲〉评〈来劲〉》都不来劲/李炼
《作品与争鸣》1988年第5期,第66页

特殊的读者意识与文体风格——王蒙小说别一解/郜元宝
《小说评论》1988年第6期,第82～87页

从《活动变人形》看王蒙小说的艺术风格/叶公觉
　　《小说评论》1988年第6期,第52～57页
辉煌的枯燥:王蒙小说《一嚏千娇》拟前言/康序
　　《批评家》(增刊)1988年第6期
困惑与超越:当代艺术审美观念的变革·从王蒙小说《来劲》谈起/邢煦寰
　　《中国西部文学》1988年第8期,第102～104页
王蒙:面对十年之后的沉思/席扬
　　《江汉论坛》1988年第9期,第48～52页
《活动变人形》读后/金克木
　　《读书》1988年第10期,第19～24页
当代长篇小说的文化阻隔——兼评王蒙的《活动变人形》/韩石山
　　《文学报》1988年10月13日第3版
语言的戏弄与语言的异化/南帆
　　《文艺研究》1989年第1期
王蒙作品中现成话的妙用/楼友勤
　　《新疆师范大学学报》1989年第1期,第55～58页
王蒙创作方法综论/陈晓武
　　《中山大学研究生学刊》1989年第1期
王蒙小说语言新变摘要/徐炳昌
　　《扬州师院学报》1989年第2期
作为文化现象的王蒙/吴炫
　　《当代作家评论》1989年第2期,第28～37页
悖反的效应:王蒙小说魔术/月斧
　　《当代作家评论》1989年第2期,第21～27页
有感于《名医梁有志传奇》/康濯
　　《理论与创作》1989年第2期,第22～23页
《来劲》论/刘齐
　　《小说评论》1989年第2期
《来劲》与关于《来劲》的非议/郜元宝
　　《文艺争鸣》1989年第2期,第72～73页
谈书录:《活动变人形》——部长的小说/许子东

《文学自由谈》1989年第2期,第20～22页
辩证综合王蒙小说创新模式/徐其超
　　《社会科学研究》1989年第3期,第110～115页
王蒙"意识流"的新流向/宋恒亮
　　《上海教育学院学报》1989年第3期,第30～35,39页
人生现实与文学现实:王蒙审美意识的张力场/毕光明
　　《当代文坛》1989年第3期,第2～5页
神工鬼斧,妙绝时人:从王蒙1989年小说创作看他表现手法的多样性/王侃
　　《齐齐哈尔师院学报》1989年第3期,第60～61页
名流的咏叹/蒋原伦
　　《读书》1989年第3期
引进·选择·创造·输出:王蒙与苏俄文学/徐其超
　　《西南民族学院学报》1989年第4期,第54～61页
王蒙现象探讨/张钟
　　《文学自由谈》1989年第4期,第90～97页
中国当代文坛现状纵横谈/曾镇南
　　《当代文坛》1989年第4期,第2～4页
谈王蒙文论的艺术特色/钟法
　　《学术论坛》1989年第5期,第65～69页
王蒙近作的心态描写/贺兴安
　　《小说评论》1989年第5期
听《初春回旋曲》/崔道怡
　　《文艺报》1989年第5期
当代文坛上的一场笔墨官司——王蒙《组织部新来的青年人》争论始末/张学正
　　《语文月刊》1989年第8期
追求"杂色"的王蒙——评王蒙的文学观念/古远清
　　《语文月刊》1989年第9期,第2～4页
洞若观火的咏叹——评析王蒙《坚硬的稀粥》/张皖春
　　《语文月刊》1989年第9期,第5～6页
艺术世界的构筑——王蒙与陆文夫小说创作的比较/金燕玉

《小说评论》1990年第1期,第36～43页
王蒙小说创作得失论/任洪涛
　　《中国文学研究》1990年第1期,第98～105页
文学失语症——新小说"语言革命"批判/黄浩
　　《文学评论》1990年第2期,第34～49页
从王蒙的创作看创作方法的多样性/陈晓武
　　《中山大学研究生学刊》1990年第3期,第35～38页
杂谈《杂色》/孔庆尊
　　《青海师专学报》1990年第3期
王蒙小说模式谈/王鹰飞
　　《文学自由谈》1990年第4期,第45～49,73页
《来劲》之迷破译/张来民
　　《河南大学学报》1990年第5期,第67～69页
杂色——王蒙小说美学特征管窥/李永建
　　《淮北煤炭师范学院学报》1991年第1期,第64～69,35页
纵笔所如无非法,随心所欲不逾矩——略论王蒙的小说笔法/高万云
　　《张家口师专学报》1991年第1期,第56～62,67页
文学尚未失语——关于黄浩同志《文学失语症》一文的不同意见/唐跃 谭学纯
　　《文学评论》1991年第1期,第131～141页
论文学本质多元论的实质/严昭柱
　　《文艺理论与批评》1991年第1期,第4～12页
全力调动读者的感知系统——谈《夜的眼》的"召唤"结构/刘克宽
　　《泰安师专学报》1991年第2期
论王蒙小说对相声手法的运用/陈本俊
　　《中国文学研究》1991年第3期,第88～95页
到新疆去/方蕤
　　《人物》1991年第3期,第51～58页
王蒙小说中的新疆民俗美/夏冠洲
　　《西域研究》1991年第4期,第65～73页
锦瑟无端/张中行

《读书》1991年第4期,第128～134页

中国现代长篇小说后劲不足问题——《活动变人形》个案分析/黄忠顺

《荆门大学学报》1991年第4期,第19～23页

无尽意趣在"石头"——《红楼启示录》代序/宗璞

王蒙 著《红楼启示录》,三联书店1991年版,第1～5页

王蒙近期作品语言中的比喻/蒋有经

《上饶师专学报》1991年第6期,第50～55页

《坚硬的稀粥》是一篇什么作品?/山人

《文艺理论与批评》1991年第6期,第140～142页

写实的多种可能《小说月报》第四届(1989——1990)优秀中短篇获奖小说漫评/王干

《小说月报》1991年7月号

读者来信/慎平

《文艺报》1991年9月14日

为什么"稀粥"还会"坚硬"呢?/淳于水

《中流》1991年第10期

《坚硬的稀粥》起波澜——王蒙上诉北京中院/本报记者

《文汇读书周报》1991年10月19日

作家应正确对待读者的批评/千帆

《文艺报》1991年11月30日第3版

自省:心灵的旅行——漫评王蒙的《蝴蝶》/周继鸿

陈国伟 邓启光 吴文祥 主编,《新时期100部中篇小说漫评》,中国人民大学出版社1991年版,第35～37页

时代变革的投影——漫评王蒙的《名医梁友志传奇》/李浚和

陈国伟 邓启光 吴文祥 主编《新时期100部中篇小说漫评》,中国人民大学出版社1991年12月出版,第251～253页

1964、1965年王蒙在新疆/方蕤

《人物》1992年第1期

星星与太阳同在:对张雅文与王蒙文学创作的散点透视/丁玉柱

《佳木斯师专学报》1992年第1期,第28～32页

三书斋漫笔/未开

《文艺报》1992年1月18日
评小说《坚硬的稀粥》/王长贵
　　《文艺报》1992年1月25日
山回路转去伊犁/方蕤
　　《人物》1992年第3期,第107~112页
论王蒙的文学批评/刘蜀鄂
　　《当代作家评论》1992年第3期,第48~54页
与王蒙商榷/叔绥人
　　《文学自由谈》1992年第3期,第55~57页
意识流对我国新时期小说的影响/程爱民
　　《国外文学》1992年第4期,第97~110页
"做一回石油巨头"/迟樨
　　《文艺理论与批评》1992年第4期,第80~81页
初到伊犁/方蕤
　　《人物》1992年第5期,第119~126页
拆碎王蒙——王蒙幽默、讽刺、调侃意味小说一览/王绯
　　《当代作家评论》1992年第5期,第26~31页
王蒙与维吾尔农民交朋友——在新疆的日子之五/方蕤
　　《人物》1992年第6期,第106~115页
读解《筝波》/鲁枢元
　　《北京文学》1992年8月号
承德访王蒙/周导
　　《文学报》1992年9月10日
"并无暴力"还是"沉沦于暴力"——写在读了一篇文章之后/马鸣
　　《中流》1992年第10期
养着又何妨/陈村
　　《新民晚报》1992年10月1日
再谈文学体制改革/周小蕙
　　《作家报》1992年11月7日
打破铁饭碗,调动作家创作积极性:王蒙一席谈/张美华 喜万仑
　　《黑龙江日报》1992年11月23日第7版

王蒙的"恋疆情结"/夏冠洲
    《小说评论》1993年第1期,第19～24,48页
风风雨雨在边陲——《在新疆的日子》之六/方蕤
    《人物》1993年第1期,第32～39页
文艺效果问题岂能搅成一锅稀粥/钟国仁
    《中流》1993年第1期
王蒙访谈录/本刊特派记者
    《小说界》1993年第1期
不当部长的王蒙/王洪波
    《上海戏剧》1993年第1期
"五十年代"的悲喜剧——读王蒙近作《恋爱的季节》/杨颉
    《当代作家评论》1993年第2期,第13～16页
风风雨雨在边陲——《在新疆的日子》之七/方蕤
    《人物》1993年第2期,第46～53页
王蒙文学批评之批评/白烨
    《文艺理论研究》1993年第2期,第59～64页(作者后将此文以《"燃烧"三部曲——王蒙文学批评之批评》为题收入《批评的风采》第205～215页,白烨 著,安徽文艺出版社1994年版)
美好的东西为什么总是这样脆弱——读王蒙的长篇新作《恋爱的季节》/宋遂良
    《当代作家评论》1993年第2期,第4～6页
出现在"恋爱的季节"中的……/潘凯雄
    《当代作家评论》1993年第2期,第7～12页
关于王蒙的弯弯绕/张宇
    《当代作家评论》1993年第2期,第17～22页
对于机关体制改革的超前呼唤:重读《组织部来了个年轻人》/李友益
    《宜昌师专学报》1993年第2期
读书而已——读《防"左"备忘录》札记之一/赤史子
    《文艺理论与批评》l993年第2期,第118～119页
王蒙、张贤亮:在政治与文学之间/毕光明
    《文学自由谈》1993第3期

天涯何处无芳草——《在新疆的日子》之八/方蕤
　　《人物》1993年第3期,第68～77页
最好的事情是写作——王蒙近况/力更
　　《北京晚报》1993年3月27日
王顾左右而言他/左迁
　　《文艺理论与批评》1993年第3期,第66页
奇妙的"堆砌"——谈王蒙作品中的繁复现象/吴辛丑
　　《语文月刊》1993年第4期,第6～7页
历史的挽歌——读《恋爱的季节》/张德祥
　　《文论报》1993年4月10日第2版
《在新疆的日子》之十/方蕤
　　《读书》1993年第4期,第26～35页
焦躁动荡的生命流程——王蒙小说思想论之一:青春的礼赞/丁玉柱
　　《佳木斯师专学报》1993年第4期,第32～40页
王蒙八十年代的中短篇小说管窥/金鹏
　　《文科季刊》1993年第4期,第73～77页
官本位一种/袁蕊
　　《文艺理论与批评》1993年第4期,第68～69页
惶惶惑惑离伊犁——《在新疆的日子》之十/方蕤
　　《人物》1993年第5期,第36～43页
爱情、历史与"五十年代情绪"——读王蒙《恋爱的季节》/独木
　　《当代文坛》1993年第5期,第14～18页
人文精神:是否可能和如何可能——人文精神寻思路之一/张汝伦　王晓明　朱学勤　陈思和
　　《读书》1994年第3期
旷野上的废墟——文学和人文精神的危机/王晓明　张宏　徐麟　张柠　崔宜明
　　《上海文学》1993年第6期
王蒙吞积木/王朝垠
　　《作家》1993年第11期
王朔、王蒙谈"王朔"/王六几

《作品与争鸣》1993年第7期,第61～62页

论"躲避崇高"不可行/傅迪
《文艺理论与批评》1993年第3期,第55～58页,又见《作品与争鸣》1993年第7期,第63～65页

关于《超越语言》的通信/韩少功等
《作家》1993年第11期

对《坚硬的稀粥》批评的反批评/赵士林
《粥文学集》,华艺出版社1993年版,第138～140页

嘲李生文/章明
《粥文学集》,华艺出版社1993年版,第144～146页

我为什么要陪王蒙喝"稀粥"?/张思之
《粥文学集》,华艺出版社1993年版,第147～152页

稀粥事件:前所未有的官司——作家王蒙起诉《文艺报》始末/季晓明
《粥文学集》页,华艺出版社1993年版,第153～180

略谈王蒙创作思想的发展及艺术表现形式的变化:以五十年代和新时期的创作为例/伍华仁
《语文月刊》1993年第12期,第14～15页

作家王蒙:在大洋彼岸的新话题/
《东方艺术》1994年第1期

戏弄与谋杀:追忆乌托邦的一种语言策略——诡说王蒙/郜元宝
《作家》1994年第2期,第76～80页

关于乌托邦语言的一点感想——致郜元宝:谈王蒙小说的特色/陈思和
《文艺争鸣》1994年第2期,第43～53页

寓言之翁与状态之流——王蒙近作走向谈片/王干
《文艺争鸣》1994年第2期,第54～62页

王蒙主要作品目录/
《文艺争鸣》1994年第2期,第67～68页

读《恋爱的季节》/独木
《文学自由谈》1994年第2期,第121～124页

读王蒙《坚硬的稀粥》随想/陈廷宴
《文科教学》1994年第2期,第33～36,42页

王蒙心态小说的艺术特色/张希群
　　《语文学刊》1994年第2期,第26～29页
揭开魔鬼的面纱——静珍形象的文化内涵及社会心理学意义/李荣合
　　《蒲峪学刊》1994年第2期,第41～44页
重写的可能与意义:关于王蒙的《恋爱的季节》/王干
　　《小说评论》1994年第3期,第31～35页
王蒙和一碗面条的故事/夏冠洲
　　《中华散文》1994年第3期
一忱黄粱"大蝴蝶"梦/江湖
　　《文艺理论与批评》1994年第3期,第29～31,36页
又见王蒙/夏冠洲
　　《新疆经济报》(副刊)1994年4月12日
躲避崇高,也躲闪卑污——痞文学与新写实小说之美学错位/毛崇杰
　　《文论报》1994年4月15日第3版
文化与人的痛苦:王蒙长篇小说《活动变人形》散论/杨钧、吴佩华
　　《吉林师范学院学报》1994年第4期,第23～26页
命运长河中搏击、浮沉的人们——王蒙笔下的新疆兄弟民族群像/夏冠洲
　　《西域研究》1994年第4期
人文精神寻踪——人文精神寻思路之二/高瑞全、袁进、张汝伦、李天纲
　　《读书》1994年第4期
谁是"棍子"? 谁在搞"大批判"?/何言哉
　　《文艺理论与批评》1994年第4期,第42～43页
《风筝飘带》:独特的主题与叙述意识/丁玉柱
　　《新时期短篇小说精选漫评》,河北大学出版社,1994年5月版,第65～68页
洋溢时代气息的交响乐曲——读王蒙的《春之声》/顾尚满
　　《新时期短篇小说精选漫评》,河北大学出版社,1994年版,第69～73页
王蒙访谈录/陈可雄
　　《团结报》1994年5月14日第4版
暗送秋波/文从周
　　《文艺理论与批评》1994年第5期,第107～108页

该嘲笑的是谁？/艾农
　　《中流》1994年第5期
话语、历史与意识形态——评王蒙长篇小说《失态的季节》/王春林
　　《小说评论》1994年第6期,第18～24页
我们需要怎样的人文精神——人文精神寻思路之三/吴炫　王干　费振中　王彬彬
　　《读书》1994年第6期
文化世界:解构还是建构——人文精神寻思路之四/张汝伦　季桂保　郜元宝　陈引弛
　　《读书》1994年第7期
过于聪明的中国作家/王彬彬
　　《文艺争鸣》1994年第6期,第65～68页
假"费厄泼赖"必须缓行/闻哲
　　《文艺理论与批评》1994年第6期,第104～105,94页
文艺新潮饿新潮理论(中篇)/山城客
　　《文艺理论与批评》1994年第6期
王蒙的散文/贺兴安
　　《作家》1994年第7期76～80页
访谈录/夏冠洲
　　《北京文学》1994年第9期
复活的大陆——王蒙访谈录/邱华栋
　　《长江文艺》1994年第10期
坚持革命的坚持性——也谈"把握好老年精神状态"/公生名
　　《中流》1994年第11期
《来劲》与关于《来劲》的非议/郜元宝
　　《拯救大地》,郜元宝 著,学林出版社1994年版,第123～127页
特殊的读者意识与文体风格/郜元宝
　　《拯救大地》,郜元宝 著,学林出版社1994年版,第128～139页
王蒙小说的多元主题/夏冠洲
　　1994年《北京师范大学学报》增刊
郜元宝致王蒙信——让世界追求中国/郜元宝

《文学报》1995年1月12日

《四月泥泞》序/周政保

  见王蒙著《四月泥泞》,春风文艺出版社1995年版

《活动变人形》的结构艺术/毕光明

  《文科教学》1995年第1期,第19~25页

如何阐释"水落石出"?:再读王蒙的《活动变人形》/殷国明

  《小说评论》1995年第1期,第37~40页

青春主题的变奏:从《青春万岁》到《恋爱的季节》/夏冠洲

  《新疆师范大学学报》1995年第1期,第50~56页

运用十八般兵器/于根元,刘一玲

  《语言文字应用研究论文集》,国家语言文字工作委员会语言文字应用研究所 编,语文出版社1995年版,第260~266页

聪明人写的聪明文章/萧乾

  《文艺争鸣》1995年第1期

"暗杀":一具沉重的历史之轭——读王蒙新作《暗杀——3322》/时春雨

  《北方论丛》1995年第2期,第52~53页

关于《王蒙的生活和文学道路》/何西来

  《当代作家评论》1995年第2期,第84~86页

中国文学与"意识流"/殷国明

  《嘉应大学学报》1995年第2期,第1~9页

以新的方式"和自己的过去诀别"——王蒙《失态的季节》的喜剧类型和语言/王培元

  《文艺争鸣》1995年第2期,第61~69页

话语游戏:沉陷与逃离——评王蒙新著《失态的季节》/王培元

  《战略与管理》1995年第2期

再谈过于聪明的中国作家及其他/王彬彬

  《文艺争鸣》1995年第2期,第39~42页

知人论世的聪明/曾镇南

  《文艺争鸣》1995年第2期,第42~45页

王蒙是否"转向"——对《躲避崇高》一文的质疑/余开伟

  《文化时报》1995年2月21日

王蒙访谈录/张英
　　《山花》1995年第2期
关于《天街夜吼》/鲁枢元
　　《真爱》(上卷)长春出版社1995年版
读《我爱喝稀粥》/贺兴安
　　《真爱》(中卷)长春出版社1995年版
更甚于"排他者"/钟华子
　　《文艺理论与批评》1995年第2期,第19～20页
坛外杂话/迟樨
　　《文艺理论与批评》1995年第2期,第21～22页
反思新视角——兼论王蒙若干反思作品的主题/唐越
　　《韩山师范学院学报》1995年第2期
话说王蒙——谈当代知识分子的精神纯洁性/高增德 谢泳
　　《东方》1995年第3期,第46～48页
反抗妥协/熊元义
　　《文艺争鸣》1995年第3期
从"王蒙现象"谈到文化价值的建构/陶东风
　　《文艺争鸣》1995年第3期,第4～11页
为争论辩护——驳王蒙"不争论的智慧"/郑也夫
　　《东方》1995年第3期
王蒙小说的"命名学"/夏冠洲
　　《绿洲》1995年第3期
论王蒙小说的反讽结构/刘伟
　　《枣庄师专学报》1995年第3期,第23～27页
无法回避的崇高——关于建设新的人文精神的争论及其评价/祁述裕
　　《文艺争鸣》1995年第3期,第12～17页
读王蒙《人文精神问题偶感》之偶感/周宜兴
　　《中国西部发展报》1995年3月16日
孔雀耶? 乌鸦耶? /海河
　　《文艺理论与批评》1995年第3期,第34～35,33页
阅读与想像——致陈思和,再谈王蒙小说的语言与抒情/郜元宝

《小说评论》1995年第4期,第57～62页
在历史的重构中勘探人性:评王蒙长篇新作《暗杀——3322》/王春林
　　《小说评论》1995年第4期,第57～62页
中国意识流小说派简论/李晓宁
　　《青海社会科学》1995年第4期,第60～66页
对文学的轻慢与失态/张志忠
　　《小说评论》1995年第4期,第52～56,72页
王蒙创作的五个阶段(上)/夏冠洲
　　《新疆师范大学学报》1995年第4期,第1～10页
城头变幻二王旗/朱学勤
　　《二十一世纪》(香港)1995年4月第28期
王蒙的花甲之年/方蕤
　　《东方艺术》1995年第4期
平面化:当前王蒙文化心态的价值特征/党圣元
　　《小说评论》1995年第4期
王蒙的误区/张德祥
　　《小说评论》1995年第4期
文坛,将有一个崭新的局面:中国作协副主席张光年、王蒙、陆文夫接受本报记者采访/
　　《文学报》1995年4月6日第1版
有感于王蒙的处世哲学/山城客
　　《文艺理论与批评》1995年第4期,第61～63页
快读《红楼梦》王蒙评/冯其庸
　　《红楼梦学刊》1995年第4期
王蒙的爱情/夏冠洲
　　《乌鲁林齐晚报》(副刊)1995年4月18日
长虹的湮灭/刘心武
　　《中华工商时报》1995年4月20日
反讽:结构与语境——王蒙、王朔小说的反讽修辞/南帆
　　《小说评论》1995年第5期,第77～85页
"文学是对生活的发现"——王蒙及其小说创作/戴翊

《文学的发现》,戴翊 著,学林出版社 1995 年版,第 137~143 页
"偶感"之感/黄历之
  《文艺理论与批评》1995 年第 5 期,第 86~87 页
名家与批评/余开伟
  《文艺争鸣》1995 年第 5 期
内心恐惧:王蒙的思维特征/谢泳
  《中华读书报》1995 年 5 月 10 日
宽容与批判/王彬彬
  《中华读书报》1995 年 5 月 10 日
我看"二王之争"/张志忠
  《中华读书报》1995 年 6 月 7 日
如此借古讽今/王彬彬
  《中华读书报》1995 年 6 月 14 日
读《杂色》/南帆
  《当代作家评论》1995 年第 6 期,第 50~52 页
"一个人远游":王蒙小说的一个模式/王培元
  《当代作家评论》1995 年第 6 期,第 25~29 页
王蒙写组织部的年轻人/涂光群
  《中国作家三代纪实》,涂光群 著,中国文联出版公司 1995 年版,第 503~505 页
两篇小说的标题变易考——当代文学史拾零/史燮之
  《作家报》1995 年 6 月 17 日
王蒙"训斥"吴祖光/张扬
  《人物新闻报》1995 年 6 月 15 日
关于作家"聪明"的话题/园艺
  《作品与争鸣》1995 年第 7 期,第 76~78 页
人文精神一辩/张德祥
  《作家报》1995 年 7 月 15 日
是文化箭靶?还是政治刺猬?/林希
  《中国时报》1995 年 7 月 27 日
不赞同与不允许/刘心武

《羊城晚报》1995年7月29日
唾液的潮湿和肝火的颜色——文坛二王之争方兴未艾/
《新民晚报》1995年9月6日
文坛"二王"之争——国内知识界争论评议/朱学勤
《劳动报》1995年9月28日
想起王蒙当年事/夏冠洲
《新疆青年》1995年第10期
王蒙:永远怀念新疆/
《民族团结》1995年第10期
五个57年人/谢泳
《中华读书报》1995年11月8日
智慧的痛苦——评王蒙《失态的季节》/何西来
《光明日报》1995年12月6日第7版
郜元宝致王蒙信/郜元宝
见王蒙 著《随感与遐思》,甘肃人民出版社1996年版,第111~114页
他在鉴赏中的自我展开——评王蒙的《红楼梦》评点/何西来
《文学遗产》1996年第1期,第118~119页
王蒙长篇小说研讨会综述/边琦
《中华文学选刊》1996年第1期,第190~191页
无奈的狂欢:读王蒙的散文/泓峻
《东方艺术》1996年第1期,第40~41页
错开的药方/王彬彬
《文艺争鸣》1996年第1期,第9~13页
对"人文精神"寻思的寻思/靳大成、陶东风
《文艺争鸣》1996年第1期,第14~19页
再昌中国传统评点方法/聂震宁
《文学自由谈》1996年第1期,第95~98页
王蒙创作的五个阶段(下)/夏冠洲
《新疆师范大学学报》1996年第1期,第18~24页
杂色:王蒙论艺术的探索与创新/汪咏梅
《安徽教育学院学报》1996年第1期,第54~57页

再论王蒙笔下的新疆兄弟民族人物/夏冠洲
    《西域研究》1996年第1期,第89～95页
穆时英、王蒙比较研究/薛传芝
    《河南教育学院学报》1996年第1期,第1～6,15页
论刘世吾等形象的生成机制——《组织部来了个年轻人》新议/杨新敏 郝吉环
    《青海师专学报》1996年第1期,第24～28页
我与王蒙/方蕤
    《红豆》1996年第1期
王蒙究竟开罪了谁？/王京
    见丁东 孙珉选编《世纪之交的冲撞——王蒙现象争鸣录》,光明日报出版社1996年版
关于对王蒙的批评/陈俊涛
    见丁东 孙珉选编《世纪之交的冲撞——王蒙现象争鸣录》,光明日报出版社1996年版
从"恋爱"到"失态":王蒙《恋爱的季节》《失态的季节》研讨会综述/王安
    《小说评论》1996年第2期,第58～63页
历史的碎片与状态之流:评王蒙的长篇小说《失态的季节》/王干
    《当代》1996年第2期,第197～200页
理性与启蒙/何西来
    《文艺争鸣》1996年第2期,第59～68页
王蒙95随笔的主体特征/钟友循
    《长沙水电师院社会科学学报》1996年第2期,第64～70页
着眼王蒙说王朔/东方峻
    《读书》1996年第2期,第149页
王蒙为何失态/罗伟方
    《作品与争鸣》1996年第2期,第75～76页
王蒙为什么躲避崇高/一老者
    《作品与争鸣》1996年第2期,第74、76页
文艺的消闲、娱乐功能及其格调/何西来
    《文艺争鸣》1996年第3期,第5～8页

王蒙、张炜们的文体革命/王一川
  《文学自由谈》1996年第3期,第57~62页
王蒙的幽默和伊犁/王敏
  《河南教育学院学报》1996年第3期,第65~68页
国松可敬 王蒙可爱/董淑华
  《语丝》1996年第3期;又载《作品与争鸣》1996年第10期,第78、80页
人生最妙爬格子——王蒙印象/丁玉柱
  《书与人》1996年第3期,第127~130页
我的同学王蒙/秦学儒
  《中国纪检监察报》1996年3月17日
过于愚蠢的中国作家/韩冬
  《文论报》1996年4月1日
语言操作的快感:对王蒙的《暗杀》所作的语言分析/王毅
  《当代文坛》1996年第5期,第18~21页
拨动这根痛苦的弦:散论《活动变人形》/唐达成
  《当代》1996年第5期,第196~203页
批评的道德与道德的批评——关于王蒙、张承志现象论争的对话/许纪霖 杨扬 薛毅
  《上海文学》1996年第5期,第75~79页
王蒙缺少什么?/栾保俊
  《文艺理论与批评》1996年第5期,第83~86页
你到底要什么? 谢泳
  《文艺争鸣》1996年第5期,第18~19页
形而上的迷茫/萧元
  《文艺争鸣》1996年第5期,第9~11页
一个反历史、反哲学的命题/雷池月
  《文艺争鸣》1996年第5期,第15~17页
多元与兼容/何西来等
  《文艺争鸣》1996年第6期,第59~65页
王蒙的语言感——快感:以《暗杀》为例/王毅
  《小说评论》1996年第6期,第77~79、59页

品味人生——读王蒙的《搬家》/洁泯
  《山花》1996年第6期
《用笔思索的作家——王蒙》序/何西来
  《新疆日报》1996年6月14日第1版
评一种处世哲学/艾农
  《文艺理论与批评》1996年第6期,第118～121,131页
用我们的优势建设文化大国——著名作家王蒙访谈录/吴红婧
  《探索与争鸣》1996年第8期
多元与沟通——关于当代文化与知识分子问题的对话/王蒙、陶东风
  《北京文学》1996年第8期
王蒙的"本真"(外一题)/张扬
  《作品与争鸣》1996年第8期,第74～76页;原载《语丝》1996年第1期
王蒙散文印象/周政保
  《文论报》1996年8月15日
我读《哦,穆罕默德·阿迈德》/铁凝
  《文论报》1996年9月15日
不要卖弄自己不懂的东西/张扬
  《作品与争鸣》1996年第10期,第79～80页
说说王蒙的小评论/贺兴安
  《博览群书》1996年第12期,第37～39页
王蒙小说语言研究/于根元
  《二十世纪的中国语言应用研究》,于根元 著 书海出版社1996年版,第259～262页
关于王蒙的《蝴蝶》/[日]相浦杲
  《20世纪中国文学研究论文集》,北京大学出版社1996年版
读《浅灰色的眼珠》说王民/张士泰
  《宁夏教育学院 银州师专学报》1997年第1期,第51～52页
政治:王蒙散文中的一个情结/孙德喜 赵月明
  《淮阴师专学报》1997年第1期,第82～85页
几点疑问——就教于王蒙先生/方林栋
  《文艺理论与批评》1997年第1期,第100～102页

王蒙其人其事/龚一舟
  《中流》1997年第1期,第33～39页
"文革"小说只选一篇够吗?/陈坚
  《文学自由谈》1997年第2期,第46～49页
《用笔思想的作家——王蒙》后说/夏冠洲
  《新疆作家》1999年第2期
王蒙小说的现代散文化抒情血脉/王忠愈
  《西南民族学院学报》1997年第3期,第73～77页
重读《组织部来了个年轻人》/谢冕 洪子诚
  《海南师院学报》1997年第3期,第18～27,33页
"外来者"的故事:原型的延续与变异/洪子诚
  《海南师院学报》1997年第3期,第18～21页
青春的激情:文学和作家的骄傲/谢冕
  《海南师院学报》1997年第3期,第21～22页
回到作品:对小说文本的返观/毕光明
  《海南师院学报》1997年第3期,第22～24页
献给生活和文学的情诗/杨鼎川
  《海南师院学报》1997年第3期,第24页
"非知识分子化"/陈旭光
  《海南师院学报》1997年第3期,第24～25页
在现实的背后/高秀芹
  《海南师院学报》1997年第3期,第25页
命运与形式/(韩)朴贞姬
  《海南师院学报》1997年第3期,第25～26页
穿过文本的内在裂缝/周亚芹
  《海南师院学报》1997年第3期,第26～27页
"文学与革命"/张慧敏
  《海南师院学报》1997年第3期,第27、33页
媚俗:变革期文学的迷误/舒也
  《文艺理论与批评》1997年第3期,第30～33页
"蒙德罗文学奖"的中国内幕/韩小蕙

《文学自由谈》1997年第4期,第155～158页
重读作家的学者化问题/曹文彪
《当代文坛》1997年第4期,第53～55页
论王蒙的政事小说及其变化/吴澧波 曹书文
《河北师范大学学报》1997年第4期
王蒙:智慧眼睛的黑眸子/郑春风
《文心花雨》成功者大智慧丛书(文学卷),山东人民出版社1997年版
王蒙的通俗小说?/许子东
《当代小说阅读笔记》许子东著,华东师范大学出版社1997年版,第132～146页
隐喻与王蒙的杂色/童庆炳
《文学自由谈》1997年第5期,第138～142页
焦虑与游戏:王蒙创作心理阐释/李于仓
《钟山》1997年第5期,第196～208页
居官箴言——读王蒙的《戒贤佞》/
《陕西审计》1997年第5期
王蒙:从纯粹到杂色/孙郁
《当代作家评论》1997年第6期,第11～18页
说出"复杂性"——读《踌躇的季节》及其他/郜元宝
《南方文坛》1997年第6期。
王蒙一瞥/童庆炳
《时代文学》1997年第6期,第104～107页;又载何镇邦 李广鼐 编《名家侧影》,山东文艺出版社1998年版,第194页～203页
然后是平静/张宇
《时代文学》1997年第6期,第110页(又载何镇邦 李广鼐 编《名家侧影》,山东文艺出版社1998年版,第204页～213页)
我所不认识的王蒙/余华
《时代文学》1997年第6期,第110页;又载何镇邦 李广鼐 编《名家侧影》,山东文艺出版社1998年版,第214页～215
近看王蒙/何镇邦
《时代文学》1997年第6期,第111～112页;又载何镇邦 李广鼐 编《名

家侧影》,山东文艺出版社 1998 年版,第 216 页~221 页
访谈录——答德国友人吴漠汀/
沈苇 武红 编《中国作家访谈录》,新疆青少年出版社 1997 年版,第 1~7 页
事实与传说:读王蒙《我心目中的丁玲》/陈明
《文论报》1997 年 9 月 1 日第 4 版
读王蒙《诫贤侄》/
《行政人事管理》1997 年第 10 期
居官箴言——读王蒙的《诫贤侄》/
《党风与廉正》1997 年第 11 期
"牢记文化人的足迹"——访著名作家王蒙/李城外
《向阳湖文化人风采》(上),人民文学出版社,1997 年 12 月出版,第 226~230 页
听王蒙讲课/孙仁歌
《安徽日报》1997 年 12 月 5 日第 1 版
语境的魅力——王蒙小说语言谈片/张莹
《四川师范大学学报》1998 年第 1 期,第 55~59 页
本世纪中国李商隐研究综述/刘学锴
《文学评论》1998 年第 1 期,第 39~50 页
析所谓"道德批判"/刘金
《文艺理论与批评》1998 年第 1 期,第 63~65 页
论青春体小说——50 年代艺术类型之一/董之林
《文学评论》1998 年第 2 期,第 27~38 页
迷失与逃亡——对王蒙"季节系列"人物的一种解读/李广仓
《北京社会科学》1998 年第 2 期,第 141~146 页
怀旧情结与王蒙的小说创作/曹书文 吴澧波
《当代文坛》1998 年第 2 期,第 19~23 页
《王蒙是一个……作家》/汪渌
《短篇小说》1998 年第 2 期
新疆汉语作家与中国当代文学/夏冠洲
《新疆师范大学学报》1998 年第 3 期,第 45~53 页
透视王蒙《在伊犁》八篇系列小说/时曙晖 刘珍婷

《延边大学学报》1998年第3期,第110～113页

王蒙小说的文化精神别论/王启凡

《丹东师专学报》1998年第3期

当下文化环境中人生态度的艺术探寻——王蒙小说《春堤六桥》评析/吴俊忠

《深圳大学学报》1998年第3期,第45～49,15页

宽容"拒绝宽容"/王干

《文学自由谈》1998年第3期,第74～76页

王蒙先生谈家教/张婴音

《家庭教育》1998年第3期,第10页

《名家侧影》序/何西来

载何镇邦 李广鼐 编《名家侧影》,山东文艺出版社1998年版,第1～11页(其中部分内容对童庆炳、张宇、余华、何镇邦对王蒙的评价文章进行了评论)

守着这个"文"字/崔道怡

载何镇邦 李广鼐 编《名家侧影》第135～164页,山东文艺出版社1998年版(其中部分内容对王蒙和李国文其人其作作了比较和评价)

《旧宅玫瑰》画后感/谢春彦

王蒙 文 谢春彦 画《旧宅玫瑰》,上海书店出版社1998年版

《旧宅玫瑰》编后记/崔建飞

王蒙 文 谢春彦 画《旧宅玫瑰》,上海书店出版社1998年版

荡着秋千说王蒙/樊百华

《黄河》1998年第4期

双百"方针与"不搞无谓的争论"/浩明

《文艺理论与批评》1998年第4期,第67～73页

恒久的青春状态——王蒙小说创作论/金志华

《华南师范大学学报》1998年第5期,第71～78页

当下文化环境中人生态度的艺术探寻——王蒙中篇小说《春堤六桥》评析/吴俊忠

《深圳大学学报》1998年第5期

坛边乱弹(之一)/刘金

《文艺理论与批评》1998年第5期,第42～43页

王蒙书房的感悟/剑非
　　《神州学人》1998年第6期
话说"变脸"/栾保俊
　　《文艺理论与批评》1998年第6期,第85～86,87页
论王蒙新时期的小说/郏璇
　　《小说觅踪》,郏璇 著1998年版,第143～153页
理想的赞歌——读《风筝飘带》有感/郏璇
　　《小说觅踪》,郏璇 著1998年版,第178～182页
王蒙:迈不动的超越之步/吴广晶
　　《滇池》1998年第7期
从政新谏——解读王蒙《诚贤侄》/
　　《湖北社会科学》1998年第8期
九十年代的王蒙——管窥《王蒙说》/曹娟
　　《文艺报》1998年12月5日
论王蒙文学观念的变化及成因/吴澧波 曹书文
　　《河南师范大学学报》1999年第1期,第82～86页
对心灵与文本的双重探索:评夏冠洲《用笔思索的作家——王蒙》/吕汉东
　　《新疆大学学报》1999年第1期,第97～99页
"费厄泼赖"与王蒙的小说创作/刘东黎 李荣合
　　《北方论丛》1999年第1期,第96～100页
王蒙小说艺术特征新探/李永建
　　《淮北煤炭师院学报》1999年第1期,第104～108页
王蒙新时期小说批评初探/杨迎平
　　《广东职业技术师范学院学报》1999年第1期77～81页
王蒙、米兰 昆德拉兼及后现代/唐煜松
　　《辽宁大学学报》1999年第1期
关于"著名"的"家"/栾保俊
　　《文艺理论与批评》1999年第1期,第71～72页
"辩护士"与"教师爷"/马鸣
　　《文艺理论与批评》1999年第1期,第73～77页
官场上的文人最聪明/庞天舒

《文学自由谈》1999年第2期,第38~42页

王蒙和《组织部新来的青年人》/黎之

  黎之:《回忆与思考——1957年纪事》,载《新文学史料》1999年第3期,第133~137页

政治、人性与苦难记忆——王蒙"季节"系列的写作意义/王春林

  《小说评论》1999年第3期,第55~60页

王蒙:不写性/王洪

  《中华读书报》1999年3月3日

读刊默想/孙伟科

  《文艺理论与批评》1999年第3期,第74~75页

论王蒙政事小说及其变化/吴澧波 曹书文

  《河北师范大学学报》1999年第4期,第101~105页

人物、意境、幽默——王蒙散文体小说的艺术特色/贾蔓

  《云南教育学院学报》1999年第4期

素描20家:王蒙/陈超

  《文学自由谈》1999年第5期,第131页

听王蒙、李国文说获奖/韩小蕙

  《北京晚报》1999年7月23日

海,还是海——北戴河海滨访王蒙/木斋

  木斋 著《与中国作家对话》,京华出版社1999年版,第23~29页

致王蒙的信/严文井

  陈思和　李平　主编《20世纪中国文学精品 当代文学100篇》(下),学林出版社1999年版,第631~632页

城头变幻大王旗——王蒙批判/吴炫

  朱大可等编《十作家批判书》第61~86页,陕西师范大学出版社,1999年版

王蒙当"右派"(编者加)/黄秋耘

  黄秋耘著《黄秋耘文集·风雨年华》(第4卷),花城出版社,1999年版,第161页

大笔如椽写春秋/王安润

  《中国西部文学》1999年第11期

文坛"骂"名人之风越刮越猛/韩小惠
　　《工人日报》2000年1月12日
应是"木秀于林"/张逸群
　　《咬文嚼字》2000年第1期,第10页
"稼穑"为何物/黄祥伸
　　《咬文嚼字》2000年第1期,第10页
"耳顺之年"质疑/时鹏寿
　　《咬文嚼字》2000年第1期,第11页
既然有"我",何必再"窃"/辛南生
　　《咬文嚼字》2000年第1期,第11页
"排揎"不是"排遣"/省庐
　　《咬文嚼字》2000年第1期,第11～12页
莫把"容量"当"重量"/南申
　　《咬文嚼字》2000年第1期,第12页
"车到码头船到岸"/万木丹
　　《咬文嚼字》2000年第1期,第12～13页
"华裔"似是而非/完恩全
　　《咬文嚼字》2000年第1期,第13页
"迷魂汤"诸元素辨/叶惟珏
　　《咬文嚼字》2000年第1期,第13～14页
"胜于"不等于"甚于"/卓王泽
　　《咬文嚼字》2000年第1期,第14页
是耶?非耶?——《十作家批判书》批评王蒙　余秋雨　王小波　贾平凹
王朔等/雷达等
　　《中国青年报》2000年1月24日第7版
相对于"褊狭"的"宽容"——王蒙与鲁迅价值观的歧异/房向东
　　《鲁迅研究月刊》2001年第1期
读汪溟《王蒙小说语言论》/
　　《商丘师专学报》2000年第1期
王蒙小说《暗杀——3322》解读/
　　《洛阳师范学院学报》2000年第1期

《春之声》的语言解读/祝克懿
　　《贵州大学学报》2000年第1期,第58～62页
王蒙小说的文化色彩/王启凡
　　《锦州师范学院学报》2000年第1期,第62～64页
王蒙小说创作新论/王恒升
　　《昌潍师专学报》2000年第1期,第24～28页
王蒙等六位作家诉世纪互联通信技术有限公司侵犯著作权纠纷案案情及评析/
　　《科技与法律》2000年第1期
网络环境下著作权的作用——王蒙等六作家诉世纪互联一案的思考/
　　《科技与法律》2000年第1期
法律的审论总比科技的审论慢半拍——简评王蒙等六作家诉北京某网络著作权侵权案/
　　《科技与法律》2000年第1期
王蒙小说的幽默风格浅析/
　　《辽宁师专学报》2000年第1期
印象点击：《笑而不答》/刘绪源
　　《当代作家评论》2000年第2期,第8～9页
再说王蒙、李国文对待获奖/韩小蕙
　　《文学世界》2000年第2期
意料之中与情理之中/张宇莘
　　《文学世界》2000年第2期
试析王蒙创作的三个阶段/沈美莉
　　《河南社会科学》2000年第3期,第100～103页
有点不"来劲"——评王蒙小说《来劲》/
　　《延安教育学院学报》2000年第3期
《组织部来了个年轻人》(评析)/
　　许道明 朱文华 主编,《新编中国当代文学作品选》(上),复旦大学出版社2000年版,第116～117页
《春之声》(评析)/
　　许道明 朱文华 主编,《新编中国当代文学作品选》(上),复旦大学出版

社 2000 年版,第 88 页
《活动变人形》(评析)/
 许道明 朱文华 主编,《新编中国当代文学作品选》(上),复旦大学出版社 2000 年版,第 253~254 页
重重矛盾中的王蒙/杜天生
 《太原日报》2000 年 3 月 13 日第 5 期
在理想主义与经验主义之间——对王蒙的一种理解/王春林
 《太原日报》2000 年 3 月 13 日第 5 版
重读《组织部新来的年轻人》/金汝平
 《太原日报》2000 年 3 月 13 日第 5 期
王蒙"季节"小说研讨会在京举行/贝佳
 《文学自由谈》2000 年第 4 期,第 12~14 页
论王蒙文学消闲观的形成/丁玉柱
 《青岛海洋大学学报》2000 年第 4 期,第 59~67 页
揭发王蒙/刘心武
 《北方文学》2000 年第 4 期
王蒙小说:生活与叙事的纠缠/吴广晶
 《首都师范大学学报》2000 年第 5 期,第 82~93 页
长篇小说笔记之五:王蒙《狂欢的季节》/雷达
 《小说评论》2000 年第 5 期,第 4~7,24 页
王蒙小说排比语言的创新/
 《湖州师范学院学报》2000 年第 5 期
王蒙与其"季节"系列/胡德培
 《人物》2000 年第 5 期
相对于"褊狭"的"宽容"—王蒙与鲁迅价值观的歧异/房向东
 《鲁迅:最受污蔑的人》,上海书店出版社 2000 年版,第 188~209 页
政治与王蒙小说/王春林
 《当代作家评论》2000 年第 6 期 80~86 页
王蒙:"水鼓"、"失语"与"水泄"/桑地
 《当代作家评论》2000 年第 6 期,第 127 页
王蒙读《大浴女》/

《当代作家评论》2000年第6期
论王蒙文学消闲观的美学特征/丁玉柱
　　《锦州师范学院学报》2000年增刊第87～89页
《十作家批判书》观点扫描/肖柏
　　《作品与争鸣》2000年第6期,第77～79页
王蒙:"我想写出我们这一代人的心灵史"/杨
　　《人民日报》(海外版)2000年6月7日
创作一部心灵史——王蒙畅谈新作"季节"系列/倪敏
　　《中国消费者报》2000年6月9日
王蒙:"我要把真相告诉后人"/李晓犁
　　《精品购物指南》2000年6月13日
王蒙作品对青春的眷恋对苦难的感悟/游耳　艾波
　　《北京日报》2000年6月14日
王蒙:漫步在"季节"的长河/江湖　阎琳
　　《文艺报》2000年6月20日第1版
作家画龙 评者点睛——王蒙"季节"系列长篇小说研讨会在京举行/贝佳
　　《文艺报》2000年6月27日第1版
当代知识分子的心灵长卷——王蒙谈新作《狂欢的季节》/许以黎
　　《文汇报》2000年7月1日第1版
思考的契机:读王蒙的《狂欢的季节》/贺绍俊
　　《戏剧电影报》2000年7月14日第7版
王蒙坦白说"四季""狂欢"也被泪催成/解玺璋
　　《北京晚报》2000年7月20日
王蒙"季节"系列长篇小说/
　　《团结报》2000年8月1日
王蒙:"水鼓"、"失语"与"水泻"/桑地
　　《博览群书》2000年第8期,第20～22页
论王蒙的"狂欢体"写作/陶东风
　　《文学报》2000年8月3日第3版
关于王蒙"季节"系列长篇小说/
　　《团结报》2000年8月8日

狂欢之痛/张抗抗
    《团结报》2000年8月8日;又载《出版广角》2000年第10期,第63页
关于王蒙"季节"系列长篇小说的发言/何西来
    《团结报》2000年8月8日
"狂欢"的王蒙/贺绍俊
    《中华周末报》2000年8月11日
"季节"系列能否成为史诗/周长才等
    《深圳特区报》2000年8月12日第8版
王蒙与中国象征主义/周长才
    《深圳特区报》2000年8月12日第8版
"季节"中的得与失/硕文
    《深圳特区报》2000年8月12日第8版
王蒙说:他不能放弃写作/博生
    《深圳特区报》2000年8月12日第8版
王蒙与外国作家的比较/吉预
    《深圳特区报》2000年8月12日第8版
王蒙与中国作家的比较/可名
    《深圳特区报》2000年8月12日第8版
王蒙作品中的缺陷/新园
    《深圳特区报》2000年8月12日第8版
从"青春"到"饱经世故的清明":与王蒙一席谈/廖增湖
    《文汇报》2000年8月19日
深沉的哀怨 冷静的反讽/王晓
    《文汇读书周报》2000年9月30日
名家深谈王蒙——王蒙"季节"系列长篇小说研讨会散记/崔建飞
    《中国文化报》2000年10月17日
"费厄泼赖"确该实行/牧惠
    《今晚报》2000年11月10日
也谈"费厄泼赖"确该实行/逸鸿
    《鲁迅研究网》2000年—2001年
"我是新中国历史的见证人"——王蒙访谈录/张英

《文学的力量——当代著名作家访谈录》,张英 著,民族出版社 2001 年版,第 177～190 页

《绘图本王蒙旧体诗集》序/谢春彦

    王蒙 著《绘图本王蒙旧体诗集》上海古籍出版社 2001 年版,第 1～4 页

当今文坛泡沫多——与王蒙漫谈挤/胡殷红

    《文艺报》2001 年 1 月 6 日第 1 版

论王蒙意识流小说的艺术真实性/

    《伊犁师范学院学报》2001 年第 1 期

新时期现代主义小说的滥觞——论王蒙、茹志鹃、宗璞、谌容对现代主义小说技法的尝试/

    《呼兰师专学报》2001 年第 1 期

关于青蛙和人的寓言/竹林

    《天津日报》2001 年 1 月 18 日第 11 版

多层理解那个季节:青年学子谈王蒙"季节"系列/

    《中国教育报》2001 年 1 与 11 日第 3 版

一个时代的背影:王蒙小说侧论/王永兵　翟业军

    《扬州教育学院学报》2001 年第 1 期,第 14～18 页

追忆逝水年华——王蒙"季节"系列小说论/张志忠

    《文学评论》2001 年第 2 期,第 16～23 页

从"二王"看中国当代文坛的后现代思想/孙璐

    《中州学刊》2001 年第 2 期,第 129～131 页

新时期初王蒙对现代主义小说的探索/董小玉

    《重庆大学学报》2001 年第 2 期,第 57～59 页

论王蒙小说的语言风格及其构成/彭锦

    《广西师院学报》2001 年(增刊)第 2 期,第 188～192 页

旋涡的边缘姿态/张抗抗

    《文汇报》2001 年 2 月 6 日第 12 版

"贯穿我一生的是学习"——访作家王蒙/远清

    《青年时讯 京萃周刊》2001 年 3 月 16 日第 5 版

天真时代的历史现象学:评王蒙"季节"系列长篇小说/路广彬

    《艺术广角》2001 年第 3 期,第 45～51 页

王蒙对传统小说形式的一次大突破/段凌燕
《中国文艺家》2001年第3期,第70~71页
王蒙的语言(编者加)/吴秀明
吴秀明著《转型时期的中国当代文学思潮》,浙江大学出版社2001年版,第196~198页
拒斥"来自西方的某种主义"与王蒙是"重要发言人之一"——读报随想/注思
《文艺理论与批评》2001年第3期,第40~44页
伊犁诗话/夏冠洲
《伊犁河》2001年第3期
诗情画意两相依——王诗谢画作品选登/余雨
《新民晚报》2001年4月1日第24版
喜看王谢堂前燕/毛时安
《文汇读书周报》2001年4月7日第8版
《狂欢的季节》读后感/张光年
《文艺研究》2001年第4期,第63~65页
评王蒙的《季节》四部/何西来
《文艺研究》2001年第4期,第65~73页
历史维度与语言维度的双重胜利/童庆炳
《文艺研究》2001年第4期,第73~78页
四季心灵/张抗抗
《文艺研究》2001年第4期,第78~80页
《恋爱的季节》眉批四则/李书磊
《文艺研究》2001年第4期,第80~83页
在高山之谷修筑"宫殿"/从维熙
从维熙 著《走向混沌》(新版)北京出版社,2001年版,第49~51页(此段内容又见从维熙 著《走向混沌》,1990年(香港)天地图书有限公司出版,第70~73页
立体语言的价值及意义:王蒙新时期小说的语言风格/徐芸华
《玉林师范学院学报》2001年第4期,第53~56页
中国现当代文学史上的姐妹篇:《在医院中》和《组织部来了个年轻人》比较观/罗守让

《肇庆学院学报》2001年第4期,第17～21页
我的父亲王蒙/王山
　　《山西家庭报》2001年4月27日
流动:现实与梦的不同色调:读王蒙《橘黄色的梦》/吴广晶
　　《名作欣赏》2001年第5期,第89～92页
王蒙式的历史证言——我读《狂欢的季节》/何启志
　　《文学编辑40年》,人民文学出版社2001年版
好一个文学滑头主义/李万武
　　《文艺理论与批评》2001年第5期,第130～136页
王蒙叔叔说:"我永远是学生"/张苒
　　《中华读书报》2001年5月30日第8版
文体的隐秘/孙郁
　　《当代作家评论》2001年第5期,第11～14页
激情的王蒙/李建东
　　《襄樊学院学报》2001年第6期,第33～36页
重读20世纪50年代小说经典/赵学勇 杨小兰
　　《兰州大学学报》2001年第6期,第1～9页(文中对《组织部新来的青年人》作了简要评论)
关于五十至七十年代文学中的知识分子形象/程光炜
　　《文学评论》2001年第6期,第65～72页(文中对《组织部新来的青年人》作了简要评论)
90年代中国文学之一瞥/部元宝
　　《南方文坛》2001年第6期,第20～24页(文中对王蒙的小说进行了评论)
小苗与大树的对话——访王蒙/张苒
　　《作家文摘》2001年6月5日第9版
世纪末的忏悔——从王蒙和张贤亮的两部长篇近作说起/李遇春
　　《小说评论》2001年第6期
王蒙透露生平两大快事/
　　《深圳晚报》2001年8月20日
关于王蒙的八个问题/王干
　　《中国国外获奖作家作品集 王蒙卷》,云南人民出版社,2001年版,第11～

43 页

光彩四溢的王蒙文学气象/崔建飞

《中国国外获奖作家作品集 王蒙卷》,云南人民出版社,2001 年版,第 44~47 页

王蒙:回首曾经的心情/杨澜

《北京青年报》2001 年 10 月 25 日

全球化能把中国文化怎么样——访王蒙/杨子

《南方周末》2001 年 11 月 22 日第 9 版

跨越世纪——《王蒙代表作》修订本前言/学正

《王蒙代表作》(修订本)(教育部全国高等学校中文学科教学指导委员会指定书目 大学生必读),王蒙 著,张学正 编,人民文学出版社 2002 年版,第 1~18 页

编选后记/学正

《王蒙代表作》(修订本)(教育部全国高等学校中文学科教学指导委员会指定书目大学生必读),王蒙 著,张学正 编,人民文学出版社 2002 年版,第 630 页

王蒙文学消闲观的美学特征与文化意义/丁玉柱

《青岛海洋大学学报》2002 年第 1 期,第 69~78 页

青山自有青松在,碧水常流碧浪情——王蒙旧体诗简论/丁玉柱

《佳木斯大学学报》2002 年第 1 期,第 59~61 页

想粥/小思

小思 著《书林撷叶》,云南人民出版社 2002 年版,第 37~38 页

王蒙跟着季节走(访谈录)/

《人民日报》(海外版)2002 年 1 月 11 日

理解比爱更重要:著名作家王蒙访谈/杨澜

《中国文化报》2002 年 1 月 12 日第 4 版 B

关于丁玲其人的争鸣(节选)/秋伊

见汪洪 编《左右说丁玲》中国工人出版社 2002 年版

当代小说的双重性/张柱林

《南方文坛》2002 年第 1 期,第 21~23 页(文中对《来劲》作了简要分析)

《活动变人形》简析

钱理群 等编《中国文学名著快读》四川文艺出版社 2002 年版,第 337～341 页

林道静、刘世吾、江玫与露沙——当代文学对知识分子与革命的叙述/王彬彬
《文艺争鸣》2002 年第 2 期,第 15～21 页

苦难的历程与拯救的道路/钱中文 朱竞
《文艺争鸣》2002 年第 2 期,第 22～26 页

解读王蒙/柴福善
《北京观察》2002 年第 2 期,第 22～26 页

对"文革"与知识分子的双重审视——评王蒙长篇小说《狂欢的季节》/王春林
王春林 著《思想在人生边上》,中国社会科学出版社 2002 年版,第 3～17 页

"演讲"话语之于革命叙事——当代红色叙事研究/张清华 王月峰
《文艺争鸣》2002 年第 3 期,第 52～57 页(文中对《蝴蝶》作了简要分析)

感性与理性/童庆炳
《文艺争鸣》2002 年第 3 期,第 19～页(文中对王蒙及《季节》系列小说作了简要评价)

王蒙语体:理性的诉求与颠覆——系列长篇小说"季节"论略/李晶
《小说评论》2002 年第 3 期,第 66～72 页

新时期王蒙小说研究综述/梁秀花
《山东教育学院学报》2002 年第 3 期

两朵带刺的玫瑰:《组织部新来的青年人》与《拖拉机站站长和总农艺师》之比较/陈南先
《广东职业技术师范学院学报》2002 年第 3 期,第 45～50 页

王蒙出书《越说越对》/
《北京青年报》2002 年 3 月 9 日

"春天文学奖"春天颁奖/本报讯
《文艺报》2002 年 3 月 12 日

王蒙十万元奖金有下落/赵晨钰
《中华读书报》2002 年 3 月 13 日

王蒙语体:理性的诉求与颠覆——系列长篇小说"季节"论略(二)/李晶
《小说评论》2002 年第 4 期,第 70～74,18 页

作家王蒙的"新官上任七不变"/

《支部建设》2002年第4期

海大重振人文学科　王蒙受聘文学院长/马兵

《青岛晚报》2002年4月1日

王蒙:受聘为海洋大学文学院院长/

《江南时报》2002年4月2日

为什么偏偏是王蒙/牟德鸿　汉雄

《齐鲁晚报》2002年4月12日

论王蒙的西部小说/夏冠洲

《新疆师范大学学报》2002年第4期,第58~64页

和王蒙的一次会面/[日本]黑井千次

《日中文化交流》第667期,2002年5月版,第1页

批评是一种燃烧:王蒙的文学批评论纲/王文初

《孝感学院学报》2002年第5期,第83~87页

王蒙语体:理性的诉求与颠覆——系列长篇小说"季节"论略(三)/李晶

《小说评论》2002年第6期,第87~91页

重说王蒙《组织部新来的青年人》/谢泳

《南方文坛》2002年第6期,第31~34页

"东方意识流"并非意识流:论王蒙新时期的小说创作/许峰

《肇庆学院学报》2002年第6期,第19~22页,28页

王蒙的《狂欢的季节》/雷达

雷达著,《思潮与文体》,人民文学出版社2002年版,第224~225页,

狂欢季节里的猫/铁凝

《北京青年报》2002年7月11日

《杂乱而空虚的王蒙》/吴炫

吴炫著,《中国当代文学批判》,学林出版社2001年版,第77~99页

《组织部新来的青年人》/张普　张黛芬

《文学争鸣档案:中国当代文学作品争鸣实录》,张学正等主编,南开大学出版社2002年版,第104~108页

《春之声》/张学正

《文学争鸣档案:中国当代文学作品争鸣实录》,张学正等主编,南开大学出版社2002年版,第190~192页

《风筝飘带》/刘宗武
  《文学争鸣档案:中国当代文学作品争鸣实录》,张学正等主编,南开大学出版社 2002 年版,第 192~193 页
《来劲》/张学正
  《文学争鸣档案:中国当代文学作品争鸣实录》,张学正等主编,南开大学出版社 2002 年版,第 258~259 页
《坚硬的稀粥》/张学正
  《文学争鸣档案:中国当代文学作品争鸣实录》,张学正等主编,南开大学出版社 2002 年版,第 260~262 页
《杂色》/张志英
  《文学争鸣档案:中国当代文学作品争鸣实录》,张学正等主编,南开大学出版社 2002 年版,第 340~341 页
王蒙、刘心武主编助学刊物,《课外语文》被选为教材
  《南京日报》2002 年 8 月 3 日
王蒙:爱情写手多是单身汉/徐颖
  《大连日报》2002 年 11 月 1 日
论王蒙文学理论的实践理性特色/汤振纲
  《济南大学学报》2003 年第 1 期,第 47~49 页
中西文化冲突中的"多余人":《活动变人形》倪吾诚形象的解读/赵文辉
  《华南师范大学学报》2003 年第 1 期,第 52~56 页
异域乡情——回忆在新疆和王蒙相处的日子/姚承勋
  《新文学史料》2003 年第 1 期
王蒙亮出人生坦荡荡/
  《北京晨报》2003 年 1 月 7 日
王蒙和《王蒙自述:我的人生哲学》/杨鸥
  《人民日报》(海外版)2003 年 1 月 29 日
论王蒙小说的文学空间/[韩]李珠鲁
  《中山大学学报》2003 年第 2 期,第 43 卷(总第 182 期)第 71~77,89 页
王蒙的新书/李国文
  《中华读书报》2003 年 2 月 12 日
王蒙新作——坦白自己人生哲学/

《上海青年报》2003年2月22日
王蒙沪上讲道/李颖英
　　《外滩画报》2003年2月28日
王蒙海上谈"哲学"/蒋楚婷
　　《文汇读书周报》2003年2月28日
再谈王蒙"躲"新闻/杨仕智
　　《羊城晚报》2003年7月23日

三、中国当代文学史著作中有关王蒙的章节

《中国当代文学史初稿》(上册)
　　第三章 十七年的小说(下) 第八节 王蒙等的小说 第270～278页
　　郭志刚　董健　曲本陆　陈美兰　郑璀定稿,人民文学出版社1980年版
《中国当代文学史初稿》(上册)
　　第三章 十七年的小说(下) 第五节 王蒙等的小说 第295～305页
　　郭志刚　董健　曲本陆　陈美兰　主编,人民文学出版社1980年版
《中国当代文学作品选》(上册)
　　《组织部来了个年轻人》作者简介、作品提示 第126～128页
　　十八所高等院校当代文学教材编写组,河北人民出版社1981年版
《中国当代文学史》(一)
　　第一编 一九四九——一九五六年的文学
　　第三章 本时期的小说 第一节 王蒙等的小说 第207～203页
　　二十二院校编写组,福建人民出版社1982年版
《中国当代文学》1(华中师范学院《中国当代文学》编写组)
　　第一编 第二章 小说 六《组织部新来的青年人》等小说 第141～148页
　　王庆生主编,上海文艺出版社1983年版
《中国当代文学》1(华中师范大学《中国当代文学》编写组)
　　第二章 小说 六《组织部来了个年轻人》等小说,第136～142页
　　王庆生主编,上海文艺出版社1989年4月第2版

《中国当代文学》3(华中师范大学《中国当代文学》编写组)
  第三章 小说(中)— 王蒙、刘心武的小说,第123～135页
  王庆生主编,上海文艺出版社1989年4月第2版
《中国当代文学史》(三)
  第四编 1977——1988年的文学 第六章 本时期的小说创作(一)
  第三节 王蒙的小说创作 第275～283页
  二十二院校编写组,福建人民出版社1985年版
《中国当代文学作品选评》(中)
  《组织部新来的年轻人》作品评析 第156～158页
  《春之声》作品评析 第170～173页
  二十所高等院校《中国当代文学作品选评》编委会,河北人民出版社1985年版
《新时期文学六年》(1976.10—1982.9)
  短篇小说四艺术形式和表现手法的竞相创新 第195～197页
  中篇小说 二 从崛起走向繁荣 第217～218页;第250～251页
  中国社会科学院文学研究所 当代文学研究室 编写 中国社会科学出版社1985年版
《当代文艺思潮小史》
  干预生活的文艺创作与文艺界的反右派斗争 第37页
  孙书第 著,辽宁大学出版社1986年版
《现代派文学在中国》
  六 现代派文学在新时期的再崛起
  (二)"朦胧诗"与"现代小说" 第170～172页
  周敬 鲁阳 著,辽宁大学出版社1986年版
《性格组合论》
  第二章 小说历史进化的一般轮廓 第三节 内心世界的展示阶段 第47～48页
  刘再复 著 上海文艺出版社1986年版
《当代中国文学的艺术问题》
  第六章"干预生活":有争议的创作口号 第98～117页
  洪子诚 著,北京大学出版社,1986年版

《新时期文学》
　　第五章 王蒙的文学探索
　　一、王蒙的文学道路 第276～280页
　　二、王蒙的思想追求 第280～287页
　　三、王蒙的艺术探索 第287～296页
　　周鉴铭 著,云南教育出版社1986年版
《中国当代文学述评》
　　当代小说创作(二)第三节 王蒙的小说创作 第107～114页
　　冯耘青 王新民 贺国璋编,江苏教育出版社,1987年版
《文学:观念的变革》
　　快餐式述评:短篇创作五年(1977～1981) 第179页
　　兴会式述评:微型小说中的有限和无限 第191～193页
　　周介人 著,人民文学出版社1987年版
《东方意识流文学》
　　四.新时期意识流文学东方化的首倡者与实行者——王蒙
　　1. 王蒙意识流文学主张 第94～99页
　　2. 王蒙意识流艺术揽胜 第99～134页
　　3. 王蒙意识流创作探源 第134～146页
　　4. 王蒙在中国文学现代化进程中的历史地位 第146～148页
　　李春林 著,辽宁大学出版社1987年版
《夏天的审美触角》
　　在《杂色》以后—关于王蒙的对话,第1～19页
　　宽容:王蒙小说创作的自我超越,第20～31页
　　陈思和 主编,工人出版社1987年版
《中国当代文学》
　　第五章第二节 文学的解放与王蒙的小说创新,第303～309页
　　张钟 洪子诚 佘树森 赵祖谟 汪景寿 著,北京大学出版社1988年版
《小说创作技巧与描述》
　　第二章 小说的构思艺术 第三节 小说艺术构思的技巧 第102页
　　第三章 小说的结构艺术 第二节 小说艺术结构的几种形式 第131～134页
　　刘安海 著,华中师范大学出版社1988年版

《中国八十年代文学现象研究》
    第四章 心理小说的崛起 第110~117,第169~174页
    第九章 淡化趋势 第216~233页
    第十二章 幽默情调 第270~271,276页
    曹文轩 著,北京大学出版社1988年版
《十年文学主潮》
    第三章 文学新表现因素的生长 十一 意识流文学东方化 第188~192页
    宋耀良著,上海文艺出版社1988年版
《中国当代文学选评》(上、下)
    短篇小说:《组织部新来的青年人》第81~122页
    中篇小说:《蝴蝶》第597~601页
    鲍昌 主编,浙江大学出版社,1988年版
《新中国文学发展史》
    第一章 新中国文学总论
    第二节 新中国作家队伍的结构
    解放后成长起来的作家的创作道路 第32~35页
    "归来"的作家重新焕发的艺术青春 第35~37页
    第三章 新中国文学思潮
    第四节 "干预生活"的文学思潮 第85~93页
    第六节 中国现代主义文学思潮的评价 第110~113页
    第四章 新中国的小说创作
    第五节 知识分子题材小说创作 王蒙及其《活动变人形》第367~370页
    李丛中 主编,云南教育出版社1988年版
《中国现代文学精解》
    王蒙在新时期小说创作中进行哪些探索?(王国安)第492~494页
    怎样理解《组织部来了个年轻人》(汪应果)第494~496页
    文科自学书系,上海文艺出版社1988年版
《文学风雨四十年——中国当代文学作品争鸣述评》
    第一编 本质与真实《组织部新来的青年人》(韩素萍)
    有这样的组织吗——林震与刘世吾——效果:积极还是消极 第1~12页
    第七编 传统与革新《风筝飘带》(郭剑卿)

王蒙放了一只怎样的"风筝"——佳原和素素的追求——象征 微讽 第492～501页

於可训 吴济时 陈美兰 主编,武汉大学出版社,1989年版

《中国当代文学史略》

第五章 第四节 王蒙等的短篇小说创作 第253～257页

第五节 王蒙等的"反思小说" 第277～286页

李达三 主编,浙江大学出版社1989年

《新时期文学思潮论》

论"多元"与"主元"——文学思潮反思录之四 第213～221页

丁尔纲 著,中国广播电视出版社,1990年版

《中国当代文学研究概论》

第六章 当代小说研究

第三节 "十七年"的小说研究 第252～253页

第四节 "新潮小说"的研究 第277～278页

崔西璐 著,天津教育出版社1990年版

《中国当代小说史》

第一编 建国初三十年现实主义一元化形态小说

第四章 干预生活,暴露阴暗的现实主义——50年代中期受到不公正对待的作品 第151页

第一节 王蒙等的暴露阴暗面的小说 第152～154页

第二编 新时期十年多元美学形态的小说

第五章 现实主义深化期的"反思小说"及小说艺术自我反思的开始

第二节 王蒙的反思小说 第220～230页

第十四章 西方现代主义文艺思潮的引进(上)——中年作家对现代派创作方法的初步借鉴 第366页

第一节 王蒙等的意识流小说 第366～369页

金汉 著,杭州大学出版社1990年版

《新时期小说的美学特征》

第一章 真实美 五 荒诞主义的真实美 第61～64,73页

第三章 人性美 二 反异化意识的人性美 第171～174页

第四章 意象美 五 感觉模式的意象美 第290～295页

        黄政枢 著,南京大学出版社 1991 年版
《小说艺术论稿》
        第六章 小说的艺术形态(上)3 心态型 第 246~247 页
        马振芳 著,北京大学出版社 1991 年版
《当代中国文学史》
        第四章 当代中国小说(下)第二节 王蒙的小说 第 260~267 页
        刘文田 周相海 郭文静 主编,河北大学出版社 1991 年版
《新时期小说思潮流派论》
        第三章 意识流:青山遮不住,毕竟东流去
        二、涅槃之后的新生与新生之后的激情 第 86~95 页
        三、西方的偏执与东方的节制 第 95~97 页。
        四、"江流天地外"与"润物细无声" 第 101~102 页
        第六章 黑色幽默:笑人的苦恼与苦恼人的笑
        二、黑色幽默的中国化过程 第 155~157 页
        第七章 荒诞小说:扭曲的人生与变异的社会
        二、于荒诞中凸现社会问题 第 176~177 页
        魏绪玉 主编,百花文艺出版社 1992 年版
《新编中国当代文学发展史》
        第一部(1949——1978)现实主义一元化的文学 小说编(上)
        第三章 社会主义现实主义的提出与确立
        第四章 50 年代中期"干预生活"、触及灵魂的现实主义小说 第 211 页
        第一节 王蒙等"干预生活"的小说 第 212~215 页。
        第二部(1979——1989)多元美学形态的新时期文学 小说编(下)
        第三章 现实主义的深化与"反思文学"浪潮
        第一节 王蒙对"风云三十年"的深刻反思及其艺术上的新开拓 第 486~489 页
        金汉 冯云青 李新宇 主编,杭州大学出版社 1993 年版
《中国当代文学史纲》
        第二编 第三章 第四节 干预生活的努力和批判功能的萎缩——干预生活口号及其作品的批判,第 129~130 页
        第四编 第八章 第六节 心理小说派 第 463~467 页

鲁原 刘敏言 主编,中国文联出版公司1993年版

《当代文艺思潮研究》

　　现代主义与新时期文学 第62～63页

　　中共中央党校文史教研部语文教研室,中共中央党校出版社,1994年2月出版

《小说创作隐性逻辑》

　　第15、54、67～68、192页

　　王克俭 著,北京大学出版社1994年版

《中国现当代文学》

　　第二十章 "十七年"的小说创作

　　第四节 不同题材和风格的短篇小说

　　三、王蒙的《组织部新来的青年人》第374～376页

　　第二十四章 新时期的小说

　　第一节 王蒙的小说 第425～428页

　　党秀臣 主编,高等教育出版社1994年版

《中国当代文学发展综史》(上册)

　　第163～165页,第216～217页,第240～241页,第280～281页,第352～353页

　　赵俊贤 主编,文化艺术出版社1994年版

《中国当代文学发展综史》(下册)

　　第565页,第634页,第759页

　　赵俊贤 主编,文化艺术出版社1994年版

《文学的发现》

　　第二辑:"文学是对生活的发现"——王蒙及其小说创作,第137～143页

　　戴翊 著,学林出版社1995年版

《新时期争鸣小说纵横谈》

　　二、"反思小说":跨越1966的世界

　　2. 王蒙:多彩斑斓的《杂色》第53～60页

　　黎风 著,四川大学出版社1995版

《中国现代派文学史论》

　　第三编 新时期我国现代派文学的新崛起

第三章 新时期的现代派小说 第二节 王蒙的意识流小说 第367～374页
谭楚良 著,学林出版社1996年版

《当代文学论集》
第三辑 中国当代作家队伍面面观 第256～261页
何火任 著,西南师范大学出版社1996年版

《新中国文学史略》
第二章 小说(上)第二节 干预生活潮流中的突破与拓展 第52～55页
第三章 小说(下)第四节 小说观念的探索与文体意识的自觉 第107～109页
刘锡庆 主编,北京师范大学出版社1996年版

《中国当代小说流派史》
第六章 现代派小说 二 探索期(1979——1984)第188～190页
张学军 著,山东大学出版社1996年版

《新时期文艺新潮评析》
新潮小说编(冯献光)第五章 新潮小说的发端
三"意识流小说"第153～161页
第七章 大潮后的新潮小说 谐谑小说 第236～240页
程代熙 主编,河南大学出版社1997年版

《中国当代文学风格发展史》
第三章 悲剧的挽歌(1976——1984)
第二节 向现实主义回归与发展的创作主体 追求个性化的表达方式 第262～263页
第三节 走向多样化的现实主义创作 幽默:悲剧主调的变奏之一 第268～271页
第四章 风格的多元化与消解
第一节 风格的深化与自由 主题多义与多义主题 第302～303页
第二节 风格的自觉与自律 个体意识与主体意识 第350～351页
赵俊贤 主编,西北大学出版社1997年版

《新编中国当代文学发展史》
第一部 小说编(上)
第四章 50年代中期"干预生活"、描写爱情的现实主义小说 第一节 王蒙等"干预生活"的小说 第184～186页

第二部 小说编(下)

第三章 现实主义的深化与"反思文学"浪潮 第一节 王蒙的反思小说 第448～450页

第五章 西方现代文艺思潮的引进与借鉴(上)第一节 王蒙、茹志鹃的意识流小说 第552～555页

金汉 冯云青 李新宇 主编,杭州大学出版社1997年版

《现实主义文学在当代中国》

第二章 历史回顾:现实主义文学在当代中国之命运

二、文学的"百花"时期与"干预生活"的现实主义文学 第15～20页

第四章在新的挑战面前:80年代现实主义文学的变异及多元发展第6页

一.多元发展之一:心理现实主义 第87～90页

二.多元发展之二:纪实现实主义 自传体、准自传体小说 第103页

三.多元发展之三:象征现实主义象征与纪实的有机交融 第113～115页

张学正 著,南开大学出版社1997年版

《新时期小说文体论》

第二章 王蒙的散文体小说 第51～76页

庞守英 著,山东大学出版社1997年版

《当代文学新潮》

第二章 人性、人道主义思潮的复苏与争议

第二节 对丰富而复杂的人性、人情的描写 第212页

现代主义思潮的冲击与变异

第三节 文体变革的实验 第244～249页。

朱寨　张炯 主编,人民文学出版社,1997年版

《文学的维度》

第三章 修辞 二 反讽:结构与语境 第115～135页

南帆 著,上海三联书店1998年版

《当代中国文学概观》

第四编 "十七年"短篇小说创作概述,第274～280页

第六编 文学的解放与王蒙的小说创新,第461～466页

张钟 洪子诚 赵祖谟 汪景寿 佘树森 编著,北京大学出版社1998年版

《文学论争20年》

"文学与人文精神的论争"

　　四.关于"过于聪明的中国作家" 第276～277页

　　五.关于"宽容" 第277～279页

　　七.今年文化论争的回顾与评价 第282～284页

　　白烨 编著,华中师范大学出版社1998年版

《中国当代文学概论》

　　第六章 第三节 本期小说创作(上):中短篇小说(二)"反思小说"中短篇诸家代表作,第201～203页

　　第六节 本期小说创作(下):长篇小说(二)本期几种主要艺术取向的长篇代表作,第246～247页

　　於可训 著,武汉大学出版社1998年版

《20世纪中国文学史》(下卷)

　　第十章 思想解放浪潮中的文学创作 2.王蒙等人的新探索 第112～119页

　　黄修己 主编,中山大学出版社1998年版

《中国当代文学史》

　　第四章 小说 第七节 王蒙及其《蝴蝶》第451～456页

　　陈其光 主编,暨南大学出版社1998年版

《三元结构的文学》

　　上编 精英文学 第一章 精英文学的发展历程

　　二、历史性发展的三个阶段 第35页

　　吴秀明 著,春风文艺出版社1998年版

《当代中国文艺思潮论》

　　第一篇 第五章 当代中国小说发展特点概论 二、社会主义新时期

　　A.思潮性:兴动思潮而又随思潮的更迭而发展变化 第149～151页

　　B.多元化和立体化:从整体到个体,从内容到形式,从思想到艺术、从题材到体裁,都呈现这种景观 第153～155页

　　C.复杂化和多样化:人物形象塑造和概念上的走势和万花筒 第155～156页

　　黄伟宗 著,广东旅游出版社1998年版

《新时期小说论》

　　第三章 现实主义与现实主义的小说

第三节 现实主义小说跨界域特征（一）意识流小说 第79～81页
王达敏 著，安徽大学出版社1999年版

《当代中国文艺思想史》
第五章 百家争鸣局面的形成与式微（1956～1960）
（二）文学创作的新气象 第118～120页
第六章 反思中的回归与骚动（1976——1984）
（三）"反思文学"与现实主义的深化 第294～297页
李慈健 田锐生 宋伟 著，河南大学出版社1999年版

《中国当代文学史》
第十章 在主流外 三"百花文学"第140～143页
洪子诚 著，北京大学出版社1999年版

《中国现代文学史》（1917——1997）（下）（面向21世纪课程教材）
第二十四章 50年代、60年代小说
第四节《组织部新来的青年人》等小说 第33～35页
第二十九章 80年代小说
第二节 王蒙等的小说 第90～93页。
朱栋霖 丁帆 朱晓进 主编，高等教育出版社1999年版

《中国当代文学史教程》
第五章第二节新的矛盾和困惑：《组织部新来的青年人》，第97～100页
第十一章第三节对理想主义及其实践过程的反思：《海的梦》，第211～214页
陈思和主编，复旦大学出版社1999年版

《百年中华文学史论》（1898——1999）
第五章 现代化转型：新的文学倾向的追求 第212页
陈辽 曹惠民 主编，华东师范大学出版社1999年版

《中国当代文学历程》（当代卷）
第一编 第二章 第五节 "干预生活"的小说（贴近时代的王蒙——《组织部新来的年轻人》）第82～84页
第二编 第二章 第十节 现代派小说 王蒙及其"意识流 第289～295页
肖向东 刘钊 范尊娟 主编，国际文化出版公司1999年版

《新中国文学五十年》第120～126页
张炯 主编，山东教育出版社1999年版

《中国当代文学史——在世界文学视野中》
　　第六章 民族精神——王蒙小说的精神,第118～136页
　　郑万鹏 著,北京语言文化大学出版社2000年版
《中国当代小说艺术演变史》
　　下编 现代叙事 第七章 前现代叙事:现代叙述形式,传统叙述主题
　　一、王蒙等的意识流小说 第188～193页
　　金汉 著,浙江大学出版社2000年版
《文学:当下性之思》
　　新时期小说的喜剧美 第93～94页
　　张景超 著,黑龙江人民出版社2000年版
《九十年代文艺新变化研究》
　　第六章 第三节 创作队伍的更替与重组——"右派"作家艺术家 第98～100页
　　魏天祥 主编,中共中央党校出版社2000年版
《人文精神论》
　　八 解决真善美的内在矛盾的形式(三)美与善的统一
　　——是"躲避崇高",还是追求崇高 第515～533页
　　许苏民 著,湖北人民出版社2000年版
《中国当代小说五十年》
　　导论 五、当代小说创作队伍构成概况 2、"五七族"小说家 第40～41页
　　第一编 题材与创作 第六章当代"官场小说" 三起步的艰难第176～177页
　　第二编 观念与时代 第三章 当代小说政治意识论 二、当代小说与政治关系的演第244～247页
　　第三编 流派与时代 第二章 当代现实主义小说的曲折发展 三、现代主义思潮与现实主义的分合 第342～343页
　　第四章 当代新写实小说 三、形而下的艺术形式 第374～375页
　　第四编 试验与探索 第一章 当代小说情节结构艺术论 二、天马行空的心理世界 第458～460页
　　第六章 当代都市小说叙述艺术论 二、情绪的精灵 第517～518页
　　三、象征的结构 第519～521页
　　李运抟 著,暨南大学出版社2000年版

《中国20世纪后20年文学思潮》
　　上编 文学在新旧交替中孕育变革
　　第一章 第二节 拨动变革社会心理之弦的"改革文学"第14～16页
　　第三节 观念的更新催化现实主义的发展 第27页
　　第二章 第一节 文学视角从政治进入历史、文化深层 第34～35页
　　第二节 艺术表现从写实到寓意、象征的凸显 第46～59页
　　陈传才 著,中国人民大学出版社2001年版
《有狼的风景》
　　第一辑 有狼的风景
　　第三章 各种尝试 第一节 读王蒙的《海的梦》第66～75页
　　第二辑 读八十年代的中国文学
　　(一)王蒙的《活动变人形》第192～195页
　　(二)王蒙的《来劲》第246～250页
　　[日]近藤直子 著,人民文学出版社2001年版
《中国当代文学50年》
　　第七章 小说创作的多样化探索
　　二 "百花小说"第123～125页
　　第十二章 写实小说
　　一 "伤痕小说"和"反思小说"第240～241页
第十三章 新潮小说
　　一 "中国式现代派小说" 第275～278页
　　王万森　吴义勤　房福贤　主编,青岛海洋大学出版社2001年版
《20世纪中国文学研究 · 当代文学研究》
　　第八章 当代小说研究(下)
　　第六节 重要作家研究 二 王蒙研究 第311～313页
　　名誉主编 季羡林 主编 张燕瑾 吕薇芬 本卷主编 洪子诚 北京出版社2001年版
《中国当代文学史写真》
　　中编 1978-1989年的文学第十章小说
　　第四节　王蒙的小说　第409～434页
　　吴秀明主编,浙江大学出版社2003年版

《中国当代散文史》
　　第二编　新时期以来的散文　第九章　谱写多彩的人生　第六节　以坎坷经历诉说人生　第 215～218 页
　　张振金著,人民文学出版社 2003 年版

四、王蒙研究网络文章索引

王蒙生平两大快意之事/深圳晚报,2001.8.13
　　http://www.sina.com.cn 2001/08/13（杨澜工作室供稿）
　　http://cul.sina.com.cn/1/a/2001-08-13/2347.html
王蒙表示,两岸作家及文学的交流是灵魂的交流/黄少华
　　http://www.sina.com.cn/c/2001-07-23/309229.html（2001/07/23 中国新闻网）
台港澳新闻——王蒙:两岸作家及文学的交流是灵魂的交流
　　http://news.eastday.com/epublish/gb/paper148/20010723/class014800005/hw2444393.html
获赔 54 万,王蒙等 25 位作家呼吁精神及惩罚性赔偿
　　http://www.sina.com.cn/新华网（李煦、牛爱民）
我"愧对"新生代作家　王蒙点评当今文坛五大红人（常江）
　　http://www.sina.com..cn 2001/04/27 16:08
　　http://edu.sina.com.cn/i/25560.shtml/ 扬子晚报
王蒙受聘华中师范大学文学院兼职教授
　　http://www.sina.com.cn 2001/04/24 15:22（中国新闻网）
　　http://edu.sina.com.cn/i/25295.shtml
让旧体诗也热一把　王蒙沪上签售起高潮（徐颖）
　　http://www.sina.com.cn 2001.4.9（新闻晨报）
　　http://sh.sohu.com/2001/0409/f:lt/0241,162,100021.html
王蒙真情告白:贯穿我一生的是学习
　　http://edu.sina.com.cn 2001/01/03 16:09（北京晚报）
十万元资金全部捐出　王蒙建议设立"文学新人奖"

http://edu.sina.com.cn 2000/12/25（华升报）

王蒙建议设立"《当代》文学新人奖"（孙红）

http://edu.sina.com.cn 2000/12/22（北京晨报）

王蒙：中国作家获诺贝尔文学奖，难（葛健）

http://edu.sina.com.cn 2000/08/01（河南报业网）

美国一文学团体提名王蒙角逐今年诺贝尔奖（郭健）

http://www.sina.com.cn 2000/07/29（中新社）

王蒙坦白说"四季""狂欢"也被泪催成（解玺璋）

http://edu.sina.com.cn 2000/07/20（北京晚报）

http://news3.hotoa.com.cn/index.cfm/10276.html 2000/07/20 10：00（火焰新闻中心）

刘心武：揭发王蒙（刘心武）

http://edu.sina.com.cn 2000/04/28（中华读书报 刘心武）

http://edu.sina.com.cn/enjoy/2000/04/28/2411.shtml

图文：作家王蒙与冯骥才在政协大会上交谈（宗金柱）

http://www.sina.com.cn 2000/03/04（中新社）

王蒙等六位作家状告世纪互联一案二审决定维持原判

http://www.sina.com.cn 1999/12/15 04：06（ChinaByte）

http://dailynews.sina.com.cn/china/1999－12－15/42045.html

《咬文嚼字》杂志社将对王蒙等12位作家"开咬"

http://www.sina.com.cn 1999/10/20（南方日报）

王蒙李国文戏说获奖

http://www.sina.com.cn 1999/08/12（华声报）

王蒙能获得百万诺贝尔奖金吗？（北京青年报 樊宏伟 2000/10/09）

http://news.163.com/editor/001009/001009－87590.html（网易 www.163.com）

王蒙：获诺贝尔提名纯属子虚乌有（肖军 2000/08/02）

http://www.163.com/news/item/0,1567,92875,00.html

作家王蒙面对高考语文卷：做不出，我晕！（《杂文报》洪云卿 2002/12/31）

http://www.zuowen.com/gaokao/wangmeng

杨澜访谈：王蒙 回首刻骨铭心的记忆（北京青年报 2001/10/25）

http://life.tyfo.com/life/life-b/block/html/2001102500326.html

北大古典文学博士感言:"王蒙大叔实在该收笔了"

  http://news.sohu.com/48/71/news145987148.shtml/2001/07/24 22:55
  (东方网)

当代知识分子的心灵长卷——王蒙谈新作《狂欢的季节》(许以黎)

  http://www.3stonebook.com/ft/ft28.htm (今日作家网)

王蒙受聘为浙大兼职教授(中新网 2000/10/24)

  http://com.cn/gb/paper16/3/class001600003/hwz18351.html

王蒙试答标准化试卷,最好成绩只有60分——语文教学不改革不行了(文汇报)

  http://www.jh-oil.com.cn/news/china/990331/cn033010.html

话筒失音"红楼"讲座待续《王蒙自述》元旦面世(周君 北京娱乐信报 2002/12/17)

  http://www.stardaily.com.cn/view.asp? id=38523

王蒙受聘为浙大兼职教授(中华网 2000/10/24)

  http://www.booker.com.cn/gb/paper1613/class001600003/hwz/18351.html

王蒙:不算"成功人士" 很有:"人生哲学"(中华新闻网)

  http://www.chinanews.com.cn/2003/01/09/26/261762.html

  (来源:中国青年报 作者:徐虹)

作家王蒙主编 中国首套"文化记者丛书"出版

  http://www.chinanews.com.cn/2002/04/02/26/174682.html

(图)著名作家王蒙推书签字(钱兴强)

  http://www.chinanews.com.cn/2002/02/09/26/161397.html

王蒙明日为新作《越说越对》西单签名售书

  http://www.chinanews.com.cn/2002/02/08/26/161077.html

王蒙等文艺界人士对美国遭受袭击表示震惊

  http://www.chinanews.com.cn/2001/09/13/26/121818.html

巴金连任中国作协主席 王蒙

  http://www.chinanews.com.cn/2001/12/22/26/148740.html

王蒙表示,中国与世界正面临前所未有的机遇(朱沿华)

  http://chinanews.com.cn/2001/07/14/26/105383.html

王蒙点评文坛红人

  http://chinanews.com.cn/2001/04/29/26/89012.html (转自扬子晚报)

http://www.people.com.cn 于 2001 年 5 月 30 日 14：14
（图）王蒙在北京举行的冰心百年纪念会上（贾国荣摄）
http://www.chinanews.com.cn 2000/10/18

小孙子语文试卷难道王蒙
http://www.sina.com.cn/richtalk/news.cu/ture/9903/033108.html
（中国青年报 1999/03/31）

王蒙出书《越说越对》画家谢春彦献绘风格独特漫画
（北京青年报 2002/03/11）
http://www.cReader.com/20020311/200203110005.html

专访王蒙：入世后全球化能把中国文化怎么样（杨子）
http://www.cReader.com 2001/11/27（南方周末）

季羡林、王蒙等进行"不同文明的对话"（千龙新闻网 徐林正）
http://www.cReader.com 2001/09/14

王蒙：我对文学的未来充满希望
http://www.cReader.com 2001/07/02（BOOKSCITY 书城）

王蒙批评张洁小说《无字》
http://www.yichun-window.com/news/readnews.asp 2002/07/09

王蒙批评张艺谋电影中的伪风格（广州日报 1999/10/20）
http://www.my169.com/plain/wx-wxf/wxf01/w-99095.html

王蒙：我的创作是与政治分不开的（中文期刊网 大道）
http://dadao.net/htm/culture/2000/07/24/228.html

王蒙和春天有个约会（《作家文摘》2002 年 531 期）
http://www.writerdigest.com.cn/531/16-03.html

王蒙谈澳门（中国新闻社 王晓辉 1999/11/11）
http://www.sina.com.cn/arts/news/1999-11-11/13669.shtml

火焰山新闻 十万元奖金全部捐出 王蒙建议设立"文学新人奖"
http://news6.hotoa.com.cn/index/cfm/47365.html

王蒙在宁点评青年作家《上海宝贝》我只能"藏起来"
（周德军、陈申 2002/06/20）
http://www.js.chinanews.com.cn/2002/06/20/1/16541.html

王蒙："我来海大当学生"——王蒙受聘出任青岛海洋大学文学院院长（赵笛

中国海洋报）

　　http://www.coi.gov.cn/oceannews/hyb1102/32.html2002/04/09

王蒙叔叔还有戏（解放日报 2000/08/14）

　　http://news.fm365.com/renwu/20000814/120986.html

王蒙还有戏（解放日报 2000/08/10）

　　http://news.fm365.com/yule/20000810/118528.html

点击王蒙（浙江在线 2000/06/08 15:37）

　　http://news.fm365.com/xinwen/yule/20000608/77852.html

王蒙：文学比名声更重要（陈汉）

　　http://xj.cninfo.net/culture.writer/wangmeng/bd.html

　　（摘自《新疆经济报》2001/09/03）

王蒙：做一次明朗的航行（北京青年报 陶澜 2002/12/17）

　　http://culture.163.com/editor/021217/021217－68620.html

10月23日中国海洋大学文学院院长王蒙先生再次来校 为海大再添光彩（2001/11/06）

　　http://season..ouqd.edu.cn/news/shownews.mr?:d=56

海大重振人文学科 王蒙受聘文学院院长

　　http://news.tom.com/Archive/2002/04/01－49464.html

海大：为什么偏偏是王蒙？（齐鲁晚报 新闻周刊 今周刊）

　　http://qlwb.com.cn/alwb/gb/2002/04/12/jzm/jzm/11.html

王蒙 王朔 刘欢 郑钧笑谈《写在墙上的脸》（生活日报 2000/06/08）

　　http://www.8848.net/fjnews/200006/2000060814262466.html

王蒙担任文学院长（《江南日报》2002/04/21）

　　http://www.hebei.com.cn/node2/node22/node23/userobjectlai26566.shtml

王蒙评张洁《无字》：作家应慎用话语权力（2002/07/10）

　　http://www.ig05.com/news/newscom/200207/20020710/20020710152423824.asp

王蒙与王蒙（柴福善）

　　http://www.chinaculture.com.cn/ww/zx/73.htm

王蒙做了主编（中国消费报 倪敏 2002/09/17）

　　http://www.ccn.com.cn/20020917（中国消费网）

王蒙 玄思中的笑而不答（深圳时报 刘春靖 2002/11/15）

http://www.luckup.net/n/ca/23357.html（中国当红网）
1986年4月1日 作家王蒙将走马上任文化部长
　　http://www.wst.net.cn/history/4.1/25.html
王蒙：当代文学有自己的使命（多维新闻社5日电/2000－11－06）
（深圳晚报/2000－11－05）
　　http://www.bilinguist.com/data/pals/messages229.html
　　http://www.zaobaw.com/special/newspapeis/2000/papes6/zjdaily311000.html
王蒙完成"季节"四部曲（溪书网站第七期 2000/09/18）
　　http://www.cbj.sjz.ntt.cn/dis726.html
王蒙坦言文化将越来越娱乐化（河北报业网 2001/11/27）
　　http://aoyun.fm365.com/pinglun－micro/20011127/545849.html
"最美的爱情都在小说里"——听著名作家王蒙谈小说
　　http://www.bookman.com.cn/news/data/20010325/074730.html
王蒙亮出人生坦荡荡（北京晨报 佚名）
　　http://www.hanlin.com/pinshuzhai/ptlz/2003020601.asp
　　http://211.162.227.87/news/030107shl.html
2002年度中华文学人物揭晓 作家王蒙、张洁榜上有名（中华读书报 2003/01/30）
　　http://www.booktide.com 2003/01.30
1小时500多本 作家王蒙《我的人生哲学》签售创纪录（中华读书报 崔雪芹）
　　http://www.tougao.net/new/list.asp?id=1327
《王蒙自述》：可怜人生必有可恨之处？（旌旗网上书店 2002/01/13）
　　http://www.booktide.com/news
潜心四年著新书谈人生感悟 王蒙欢迎读者参观"痛苦"（北京娱乐信报 李瑛 2003/01/07）
　　http://www.booktide.com/20030107
王蒙潜心四年著新书谈人生感悟
　　http://www.cnbook.com.cn/zixun/default.html
潜心四年著新书王蒙尽情卖弄"痛苦"？（兰州大学出版社－书缘）
　　2003－01－09 15：13 上半身 21CN_LIFE
从王蒙等人打官司说起（吴过 1999/08/03 08：00 发表欲酷评）

http://www.rongshu.com:8033/viewart.rs? aid=5805

不禁"越说越对"（小勺）
http://www.chinapostnews.com.cn/226/tb04.html

海大作家周今天开幕，王蒙首位登场演讲
http://www.top86.com/news/radio/20021024/wang/ben25.html

手稿展之王蒙(《文学应在保护环境上发挥作用》)
http://www.meedoo.com/artbooks/new/w.html

王蒙主讲《红楼梦》(崔红《北京晨报》)
http://ent.sina.com.cn/m/2002-12-03/03325116775.html

王蒙：小说带给我们什么（青岛日报2002年4月5日第12版）
http://www.qingdaonews.com./content/2002-04-05/content-646789.html（青岛新闻网）

王蒙沪上签名售书（河北日报 徐颖 2001/04/13）
http://www.hebnet/magq/20010413/colart/1302.html

王蒙来沪签名售诗集（联合时报 2001/04/05 潘真）
http://shszx.eastday.com/epublish/gb/papei163/844/class016300002/hwz354367.html

致王蒙（河南日报 陈学炳 2002/03/18）
http://www.hnhaily.com.cn/200203/ca84242.html

王蒙认为：做文的问题，其实是一个牵涉到一代人文风的问题
http://www.msxunyang.pte.sh.cn/jspd/yuwenzhan 语文教学理论资料.html

李商隐诗歌国际学术讨论会，王蒙到会讲演（2002/04/19）
http://www.rainbowplan.org/webjb/edu/messages/10216.shtml

王蒙和《王蒙自述：我的人生哲学》(人民日报海外版 2003/02/08)
http://www.cnnb.com.cn（中国宁波网）

《课外语文》两年为何能卖出180万册（网人新闻频道2002-09-07 胡岚）
http://news.fan8.ntt/20020907/2757379412.html

王蒙：不要自己吃肉劝别人吃素（2002/11/039：37）
http://worldcup.eastday.com/publish/big5/papei279/11/class027900001/hwz892618.html

王蒙、高晓松大谈最讨厌的词

http://www.ccnf.net

http://music.sohu.com/20000620/100003.html

http://www.gmw.com.cn/o-_shsb/2000/6/20000614/gb/06^1374^0^sh9-1406.html

我,激情犹在(肖波《上海中学生报》)

http://www.highschool.sh.cn/content/senior/jqrs/jqrs-wjqy.html

2002年青岛高等院校建设呈现高成长性

http://www.qingdao.gov.cn/mrym.nsf/yaowen

无耻者无畏(《新周刊》2001/12/12)

http://www.fashion.com.cn

王蒙:从文学大师到大学教授/孙军(西部新闻网——西部新闻06月15日讯)

http://www.chinawestnews.net/westnews/snsn/homepage.nsf/documentviem/2002-06-15-06EC6A165

著名作家感悟人生的哲学/黄雪琼 大洋书城

http://bookciky.dayoo.com/books/lits.asp?class-id=112&viewID=12181

天柱通神(图、王蒙题:天柱通神、后有附记)

http://www.tianzhushan.net/baodao/tongshen.html(2000年10月)

美人赠我蒙汗药(第十七篇《从厚黑学里找谋略》王蒙、马拉沁夫)

http://haia.sinr.net/book/content/67/37884.html

名人趣事·23·王蒙问答

http://tmxy.51.net/12/mrq5-ym.html

同王蒙游泳(沈乔生 东方笔2000)

http://www.eastpen.com/zisl/sqs/html

教研会上王蒙支招:分数不是考核语文教学的标准(陈焱 2001/05/16)

http://sq.k12.com.cn/gbook/lyb.php3?uid=suihai(载《北京日报》)

王蒙《活动变人形》齐人物论(续二:小说戏剧部分)庄周(书屋2000年第十期)

http://www3.rongshu.com/publish/readerticle.asp?id=5359

是柏拉图还是亚里士多德?——关于知识分子的谈话录(朱学勤 李辉)

http://www.dvsn.net/0208/02080420.html(民主与科学网站搜集,整理于2002/08/04)

王蒙"季节"系列长篇小说(恋爱、失志、作品简介)
　　http://www.bookzone.com.tw/event/season/index.asp
王蒙文学研究所
　　http://www.ouqd.edu.cn
相约新世纪（卢晓蓉）
　　http://www.wpu.com.cn/wpuren/31d－4－3.html(北大维信人网)
著名作家王蒙受聘青岛海洋大学文学院院长
　　http://dailynews.tyfo.com/news/edu/block/html/2002040200277.html
我的父亲王蒙
　　http://dailynews.tyfo.com/news/special/block/html/2001042700254.html
著名作家王蒙在中国国家图书馆开奖《红楼梦》(茆雷磊 李珍玉)
　　http://dailynews.tyfo.com/news/edu/block/html/2002121600388.html
圣人立场与贫民立场——90年代知识分子话题(之二)(陶东风)
　　http://www.culstudies.com/shengren.html《太原日报》1998/12/14)
陶东风专论:《文化研究:西方与中国》此文点评王蒙、李泽厚,告别革命
　　http://www.china.org.cn/chinese/ch－yuwai/147844.html(原载《新民晚报》2002/05/19)
小说家别太刻薄
　　http://xhhtm/xintv.com/2001/08/16/325.html(新华网上海频道)
著名作家王蒙受聘青岛海洋大学文学院院长
　　http://edu.shangdu.com/1/2002－04－02/1017787380002177.html
聚焦:名动一时的作家们在干些什么？——王蒙愚人节"加冕"
　　http://www.yz.sx..cninfo.ntt/wssc/xwz.html
SJTUBBS的文章:继续说中国作家(三)(1998/12/19)
　　http://bbs.sjtu.edu.cn/cgi－bin/bbscon?board=PKU&file=m.913843427.A&eum=417
　　（发信站:饮水思源占 ThuDec17.05:24:29 1998)
王蒙:多少青春多少肌肉忽然展翅不飞
　　(编辑:周姗仪 来源:劳动报 作者:周伟强)(2002/11/03 02:29)
　　http://people.eastuday.xom/epublish/gb/paper79/20021022/class007900004/hwz587030.htm

作者生平:王蒙
　　http://www.topway.net.cn/literature/douc/wxdt3-zjsp.php?id=286
《在颐年堂听毛泽东谈双百方针》
　　http://www.shhpl.com/wenhui/739/ds08.txt
王蒙:"水鼓"、"失语"与"水泄"(2001/05/11)
　　http://bbs.tencent.com/community/wxys/10160/18498.shtml
WR(评王蒙及"季节"系列小说)
　　http://bjpg.gov.cn/whjy/pgwenhua/mirenfangtan/jdwmz.htm
聆涛论坛:王蒙在50年代影响最大的短篇小说是?(凤凡 2001/08/30)
　　http://forum.linstown.com
在音乐中体验人生——在《声音的世界里》(山西 段崇轩)
　　http://www.ywb.com.cn/gb/teacher/2002-04/22/content_4023.htm
他的炮打"中学语文"(一)1.王蒙的感叹/朱健国
　　http://www.cbe21.com/subject/chinese/printer.php?article_id=309
王蒙——hnstart 转移 作者:啾啾(2002/05/02 2:40:19)
　　http://www.hnstart.com/hnstartbbs(湖南起点网社区——回复帖子)
读者最喜欢的100位20世纪中国作家之七:王蒙
　　http://qiancheng.myrice.com/wenxue/baijia/zgzj7.htm
称王与擒王——文坛"三王之争"(张远山 1995/09/14)
《王蒙先生的谎言——澄清两件事情的真相》(王若谷《杂文》(安徽)1995年6月号)
　　http://members.lycos.co.uk/xuylazcn/files/books/yuansan1.txt
近代以来外国对中国文化典籍的翻译与研究(下篇)
　　http://www.ykyz.net/yuwen/book4/dou_e/xiangguang/xg3.html
王蒙的见解(见《中国研究》1999年第一期)
　　http://www.nows.com/c/zgyj9901/honglou.html
王蒙角逐诺贝尔文学奖?(《南方日报》2000/08/02)
　　http://www.cyol.net/gb/content/2000-08/02/content_51991.html
著名作家王蒙受聘青岛海洋大学文学院院长
　　http://www.radiohx.com/szkd/divine04027.htm
王蒙称其获诺奖提名子虚乌有(中国家庭网——普乐园——文学沙龙)

王蒙,不能承受的自恋之重
>http://entertain.sinohome.com/literature/wentanredian_20000801193.htm

王蒙与诺贝尔文学奖及其他
>http://wenxue1.beelink.com.cn/xinwenhua/kanwen/2000,1029,1440,html

王蒙被提名角逐今年诺贝尔奖（科宇网校、娱乐天地）(2002/12/31)
>http://www.cqttg.com/yqtt/yf_11.htm

王蒙作品目录（中华美食网）
>http://www.onkb.com/gamecenter/xinwen/xinwengzo.htm

王蒙受聘青岛海洋大学（陈平 哈尔滨日报）
>http://www.seat.com/search/html/55/555516392013.htm

著名作家王蒙出任青岛海洋大学文学院院长
>http://www.harbindaily.com.cn/2002.0404

王蒙打手机（为编者所加）(2002/11/14)
>http://www.china－fisheries.org/news/showcom.asp? abao_co=4048

何信:独运匠心的佳作——评王蒙的《夜的眼》（士柏咨询网 2002/06/25 1:04:36）
>http://www.bupt.edu.cn/news/jiayuan

当代作家谁是文学大师（摘自《周日博览》）
>http://www.pen123.net.cn/readxrcon.asp? wdlsh=58252

文王武张/上邪三次狼［sheng ye03］(2002/04/15 18:46:34)
>http://www.szptt.net.cn/9810wxjpw/pinglun/005.htm

游戏与爱国主义（风无影编辑）(2001/09/05)
>http://www.yuanct.com/article/read_article.php? id=11530&typeid=10

相对于"褊狭"的"宽容"（房向东）(2002-12-20)
>http://www.navaca.com/touchworld/review/index.asp? id=457&gamekey=

王蒙在台上
>http://www.dvscn.topcities.com/dvs/0205/02050345.htm

王蒙新书作对话（尚晓岚 北京青年报网络版）
>http://www24.brinkster.com/lihua234/4.htm

王蒙获提名角逐诺贝尔文学奖
>http://www.bjyouth.com.cn/Bqb/20001112/GB/4430˜D1112B1111.htm

>http://www.foxanddog.com/news/sb_2000summer/20000803_netnews_xyz.htm

"我来海大当学生"海洋大学聘王蒙为文学院院长

  http://news.henan.com.cn/jiaoyu/2002－04－02/15118.html

王蒙举办作家周活动 余华等被聘为中国海洋大学驻校作家（深圳商报 2002－11－03）

  http://www.sznews.com/readnews.asp? id＝329021

王蒙任青岛海洋大学文学院院长（袁新、赵新安）

  http://www.shenghuo168.com/entertain/culture/focus/200204/031201965.htm

作家的胜利——侵犯著作权大案昨审结，巴金王蒙胜诉（曲志红 李煦 泉州早报 2000－08－26）

  http://www.dnzb.com.cn/gb/content/2000－08－26/content_5865.htm

王蒙获奖10万，当场捐出（中新社 2000－12－22）

  http://news.sinohome.com/2000－12/22/84907.htm

获赔54万元，王蒙等25位作家呼吁精神及惩罚性赔偿（2001－03－25）

  http://www.chinese315.net/xwzx/wqwz/wqwz－010629.htm

真实的王朔？（徐远明 xuyuanming@21cn.com 寸月轩艺术批评）

  http://hurraya.myetang.com/art/crit/crit033.htm

三联文库：《难得明白》US＄5.67 2002－08－01

  《王蒙说》US＄9.53 1999－10－01

  《活动变人形》US＄9.40 1994－12－01

  《九星灿烂闹桃花》US＄7.43 1994－10－01

  《稀粥》US＄3.79 1993－01－01

王蒙季节的语言/（为编者所家，原文为《务虚笔记》与"文革"后二十年文学〈上〉梁卫星 2002－09－16）

  http://www.ldxz.com/

阿不来提·阿不都西提会见王蒙（叶菁 新验新闻在线 2001－09－04）

  http://www.xjbs.com.cn/lishi/200109/4/newsxj/sz/13.htm

著名作家王蒙受聘青岛海洋大学文学院院长

  http://ent.lycos.com.cn/arts/etxw/etxwmnd/760958.htm

高考（张小矢《大河报》2001－07－06 4:32:09）

  http://www.hnby.com.cn/20010706/document/107658.htm

"无限宽广未来，畅想2008"宽带网络应用创意大赛评委简介：王蒙

http://www.cnc.net.cn/chinese/huodong/umpite/wangmeng.htm
为王蒙先生释疑(傅光明 中国经济时报 2000－07－07)
http://www.cet.com.cn/20000707/WENHUA/200007071.htm
京城八大知识产权案回顾（2000－07－25）
http://xiping.okey.net/hhuang/2000/2000.07/2000.07.25(1).htm
两种"过来人"(法制日报 郑溢涛 2001－06－11)
http://www.legaldaily.com.cn/gb/content/2001－06/11/content_19007.htm
雍和与他的"拍摄者手记"(《新闻记者》2001－02－01)(中国新闻传播学院评论)
http://www.cjr.com.cn/noder/node26108/
《世纪的冲撞——王蒙现象争鸣录》(孙珉主编)
http://jgxwyp.myetang.com/zqqj//jsdll－7.htm
王蒙认为"澳门是文化沙漠"的说法不对(耿军文摘报 1999－01－07 北京青年报 1999－01－01)
http://www.gmd.com.cn/o_wzb/1999/19990107/gb1610ˆwz3－0722.htm
生活需要一点幽默(杨中兴 西藏日报 2001－09－07)
http://www.tibetinfor.com/xzrb/200109/01090707/010907073.htm
王蒙：从文学大师到大学教授(孙军 中国教育报 2002－04－23)
http://news.blcu.edu.cn.detail.asp?id＝816 (北语新闻中心)
作家与大学(王泉根 中华读书报 2002－11－14)
http://news.blcu.edu.cn/detail.asp?id＝2462 (北京语言文化大学新闻中心)
王蒙受聘为海洋大学文学院院长(人们网提供 2002－04－02)
http://news.blcu.edu.cn/detail.asp?id＝598
别把上网太当回事(闲人 春泥文学站 2002－03－20 13：14：27)
http://xxwx.hnpc.net/njchunni/viewworks.asp?id＝86
海大"作家周"王蒙等七位名作家将登讲坛(赵笛 青岛新闻网 2002－10－24 8：34)
http://edu.qd.sd.cn/edwinfo/daxue/2002－10－24/083436.stm
海大聘请王蒙担任文学院院长（2002－12－01）
http://www.learningchina.com/news2/shownews.asp?id＝22058
王蒙简介(图)

http://www.taishan.gd.cn/channel/book/mingjia

王蒙与王蒙(图、文)(柴福善)

http://www.joraypublications.com/page/17/wm.htm

"赵微士的故事"——关于《浪：一个"叛国者"的人生传奇》(关愚谦)/作者王培元(京萃周刊)

http://bjbookcity.dayoo.com/books/lis.asp? class_id＝112&viewid＝4865&pdge＝83

王蒙：以本色面对经历 和着生活的节拍向前走(新华网 2002－12－19 14：43：05)

http://www.culture.zju.edu.cn/new/html/./10/20/20021219/144305.htm(浙江大学文化素质网)

王蒙：诺贝尔奖提名一事纯属子虚乌有(2000－08－02 11：57：59)

http://news.linc.com.cn/disp.asp? recno＝43985

王蒙：中国作家获诺贝尔文学奖，难(河南报业网消息 2000/08/01 14：40：13)

http://news.linc.com.cn/disp.asp? recno＝43429

巴金拒绝诺贝尔提名是谣传

http://news.linc.com.cn/disp.asp? recno＝15410

巴金获推选角逐 2001 年诺贝尔文学奖(中新社纽约 5 月 10 日电)

http://news.linc.com.cn/disp.asp? recno＝11915

今年诺贝尔奖金高达百万美元(2002/05/12 07：55)

http://news.linc.com.cn/disp.asp? recno＝9217

巴金被邀请角逐诺贝尔奖(2000/04/26 15：32)

http://news.linc.com.cn/disp.asp? recno＝8297

王蒙：睿智精辟语如珠(4000 字 Aim 2002－08－05 15：34：48)

http://202.102.234.205：8080/forum/shuo365/3576.htm

又见鹤壁信息港(www.hbinfo.ha.cn)在中华说网联合论坛上发表(www.shuo365.com)

王蒙：首届"边城艺术节"不同凡响(黄石、郭瑞翔)(茂名日报 2001－05－25 B1 版)

http://www.maomingdaily.com.cn/mmrb20010525/dsbl.htm#10

李商隐研讨会发言(中国诗情网)

http://montage.51.net/poet/25.htm

钗黛合一的真谛
http://www.bjjingwu.net/zhendi.htm

巴金、冰心寿而多辱(在南京大学的讲话 2000—09—19 15:44)
http://www.cnmaya.com/maya/news/zjdp/lianzai/item/2000_09/306898/shtm》资料来源:《触摸和感受:中国现代文学馆》(丛玉华 中国青年报 2000/06/18)

中国文化代表团结束访问突尼斯回国(张有浩 大洋论坛:2002/09/27 21:19)
http://dailynews.dayoo.com/content/2002—09/27/content—635421.htm

逸海书城名人笑话第 25 集王蒙问答
http://www.esaysea.com/qingsong/95—mr/025.html
http://happy.jcei.gov.cn/xgc/bbs/spz/qfsh/ZU&209.html

光彩四溢的王蒙文学气象(图)(《世界名人录》杂志网络版)
http://www.whoswhochinese.com/wsw02/wangmeng.html

智者与勇者——齐兴家与蔺娜的从影生涯(朱晶 伟伟阅览室——当代第 02 期 2000)
http://www.dady.com/zz/2000/2000—05—058.htm

狂欢的季节(王蒙)
http://www.pingyang.gov.cn/read/wenxueyishu/xiandaiwenxue/dd200002/khoo.htm

百年校庆人文大讲堂闭幕式暨王蒙教授报告会在我校举行(2002/06/26 东大快讯)
http://www.seu.edu.cn

惊涛世界,作家与作品评论,王蒙的探索轨迹与现实主义的发展(评论)(李惊涛)
http://www.0518.com.cn/jt/zp/wz.asp?id=81

现实主义与王蒙的创新小说(李惊涛)
http://www.0518.com.cn/jt/zp/wz.asp?id=80

书讯:《旧体诗》签名售书
http://wenxue.tom.com/xinwen/200104/2001040602.html

"中国作家 50 强"隆重推出王蒙、韩少功、陈染等榜上有名(中心,石狮日报

2001/10/24)

  http://ssrb.com.cn/paper/20011024

王蒙：文学的成果在于想像（水母网）

  http://www.ytdaily.com.cn/gb/content/2002－11/10/content－127610.

  html（烟台日报社主办）

凑回热闹（新华社，广西站）

  http://www.gx.xinhua.org/20024/sqsj11092412－1.html

教研会上王蒙支招：分数不是考核语文教学的标准

  http://www.fslib.com.cn/fsbook/ftxxb/xck/200105/200105ju.html

当学生作文大赛评委主任不收一分钱（1999/10/01 xm 网站）

  http://www.xmwb.com.cn/xmwb/1999/10/11

诗琳通与王蒙（作者编）

  http://www.cnwei.com/mushi/mingren/shilintong/gongzhu.htm/

向往的一种状态叫安详——作家王蒙的自我保健

  http://www.sunstonechina.com/tan/yszj/200003/171163632.asp

妖精、妖言与蝴蝶的感觉雨（王干《华声视点》2002－04－08）

  http://www.hgbook.com/hqnews.047.htm

想说就说（"荔波游击"）（赵跃）

  fhshc.xiloo.com/xinwen/200202.htm

丁玲，王蒙的青春偶像？

  http://www.itsway.com/web/tuijianview.asp?id=2002

王蒙等六位作家诉世纪互联技术有限公司侵犯著作权案（《法学》1997第十期）

  http://zscq.law.ytu.edu.cn/cpcase5.html

你问我答

  http://www.artnews.com.cn/publish/wenda/zhongwenda054.html

文化部前部长王蒙率队外反协代表团访问日本（新华网 2002/03/14）

  http://www.culturelink.gov.cn/special/cik/japan/therd－1－4/html

安详：王蒙的心理保健秘诀（中青网心灵之旅）

  http://www.cycnet.com/xinli/zhishihai/wj/20120801.htm

王蒙受聘海洋大学文学院院长（北国网 文化频道）

  http://culture.ind.com.cn/culture/200204094720020403

世纪档案:我和王蒙:风雨同舟40年(方蕤)
　　http://20century.myrice.com/jo52.html
"我只是文化蚯蚓"(王蒙南大演讲)(《新闻周刊》2000/07.20)
　　http://www.cc.org.cn/wencui/oldwencui/.../0810adaf02.html
王蒙:"水鼓""失语"与"水泄"
　　http://www.sina.com.cn2001/05/11 11:05
　　http://edu.sina.com.cn/1/7893.htnl
微型小说的规律与技法,王蒙的《雄辩证》(湛江师范学院)
　　http://www.zhjnc.edu.cm/literature/micro/law6－2.html
黑格尔综合症(杂谈)
　　http://www.daimin.com/joke/zht.htm
萧也牧与王蒙(编者加 原题:《萧也牧之死》张羽)
　　http://www.gotobook.net/js/zgsh/003.htm
王蒙:人生是一株潇洒的树(高晓春采访)(据中国青年报)
　　http://www.spark.com.cn/cyn/0302b/20.html
　　http://ww.jxnews.com.cn/n565/ca358503.html(大江网)
作家王蒙面对高考语文试卷:做不出,我晕!
　　http://www.zuowen.com/gaokao/wangmeng.htm
王蒙小说的文化精神别论(鞍山师范学院中文系,鞍山,114000,王启凡)
　　http://www.szcz.com.cn/lunwen/wszl12.htm
王蒙的新书(《中华读书报》15:55)
　　http://bookcity.dayoo.com/books.list.asp? class－id＝112&ViewID＝12196(大洋网 2003/02/12)
　　刘心武、王蒙编写"课外语文丛书"惹争议
　　http://edu.sina.com.cn 2000/08/28
　　http://edu.sina.com.cn/wander/2000－08－18/11020.shtml(南方网)
王蒙、刘心武编"课外语文丛书"惹来一身骚
　　http://edu.sina.com.cn 2000/08/24(每日新报)
　　http://edu.sina.com.cn/wander/2000－08－24/10710.shtml
李国文:把味王蒙式的智慧(来源于中华读书报)
　　http://news.xinhuanet.com/book/2003－02/13/content－727516,htm

(2003/02/13 12:41:29)

面对高考语文卷:我晕!

　　http://www.xinqing.net/zhuanti-gaokao.html(心擎网)

河南电视台都市频道·都市网(王蒙 杨澜工作室 专题栏目)

　　www.HNTV.con

　　播出时间:2003-01-04 发布时间:2002-12-30 17:26:16

王蒙的 21 条人际准则(北京频道 2003-02-13 16:55:03)

　　http://www.bjxinhuanet.com/bjpd - whsd/2003 - 02/13/content - 215063.html

听著名作家王蒙谈小说(2002/12/29)

　　http://zmz.tougao.com/list.asp? id=83

王蒙获提名角逐今年诺贝尔文学奖(2002/07/30 06:21)

　　http://www.163.com/news/item/0,1567,70814,00.html

诺贝尔文学奖与中国失之交臂(王宁 07/03 07:18)

　　http://www.163.com/news/item/o,1567,83607,oo.html

王蒙自述"人生哲学":我谈人生 一分钟拿过 100 美元

　　http://news.eastday.com/epublish.gb/papei148/20030333/ch=lass014800007/hwz889804.htm

谈王蒙的《杂色》(1982/07/27 写 高行健)

　　http://www.net-sky.com/book/content/892/37931.html

　　http://www.guxiang.com/others/others/xinwen/200107/200107250011.html

王蒙谈文学:中国转型期的文学契机(蔡羽整理)

　　http://www.sarawak.com.my/org/hornbill/cn/modern/wanmn01.txt

两个月八万本《王蒙自述》魔幻热销(都市快报、杭州日报社办,黄莺)

　　http://www.dskb.com.cn/20030101/caz10437.htm(2003-02-23 09:21:35)

王蒙诉世纪互联通讯技术有限公司侵犯著作权纠纷案

　　(北京市海淀区人民法院民事判决书(1999)海知初字第 57 号)

　　发布时间:2002-04-1010:13:18

　　http://www.chinacourt.org/public/datail.php? id=1623

作家王蒙探访

http://www.xj.cninfo.net/culture/writer/wangmeng/bd.html

王蒙:有望问鼎诺贝尔(中国新闻社网站 07/31 08:49)
http://news.fm365.com/renwu/20000731/109889.htm

揭发王蒙
http:///news.fm365.com/xinwen/yult/20000427/51350.htm

新概念作文赛结束 王蒙:学生还是幼稚点好(张伟强 东方网)
http://www.edu.cn/20020205/3019841.shtml

王蒙浙大谈文学
http:edu.netbing.com/rank/rlr02/509/20001106/79187.html
http://rank.netbig.com/man/2192/20010420/102195.htm

《咬文嚼字》咬王蒙文字(2000-01-27 01:20:00)
http://news.01city.com/nrs/memo.php? ID=102(数字新闻网)

王蒙被正式提名角逐今年诺贝尔奖(江南时报 2000/07/30)
http://art.westcn.com/news/801-3.html

王蒙作了主编(《中国消费者报》倪敏 02-09-17 15:50:52)
http://www.ccn.com.cn/20020917/document/30130.htm

王蒙诉世纪互联通讯技术有限公司侵犯著作权纠纷案
http://www.zhichenglaw.com/zhi/6w/w-z/xgal-0006.html

著名作家王蒙将来沪签名售书
http://lit.esatday.com.cn/epublish/gb/paper148/20010404/class01480006/hwz2353782.html

激情充沛的王蒙(东方网新闻)
http:// lit.esatday.com.cn/epublish/gb/paper29/20000730/class002900002/hwz132605.htm

我的写作(王蒙)(阿甘小姐发表于 2002/12/06 17:03)
http://club.5city.com/bbs/dispo.asp? id=g001&id=9848

王蒙:快乐是心灵绽放的花(河北日报网 2002/12/13 10:34:28)
http://www.hebeidaily.com.cn/20021130/ca197974.htm

躲避崇高——王蒙对王朔的评价(王蒙 原载《读书》1993年1月号)
http://www.wenyi.com/literature/jinyong/jyws/躲避崇高—王蒙对王朔的评价.htm

读书频道:《王蒙:我的人生哲学》
　　http://book.sina.com.cn/pc/2002-12-26/3/479.shtml
文学天地:《布礼》王蒙简介
　　http://meimeigou.myetang.com/gtdi/004/zxyd/wxtd-bl.html
说无端/王蒙（在安徽师大,第六届李商隐研究会年会上的讲话）
　　http://bbs.shixue.net/cgi-bin/ib/topic.cgi?forum=3&topic=98&show=0
王蒙刘心武主编助学读物《课外语文》被新加坡选为教材
　　http://www.longhoo.net/o/ca205765.htm
王蒙笑绘百态人生（王蒙）
　　http://www.lbcongress.org.cn/chinese/feature/162398.htm
王蒙小品·我的遗憾
　　http://www.caigp.com/xaih/togo/chinese-essap/351.htm
王蒙:全球化能把中国怎么样（鲁能信息港 2002-02-22）
　　http://culture.luneng.com/culture/2002/0222/20020222002.htm
来劲:王蒙
　　http://qli2.nease.net/gs/52.htm
关于"作家王蒙15日国图开讲《红楼梦》"的讨论
　　http://learning.sohu.com/52/82/artoc/ediscuss204718252.shtml
王蒙:作家是用笔思考的（随笔）
　　http://xiangge.51.net/meiwen/zjsy.htm
葡萄的精灵（王蒙）
　　http://goodnovels.myrice.com/new/00072403.htm
随意心中文网:《风格散论》
　　http://yiang.3322.net/wen/yi/092.htm
王蒙文选
　　http://www.sd_online.com/web/tt2/www1/novels/wangmeng/wangmeng.htm
天津之窗:天津电视台推出当代作家访谈录（肖丽萍 天津日报 2003-02-24 9:03:52）
　　http://www.tianjin.gov.cn/news/photonews.asp?sid=13598

王蒙的 21 条人际准则(推荐必读)(团队主业)
　　http://we.sportscn.com/team/read_article.php?id=269809
　　http://happy.online.sh.cn.com/gb/content/2003－02/24/conet－535428.htm(上海热线)
媒体快报:天津电视台特别推出当代作家访谈录(天津日报 2003－02－24)
　　http://www.cnad.com/fastmd/2003024101.htm
王蒙另辟新路"献身"说法
　　http://www.zuojia.com.cn/epublish/gb/paper279/12/class027900014/hwz1013221.htm
王蒙和《王蒙自述:我的人生哲学》(杨鹏 人民网)
　　http://www.peopledaily.com.cn/GB/wenyu/66/134/20030129/916520、htm
未经痛苦怎懂人生？王蒙要讲述痛苦(李瑛)
　　http://www.peopledaily.com.cn/GB/wenyu/66/133/20030107/902781.htm
王蒙作品:对青春的眷恋 对苦难的感悟(游耳 艾波)
　　http://www.peopledaily.com.cn/GB/channel6/32/20000614/103200.htm
王蒙:我要把真相告诉后人(李晓犁《精品购物指南》2000－06－13 11:07)
　　http://www.peopledaily.com.cn/GB/channel6/32/20000613/100838.htm
王蒙:经历了怎样的"季节"(徐虹《中国青年报》2000－06－12)
　　http://www.peopledaily.com.cn/GB/channel6/32/20000612/99027.htm
王蒙:我只能写政治下的人们(《文摘报》)
　　http://www.peopledaily.com.cn/GB/channel6/32/20000608/94527.htm
王蒙写完四季(尚晓岚《北京青年报》2000－06－05)
　　http://www.peopledaily.com.cn/GB/channel6/32/20000605/89225.htm
王蒙:当代文学回归了(海疆《武汉晨报》2000－11－06 15:11 人民网)
　　http://www.peopledaily.com.cn/GB/channel6/32/20001106/302099.htm
王蒙谈小说(东方文苑 lit.eustda.com)
　　http://lit.eustday.com.cn/epublish/gb/paper81/2/class008100002/hwz191338.htm
谈人生哲学,但我还是小说家——王蒙昨在泸畅谈"写自述的缘由"(陈煦通)
　　http://www.chinawriter.org/dign/neirong/btrs/btrs2003022501.htm
　　中国作家网

王蒙在"狂欢的季节"(文新网 www.cbook.net)
　　http://www.cbook.net/tianxiashushi/readianshow_show.asp?xiashushi/www.asp?newsid=132
王蒙《狂欢的季节》内容简介
　　http://www.cbook.net/tianxiashushi/readianshow_show.asp?xwid=3228&newsid=132
《王蒙自述:我的人生哲学》简介(金桥书城)
　　http://book.jqinfo.com/books.asp?bookid=326062
《王蒙自述:我的人生哲学》简介(当当网上书店)
　　http://www.dangdang.com/product_detail.asp?product_id=702264
一圈/王蒙(新华网 青海频道新闻 摘自《笑而不答》辽宁教育出版社)
　　http://www.qh.xinhuanet.com/2003-02/20/content_231762.htm
王蒙的21条人际准则(2003-02-24)
　　http://www.swelldom.net/aticle.asp?article_category=网路拦截&article_id=3815
王蒙新书(代序)
　　http://www.news.xinhuanet.com/edu/2002-12/17/content_662063.htm
《王蒙自述:我的人生哲学》简介(杭州网)
　　http://www.hongzhou.com.cn/20020127/ca202726.htm
《王蒙自述:我的人生哲学》图书介绍(万圣金橡树网上服务站)
　　http://www.allsagesbooks.com/top10/book.asp?id=1
《走近名人·王蒙》(生平、简历、成就)
　　http://228.xiloo.com/mingren.htm
王蒙新作坦白自己人生哲学(2003-02-22)
　　http://www.zuojia.com.cn/epublish/gb/paper279/12/class027900016/hwz1013208.htm
王蒙谈语言力捧韩少功(2002-11-04 09:47)
　　http://www.zuojia.com.cn/epublish/gb/paper279/11/class027900016/hwz893367.htm
《王蒙自述:我的人生哲学》(大洋导读)

http://bookcity.dayoo.com/books/book.asp?bookID=374483&sm=1

王蒙的新书（李国文 中华读书报）

http://bookcity.dayoo.com/books/list.asp?class_id=112&viewid=12196

王蒙建议：建设文化大国（米舒辑）

http://210.34.4.4/fandog/水木清华精华选/literature.aix/00000010/00000040.htm

在声音的世界里（王蒙 语文教案/语文中考资源望 教学设计(A)(B)(C)）

http://netroom.hbu.edu.cn/personal/luorilun/yuwenjiaoan/2jiaoan/gg19&20在声音的世界里.htm

走近王蒙

http://www.china-gallery.com/gb/yssh/wangm_aq.htm

开卷有益：王蒙《季节》系列简介

http://www.bookzone.com.tw/event/season/index.asp

爱到深处的出色表现（ 中华美容网）

http://beauty100.com.cn/beauty/comein-yjnr-kkos.htm

新概念作文赛结束 王蒙：文学还是幼稚点好（张伟强）

http://www.edu.cn/20020205/3019841.shtm

王蒙《组织部新来的年轻人》

http://zhenyuan.sdedu.net/resource/book/edu/jcygjs/ts004006/0413_ts004006.htm

巴金连任中国作协主席　王蒙等14人当选副主席

http://www.booktide.com/news/20011224/200112240009.htm

王蒙参加海峡两岸历史文学艺术研讨会

http://news.schu.com/17/71/news202937117.shtm

驻青高校争请诺奖得主　解读诺贝尔奖现象（赵笛 青岛日报 2002-08-24 02:37）

http://news.sohu.com/03/04/news2002800403.shtm

学术随笔不是谁都能写的（丁国强 中国青年报 2002-08-06 07:28）

http://news.sohu.com/05/10/news2002481005.shtm

社会争论最忌无中生有（张伟 中国青年报 2002-08-01 07:44）

http://news.sohu.com/18/76/news202407618.shtm

女作家齐出动 写作进入"她世纪"（徐虹 中国青年报 2002－05－23 15:10:34）

http://learning.sohu.com/22/59/article201235922.shtm

65 五年漫长路 上海《文汇报》"谈笑有鸿儒"（中国新闻网 2003－01－20 19:59）

http://news.sohu.com/97/50/news205875097.htm

王蒙与诺贝尔奖及其他（话说沂蒙山网）

http://www.cqttg.com/yqtt/yf－11.htm

朱正:1957 年的夏季:从百家争鸣到两家争鸣——十七不采取极端的政策

http://www.qsqs.com/books/shehui/zhengzhi/yjwq/017.htm

小孙子语文试卷难倒王蒙,王蒙说:"中小学语文教学不改革不行了"（冯玥《文摘报》1999－04－04）

http://www.guangmingdailu.com.cn/O_wzb/1999/19990404/gb/1633ˆwz3_0429.htm

怪事不怪——也谈王蒙之考 60 分（徐立忠 光明日报 1999－05－12）

http://www.gmdailu.com.cn/O_gm/1999/05/19990512/gb/18054ˆgm6－1207.htm

王蒙新书作对话（尚晓岚 北京青年报 2000－11－12）

http://www.bjyouth.com.cn/Bqb/20001112/GB/4430ˆD111ZB1111.htm

王蒙举办作家周活动 余华等被聘为中国海洋大学驻校作家（2002－11）

http://www.sznews.com/readnews.asp?id=329021

真实的王朔（徐远明 xuyuanming@21cn.com）（中引王蒙对王朔的评价）

http://hurraya.myetang.com/art/crit/crit003.htm

"水厄"之续集

http://www.cdsyz.com/person/user/tdz/3zwjx/mwz/m4.htm

王蒙新书上市 自述:我的人生哲学（陈植）

http://cn5000.org/show.asp?id=111（中国文化艺术网）

《中流》杂志对王蒙等人的批判（为编者加）

http://www.zjg.js.cn/wxyd/xdwx/jf/016.htm

小孙子的语文试卷难倒王蒙,让我们思考什么?（刘春生 2001－09－14）

http://www.jifx.net/bbs/bbsindex.htm

王蒙昨日回新疆出任新疆大学名誉教授(2001—09—04)
　　　http://www.xj.chinanews.com.cn/2001—09—04/1/6136.htm
感受王蒙(刘宏伟)
　　　http://www.lep.com.cn/club/cluba/mrsj.htm
向往的一种状态叫安详——作家王蒙的自我保健
　　　http://www.sunstonechina.com/tcm/yszj/200003/17/163653.asp
闲看十作家的被批判
　　　http://crow.my.freedim.net/sp/szjppl.htm
作家遭侵权,文坛毒葩何时了(崔丽 中国青年报 2000—06—20)
　　　http://chat.kpworld.com/xb/news/pn2896.htm
王朔:《美人赠我蒙汗药》第二十篇 文学语言的泛政治化。
　　　http://Tt51.el65net.com:8095/gdwx/1/lifang/shi.htm
陈香梅说王蒙(编者加)(《春秋岁月》第三篇 流云借月•中国人)
　　　http://gdqyt.myetang.com/1311.htm
毛泽东:同文艺界代表的谈话(1957—03—08)
　　　http://www.chinafamine.org/famine/documents/mzdw;/mx07249.htm
汉奸的理由和正义(白玉峰)
　　　http://qgalaxy.freedns.us/modules/newbb/viewtopic.php?topic_id=180&forum=1&1
王蒙在沪笑谈他的新作——《我的人生哲学》是本什么书(上海女性网)
　　　http://shwomen.eastday.com/epublish/gb/paper380/1/class038000003/hwz1015878.htm
《十作家批判书》究竟批判了谁(姜火明《生活时报》2000—03—20)(见新语丝电子文库〈www.xys.rog〉〈www.xysz.org〉)
　　　http://xus888.dxiong.com/xys/ebooks/litetature/novels/wang—shuo/lopipan.txt
文坛十大做秀高手排行榜偷偷登场
　　　http://www.whxf.net/news/?date=20021207&folder=film&file=07.46.26
王蒙的黄昏哲学(2003—02—27 06:46:07《江西日报》摘自《广州日报》)
　　　http://www.jxnews.com.cn/n569/ca361965.htm
闲扯王朔(易大旗 西门豹)

http://server22.hypermart.net/tgc/z/messages/650.htm
期望的尴尬(诺贝尔文学奖的思考)(网友 边缘 2000-10-14)
http://beitso.myrice.com/wenxue/gaoxingjian/wypl/41.htm
爱之论坛:"胡扯"的高人高论(hydlily 2002-05-20)
http://philo.ruc.edu.cn/bbsl/printpage.asp?
2001年12月25日下午2时,全美中国作家联谊会会长冰凌做客人民网强国论坛(www.qglt.com)就"中国文学在世界文学中的地位"和"东西方文化的交流"问题与网友进行交流,绿茶主持。其中冰凌介绍说:"全美中国作家联谊会"是1996年11月成立的一个中国作家文学团体,主要的性质是推进中国文学走向世界,促进中美两国的文学交流和弘扬中华民族文化。"(冰凌此次回国是参加作协的十六大)其中网友[娜仁花]问冰凌:"你们曾提名过王蒙,是吗?"冰凌回答:"是的,连续三年提名王蒙,还有提名巴金先生。由于巴金先生的婉谢,他觉得应该更多的提名中国的中青年作家。我们今后仍将提名,但是我们可能光做不说。"
http://202.99.23.235/wsrmlt/jbft/2001/12/122501.htm
为何喜欢表现"青春"——王蒙访谈录/廖增湖(三石图书文化传播网)
http://www.3stonebook.com/ft/ft53.html
第4节 在高山之谷修筑"宫殿"/从维熙
http://211.94.207.99/cnread/cnread1/——————/004.html
百年散文大盘点:齐人物论与狼共舞(见《书屋》2000年第9期)
http://edwinsky.nease.net/qw/qw—wh—oz.html
huiyan:(第一届少数民族会演会刊第12期)
http://www.e56.com.cn/minority—huiyan/huikan/huikan—no12—1.html
高等学府首现"驻校作家"/新闻网山东频道 2002-10-30
http://www.xinhua.sd.cn/news/shownews.aspid=33784
李国文讨好前文化部长:"把味王蒙式的智慧"
http://www.whxf.net/news/?date=20030213&f01der=book&file=08.47.10
王蒙自述:我的人生哲学/都市快报 2003-1-1
http://www.dskb.com.cn/20030101/ca215091.html